创新药专利精解

郭雯◎主编
马秋娟◎副主编

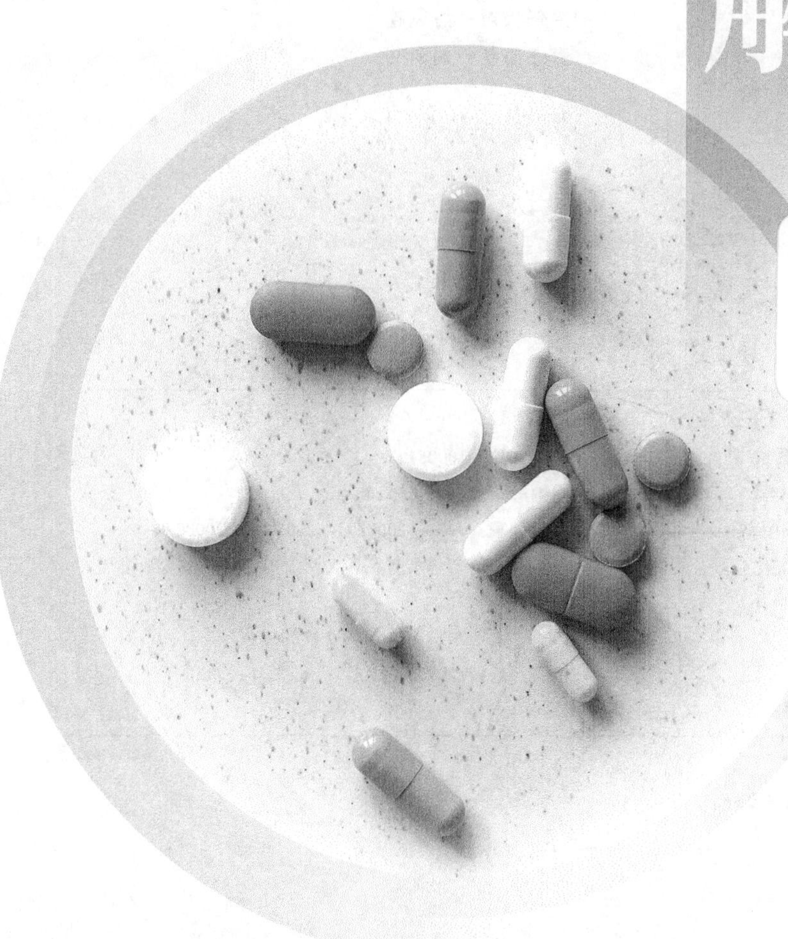

知识产权出版社
全国百佳图书出版单位
—北京—

图书在版编目（CIP）数据

创新药专利精解/郭雯主编．—北京：知识产权出版社，2021.8（2023．8重印）
ISBN 978－7－5130－7584－8

Ⅰ.①创… Ⅱ.①郭… Ⅲ.①新药—专利制度—研究—中国 Ⅳ.①D923.424

中国版本图书馆CIP数据核字（2021）第127363号

内容提要

本书以“重大新药创制”科技重大专项实施以来获批的上市新药（包括化学药和生物药）为研究对象，从技术脉络、市场导向、专利策略等角度，解读我国医药企业新药专利布局的意图和行为，并运用比较分析的方法，对于自主研发的新药，重点研究该品种与国内外竞争性品种之间专利技术的竞争行为以及由此带来的对于市场份额的影响；对于由国内企业引进并在我国最先获批的新药，重点比较国内企业与国外企业在专利布局行为之间的差异，为国内企业准确定位，明确技术的创新性、风险点和突破口。

责任编辑：王玉茂　　**责任校对：**潘凤越
执行编辑：章鹿野　　**责任印制：**刘译文
封面设计：博华创意·张冀

创新药专利精解
郭　雯　主编　马秋娟　副主编

出版发行：知识产权出版社有限责任公司　　**网　　址：**http：//www.ipph.cn
社　　址：北京市海淀区气象路50号院　　**邮　　编：**100081
责编电话：010－82000860转8541　　**责编邮箱：**wangyumao@cnipr.com
发行电话：010－82000860转8101/8102　　**发行传真：**010－82000893/82005070/82000270
印　　刷：北京九州迅驰传媒文化有限公司　　**经　　销：**新华书店、各大网上书店及相关专业书店
开　　本：787mm×1092mm　1/16　　**印　　张：**21
版　　次：2021年8月第1版　　**印　　次：**2023年8月第2次印刷
字　　数：470千字　　**定　　价：**120.00元
ISBN 978－7－5130－7584－8

本书编委会

主　编：郭　雯

副主编：马秋娟

编　委：卫　军　王　静　姚　云　王　璟　吕茂平
杨　倩　李煦颖

编　者：（按姓氏笔画排序）

马　骞　王斯婷　毛　颖　毛舒燕　邓丽娟
冯晓亮　师晓荣　刘军政　刘艳芳　刘新蕾
李子东　杨佳倩　吴　漾　何　瑜　张　颖
张秀丽　陈彦闯　郝　佳　胡敬东　钟　辉
段　炼　徐　丹　涂海华　陶　冶　黄　磊
曹　扣　曹寅秋　崔义文　崔传明　葛瀚麟
韩　松　焦士勇　谢京晶　靳春鹏　蔺　娜

统　稿：马秋娟　杨　倩　李煦颖

审　稿：郭　雯

校　稿：王　璟　吕茂平

前　言

医药产业是知识产权密集型产业。知识产权特别是专利权的创造、运用和保护贯穿新药从研发、生产到上市的整个生命周期。专利权所赋予的独占权利也成为新药研发企业获得回报的垄断优势，激励着研发人员持续的探索和创新。

改革开放以来，特别是我国实施创新驱动发展战略以来，党和国家高度重视国家药物创新技术体系的构建和完善。2008 年 8 月，国家“重大新药创制”科技重大专项正式启动，经过“十一五”到“十三五”3 个五年计划，分阶段推进重点品种、关键技术、创新平台等项目。在重点品种方面，主要聚焦 10 类（种）重大疾病，实行自主创新药品和重点仿制药品的双线推进。在科技重大专项部署下，一批由国内制药企业自主研发或合作引进的创新药品种在国内实现全球首发上市，提升了国内药品的安全性、有效性和可及性。与此同时，在与国内外制药企业展开技术竞争的历练中，国内企业专利意识日益增强，技术创新和专利布局能力稳步提升，在新药创制过程中“各出妙招”，形成了具有本土特色的专利挖掘和布局模式。其中，既有通过巧妙的专利规避策略设计跟随型新药，也有捕捉专利漏洞快速研制改良型新药；既有密切贴合研发流程开展专利布局，也有着眼于市场份额聚焦适应证拓展的专利布局。国内企业自主孵育的创新技术也获得了国外制药企业的认可，实现了专利的对外输出，而有些企业的新药在与国外同领域品种竞争中未能将技术优势通过专利固化，或者由于布局疏漏给竞争对手带来可乘之机，可以说各有得失，也形成了一个个具有学习和研究意义的案例。

本书对“重大新药创制”科技重大专项启动以来国内医药行业政策改革动向进行了详细的解读，在此基础上，透过专利大数据解析重大疾病领域技术竞争的现状与趋势，并精选了“重大新药创制”科技重大专项启动以来获得批准的创新药（包括化学药和生物药），进行专利行为与新药创制过程的关联解读，形成 29 篇生动的新药专利故事，试图去回溯和解读企业在新药创制过程中的专利行为和意图，为医药行业科研工作者和专利管理人员提供启示和借鉴。

本书从 2018 年启动撰写到 2020 年年底完稿，国家知识产权局专利局专利审查协作北京中心医药生物发明审查部 40 余位具有平均 10 年以上专利审查和专利分析经验的优秀审查员投入了大量的时间和精力进行信息收集、数据分析和讨论，希望在“十三五”收官、“十四五”启动的时间节点上，为我国医药企业的知识产权策略和规划提供有益的启示，助力我国医药行业的技术发展水平和专利布局水平的协同提升。

由于知识水平和信息来源的限制，本书的观点和内容恐有欠妥之处，请广大读者不吝指正。

本书编写组

目　录

| 总　论 |

| 化学药篇 |

编者按：本维莫德成功上市打破了传统激素药物的局限，为银屑病患者带来了福音，其在国内临床研究中的阶段性成功促成了海外开发权益转让。国际多维合作与协议使利益市场得到划分，但技术研发与发明创造过程往往突破了市场的边界，交易后的各方专利全球布局需要得到足够的重视。

编者按：可利霉素是我国采用基因工程技术自主研发的新型抗生素。在研制过程中，原研企业突破了传统技术创新“线性范式”的局限，与科研院所保持紧密合作，整合人才优势和产业资源，在新药研发上市的各个节点分层次扎实推进专利布局，行稳致远，成为产学研联合开展专利技术创新的“网络范式”的成功实践。

编者按：全新的母核结构、良好的临床效果奠定了泽布替尼专利的高技术价值，在国内外获得快速授权彰显了专利的高法律价值，高技术价值和高法律价值的专利成为企业投融资过程中的核心资产，在新药上市前实现了高市场价值。可以说，正是高价值专利保障了核心技术的领先地位和研究资源的有效投入，推动了泽布替尼在中美同步上市的进程。

编者按：豪森药业精准规避热门靶向抗肿瘤药奥希替尼的化合物专利，以较小的结构改进获得阿美替尼。通过合理扩充化合物实施例、巧妙设计生物学评价方案的专利策略，阿美替尼核心物质专利在中国、美国等国家和地区以较大的保护范围获得授权，最大程度保护改进创新并降低了研发风险，成为跟随型新药研发模式的成功范例。

编者按：正大天晴针对引进品种安罗替尼的制药用途开展密集专利布局以图扩张市场，恒瑞医药对于自研品种吡咯替尼的制剂技术进行迭代开发为仿制设置专利壁垒。对于同期研发上市的抗肿瘤新药，国内制药企业根据不同的创新起始阶段，因时制宜，构建了各具特色的保护网络，展现出多元化的专利策略。

编者按：豪森药业深耕慢性粒细胞白血病治疗药领域，一方面成功无效伊马替尼关键制药用途专利，消除仿制障碍，另一方面规避伊马替尼核心物质专利，通过结构优化得到安全性高、疗效更好的创新药氟马替尼并掌握了外围专利布局的主动权，在从仿制到创新的实践中打了一场漂亮的专利攻守之战。

编者按：和黄医药提前布局呋喹替尼晶型专利避免纠纷，恒瑞医药保留阿帕替尼晶型技术秘密遭遇 NPE 诉讼。在当前强化知识产权保护的政策指引下，新药专利保护所获得的经济和社会效益也必将大于其机会成本，医药领域创新主体应当树立以公开换保护的信心，通过专利布局为巩固和开拓市场保驾护航。

编者按：作为国产新药研发和专利布局的先行探索者，贝达药业通过在厄洛替尼的结构中引入冠醚形成稠环这一不走寻常路的结构改造方法，巧妙规避在先专利获得了埃克替尼。该新药品种的核心专利成功经受多次专利无效宣告挑战考验并在市场上取得巨大成功，彰显了核心专利的价值，埃克替尼也成为国家"重大新药创制"科技重大专项的标志性成果之一。

| 生物药篇 |

22 人重组干扰素样蛋白乐复能

编者按： 乐复能是一种借助 DNA shuffling 技术重组并筛选得到的人重组干扰素样蛋白，由于其序列与已知的常规干扰素序列之间差异显著，国家药典委员会为其专门命名。借助其显著不同的结构差异，乐复能的核心专利全面进军海外，同时在世界多个国家和地区均获得专利授权。

23 康柏西普

编者按： 康柏西普是我国首个获得 WHO 国际通用名的原创Ⅰ类生物新药，是国内创新主体在现有药物结构的基础上进行创新，通过仿创结合获得的亲和力提高、稳定性增加的融合蛋白药物，不但绕开了竞争产品的专利壁垒，还进行了后续周密的专利布局，走出了差异化创新发展道路。药物结构创新是药物开发的源动力，也是形成较为全面的专利布局的制高点。

24 戊肝疫苗益可宁

编者按： 作为中国自主研发的全球首款预防性戊肝病毒疫苗益可宁，从立项之初到最后成功上市，走出了一条独具特色的发展道路。在专利申请和布局、政产学研结合、研发生产平台工艺等方面上的经验都能够为国内的医药企业提供借鉴。在平台工艺上，益可宁研发企业利用自主研发的大肠杆菌原核表达系统的优势，吸引国际合作，成为多种疫苗开发的引领者。

25 重组埃博拉病毒病疫苗

编者按： 2014 年西非爆发的埃博拉病毒疫情，因其高传染性和致死率，引起全球震动。军科院陈薇团队和康希诺生物合作共同推出的重组埃博拉病毒病（腺病毒载体）疫苗使我国成为全球第二个有能力提供可使用埃博拉疫苗的国家。该疫苗不仅在国内具有完全自主知识产权，还在全球主要国家进行了布局。该疫苗的问世彰显了我国强大的公共卫生防控能力，对全面提高我国生物安全治理能力具有重要的战略意义。

26 肠道病毒 EV71 灭活疫苗

编者按： 2008 年手足口病爆发，不同规制的 3 家单位积极响应国家应急疫苗开发的号召，开展了手足口病灭活疫苗的研发。在促进疫苗优先上市的道路上，民营企业北京科兴展示出更为积极的姿态，通过受让股东公司的专利技术而快速切入该领域，并在后续研发中采用多面开花的策略，为疫苗上市做好全面准备；科研单位昆明所依托其上级科研单位雄厚的研发实力和深厚的疫苗开发经验，以人源细胞基质作为疫苗生产的特色，走出一条疫苗创新的新路径；武汉所汇聚多方技术力量集中攻坚，以不求多但求精的态度完成了疫苗研制。这 3 家单位的疫苗创制之路反映了在重大传染性疾病爆发时，不同类型的创新主体勇于迎难而上，多效并举推进新药创制的不同思路。这对于当前新冠肺炎疫情背景下，各类企事业单位参与新药开发具有一定借鉴意义。

编者按：聚乙二醇洛塞那肽（商品名为孚来美）是我国第一个 PEG 化的长效 GLP－1 类降糖药物，打破了国外企业长期独占我国长效降糖药物市场的局面。孚来美不仅对艾塞那肽多肽序列进行了突变，还进行了 PEG 修饰，其化合物核心专利通过对艾塞那肽 N 端多个氨基酸突变，并通过对改造后多肽的功能效果验证获得了较大的保护范围，同时通过对比实验保证了 PEG 类似物专利授权。多肽序列突变和 PEG 修饰为孚来美带来强有力的市场竞争力，但其外围专利的布局还需进一步完善。

编者按：面对原研药赫赛汀专利布局的“金城汤池”，国内创新主体审时度势，从抗体结构修饰、制备工艺优化、信号肽、连接键优化、新表位研究等方向进行了多方布局，同时对原研药核心专利从多个角度进行无效宣告请求。在多方创新主体共同努力下，国内陆续出现了赫赛汀的替代产品“赛普汀”“汉曲优”，并具有一定的市场地位，极大地缓解了国内对抗肿瘤抗体药的用药需求。

编者按：PD－1 抗体药物是生物药的热点领域，是国内外制药企业的必争之地。国内外已有多个品种上市，我国企业处于跟随型研发模式。国产 PD－1 抗体结构改进专利布局中存在优势，但是决定抗体质量和产量的工业化生产平台技术则基本掌握在国外创新主体手中，国内企业对于平台专利技术的发展数量少且质量较低。因此在 PD－1 抗体结构设计已经不是技术瓶颈的情况下，大力发展平台技术，跨越专利壁垒，提高 PD－1 抗体市场估值和专利价值是国内企业攻关重点和难点。

总论

医药行业正处于全面深化改革的攻坚阶段

试图解决未满足的临床需求是新药研发的恒久指向和驱动力，这也使医药行业被誉为“永远的朝阳产业”。当前，全球人口面临持续老龄化，恶性肿瘤、心脑血管疾病等恶性病和慢性病的发病呈现低龄化趋势，对于常见病和多发病预防和治疗用药尚存在未被满足的临床需求。全球医药行业的技术创新行为活跃，研究理念不断更新，相关学科的交叉、汇聚与融合进一步拓宽了科学发现与技术突破的深度与广度。与此同时，新药研发组织模式日益呈现网络化和全球化特征，配合着多元化的商业运作模式和金融资本的深度参与，基础研究、应用研究、技术开发和产业化之间的边界日趋模糊，科技创新的链条更加灵活，新药创制的周期大大缩短，进一步加速推动产业变革的步伐。在这股变革的大潮中，我国已经成长为仅次于美国的世界第二大医药市场，药品生产和销售收入保持稳定增长，医药行业也进入转型升级、加速突破的关键阶段。

➢ 国家战略部署医药行业创新升级

医药行业是国民经济重要组成部分。随着经济发展和社会进步，我国人民健康水平显著提高，大多数急性传染性疾病已经得到了较好的控制，但是在非传染性疾病如神经退行性疾病、代谢性疾病和恶性肿瘤等与人口老龄化趋势相关的慢性、复杂性疾病领域，人民群众对于安全有效的药品和医疗服务依然有非常迫切的现实需求。因此，针对我国人群高发的慢性、复杂性疾病创制疗效优良的新药，掌握新药研制的核心技术，是关系到国计民生的重要任务。这对于我国医药行业创新主体来说，是机遇也是挑战。

在早期，我国的医药行业以仿制药为主，自主研制的创新药品种数量极少，绝大多数专利新药为国外制药公司研发，其中在我国上市的不到1/3。即便新药在国内上市，其药品价格也相当昂贵，不能满足人民群众“用上药、用好药”的要求。2006年，国务院公布了《国家中长期科学和技术发展规划纲要（2006—2020年）》，总体部署了我国从“十一五”到“十三五”的科技发展方向，设立了16个国家科技重大专项，其中包括“重大新药创制”专项。该专项的总体目标为：①针对严重危害我国人民健康的10类（种）重大疾病（恶性肿瘤、心脑血管疾病、神经退行性疾病、糖尿病等）研制一批疗效好、副作用小、价格便宜的重大药物，为人民提供安全、有效、方便、价廉的医疗卫生服务，基本满足人民日益增长的健康和医疗需求；②完善国家药物创新体系，提升自主创新和产业化能力，构筑国家药物创新技术体系；③为保障人民健康和促进生物医药战略性新兴产业的发展，紧紧抓住医药科技和医药产业两个抓手，加速我国由仿制向创制，由“医药大国”向“医药强国”的转型、发展和突破。“重大新药创制”专项的实施期为2008～2020年，按照3个五年计划（“十一五”“十二五”“十三五”）以“铺、梳、突”的分阶段目标逐步落实。[1]

结合目前公开的数据来看，从1985年建立我国药物评审制度开始到2008年，我国只有5个国产原创新药上市，自2008年实施“重大新药创制”科技重大专项以来，我国自主研制或合作研发上市的新化学药和新生物制品的数量明显增加，达到2008年之前新药数量的10倍以上。特别是，在抗肿瘤药物领域有一批具有临床优势的小分子靶向化学药和抗体类生物药获批上市，包括百济神州的泽布替尼、恒瑞医药的吡咯替尼和卡瑞利珠单抗、正大天晴药业的安罗替尼、豪森药业的阿美替尼和氟马替尼、和黄医药的呋喹替尼、君实生物的特瑞普利单抗、信达生物的信迪利单抗等，以良好的疗效和较低的价格为患者提供了更多的用药选择。在新药数量增加的同时，我国医药企业在新药研究、管理运营等方面的能力也不断提升，形成了“引进来”和“走出去”并进的创新模式，实现了从“跟跑”向“并跑”的跨越，并正在向“领跑”的阶段奋进，通过创新驱动发展战略振兴医药行业发展的效果初步显现。

在新药创制捷报频传的同时，我国创新药的申报量也呈现出明显的上升趋势，显示出了创新药管线上的“板凳深度”，但同时暴露出部分热点研发领域出现了同质化、扎堆竞争的问题。国内创新药企业，例如恒瑞医药等已经率先开启国际化创新研发之路，候选新药率先在美国、澳大利亚等国家开展临床试验，再以进口药身份进入国内，充分利用各国不同的注册管理规定，开启了加速新药研发的国际化进程。特别是2015年以后，医药行业迈入又一个快速发展期。因此，如何更有力地鼓励创新创造，引导和优化资源配置，鼓励国内自主研发和国外合作引进等多种创新模式百花齐放，使更多具有明显临床优势的新药尽快在我国上市，促进新药数量和质量的协同增长，提高药品的安全性、有效性和可及性，满足人民群众的用药需求，是近几年医药行业改革的焦点问题，而解决上述问题的根源还是在于如何为创新创造提供更好的制度和政策环境。可以说，强化医药领域知识产权的创造、保护和运用，落实药品特殊专利制度，深化药品审评审批制度改革，为新药创制提供更大的激励和保障，已经成为加速推进医药行业供给侧结构性改革过程中的重要抓手，对于应对当前复杂的国际形势具有重要的现实和战略意义。

➢ 创新研发激励和保障政策红利持续输出

随着国家“十一五”和“十二五”期间“重大新药创制”重大专项的顺利实

---

[1] 桑国卫．2018年国家重大新药创制专项进展及十三五展望［J］．中国生物工程杂志，2019，39（2）：3－12．

施，一批创新药品种进入临床研究阶段，基本完成了既定的“铺”“梳”目标，顺利进入“突”的阶段。因此，自进入“十三五”阶段，国家对专项重点任务进行了调整，重点支持关键技术和创新平台，更加注重战略需求，力求做好未来的布局，并发布了一系列指引医药产业未来发展方向的纲领性文件。2015 年 5 月，国务院发布实施制造强国战略的第一个十年行动纲领《中国制造 2025》，将生物医药及高性能医疗器械列为十大领域之一，其中明确提出发展针对重大疾病的化学药、中药、生物技术药物新产品，重点包括新机制和新靶点化学药、抗体药物、抗体偶联药物、全新结构蛋白及多肽药物、新型疫苗、临床优势突出的创新中药及个性化治疗药物。2016 年 2 月，国务院常务会议部署推动医药产业创新升级，明确了四大方向，其中，第一个方向为瞄准群众急需，加强原研药、首仿药、中药、新型制剂、高端医疗器械等研发创新，加快肿瘤、糖尿病、心血管疾病等多发病和罕见病重大药物产业化；支持已获得专利的国产原研药和品牌仿制药开展国际注册认证。2016 年 10 月，中共中央和国务院印发《“健康中国 2030”规划纲要》，其中第二十章涉及促进医药产业发展相关内容，提出加强医药技术创新，完善政产学研协同创新体系，推动医药创新和转型升级。加强专利药、中药新药、新型制剂等创新能力建设，推动治疗重大疾病的专利到期药物实现仿制上市。大力发展生物药、化学药新品种以及优质中药等，到 2030 年，药品、医疗器械治疗标准全面与国际接轨。

“重大新药创制”科技重大专项进入“十三五”的收获和突破阶段，关于鼓励创新药品研发上市的支持政策持续出台。为了加快新药上市速度，国务院和国家药品监管部门积极探索改革新药注册申报和审评审批制度，引导创新发展方向，改善药品审评审批监管的整体环境。2018 年 6 月，我国当选“国际人用药品注册技术协调会”（ICH）管理委员会成员，正式标志着我国药品审评审批标准与国际接轨。

为了促进医药产业结构调整和技术创新，提高产业竞争力，满足公众临床用药需要，2017 年 10 月 8 日，中共中央办公厅和国务院办公厅联合印发《关于深化审评审批制度改革　鼓励药品医疗器械创新的意见》（以下简称《意见》）。该《意见》第二部分涉及加快上市审评审批的相关措施。其中，第（九）条提出“加快临床急需药品医疗器械审评审批。对治疗严重危及生命且尚无有效治疗手段疾病以及公共卫生方面等急需的药品医疗器械，临床试验早期、中期指标显示疗效并可预测其临床价值的，可附带条件批准上市，企业应制定风险管控计划，按要求开展研究。鼓励新药和创新医疗器械研发，对国家科技重大专项和国家重点研发计划支持以及由国家临床医学研究中心开展临床试验并经中心管理部门认可的新药和创新医疗器械，给予优先审评审批”。第（十）条提出“支持罕见病治疗药品医疗器械研发。国家卫生计生委或由其委托有关行业协（学）会公布罕见病目录，建立罕见病患者登记制度。罕见病治疗药品医疗器械注册申请人可提出减免临床试验的申请”。第（十四）条提出“建立专利强制许可药品优先审评审批制度。在公共健康受到重大威胁情况下，对取得实施强制许可的药品注册申请，予以优先审评审批”。

2019 年 8 月，中华人民共和国第十三届全国人民代表大会常务委员会第十二次会议第二次修订《中华人民共和国药品管理法》，修订条款于 2019 年 12 月 1 日实施。其中第一章“总则”第5条明确规定“国家鼓励研究和创制新药，保护公民、法人和其他组织研究、开发新药的合法权益”。第二章“药品研制和注册”第16条规定“国家支持以临床价值为导向、对人的疾病具有明确或特殊疗效的药物创新，鼓励具有新的治疗机理、治疗严重危及生命的疾病或者罕见病、对人体具有多靶向系统性调节干预功能等的新药研制，推动药品技术进步”。第26条规定“对治疗严重危及生命且尚无有效治疗手段的疾病以及公共卫生方面急需的药品，药物临床试验已有数据显示疗效并能预测其临床价值的，可以附条件批准，并在药品注册证书中载明相关事项”。

2020年1月，国家市场监督管理总局第27号令颁布新版《药品注册管理办法》，自2020年7月1日起实施。其中明确支持以临床价值为导向的药物创新，建立药品加快上市注册制度。包括对于临床急需的短缺药品、防治重大传染病和罕见病的新药、用于应对突发公共卫生事件的预防和治疗用疫苗和药品、儿童用药等实施突破性治疗药物，附条件批准程序、优先审评审批程序、特别审批程序，在药品研制和注册过程中，药品监督管理部门及其专业技术机构给予必要的技术指导、沟通交流、优先配置资源、缩短审评时限等政策和技术支持。2020年6月，中国国家药品监督管理局（NMPA）发布2020年第43号和第44号通告，更新了生物制品、化学药品注册分类及申报资料要求，自2020年7月1日起实施。

根据第43号通告[1]，为规范生物制品注册申报和管理，将生物制品分为预防用生物制品、治疗用生物制品和按生物制品管理的体外诊断试剂三类进行注册管理。其中，（1）预防用生物制品是指为预防、控制疾病的发生、流行，用于人体免疫接种的疫苗类生物制品，包括免疫规划疫苗和非免疫规划疫苗，包括三大类：1类是创新型疫苗。指境内外均未上市的疫苗，进一步可细分为无有效预防手段疾病的疫苗，在已上市疫苗基础上开发的新抗原形式（如新基因重组疫苗、新核酸疫苗、已上市多糖疫苗基础上制备的新的结合疫苗等），含新佐剂或新佐剂系统的疫苗以及含新抗原或新抗原形式的多联/多价疫苗共4种类型。2类是改良型疫苗。指对境内或境外已上市疫苗产品进行改良，使新产品的安全性、有效性、质量可控性有改进，且具有明显优势的疫苗，进一步细分为在境内或境外已上市产品基础上改变抗原谱或型别且具有明显临床优势的疫苗，具有重大技术改进的疫苗，已有同类产品上市的疫苗组成的新的多联/多价疫苗，改变给药途径的疫苗，改变免疫剂量或免疫程序的疫苗以及改变适用人群的疫苗共6种类型。3类是境内或境外已上市的疫苗，进一步细分为包括境外生产的境外已上市、境内未上市的疫苗申报上市，境外已上市、境内未上市的疫苗申报在境内生产上市以及境内已上市疫苗共3种类型。（2）治疗用生物制品是指用于人类疾病治疗的生物制品，如采用不同表达系统的工程细胞（如细菌、酵母、昆虫、植物和哺乳动物细胞）所制备的蛋白质、多肽及其衍生物；细胞治疗和基因治疗产品；变态反应原制品；微生态制品；人或者动物组织或者体液提

---

[1] 参见国家药监局《关于发布生物制品注册分类及申报资料要求的通告（2020年第43号）》，发布时间：2020年6月30日。

取或者通过发酵制备的具有生物活性的制品等。生物制品类体内诊断试剂按照治疗用生物制品管理。治疗用生物制品也包括三大类：1类是创新型生物制品，指境内外均未上市的治疗用生物制品。2类是改良型生物制品，指对境内或境外已上市制品进行改良，使新产品的安全性、有效性、质量可控性有改进，且具有明显优势的治疗用生物制品进一步细分为新剂型、新适应证、新复方和新制备技术改进4种类型。3类是境内或境外已上市生物制品，进一步细分为境外生产的境外已上市、境内未上市的生物制品，境外已上市、境内未上市的生物制品申报在境内生产上市，生物类似药以及其他4种类型。（3）按照生物制品管理的体外诊断试剂，包括用于血源筛查的体外诊断试剂、采用放射性核素标记的体外诊断试剂等，包括两大类：1类为创新型体外诊断试剂，2类为境内外已上市的体外诊断试剂。

根据第44号通告[1]，化学药品按照如下5类注册。1类是境内外均未上市的创新药，指含有新的结构明确的、具有药理作用的化合物，且具有临床价值的药品。含有新的结构明确的、具有药理作用的化合物的新复方制剂，应按照化学药品1类申报。2类是境内外均未上市的改良型新药。指在已知活性成分的基础上，对其结构、剂型、处方工艺、给药途径、适应证等进行优化，且具有明显临床优势的药品，进一步可细分为新异构体、盐、络合物、螯合物，新剂型，新复方和新适应证4种类型。3类是境内申请人仿制境外上市但境内未上市原研药品的药品，该类药品应与参比制剂的质量和疗效一致。4类是境内申请人仿制已在境内上市原研药品的药品，该类药品应与参比制剂的质量和疗效一致，具有与原研药品相同的活性成分、剂型、规格、适应证、给药途径和用法用量的原料药及其制剂。5类是境外上市的药品申请在境内上市，包括境外上市的原研药品和改良型药品申请在境内上市以及境外上市的仿制药申请在境内上市两种类型。

可以看出，根据2020年最新药品注册分类的规定，生物制品注册按照创新生物制品、改良型生物制品、已上市生物制品（含生物类似药）等进行分类，化学药注册按照创新化学药、改良型新化学药、仿制药等进行分类。对于治疗用药而言，治疗用生物制品中的1类、2类相当于化学药品注册分类中的1类和2类，3类治疗生物制品相当于是将仿制和进口申报合并。

回顾我国自1979年首次建立药品审评制度以来，伴随着医药工业的发展趋势和国际化进程，在相关法规中对于新药或新药申请的定义发生了多次演变。1979年首次颁布的《新药管理法（试行）》中规定“新药系指我国创制和仿制的中西药品（包括放射性药品和中药人工合成品）”。1985年颁布的《新药审批办法》中规定“新药系指我国未生产过的药品。已生产的药品，凡增加新的适应症[2]、改变给药途径和改变剂型的亦属新药范围”。1999年颁布的《新药审批办法》中规定“新药系指我国未生产过的药品。已生产的药品改变剂型、改变给药途径、增加新的适应症

---

[1] 参见国家药监局《关于发布化学药品注册分类及申报资料要求的通告（2020年第44号）》，发布时间：2020年6月30日。

[2] “适应症”应为“适应证”，但原法条为“适应症”，故仍按其引用。——编辑注

或制成新的复方制剂，亦按新药管理"。2002 年颁布的《药品注册管理办法（试行）》中规定"新药申请，是指未曾在中国境内上市销售的药品的注册申请。已上市药品改变剂型、改变给药途径的，按照新药管理"。2005 年颁布的《药品注册管理办法》中规定"新药申请，是指未曾在中国境内上市销售的药品的注册申请。已上市药品改变剂型、改变给药途径、增加新的适应症，按照新药申请管理"。2007 年颁布的《药品注册管理办法》中规定"新药申请，是指未曾在中国境内上市销售的药品的注册申请"。可以看出，在 20 世纪 90 年代之前，考虑到我国医药行业的整体创新能力不高，医药行业的政策环境较为宽松，新药的定义为"本国新"，且增加新适应证、改变给药途径和剂型等实际上并非为创制新化学实体的药品也被定义为新药，可以享受到新药的优惠定价政策，在当时为本土企业创造了较为有利的发展环境。到 1999 年，我国正处于加入世界贸易组织（WTO）的进程中，为了保持国内外药品注册标准的一致性，我国药品监管部门将这部分增加新适应证、改变给药途径和剂型、新复方等实际上并不全新的药品划归为按照新药管理，并在 2007 年之后取消了按照新药管理的要求，这类药品也不再享受新药的优惠政策。可以说，新药定义的改变，一方面是为了遵守加入 WTO 的要求，另一方面也是释放出了鼓励制药企业开展全新化学实体药物创新创造的明确信号。2007 年之后，随着我国本土医药行业的高速发展，创新能力不断升级，在 2020 年最新药品注册分类规定中将原先新药定义中"未曾在中国境内上市销售的药品"修改为"境内外均未上市"，自此新药由"中国新"进入"全球新"时代。而且，在此次注册分类修订中，将在已知活性成分的基础上，对其结构、剂型、处方工艺、给药途径、适应证等进行优化的且具有明显临床优势的药品重新定义为改良型新药，重新明确了增加适应证、改变剂型和给药途径、新复方等药品类型作为新药的地位，并重点强调了新药研究应具有突出的临床优势。可以说，从 1979 年建立药品管理制度开始到真正意义上实现药品注册分类与国际接轨，我国的医药行业经历了 30 余年的探索。在当前最新版药品注册分类体系下，对具有临床优势的 1 类全新化学实体药物和新生物制品以及 2 类改良型药物的鼓励和引导的指向性更明确，其目的是引导和鼓励企业多角度、多层次开展技术创新，实现创制新药与开展已有药物的改进和更新换代两条思路的"双管齐下"，对于我国企业制定研发方向、研发的本土化策略和国际化策略都具有十分重要的导向性意义。

➢ 强化新药保护的专利制度全面落地

医药行业技术创新发展高度依赖专利保护。众所周知，新药研发具有高投入、高风险、高回报的"三高"特点，因此，通过专利保护获得独占权利，从而在新药上市后的一段时间内获得垄断的收入，是对新药研发投入的应有回报。《意见》中第三部分涉及促进药品创新和仿制药发展的相关措施，具体包括建立上市药品目录集、探索建立药品专利链接制度、开展药品专利期限补偿制度试点、完善和落实药品试验数据保护制度、促进药品仿制生产等内容。通过上述措施，形成保护药品知识产权的“组合拳”，一方面，强化知识产权保护、激发创新活力、提高我国生物医药行业的科技创新力；另一方面，引导和规范仿制药行业健康发展，使我国患者在及时享受到科技创新成果的同时，能够有效节省就医花费、降低医疗成本、提高药品可及性。可以说，相关意见的出台为鼓励新药研发和专利保护提供了政策支撑，国内企业新药研发积极性空前高涨。

2020 年 10 月，第十三届全国人民代表大会常务委员会第二十二次会议通过《全国人民代表大会常务委员会关于修改〈中华人民共和国专利法〉的决定》。修改后的《专利法》条款自 2021 年 6 月 1 日起施行。在此次《专利法》修改中，增加第 15 条第 2 款“国家鼓励被授予专利权的单位实行产权激励，采取股权、期权、分红等方式，使发明人或者设计人合理分享创新收益”，凸显了专利法鼓励发明创造的立法本意。同时也增加了涉及药品特殊的专利制度的相关内容。在第 42 条中新增药品专利期限补偿制度的相关规定：“为补偿新药上市审评审批占用的时间，对在中国获得上市许可的新药相关发明专利，国务院专利行政部门应专利权人的请求给予专利权期限补偿。补偿期限不超过五年，新药批准上市后总有效专利权期限不超过十四年。”新增第 76 条关于药品纠纷早期解决机制内容：“药品上市审评审批过程中，药品上市许可申请人与有关专利权人或者利害关系人，因申请注册的药品相关的专利权产生纠纷的，相关当事人可以向人民法院起诉，请求就申请注册的药品相关技术方案是否落入他人药品专利权保护范围作出判决。国务院药品监督管理部门在规定的期限内，可以根据人民法院生效裁判作出是否暂停批准相关药品上市的决定。”“药品上市许可申请人与有关专利权人或者利害关系人也可以就申请注册的药品相关的专利权纠纷，向国务院专利行政部门请求行政裁决。”“国务院药品监督管理部门会同国务院专利行政部门制定药品上市许可审批与药品上市许可申请阶段专利权纠纷解决的具体衔接办法，报国务院同意后实施”。这是我国首次从专利法立法层面明确药品专利期限补偿制度。这一制度的确立，是顺应我国当前鼓励创新药“引进来”的政策导向，同时也是为了鼓励和促进我国的制药企业勇于“走出去”，提高自主创新能力，在国际医药市场上竞争和成长。从美国、日本等发达地区的经验来看，药品专利期限补偿制度能够补偿新药研究过程中为了满足药品上市需要进行临床试验所损失的专利权，延长新药上市后的有效保护期限，更有利于鼓励与促进创新药物的研发。而对于药品专利纠纷早期解决机制的确立和进一步细化，则更有利于引导仿制药的良性、规范化发展，同时也有利于保护创新药的合法利益。可以说，在 2020 年修正《专利法》的决定中明确药品特殊专利制度，符合我国强化知识产权保护、服务对外开放大局的发展方向，对鼓励研发创新药和引导规范仿制药两个方面都具有正向的促进作用。

➢ 医药创新发展之路任重道远

随着“重大新药创制”重大专项的顺利实施以及药品审评审批制度改革的成果推进，我国新药获批数量明显上升，在满足患者对于创新药的迫切需求方面取得了阶段性的成就，但是，从累计数据来看，我国创新药物的可及性与国外相比仍然存在差距。根据艾昆纬人类数据科学公司（IQVIA）数据统计，美国食品药品监督管理局（FDA）、欧洲药品管理局（EMA）和日本厚生劳动省医药食品局医药品医疗器械综合机构（PMDA）从2009年1月至2019年6月一共批准了623个创新药；在这三个国家和地区均获得批准的创新药有169个，中国仅批准了其中的84个。[1] 因此，医药行业创新发展的任务依然艰巨，道路依然艰难。进入“十四五”阶段，深入实施科教兴国战略、人才强国战略、创新驱动发展战略，完善国家创新体系，加快建设科技强国的发展方向已经明确。在医药行业，药品审评审批制度改革的成效将更加充分地展现，药品特殊专利保护制度也逐渐细化和落实并对创新创造产生激励作用，新药创制的社会和经济环境将会进一步改善。通过深化“重大新药创制”重大专项的引导作用，必将大幅度提升我国新药研发的综合能力和水平，在防治重大疾病、改善民生、调整医药产业结构转变发展模式等方面取得更大成就。

（执笔：马秋娟）

[1] 北京医药卫生经济研究会，中国外商投资企业协会药品研制和开发行业委员会，艾昆纬真实世界．医药创新背景下医保谈判方法研究［R/OL］．(2020 - 08 - 20)［2020 - 10 - 30］．http：//cnadmin.rdpac.org/upload - file/1603882592.pdf.

重大疾病治疗药物领域技术发展面临机遇与挑战

随着《国家中长期科学和技术发展规划纲要（2006—2020）》和“重大新药创制”专项的顺利实施，我国本土的医药产业逐渐完成转型升级，并进入了收获成果的阶段。包括泽布替尼、阿帕替尼、西达本胺、埃克替尼等创新化学药和康柏西普、贝那鲁肽、信迪利单抗等创新生物制品陆续获批上市，而诸如 CAR－T 等细胞免疫治疗技术的研究也在如火如荼地开展中，更重要的是，在专项的推动下，重大疾病治疗药物领域技术得以迅速发展，在促进新药产出的同时，也使国内的创新环境得到进一步优化。

➢ 重点领域专利申请量保持较高增长速度

“重大新药创制”专项于 2008 年启动，成为我国推动医药产业自主创新发展的标志性起点。专项中提出的重大疾病包括：恶性肿瘤、心脑血管疾病、神经退行性疾病、糖尿病、精神性疾病、自身免疫性疾病、耐药性病原菌感染、肺结核、病毒感染性疾病以及其他常见病和多发病，其中限定了九类（种）具体疾病类型。

对近年来中国、美国、欧洲、日本、韩国在上述具体疾病领域的药品专利申请量进行分析可以发现（见图 1），自 2000 年之后，美国的相关专利申请量呈快速增长趋势，并在 2004 年达到高峰，随后进入平稳发展期。美国早期专利申请量的增长源于 20 世纪 80 年代的“亲专利”立法。[1] 在当时，美国面临着经济竞争力急剧下滑的态势，为了恢复国家竞争力，美国结合本国科技实力的优势，决定强化对本国高科技的专利保护，开始实施“亲专利”政策，鼓励创新创造，激发科技活力。自此之后，政府机构和立法部门对专利的态度发生了转变，由反对、质疑转为支持保护，例如，设立美国联邦巡回上诉法院，将知识产权保护作为国际贸易政策的组成部分，扩大专利的保护范围，并推出相应的配套政策。在这一系列的制度保障下，美国的专利申请量增长显著，并且在之后一直维持着较高的水平。从全球范围来看，正是由于率先实施了鼓励专利的政策，美国医药行业技术发展最早，从而掌握了在重大疾病治疗药物领域开展专利布局的先发优势。与美国相比，欧洲、日本和韩国的专利申请量增长则相对平稳。在 2000 年，我国的专利申请量位列第四，仅高于韩国，而且在 2005 年之前与欧洲、日本和韩国的增长速度接近，均远低于美国。之后我国在相关领域的专利申请量稳步增长，而同期欧洲、日本和韩国的增长速度逐渐放缓。自 2005 年之后，我国

---

[1] 丁道勤．美国亲专利政策的司法变迁及其启示［J］．云南大学学报（法学版），2014，27（5）：158－162.

的专利申请量仅次于美国，位列第二。2008 年，“重大新药创制”专项开始实施，我国在相关领域的专利申请量继续增长，于 2012 年超过美国，而且在之后数年仍呈快速增长趋势。这一趋势与国家总体实施创新驱动发展战略之下，各省（区、市）结合各自的实际情况陆续出台了相应的专利资助政策，有效提高了各类创新主体的专利申请积极性的状况相符合。在医药行业，也正是在“重大新药创制”专项的鼓励下，医药企业和科研院校的创新活力得以释放，专利申请行为的活跃度有较为明显的提升。

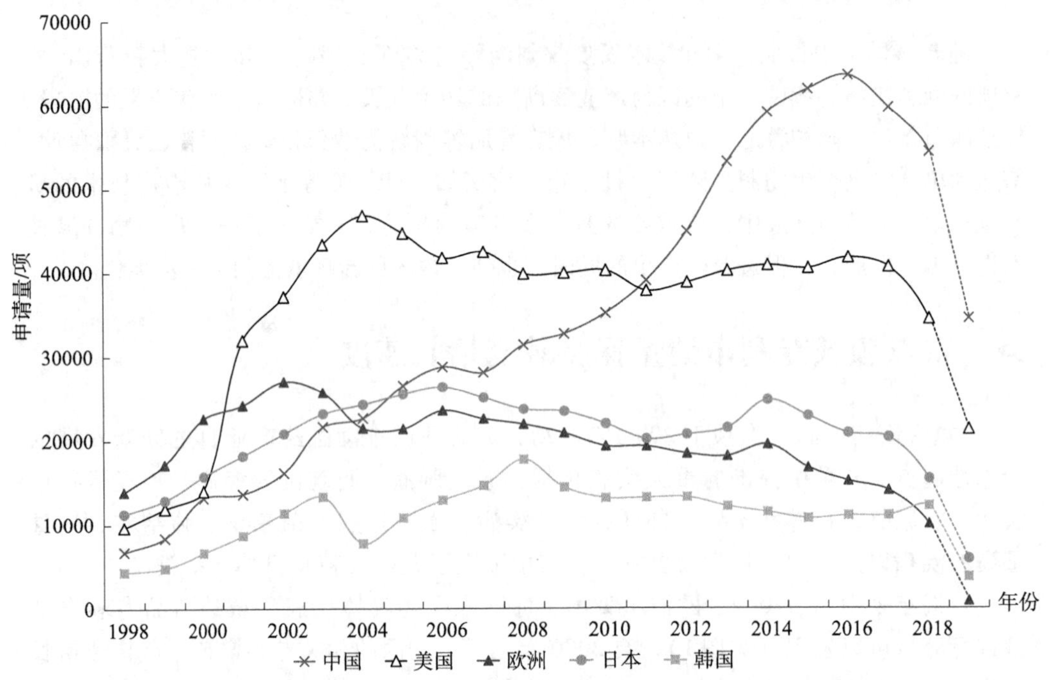

图 1　中国、美国、欧洲、日本、韩国重大疾病领域专利申请量年度分布

图 2 和图 3 是“重大新药创制”专项提出的具体疾病治疗领域全球和中国新药专利申请量的趋势。通过比较可以看出，自 2000 年以来，全球各重大领域专利申请量呈现平稳增长，自 2010 年之后，中国在相关领域的专利申请量增长速度明显高于全球申请量的增长速度。特别是在 2015 年之后，全球除恶性肿瘤药物和自身免疫性疾病药物以外的其他领域专利申请趋势逐渐放缓，而中国在各大重点领域的专利申请量依然保持了强劲的增长势头。可以说，“重大新药创制”专项极大地促进了国内医药创新技术体量的增长，为国内的药品创新发展提供了持续的动力，并从专利申请量趋势中体现出来。

对重点领域专利申请量进行比较可以看出，尽管同样存在迫切的临床需求，但是恶性肿瘤领域的创新技术产出量依然是一骑绝尘，是目前全球药物研究和开发的焦点领域。除了恶性肿瘤外，在全球范围内，技术布局密集度较高的药物治疗领域为自身免疫性疾病、心脑血管疾病、糖尿病、精神性疾病和病毒感染性疾病等，而在中国则包括自身免疫性疾病、心脑血管疾病、糖尿病、病毒感染性疾病和精神性疾病等，技术竞争的焦点比较接近。

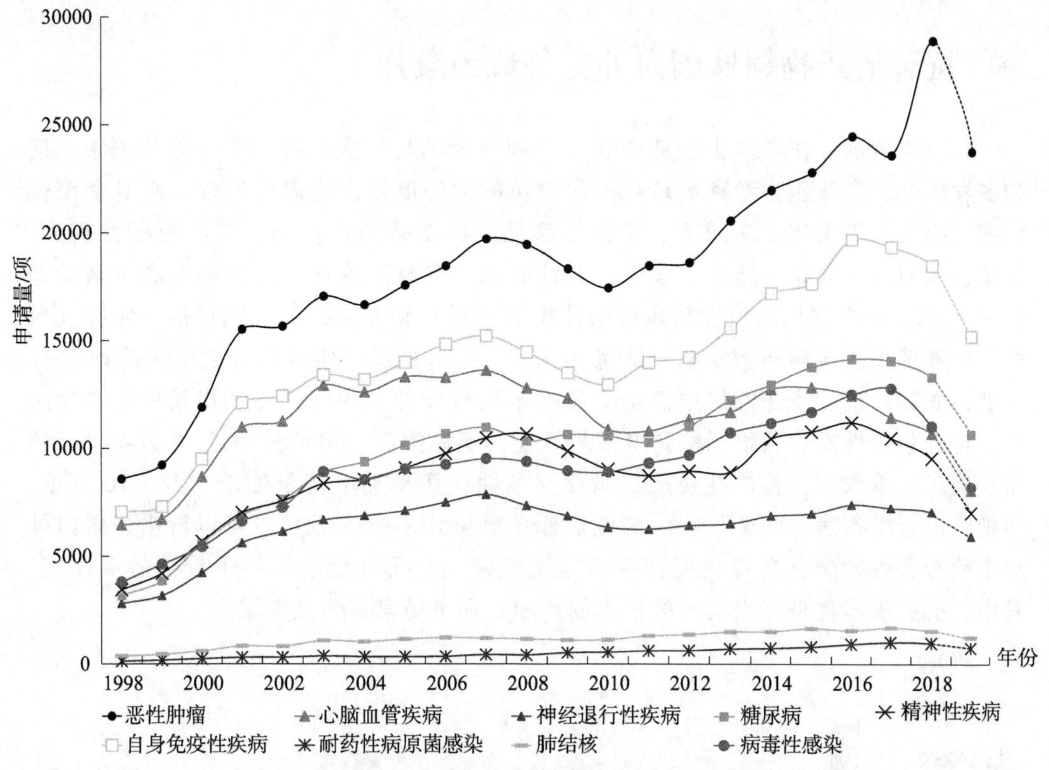

图 2　重点领域全球新药专利申请量趋势

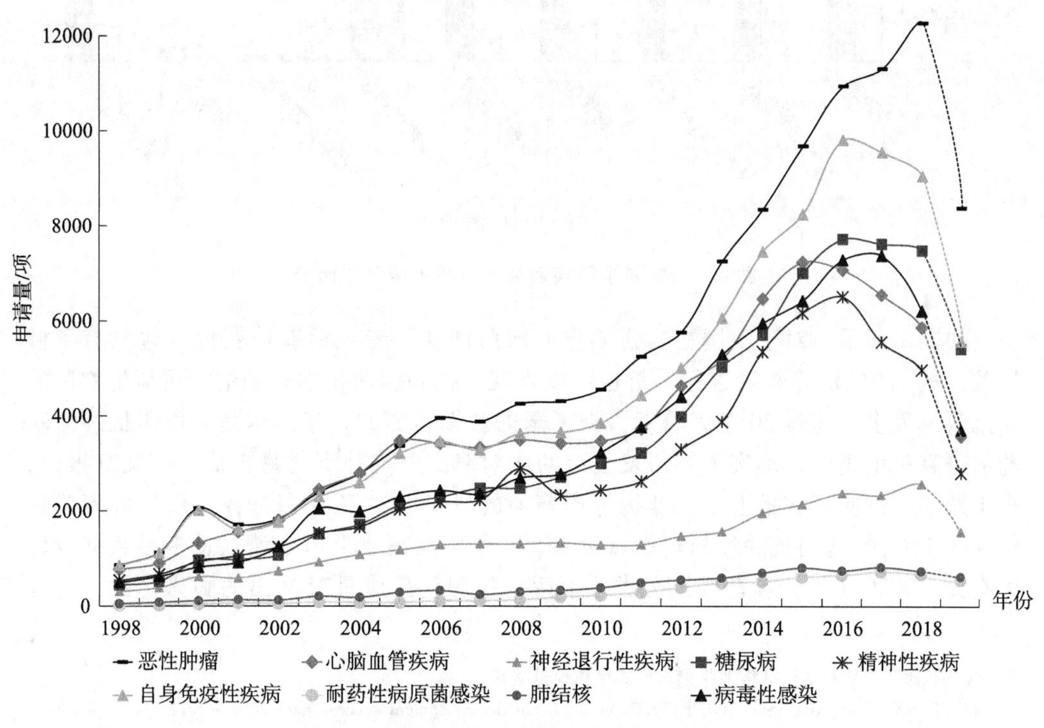

图 3　重点领域中国新药专利申请量趋势

➢ 抗肿瘤药物领域国内外竞争最为激烈

如图4所示，在“重大新药创制”专项涉及的具体疾病类型中，除其他常见病和多发病外，全球药物专利申请对疾病领域的关注度依次为恶性肿瘤、自身免疫性疾病、心脑血管疾病、糖尿病、精神性疾病、病毒感染性疾病、神经退行性疾病、肺结核和耐药性病原菌感染。其中，恶性肿瘤、自身免疫性疾病药物专利申请量超过30万项，4类常见的慢性病和传染性疾病包括心脑血管疾病、糖尿病、精神性疾病、病毒感染性疾病药物专利申请量在15万~25万项，神经退行性疾病药物近15万项，而肺结核、耐药性病原菌感染药物申请量较低。在中国专利申请中，恶性肿瘤、自身免疫性疾病药物仍然是申请量靠前的疾病类型，申请量超过10万项，心脑血管疾病、糖尿病、精神性疾病、病毒感染性疾病专利申请量处于5万~10万项，而神经退行性疾病、肺结核、耐药性病原菌感染均不足5万项。可以看出，国内外对于治疗恶性肿瘤、自身免疫性疾病等治疗领域的研发创新保持了较高的关注度。其中，抗肿瘤药物是首当其冲的技术创新和专利布局竞争热点领域。

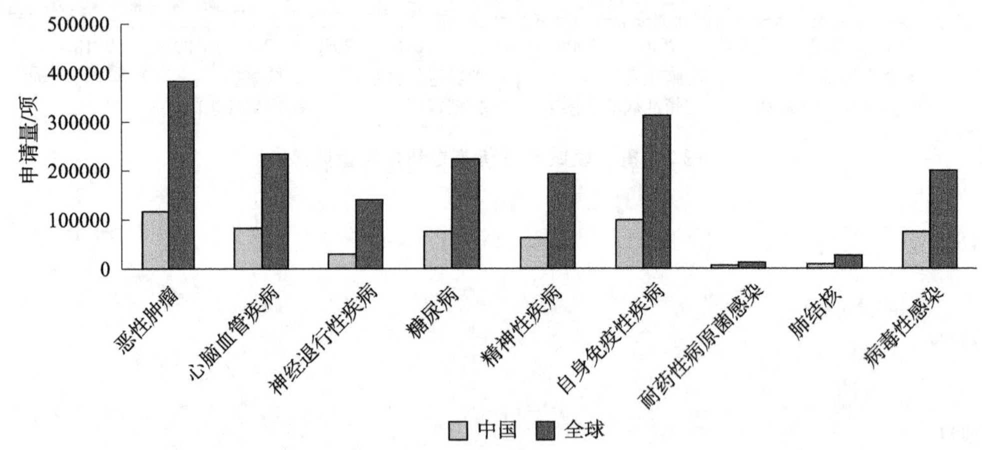

图4　全球和中国疾病类型专利申请分布比较

如表1所示，对于我国在实施“重大新药创制”专项后新药获批（包括有条件批准）药物❶的治疗领域进行分析也可以发现，抗肿瘤新化学药和治疗用新生物制品获批数量最多，超过20个，将近占据了国内获批新药的一半。但是，由于抗肿瘤新药的研究过度集中，事实上其研发上市的成功率比非抗肿瘤药物更低。有文献报道，自Ⅰ期临床试验到获批上市，非抗肿瘤药物的研发成功率为11.9%，而抗肿瘤药物仅为5.1%。❷这与抗肿瘤新药领域投入大、集中度高、上市申请数量多导致基数较大有关。2020年国内新药注册分类改革后，强调新药应具有突出的临床优势，这也

---

❶ 新药品种从网络信息整理收集，可能存在少量遗露。

❷ THOMAS D, BURNS J, AUDETTE J, et al. Clinical development success rates 2006–2015 [R]. Washington: Biotechnology Innovation Organization, 2016.

提示若想在抗肿瘤新药的研发竞争中脱颖而出，必须找到具有一定创新性的突破点。

表1 实施"重大新药创制"专项后获批新药分类情况

疾病类型	新化学药	新生物制品
恶性肿瘤	埃克替尼、双环铂、阿帕替尼、西达本胺、安罗替尼、呋喹替尼、吡咯替尼、氟马替尼、尼拉帕利、泽布替尼、阿美替尼等	尼妥珠单抗、特普瑞利单抗、信迪利单抗、卡瑞利珠单抗、替雷利珠单抗、赛普汀、曲妥珠单抗、长效重组人粒细胞集落刺激因子、碘[131I]美妥昔单抗等
心脑血管疾病	阿利沙坦酯	重组人尿激酶原
神经退行性疾病	甘露特钠	
糖尿病		聚乙二醇洛塞那肽、贝那鲁肽
精神性疾病	甲苯磺酸瑞马唑仑、苯磺酸瑞马唑仑	
自身免疫性疾病	艾瑞昔布、艾拉莫德、海姆泊芬、本维莫德	
耐药性病原菌感染	安妥沙星、左奥硝唑、吗啉硝唑、奈诺沙星、头孢他啶他唑巴坦钠	
肺结核和病毒性感染	利福平异烟肼、帕拉米韦三水合物、达诺瑞韦、可洛派韦、拉维达韦、可利霉素	聚乙二醇干扰素 α-2b、重组干扰素蛋白、脊髓灰质炎灭活疫苗、戊肝疫苗、手足口疫苗、埃博拉疫苗、艾博韦泰多肽
其他	吡非尼酮、罗沙司他	抗血管内皮生长因子融合蛋白、尖吻蝮蛇血凝酶、鼠神经生长因子

国内新药获批数量第二的疾病类型是抗感染药物和预防用生物制品。尽管上市的品种较多，但是该类药物的国内外专利申请数量并不算十分突出，可能是由于病毒感染性疾病大部分涉及突发性病毒传染，病毒容易变异或消亡，除部分广谱治疗药物外，预防用生物制品如疫苗、抗体均具有特异性高的特点，当病毒变异或消亡后，这类特异性高的药物临床应用空间不大。但是，除了疫苗类专属于长期的、特定的流行病毒外，其他生物制品和化学药大多可针对多种病毒，可扩展治疗范围较大。因此，如能够针对同类病毒的致病机理开发出针对多种病毒的药物，技术的创新型和药物的含金量将大大提高。

此外，在神经退行性疾病药物领域，我国专利布局积极性和新药产出率均不高，这与神经退行性疾病药物的研究难度有关。首先，神经系统疾病的发生风险存在种族差异，并根据流行病学研究显示出区域特异性。如以帕金森病为代表的神经退行性疾病，其全球患病率高于亚洲患病率，❶ 可能导致我国制药企业药物研发动力较低。而且，脑科学相关领域的研究在我国起步较晚，科研领域对神经退行性疾病的认识较少，其发病机制尚有诸多不明确之处，导致新药研发受限。目前全球在神经

❶ 全球神经疾病发病率和患病率异质性研究［EB/OL］.（2014-11-10）［2020-12-08］. http://neuro.dxy.cn/article/91010.

退行性疾病领域仍然是美国领先。随着全球老龄化问题日益严重，神经退行性疾病临床需求呈现增加趋势。根据目前的专利申请量趋势来看，国外申请人在神经退行性疾病领域已经抢先开展专利布局，对此，我国有必要在神经退行性疾病的药物研究方面加大力度，推进技术创新并尽快进行专利布局，以免错失良机。

➢ 国内创新主体的专利意识持续提升，创新环境日益改善

对于新药而言，专利保护期是维护药物经济市场价值的重要指标，药品专利期限越长越有利于药品的销售和市场占有，因此一般获得药物相关专利后，创新主体将尽可能保证药物专利的有效性。“重大新药创制”专项实施以来，一方面，医药领域专利技术迅速发展，另一方面，创新主体的专利保护意识以及争取专利权益、维持专利有效的管理水平方面有明显提升。如图 5 所示，在整个医药领域近 20 年的中国专利申请中，约 60% 的专利为国内本土的创新主体，40% 为国外创新主体在中国进行的专利申请。数据趋势表明，国内本土申请人与国外来华申请人的发明专利授权率相差不大。❶ 近 20 年国外来华创新主体的年授权有效率均高于国内本土创新主体，❷ 表明国外来华创新主体更有意愿对有效专利进行长期维持。但是，对比国内本土和国外来华创新主体的年授权专利的授权有效率差值面积可以看出（图 5 中面积图表示国外来华与国内本土授权有效率差值面积），该差值面积自 2006 年后稳步缩小，体现出国内创新主体对专利维持的力度逐步提升，专利维持有效的意识和需求也逐步提高，药物专利在维护市场方面将起到越来越重要的作用。

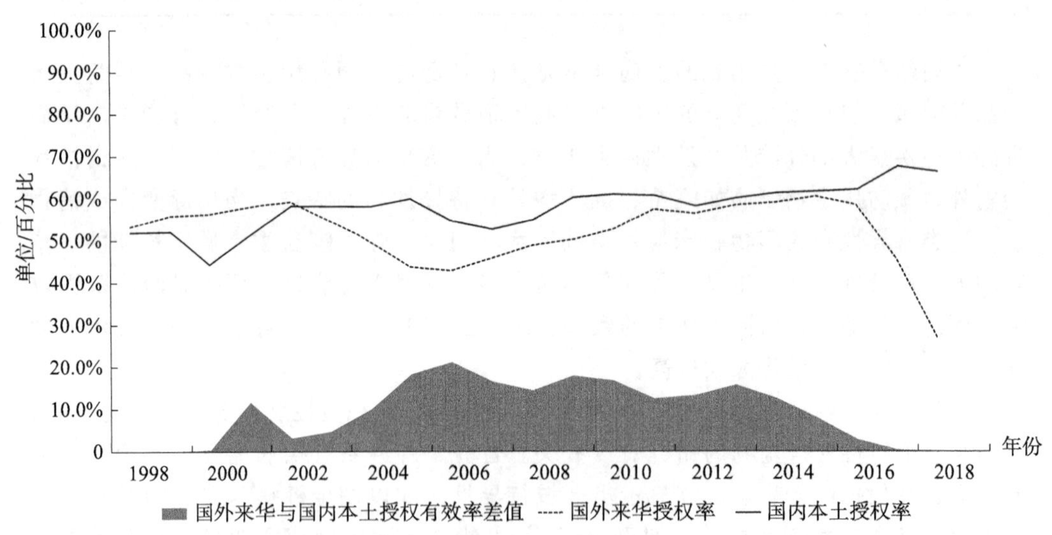

图 5 国内本土与国外来华药物专利授权率以及授权有效率比较

---

❶ 发明专利授权率是指发明授权与发明授权、驳回、撤回的专利总量的占比。

❷ 授权有效率是指获得授权的专利中，处于有效状态的专利所占比例，可宏观评价专利维持情况和专利质量。

国内医药领域创新主体包括各类医药企业如恒瑞医药、正大天晴等，科研院校如中国医学科学院药物研究所、中国科学院上海药物研究所等，另有部分个人申请。由图6可以看出，医药企业和科研院校的专利申请占比呈现平稳增长，特别是自2008年“重大新药创制”专项实施以来，国内药物研发环境逐步呈现以国内科研院校和医药企业占主导地位的良好生态环境，其可以从各类型创新主体专利申请占比❶数据趋势中体现出来。其中，科研院校专利申请占比相对医药企业更高，且专利授权率也保持在较高水平。科研院校创新思想较为活跃，其所关注的研究领域与研究兴趣和研究背景密不可分，尽管不同的研究课题组可能导致申请的主题较为分散，难以形成持续性、系统性和规模化效应，但是，这些课题组常常孕育着创新的最初火花，为后续的产业化提供了物质基础。

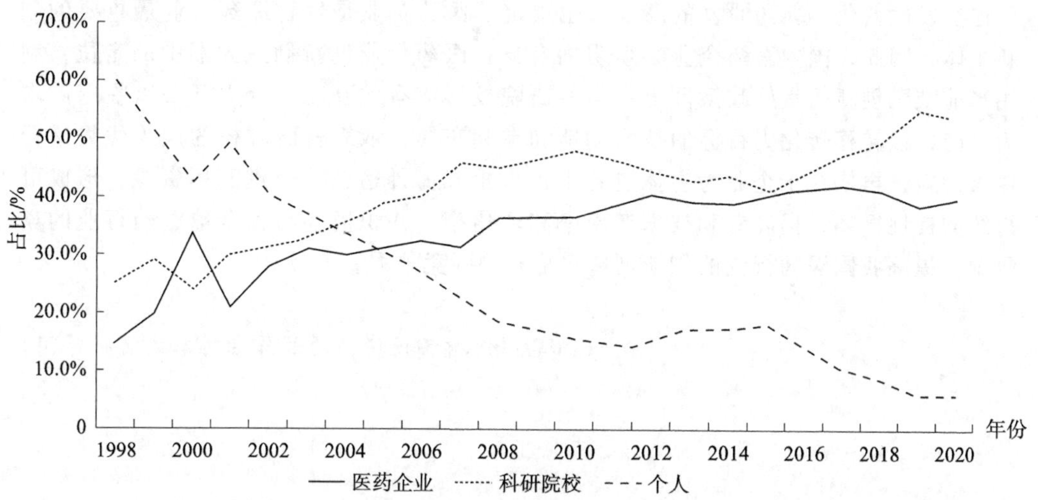

图6　医药领域各类创新主体专利申请占比变化趋势

在国内批准的新药中，也有部分是由科研院校首先研制，并通过与医药企业合作完成后续的临床研究以及上市申报工作，例如，中国科学院上海药物研究所与安徽环球药业股份有限公司合作开发的盐酸安妥沙星、中国医学科学院医药生物技术研究所与沈阳同联集团有限公司合作开发的可利霉素等。可以说，科研院校等研究单位以探索性研究为主，在药物研发早期起到了不可或缺的作用，科研院校的药物专利中存在大量有价值的原始核心化合物专利，这些专利奠定了药物研发的基础，也是药物后续开发和专利布局的源动力。与科研院校相比，国内医药企业专利申请的授权率一直保持在稳定水平，略低于科研院校专利授权率。医药企业所进行的药物研发和新药申请通常是以市场为导向的，这使申请主题通常较为明确且具有很好的经济价值，在研发方面也具有更高的可持续性和规划性，并且在专利申请方面也会更加注重进行专利的布局。当然，其中也包括了一部分未能获得专利权的、作为防御策略公开的专利。鉴于专利在新药研发上市过程中的重要作用，医药企业专利

❶　专利申请占比是科研院校、医药企业和个人申请的专利占所有专利的比例。

申请占比的提升将有助于维护药品上市后的市场地位，引导形成良性的新药研发生态环境。

➢ 展 望

总体来看，医药产业快速发展的趋势在相关技术领域的专利申请数据上得到了很好的印证，重大疾病领域专利技术产出量逐年提升，抗肿瘤药物、自身免疫性疾病药物等重点领域的专利技术竞争和新药研发竞赛持续激烈，而神经退行性疾病领域的药物研发关注度有待加强。“重大新药创制”专项实施以来，我国在医药领域的专利申请行为更加活跃，随着市场规模的不断扩大和资本流向的引导，国际竞争格局也在发生变化。新药研发的高投入也决定了医药企业是生物医药行业最重要的创新主体，因此，国内医药企业必须明确自身在医药行业创新创造大潮中的定位，利用当前鼓励创新的良好政策环境，与科研院校形成有效互动。合力开展以临床需求为导向，以转移转化为目标的技术创新和专利布局，依靠科研院校的人才优势进行探索创新，再依托于企业为主体进行上市申报和海外运营，合理利用资源，形成可持续的良性循环，提高专利技术产出率和转化率，并积极参与到全球医药行业的竞争中，提高我国医药行业的创新创造水平和国际竞争力。

（执笔：何瑜、杨倩，两位作者对本文贡献等同）

化学药篇

化学药导读

自2008年实施“重大新药创制”专项以来，我国自主研制或合作研发上市的新化学药达到30个以上。这些新药的创新起点不同，既有自主研制的“first - in class”创新药，也有在国外新药基础上通过专利规避和小改进实现从“me - too”到“me - better”的跟进型创新药；既有与国外合作引进实现在中国上市的创新药，也有直接与国外平行竞争并实现先发上市的创新药。正是由于创新起点的不同，这些新药在之后的研发上市过程中也采取了不同的专利布局，绘制出一幅幅风景各异的专利画卷。在“化学药篇”，我们精选了22个创新药品种编写成17个专利故事，试图去回溯研究这些新药品种在研发立项、新药申报、临床研究、上市销售的整个生命周期过程中，从技术创新到专利的创造、保护和运用的考量与抉择以及面临的机遇和挑战。

第1个是关于我国自主研制的银屑病治疗药本维莫德的故事。本维莫德在国内临床研究中的阶段性成功促成了海外开发权益转让，但是后续技术研发与专利布局却并不会局限于利益市场的边界，提示国内创新药研究者在专利技术输出的过程中应当提前布局以应对后续可能产生的技术竞争。

第2个是关于我国采用基因工程技术自主研发的新型抗生素的故事。在可利霉素的研制过程中，制药企业与科研院所紧密合作，通过人才和资源的整合，在新药研发上市的各个节点分层次扎实推进专利布局，行稳致远，成为我国“产学研”模式联合开展新药研制和专利创新的成功范例。

第3个到第8个故事都涉及替尼类小分子靶向抗肿瘤新药。作为21世纪最热门的抗肿瘤化学药，自首个药物伊马替尼于2001年上市以来，目前全球范围内获批上市的替尼类药物已经超过50种。我国2011年批准首个药物埃克替尼，在2018年之后也进入到该类国产药物上市的井喷期。替尼类药物的研发历程也是我国新药创制从“跟跑”到“并跑”再到“领跑”过程的缩影。在第3个关于泽布替尼的故事中重点探讨了这一新药如何基于全新的母核结构和良好的临床效果培育高价值专利并在资本市场上获得巨大成功。在第4个阿美替尼的故事中主要讨论了企业如何通过巧妙的生物学评价试验数据在多个国家获得较大范围的专利授权，为跟随型新药的专利挖掘提供借鉴。第5个故事则通过对合作引进品种安罗替尼和自主研发品种吡咯替尼的专利策略比较，解读创新药专利布局的多元化战略。第6个故事通过氟马替尼的研发历程和专利布局梳理了我国企业由仿到创的发展过程中的专利攻守之战。第7个故事通过比较阿帕替尼和呋喹替尼在遭遇非专利实施主体时的不同结果，探讨了医药领域专利保护的实际收益与机会成本之间的关系。第8个故事则是对被誉为“民生领域的两弹一星”的我国首个自主研发上市的替尼类药物——埃克替尼的研发历程和专利布局的系统梳理，并借由相关无效纠纷案件引入了关于核心化合物专利中试验数据披露程度的讨论。

第 9 个故事涉及抗肿瘤药西达本胺，这一国产创新药的研发过程中首次开启了海外授权许可模式，并在后续遭遇无效挑战时通过充足的准备打赢了核心专利保卫战，为我国创新药企业树立了良好的范例。

第 10 个故事是将国产抗生素安妥沙星和奈诺沙星与国外同领域品种莫西沙星的专利布局进行了比较研究，为国内企业如何在贯穿整个药品生命周期的过程中有步骤、分层次的推进专利布局提供借鉴。

第 11 个故事涉及抗高血压药阿利沙坦酯，展现了两家企业在研发上市的接力过程中，充分利用各自优势不断拓展专利的深度和广度，实现了从创新到产业化的完美融合。

第 12 个到第 14 个故事均是我国企业研制改良型新药的探索实践。第 12 个故事探讨了各家企业如何在抗感染老药奥硝唑的基础上，以问题为导向实现了新药和专利技术的“裂变”成果。第 13 个关于抗病毒药帕拉米韦三水合物的故事则是探讨了如何根据药品理化性质，围绕用药特点构建专利保护体系。第 14 个关于麻醉药瑞马唑仑的故事则是通过对比引进国外品种和开发改良盐型的创新方式及其在专利布局过程中面临的困难与机遇，为国内制药企业在研发模式的选择上提供更多的思路。

第 15 个到第 17 个故事均涉及我国企业通过国际合作、引进和本土化的新药品种。第 15 个故事分析了我国企业在面对抗肺纤维化药物吡非尼酮市场开发权归属多家，技术竞争激烈的状况下如何转型开发二代品种并掌握专利主动权。第 16 个故事比较分析了 3 个抗丙肝药达诺瑞韦、可洛派韦、拉维达韦的国内申报企业基于转让或授权许可的不同模式，在新药本土化进程中探索出了各具特色的专利技术再创新策略。第 17 个故事则是关于类风湿性关节炎治疗药艾拉莫德在研发上市过程中充分利用专利漏洞进行契合国内药品注册政策和技术发展规律的专利布局，实现了从跟随模仿到自主创新再到领先上市，赢得了平行赛道上的胜利。

开卷有益，希望“化学药篇”这 17 个故事能够对化学药研发和专利管理工作者有所启发。

（执笔：杨倩）

01 本维莫德

——市场划分的有形边界与专利布局的无形扩张

编者按 本维莫德成功上市打破了传统激素药物的局限，为银屑病患者带来了福音，其在国内临床研究中的阶段性成功促成了海外开发权益转让。国际多维合作与协议使利益市场得到划分，但技术研发与发明创造过程往往突破了市场的边界，交易后的各方专利全球布局需要得到足够的重视。

➢ 海归人才回国孵化抗银屑病新药

本维莫德（Benvitimod），化学名为3，5-二羟基-4-异丙基芪（见图1-1）。本维莫德是由海归科学家在"国家科技重大专项"资助下在国内孵化并实现中国首发上市的一类新药，是全球首个上市的治疗性芳香烃受体调节剂，具有阻断T细胞的迁移、细胞因子和炎症介质的释放等作用，用于治疗成人轻至中度稳定性寻常型银屑病。

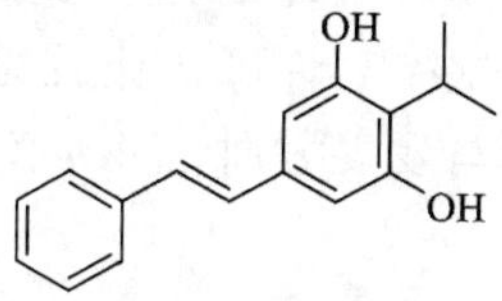

图1-1 本维莫德化学结构式

从共生微生物中寻找活性物质是20世纪八九十年代的研究热点。陈庚辉博士与其导师John M. Webster等3人从一种土壤线虫的共生细菌代谢产物中发现了新的生物活性物质，于1994年提交国际专利申请（WO9503695A1），该申请说明书中公开了本维莫德的结构及抗真菌活性。1999年，陈庚辉等3人团队在加拿大创立了维理生物技术公司（以下简称"维理公司"，Welichem Biotech Inc），并就本维莫德在炎性疾病特别是银屑病治疗的用途进行全球专利布局（WO2001042231A2，主要布局包括中国、美国、欧洲、日本等多个国家和地区），形成本维莫德的关键用途专利族。2009年，陈庚辉带着研究成果回国，与河北文丰实业集团合作创立北京文丰天济医药科技有限公司和深圳天济药业有限公司（以下简称"天济医药"）继续推进本维莫德新药研制，分别在 2012 年、2015 年完成Ⅱ期、Ⅲ期临床试验。2015 年，天济医药在广东省中山市建立了本维莫德药品生产质量管理规范（GMP）产业化基地中昊药业，为本维莫德上市生产奠定基础，并于 2016 年提交新药上市申请，2017 年该药被纳入优先审评程序，冠昊生物科技股份有限公司在 2017 年收购天济医药和中昊药业，最终成为控股股东，本维莫德于 2019 年 5 月在中国获批上市，商品名为欣比克。

另外，早在 2012 年，英国葛兰素史克制药公司（以下简称“葛兰素史克”）就因本维莫德在中国良好的Ⅱ期临床试验结果与天济医药达成许可交易，获得除中国（含港澳台地区）以外的市场开发权，药物名为他匹那罗（Tapinarof），同时受让得到本维莫德相应市场的关键用途专利权（WO2001042231A2）。2018 年 7 月，英国 Roivant Sciences 宣布其专注于免疫皮肤病研究的子公司德玛万科学有限责任公司（以下简称“德玛万科学”）以近 3.3 亿美元的高价购买得到葛兰素史克获得的上述本维莫德市场开发权与专利权。2020 年 8 月，德玛万科学宣布其开发的他匹那罗乳剂在外用治疗成人斑块状银屑病的Ⅲ期临床试验中，评分至少提高两级的受试者比例显著高于对照组，达到了临床试验的主要终点。[1]

由此可见，本维莫德的结构已被陈庚辉等人在先研究专利申请的说明书公开，后期维理公司提交的本维莫德在银屑病等疾病的用途专利成为其上市过程的关键专利。本维莫德临床试验的成功赢得了海外制药企业对中国新药项目的青睐，并成功促成两次向海外市场输出的市场交易。同时，本维莫德项目也吸引了国内科研院校的关注，河北科技大学自 2009 年起对本维莫德的合成、制剂开展了持续性的研究，成为国内本维莫德专利申请的主要申请人之一。

银屑病等炎性疾病的市场巨大，且在当代社会呈现上升趋势，专利权在药品市场分配竞争中有着至关重要的作用。通过分析本维莫德的专利技术信息、专利技术脉络以及经历两次市场交易和多次专利许可转让后的专利技术分析情况，可以更清晰地了解本维莫德新药研制历程与发展方向，并对国内创新药的专利布局和应对海外许可后的技术竞争提供启示。

➢ 本维莫德相关专利关联国内外多个权益主体

本维莫德全球专利申请分为三个阶段，分别以 2009 年、2015 年作为时间节点，这与本维莫德被引入中国、临床试验取得重要进展等相关事件的发生时间基本吻合。2009 年之前主要为基础研究发现阶段，自 1994 年文献中公开涉及从嗜线虫致病杆菌中提取得到具有抗真菌活性的化合物本维莫德之后，尽管新药开发前景尚不明确，但是研究团队就本维莫德相关组合物、化合物修饰、用途、合成制备进行全球专利

[1] Dermavant Reports Positive Phase 3 Results for Tapinarof Cream in Adult Patients with Plaque Psoriasis [EB/OL]. (2020-08-26) [2020-09-30]. http: //www. dermavant. com/dermavant-reports-positive-phase-3-results-for tapinarof-cream-in-adult patents-with-plaque-psoriasis/.

布局，特别是于2000年、2002年和2003年布局了本维莫德在包括银屑病、自身免疫有关病症、炎症等适应证的用途专利，形成了本维莫德关键专利网络。2009年，本维莫德在国内的临床试验启动，开始受到医药行业和学界的关注；河北科技大学自2009~2015年针对本维莫德合成制备、制剂进行了持续性的研究，7年共提交19项发明专利申请，使本维莫德全球专利申请在该时期出现一次小高峰。2015年，本维莫德国内Ⅲ期临床试验完成，天济医药开始就本维莫德外围专利进行布局，提交晶型专利申请。另外，在2012~2018年，葛兰素史克就本维莫德的用途与组合物进行了专利布局，2018年之后，德玛万科学就本维莫德的用途、制备方法、晶型等进行专利布局。随着临床研究的进展和市场权益的更迭，本维莫德全球专利申请趋势已由中期（2009~2015年）国内专利申请人为主逐渐转为后期（2015年之后）国外申请人为主。

在医药领域，新药项目的转让必然伴随相应知识产权的转让或实施许可。由于本维莫德项目进行过两次市场开发权的交易，其专利权也相应地发生了多次变更。河北科技大学作为国内科研院校，自2009~2015年共申请19项专利，成为国内以及全球范围内对本维莫德专利申请最集中的申请人，但是这批专利后期并未实现转化因而陆续被放弃专利权利。以陈庚辉作为首席科学家和首席执行官的加拿大维理公司在早期拥有本维莫德组合物、用途等在内的关键专利，虽然后期维理公司并未继续对本维莫德进行专利布局，但由于手握关键用途专利，在之后多次的商业交易中，维理公司主要以转让关键专利权的方式参与商业活动。上海复星医药、天津双硕医药和武汉诺安药业也对本维莫德的制备工艺、乳膏制剂等进行个别专利申请；原研公司天济医药在本维莫德上市申请提交后也针对本维莫德晶型进行布局，且在2015年受让得到重庆市科学技术研究院就本维莫德合成工艺的专利申请权。

本维莫德是率先在中国上市的全球首创新药，且中国银屑病药物市场潜力巨大。对于制药企业而言，高价值的关键专利是保证企业相关产品获得市场竞争力的重要武器。另外，政府资助、市场评估等也越来越关注企业拥有的专利权情况。针对本维莫德中国专利申请法律状态进行分析，发现虽然维持授权专利有效的比例仅为31%，但天济医药及相关公司（中昊药业）通过受让得到的本维莫德专利权均维持有效。

➢ 有界的市场权益分配与无界的技术研发和专利布局

在经过多次权益变换后，国内原研企业天济医药目前拥有本维莫德在中国（含港澳台地区）的开发权益，而德玛万科学通过葛兰素史克的权益转让拥有了本维莫德的海外开发权。由本维莫德全球专利申请分布可以看出，葛兰素史克在2012年的首次交易后，就本维莫德治疗痤疮的新用途提交国际专利申请（WO2016092493A1），而葛兰素史克在2016年提交的有关本维莫德乳液制剂国际专利申请（WO2016185428A1）也指定进入中国（CN107666902A）。在2018年，葛兰素史克与德玛万科学完成转让交易后，德玛万科学就本维莫德制备工艺、中间体、晶型的国际专利申请（WO2019094934A1）布局也覆盖中国

(CN111511357A)，另外两项有关本维莫德用途专利申请于2019年11月提交，处在公开状态（US20200147000A1、US20200147001A1）。与之相应的，原研企业天济医药在2018年提交的有关本维莫德晶型专利申请也是国际专利申请形式（WO2019063002A1），做好了进入其他国家和地区的准备。由此可见，即使国外制药企业通过交易获得了海外市场权益，但其后续技术研究的专利布局却不受到市场边界的限制，而国内原研企业后续也并未放弃继续在海外布局的机会，从而形成了更为复杂的专利竞争局面，因而有必要对本维莫德专利申请布局与技术脉络进行分析，厘清国内外主要专利申请人的创新特点和焦点。

原研相关企业：拥有关键用途专利，有选择地重点布局

本维莫德原研相关企业较多，主要与其专利转让、企业投资并购等相关商业活动有关，但本维莫德关键专利的权益主体均以陈庚辉为主要控制人。表1－1列举了本维莫德原研相关企业的专利申请。其中，CN1319959C、CN100462354C、CN1688535B均从维理公司受让得到，CN101434517B为CN100462354C的分案申请；CN103172497A为重庆市科学技术研究院于2011年12月就本维莫德合成工艺提交的专利申请，于2015年转让至天济医药，2016年再次转让至中昊药业。可以看出，用途专利申请占比最大，但均是原研相关企业通过受让方式从维理公司获得，天济医药仅在2018年9月就本维莫德晶型自主提交1项国际专利申请。可见原研相关企业尚未针对本维莫德进行大范围的专利布局，而是有选择地进行重点布局，这可能与本维莫德结构已被早期专利申请说明书公开、其合成方法或技术手段较丰富（例如河北科技大学系列申请）以及本维莫德在免疫和炎性疾病领域的用途是其核心价值有关。

表1－1　原研相关企业专利申请信息

序号	申请日	公开号	当前权利人	法律状态	技术主题
1	2000－12－06	CN1319959C WO2001042231A2	北京文丰天济（受让人）	授权维持	组合物、用途、合成制备
2	2002－01－17	CN100462354C WO2002057219A1	中昊药业（受让人）	授权维持	化合物取代、用途
3	2003－09－30	CN1688535B WO2004031117A1	中昊药业（受让人）	授权维持	化合物取代、用途
4	2002－01－17	CN101434517B（分案） CN100462354C（母案）	中昊药业（受让人）	授权维持	化合物取代、用途
5	2011－12－23	CN103172497A	中昊药业（受让人）	驳回失效	合成制备方法
6	2018－09－30	CN111148729A WO2019063002A1	北京文丰天济	公开	晶型

国外相关企业：深挖治疗应用，拓展专利布局

本维莫德的临床新药研究主要集中在银屑病治疗领域，与治疗银屑病的传统激素类药物糖皮质激素和维生素 D_3衍生物等不同，本维莫德是非激素类小分子外用药物，分子量仅为254 Da，作为皮肤局部用药，具有效果持久、安全性好，停药后复发率低等优势。葛兰素史克与德玛万科学均在拥有开发权期间继续开展对本维莫德的技术研究，并针对本维莫德的用途、制剂进行全球专利布局。表1－2列出了上述两家公司针对本维莫德进行的后期专利申请。由表1－2可以看出，海外企业在交易获得本维莫德开发权后均进行了相应的专利布局，特别是针对本维莫德具体用途进行专利申请布局。

表1－2 本维莫德国外主要专利申请信息

序号	申请日	公开号	申请人	法律状态	所述技术分支
1	2015－12－09	US10376475B2 WO2016092493A1	葛兰素史克 转让德玛万科学	授权维持	治疗痤疮用途
2	2016－05－19	CN107666902A WO2016185428A1	葛兰素史克 转让德玛万科学	在审	乳液组合物
3	2018－11－13	CN111511357A WO2019094934A1	德玛万科学	公开	制备方法、中间体、晶型
4	2019－11－13	US20200147000A1	德玛万科学	公开	含有Tapinarof组合物治疗慢性斑块型银屑病的方法
5	2019－11－13	US20200147001A1	德玛万科学	公开	含有Tapinarof组合物治疗轻至中度特异性皮炎

市场权益划分同时带来更激烈的技术竞争

本维莫德的新药研发伴随有几次关键商业交易事件的发生，导致了其全球市场开发权的重新划分，虽然市场权益通过商业协议得以明确，但是本维莫德相关专利申请的布局却相互交织覆盖全球，并由2015年以前以国内科研院校申请为主转移到2015年之后以国外制药企业为主的交易时期。图1－2展示了本维莫德关键事件与主要申请人的专利技术脉络，其中本维莫德专利技术脉络的发展主要分为两个时期，早期关键用途专利的形成期（2000～2003年）、交易后的专利布局期（2015～2019年）。2009～2016年则主要是本维莫德在中国的新药研制时期，包括了本维莫德获批临床试验，完成Ⅱ期、Ⅲ期临床试验、提交上市申请以及临床试验的成功促成的跨国交易等关键事件，这一段时间处于专利技术酝酿期。

本维莫德的结构在陈庚辉团队早期的研究中已被公开，WO9503695A1（申请日1994年7月27日，最早优先权日1993年7月27日）公开了从嗜线虫致病杆菌（*XENORHABDUS*）和发光杆菌（*PHOTORHABDUS*）中提取得到的具有抗真菌活性的代谢物。其中具体公开了本维莫德化合物：3，5－二羟基－4－异丙基二苯乙烯具

有潜在的抗真菌活性。随后，陈庚辉等人继续对提取得到的小分子进行研究，发现具有羟基芪或其衍生物或类似物的化合物具有治疗银屑病等炎症疾病的活性。此后，维理公司基于上述研究成果向包括中国在内的多个国家和地区进行全球专利布局，形成了以本维莫德为主要药物的用于治疗银屑病等炎性疾病的关键专利。

早期关键用途专利的形成期主要发生在2000~2003年，由维理公司就本维莫德在银屑病在内的多种炎症疾病的用途进行全球布局，也是后期国内外相关企业分别从维理公司受让得到的主要专利权。专利CN1319959C（WO2001042231A2，申请日2000年12月6日，最早优先权日1999年12月6日）保护了一种药物组合物，包括了有效量的分子式Ⅰ或Ⅱ表示的化合物或其药学上可接受的盐，分子式Ⅰ包括了本维莫德在内的芪类化合物。说明书中具体公开了本维莫德的合成制备方法，也公开了所述的组合物优选的化合物为本维莫德。该专利同时保护了分子式Ⅰ或Ⅱ表示的化合物或其药学上可接受的盐在治疗与嗜中性白细胞相关的疾病或与蛋白质致活酶有关的生理失调的药物中的应用，包括了牛皮癣（即银屑病）、接触性皮炎、过敏性皮炎、风湿性关节炎等在内的多种疾病或症状。说明书主要公开了临床应用治疗银屑病的疗效以及抗炎效果，治疗药物选用含1%的3，5-二羟基-4-异丙基芪的油膏，对照组的区别仅在于不含有3，5-二羟基-4-异丙基芪，对比结果表明所选用化合物即本维莫德对银屑病有明显的改善作用。

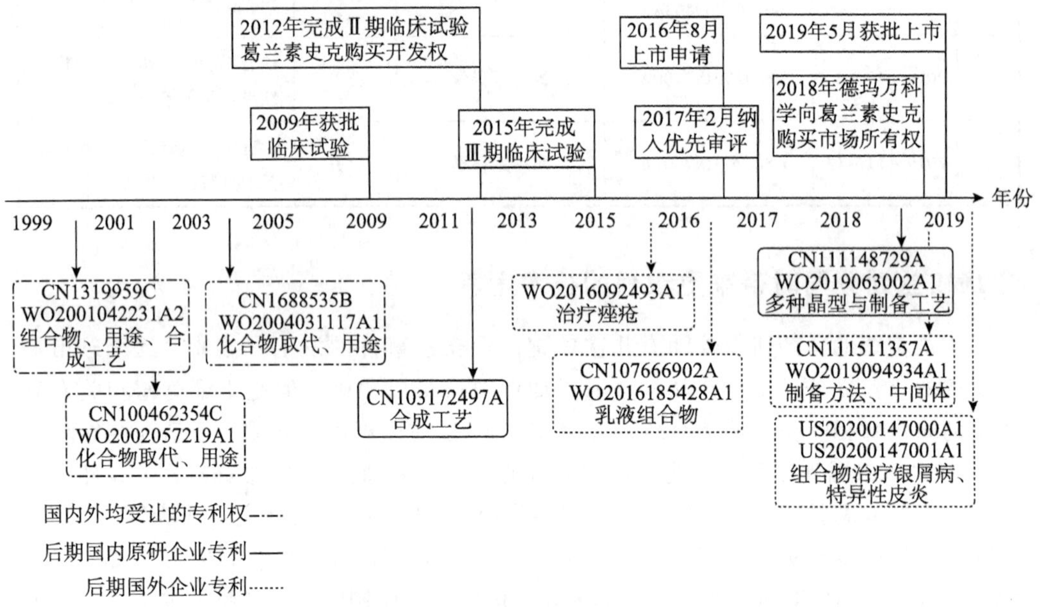

图1-2 本维莫德关键事件与主要申请人的专利技术脉络

CN100462354C（WO2002057219A1，申请日2002年1月17日，最早优先权日2001年1月18日）与CN1688535B（WO2004031117A1，申请日2003年9月30日，最早优先权日2002年10月1日）在CN1319959C基础上分别请求保护了两组化合物。其中，CN100462354C请求保护的化合物是可在分子式Ⅰ基础上对乙烯基双键进行取代，用于自身免疫相关的病症和炎症，含有所述结构的化合物具有明显的 T 细胞增殖抑制作用，对 IL－2、IL－4、IFN－γ 等的抑制活性，以及良好的体内抗炎活性。CN1688535B 请求保护的化合物是可在分子式Ⅰ基础上对苯环进行取代，用于免疫性疾病、炎症或自身免疫性疾病。即上述两项专利均保护了在本维莫德结构基础上进行取代的化合物，这是维理公司对于本维莫德衍生物进行的探索和防御型专利布局。

交易后的专利布局期主要以 2012 年葛兰素史克购买本维莫德海外市场开发权为起点，包括国内原研企业通过受让与自主申请方式的专利布局（图 1－2 中以实线框表示）以及海外制药企业在购买市场开发权后的专利布局（图 1－2 中以虚线框表示）。

本维莫德在国内药品申报过程中取得的良好临床试验结果是促成跨国交易的关键因素。基于早期关键用途专利的布局，陈庚辉于 2009 年回国专注本维莫德新药研发，2009～2016 年，本维莫德共经过Ⅰ期、Ⅱ期、Ⅲ期临床试验，受试患者超过 1200 例，其中，2015 年完成的Ⅲ期临床试验结果表明，本维莫德与治疗银屑病的一线药物卡泊三醇相比，具有相同甚至更优的治疗效果。❶ 在上述药物申报过程中，原研企业天济医药并未主动提交本维莫德相关专利申请，而是在 2015 年底受让了重庆市科学技术研究院在 2011 年提交的本维莫德合成工艺专利申请 CN103172497A（申请日 2011 年 12 月 23 日），随后又在 2016 年转让至下属的生产企业中昊药业。该申请针对合成工艺总产率低、副产物杂质难除去的技术问题对本维莫德的合成工艺进行改进，主要是对合成工艺中的具体条件，如硫酸溶液与原料的料液比、反应的温度、加料顺序等进行优化。在 2017 年本维莫德被纳入优先审评后，天济医药于 2018 年 9 月针对本维莫德的Ⅰ、Ⅱ、Ⅲ、Ⅳ晶型和用途与制备方法提交国际专利申请 WO2019063002A1（申请日 2018 年 9 月 30 日，最早优先权日 2017 年 9 月 30 日），进入中国国家阶段的专利申请 CN111148729A，请求保护本维莫德晶型Ⅰ、Ⅱ、Ⅲ、Ⅳ晶型的 X 射线粉末衍射图谱与晶型的制备方法，在应用方面请求保护本维莫德所述晶型以及包含所述晶型的组合物在自身免疫性疾病及其并发症的用途，具体包括了银屑病、过敏性结肠炎、硬皮病和湿疹等，同时请求保护上述晶型或其组合物可抑制 IL－2、IL－13 等的过度表达。

国外制药企业在购买市场开发权后也开展了专利布局。葛兰素史克在购买本维莫德项目后对用途、制剂均进行了研究与专利布局。WO2016092493A1（申请日 2015 年 12 月 9 日）是针对本维莫德治疗痤疮提交的用途专利申请，已在美国等国家和地区获得授权（US10376475B2）。该专利公开了本维莫德对痤疮丙酸杆菌的抑制作用的详细研究过程，发现本维莫德可通过抑制 Th17 细胞系分化，减少包括 IL－17A 和 IL－17F 在内的细胞素的产生抑制炎症反应的扩大；还公开了本维莫德可诱导角质细胞死亡，从而降低角质细胞的过度增生和粉刺形成。另外，WO2016185428A1（申请日 2016 年 5 月 19 日）公开了一种以本维莫德作为活性成分的乳液组合物，主要针对水包油乳

---

❶ 姚冬琴．全球首创新药本维莫德是如何诞生的［J］．中国经济周刊，2019（14）：37－39.

膏，通过对油相、水相、表面活性剂等的选择得到一种化学和物理上稳定的本维莫德组合物，该申请主要针对的是本维莫德的制剂技术，已进入美国、欧洲、日本、韩国等多个国家和地区，进入中国的专利申请公开号为 CN107666902A。德玛万科学在与葛兰素史克达成交易后，针对本维莫德合成工艺进行研究，得到了新的制备方法以及中间体，并公开了合成方法得到的本维莫德晶型 X 射线粉末衍生图谱。2019 年 11 月，德玛万科学又针对以本维莫德作为活性成分的局部用药治疗慢性斑块型银屑病（US20200147000A1）和特异性皮炎（US20200147001A1）的用途申请。

除维理公司在早期申请获得的关键用途专利权外，有关本维莫德的全球专利申请人主要集中在后期国内原研企业以及对本维莫德市场开发权进行购买的国外制药企业。由图 1-2 显示的专利申请技术脉络可知，国外主要申请人自获得开发权益后陆续对本维莫德制剂、合成工艺、晶型、用途等方向进行专利布局，且部分覆盖中国市场。就专利技术而言，葛兰素史克（WO2016092493A1）就本维莫德治疗痤疮的用途进行了深入研究，将本维莫德在关键专利中保护的炎性疾病、皮肤病等用途具体细化到痤疮。德玛万科学在购买得到葛兰素史克本维莫德相应市场开发权益后，同时受让得到葛兰素史克布局的本维莫德相关的专利权与专利申请权。德玛万科学在 2019 年提交的两项用途专利申请均是就本维莫德乳膏对具体疾病的用途深入研究。维理公司早期关键用途专利（WO2001042231A2）请求保护了本维莫德对银屑病、炎症、皮肤病、过敏性皮炎等的治疗用途，德玛万科学提交的 US20200147000A1 针对的是含有 1% 的他匹那罗（即本维莫德）乳膏对斑块型银屑病（即寻常型银屑病）的治疗用途，US20200147001A1 则是针对含有 1% 的他匹那罗乳膏对特异性皮炎（Atopic Dermatitis，AD）的治疗用途，说明书公开了本维莫德可用于治疗例如过敏性鼻炎、哮喘、特异性皮炎等过敏性疾病，但未涉及上述用途的具体研究。由此可见，德玛万科学虽然在近期针对具体的本维莫德乳膏进行用途专利申请布局，但其具体针对的治疗用途并未超出早期关键用途专利说明书公开的范围。但值得关注的是，德玛万科学在近期公开的他匹那罗达到Ⅲ期临床试验主要终点，同时提到他匹那罗能够抑制 IL-4 介导的 2 型炎症反应，而 2 型炎症反应包括了湿疹在内的多种疾病，这可能将成为或已经成为德玛万科学后续专利申请布局的战略思路。而国内原研企业天济医药仅在 2018 年提交了一项国际专利申请（WO2019063002A1，CN111148729A），主要集中于不同晶型及其制备工艺，同时请求保护所述晶型在多个早期关键专利中公开的治疗用途，并且具体请求保护了所述晶型在湿疹中的治疗用途，但说明书未涉及有关疾病或病症的用途研究。

本维莫德经过两次交易后对市场进行了划分，但由本维莫德专利申请技术脉络可以看出，享有不同市场开发权的国内外制药企业在进行专利布局时均渗透到了彼此市场范围内。国外制药企业的专利布局策略以具体适应证的深入研究为主，并试图发现本维莫德更多的临床应用可能性。国内原研制药企业后续并未全面开展专利布局，而是有一定选择性，如仅针对本维莫德多种晶型进行国际专利申请。但从双方提交的专利申请内容看，治疗用途方向存在明显的交叉或覆盖，使在各自享有的市场范围内知识产权的竞争更为复杂，及时进行专利布局以及加速技术研究变得尤为重要。

国内科研院校集中研究制备工艺和制剂，尚未实现技术转化

除上述与本维莫德新药上市密切相关的国内外主要专利申请人外，河北科技大学在2009~2015年共申请19项专利申请，其中有14项获得授权，主要集中于制备工艺和制剂技术改进。

本维莫德的合成工艺一般采用Heck反应、Perkin反应、Knoevenagel反应、格氏反应、羟缩醛合反应和Witting-Horner缩合反应等，其中以Witting-Horner缩合反应最常见。该缩合反应在取代苄基磷酸二乙酯和取代苯甲醇之间进行，合成工艺中常采用氯化亚砜、三氯化磷、三溴化磷等卤代物合成取代苄卤制备Witting试剂，涉及的卤代试剂活性过高导致产物中杂质含量高、分离困难，含磷废水的排放对环境污染较大；且反应过程会产生大量含铬废液，对环境造成破坏而难以实现工业化生产。

河北科技大学的专利CN101633606B（申请日2009年8月13日）公开了由取代苄醇作为原料，通过盐酸非均相氯代制备氯代烃，在经过Witting-Horner缩合反应制备本维莫德；CN101531571B（申请日2009年4月17日）公开了通过六次甲基四胺氧化卤代烃制备相应的取代的苯甲醛化合物，再经过Witting-Horner缩合反应制备本维莫德，两种专利技术均在环境友好的同时避免了取代的苯甲酸产生，达到了成本低、收率高的效果。CN101648851B（申请日2009年9月3日）公开了以3，5-二羟基苯甲酸作为原料，经甲基化、异丙基化制备3，5-二甲氧基-4-异丙基苯甲醇，再经过非含氟化合物还原、盐酸氯代、Witting-Horner缩合、脱保护等步骤合成本维莫德，条件温和，摒弃了含氟还原剂和氯化亚砜的使用，大大减少了对环境的污染。CN103265412B（申请日2013年6月7日）提供了一种以三氯化铝作为脱甲基试剂，与微波技术相结合以3，5-二甲氧基-4-异丙基二苯乙烯制备本维莫德的方法，该方法能够降低反应温度，缩短反应时间，提高反应收率和纯度。CN103992212B（申请日2014年5月29日）公开了一种制备高纯度的顺式本维莫德的合成方法，制备得到的顺式本维莫德可用于反式本维莫德合成中的标准品以建立一种重要的杂质分析与检测方法。CN104744243B（申请日2015年2月12日）进一步提供了一种制备高纯度顺式本维莫德中间体（E）-2-苯基-3-（3，5-二甲氧基-4-异丙基苯）丙烯酸的方法，从而可制备得到高纯度的顺式本维莫德。可以看出，河北科技大学针对本维莫德合成工艺的研究，集中在如何取代传统工艺中有毒、有害试剂的使用，以更安全、环境更友好的方式实现工业化生产。

本维莫德本身化学性质不稳定，在空气中容易被氧化，从而导致颜色与性能均发生变化，在应用制备膏剂时产生水溶解度低、皮肤渗透性差的问题，因此需要对制剂技术进行改进。河北科技大学的专利CN101543477B（申请日2009年5月6日）公开了利用壳聚糖和戊二醛的缩合物包覆本维莫德制成缓释微球，提高药物稳定性、皮肤渗透性的同时可以起到缓释药物的效果。CN102240268B（申请日2011年5月6日）进一步对缓释微球进行研究，以天然生物提取物京尼平作为交联剂与壳聚糖交

联包覆本维莫德，替代了具有人体细胞毒性的戊二醛。CN102657602B（申请日2012年5月22日）公开了将卵磷脂和胆固醇在溶剂共同作用下使本维莫德乳化均匀，再以壳聚糖为辅料制备壳聚糖凝胶剂，制备得到的制剂因凝胶剂中含有大量水而与皮肤具有良好的组织相容性。CN101564537B和CN101564538B（申请日2009年6月8日）均是利用聚乙二醇（PEG）分别通过溴乙酸乙酯、丁二酸酐作为连接臂对本维莫德进行修饰，分别得到3，5－二羟基－4－异丙基二苯乙烯－溴乙酸乙酯－聚乙二醇复合物、3，5－二羟基－4－异丙基二苯乙烯－丁二酸酐－聚乙二醇复合物，不仅解决了原药稳定性问题，还大大增加了水溶性和生物利用度。CN101721713B（申请日2009年12月1日）公开了通过具体的方法制备本维莫德的环糊精包合物，从而形成稳定的非共价复合物，提高药物稳定性。CN102250342B（申请日2011年5月26日）以连接有柠檬酸的PEG/mPEG多羧基化学修饰剂对本维莫德进行修饰，不仅采用乙酰基连接，而且使用了丁二酰基连接，使PEG或mPEG与连接臂以酯键相连，进入体内后更容易脱除释放，还可明显提高载药量。CN103315958B（申请日2013年7月19日）采用复配型表面活性剂调节HLB为13～14，制得粒径为10～50nm的本维莫德纳米乳，不仅颗粒均匀，且增加了载药量和稳定性。总体而言，河北科技大学针对本维莫德的制剂研究，主要在于解决本维莫德自身稳定性差等缺陷，从而得到药物稳定、皮肤渗透性好等优良制剂。

企业与科研院校合作是进行技术开发的重要模式，其中制药企业购买科研院校的基础研究成果又是新药研制的途径之一，例如天济医药对重庆市科学技术研究院提交的本维莫德合成工艺专利申请进行受让。虽然河北科技大学对本维莫德的合成工艺与制剂进行持续性的研究与专利申请，但目前未检索到其与企业间的合作或交易。同时发现，本维莫德中国专利申请法律状态中因未缴年费而失效的专利占比达到38%，且11项全部为河北科技大学授权专利。经过检索发现，河北科技大学19项专利申请共授权14项，有11项因未缴年费而失效，该11项授权专利缴费维持时间在4～7年，平均约为6年，这可能与我国大部分科研院校针对本校授权专利的年费资助制度有关。由于专利权的维持需要一定经济支持，我国大部分科研院校希望在一定期限内能够完成专利权转让或成果转化，以减少用以维持专利权的经费支出，对于未及时实现转让或转化的专利，则会考虑在科研经费等因素下终止缴纳年费而放弃专利权。

➢ 思考与启示

本维莫德的研发模式具有早期国内新药开发的共性同时也具有自己的特殊性。海归科学家携带国外研发成果回国进行新药研发并在中国率先上市，奠定了本维莫德作为全球首创新药的地位。进一步地，国内原研企业依靠成功的临床试验结果和掌握的关键专利技术，与国外制药企业达成巨额交易，重新向海外市场输出。在商业交易过程中，知识产权的权属划分尤为重要，其中包括了对后续技术研究的知识产权归属等问题。由于商业交易的保密性，笔者无法获知双方对全球专利布局的划分协议或合作，但是依据对现有专利技术的分析可以看出，市场权益受让双方针对本维莫德专利布局的边界已经明显突破了其市场开发权的划分范围。而国内制药企业在新药研发后期专利布局的力度小于国外制药企业，双方围绕的技术研发与专利申请方向也出现不同。虽然早期关键用途专利 WO2001042231A2 已经广泛公开了本维莫德在皮肤病、炎症等病症的用途，但说明书中仅具体公开了本维莫德针对银屑病治疗的临床研究与效果，葛兰素史克在 2015 年提交的国际申请 WO2016092493A1 具体针对本维莫德治疗痤疮的用途已在美国等国家和地区获得授权，奠定了国外制药企业拓展本维莫德临床适应证的专利申请战略。即使德玛万科学在 2019 年提交的本维莫德在慢性斑块型银屑病（US20200147000A1）和特异性皮炎（US20200147001A1）的用途已不同程度地在早期关键用途专利 WO2001042231A2 中公开，但针对具体病症的治疗用途深入研究以及涉及机理性研究的公开也将给后期国内制药企业的继续研究与专利申请范围带来障碍。国内外制药企业在彼此的市场范围内已经或准备通过专利申请的布局进行知识产权的渗透，随着各国和地区专利审查进度的推进，双方市场范围内的知识产权竞争将更为复杂，这也提醒国内制药企业需要对自身享有的市场范围内的专利申请给予更高关注，同时预示着国内制药企业对本维莫德开展更多维度的专利申请布局的难度更大。

本维莫德打破了传统激素药物治疗的局限，为银屑病患者带来了福音，其市场潜力巨大，临床试验的成功促成了国外制药巨头的高额交易，虽然多次交易将市场权利进行了划分，但对于本维莫德进一步的研究与新知识产权的布局却未受到市场边界的影响。近年来，国内制药企业不断向创新型企业模式转型，越来越多的国际合作提升了中国制药企业的国际地位与影响力。“引进来”和“走出去”双线并进，中国制药企业的国际专利申请数量也不断刷新历史。本维莫德的成功，证明了掌握关键专利让中国制药企业在科技研发中先人一步，但也提醒着我们，多维度、更广泛的国际专利布局是在国际竞争中继续胜人一筹的关键。

（执笔：段炼）

02 可利霉素

——产学研合作构筑专利技术创新的“网络范式”

编者按 可利霉素是我国采用基因工程技术自主研发的新型抗生素。在研制过程中，原研企业突破了传统技术创新“线性范式”的局限，与科研院所保持紧密合作，整合人才优势和产业资源，在新药研发上市的各个节点分层次扎实推进专利布局，行稳致远，成为产学研联合开展专利技术创新的“网络范式”的成功实践。

➢ 基因工程技术创制高效抗生素

可利霉素（Carrimycin），曾用名为生技霉素、必特螺旋霉素，是一种16元环大环内酯类抗生素，可以通过与细菌核糖体结合而抑制细菌蛋白质合成。可利霉素由沈阳同联集团有限公司（以下简称“同联制药”）与中国医学科学院医药生物技术研究所（以下简称“医科院生技所”）共同研制，是我国首次利用基因工程技术自主研发上市的新型抗生素。具体而言，可利霉素是利用基因重组技术将碳霉素产生菌4″-异戊酰基转移酶基因 *p66B* 转入螺旋霉素链霉菌获得的克隆菌株的发酵产物，是以异戊酰螺旋霉素Ⅲ、异戊酰螺旋霉素Ⅱ、异戊酰螺旋霉素Ⅰ三个组分为主的混合物，并含有一定量的（异）丁酰、丙酰、乙酰螺旋霉素Ⅲ混合物及（异）丁酰、丙酰、乙酰螺旋霉素Ⅱ混合物，其中规定，异戊酰螺旋霉素Ⅲ应不低于30%，异戊酰螺旋霉素（Ⅰ+Ⅱ+Ⅲ）应不低于65%。❶

可利霉素片于2019年6月获批上市，用于治疗上呼吸道感染，商品名为必特。相比现有主流抗生素品种，可利霉素具有安全、有效、抗耐药的优势。❷ 研究表明，可利霉素对革兰氏阳性菌有较强的抑制活性，尤其对肺炎链球菌、肺炎支原体、衣原体的抑制活性较强，与同类药没有完全交叉耐药性。它还具有较高的亲脂性，以及口服吸收快、组织渗透性强、体内分布广、维持时间长的优势，有较好的抗生素后效应和免疫调节作用。北京协和医院等5家三甲医院临床试验结果表明，其对肺炎等呼吸道感染治疗总有效率达到95.35%，且安全性较高。此外，用于生产可利霉

---

❶ 李桢林. 必特螺旋霉素发酵过程及其组分调控研究［D］. 上海：华东理工大学，2008.

❷ 余兰香，刘京芳，徐晓雯，等. 生技霉素药效学研究［J］. 四川生理科学杂志，1998（3）：30.

素的工程菌具有良好的遗传稳定性和重现性，发酵效能高，适合工业化生产。❶

在2020年新型冠状病毒感染性肺炎（COVID－19）爆发初期，同联制药也评估了可利霉素在抗新型冠状病毒（2019－nCoV）感染的潜力，通过体外实验证明其在细胞水平具有极强的抗2019－nCoV活性。2020年2月，首都医科大学附属北京佑安医院申请开展了评价口服可利霉素对新型冠状病毒性肺炎患者疗效和安全性的随机、开放、阳性对照、多中心临床研究。2020年3月底，国务院新闻办公室举行发布会公布了可利霉素能够及时、有效清除人体内的2019－nCoV，显著改善临床症状与肺部炎症，与其他药物相比安全性较高，并且已有相关临床试验证实可利霉素对新型冠状病毒肺炎重型患者疾病的诊治及病情转归均具有一定积极作用。❷ 同时可利霉素也被收录于世界卫生组织（WHO）发布的研发蓝图COVID－19实验性治疗方法手册中。❸

➢ 制备和纯化方法是专利布局重点

作为近期获批的新药，可利霉素的相关专利申请量尚未进入高峰期。目前涉及可利霉素的专利共有34项，主要申请人为同联制药与其关联企业和合作院校。其中，与可利霉素相关的最早专利申请是日本SANRAKU OCEAN公司在1976年申请的专利JPS5334788A，其中公开了用微生物方法转化螺旋霉素为酰化螺旋霉素，并且公开了一个具体化合物结构为3－乙酰基－4″－异戊酰基螺旋霉素Ⅱ，但是该化合物实际上仅为可利霉素混合组分中的一个。1997年，医科院生技所提交了可利霉素药品的基础专利CN1174238A，之后陆续有少量相关专利申请提交，直到2010年可利霉素进入了新药申报程序后，相关企业加快了对可利霉素技术层面的研发并加强了专利保护，专利申请量开始增长。

分析可利霉素相关专利可以发现，其技术主题包括药物组合物、分离纯化（获得单体化合物）、基因工程菌株、治疗用途、发酵工艺、药物制剂等。其中，涉及分离纯化获得单体化合物的技术主题申请量占比最大，其次是关于基因工程菌株的技术主题以及进一步开发可利霉素的新治疗用途的技术主题。由于可利霉素是一种利用基因重组技术获得的基因工程菌的发酵产物，作为一种新型的多组分抗生素，其产品特点决定了分离纯化工艺以及进一步开发具有活性的单一组分化合物是其重点研究以及专利布局方向。可以看出，可利霉素相关专利技术主题的分布与可利霉素本身的结构、制备工艺特点是密切相关的。

---

❶ 尚广东，戴剑漉，王以光．生技霉素稳定型基因工程菌的构建［J］．生物工程学报，1999，15（2）：171－175．

❷ 刘少华，胡亚华，丁惠国，等．可利霉素治疗新型冠状病毒肺炎重型患者2例疗效初探［J］．中国药业：新冠肺炎专题，2020，29（10）：44－46．

❸ World Health Organization. WHO R&D Blueprint COVID 19 Experimental Treatments［EB/OL］．［2020－05－30］．https：//cdn. who. int/media/docs/default－source/blue－print/who－rd－blueprint－covid－19－ipc－pillar－achievements－report09ecfa4f－b0ca－4dc1－bc9d－ccc11478e216. pdf? sfvrsn＝24899564_3&download＝true.

目前，可利霉素相关的专利主要掌握在原研企业手中。关联申请人包括上海同联制药有限公司、沈阳同联集团有限公司、上海同联医药技术有限公司（以下合并统称“同联制药”）以及隶属于同联制药的沈阳福洋医药科技有限公司（以下简称“沈阳福洋医药”）和沈阳信达泰康医药科技有限公司（以下简称“沈阳信达泰康”），申请量共计28项，其中部分申请是与医科院生技所、华东理工大学共同申请，其技术主题主要涉及基因工程技术、基因工程菌株、分离纯化、单体化合物、发酵工艺、药物组合物、治疗用途以及药物制剂等多个技术分支，可以看出，作为拥有可利霉素基础专利以及药物组合物核心专利的申请人，同联制药对可利霉素相关的专利申请涉及的技术主题很全面，也为今后的专利布局打下了较好的基础。而且，相关专利在中国已获得17项专利授权（其中包括了医科院生技所转让的专利权2项），其中4项通过PCT申请进入了20个国家和地区，并在美国、加拿大、日本、韩国、欧盟等12个PCT成员国和组织共获得了22项专利授权。可以看出，作为原研企业，同联制药已经有向国外进行专利布局的意识并取得了初步的成果。此外，同联制药的合作单位华东理工大学作为单独申请人也围绕可利霉素进行了相关的专利申请，主要针对可利霉素制备过程中的发酵工艺以及分离纯化工艺的技术主题，其中有3项已经获得了专利授权。

➢ 产学研合作构建攻守兼备的专利保护体系

可利霉素作为我国第一个自主研发的大环内酯类抗生素1类新药，由同联制药及关联公司与医科院生技所共同研制，从结构发现到获批上市前后共历时30年。作为原研企业，同联制药及关联公司在可利霉素的研发上市进程中，与科研院所持续开展产学研合作，积极进行技术改进，构建了攻守兼备的专利保护网。

可利霉素相关研究工作最早是由医科院生技所王以光教授团队在国家高技术研究发展计划（“863”计划）专题项目“抗生素基因工程研究”的支持下展开的。在该研究团队于1997年申请的可利霉素的基础专利CN1174238A中，首次公开了利用基因工程技术制造生技霉素（可利霉素曾用名）的方法，其技术核心是将碳霉素产生菌4″-异戊酰基转移酶基因克隆至螺旋霉素产生菌，使之表达，经培养等一系列处理后直接制备获得一组4″-酰化螺旋霉素混合物，即为生技霉素，其中以4″-异戊酰螺旋霉素Ⅲ、Ⅱ为主要组分，同时初步药效学研究证明生技霉素对革兰氏阳性细菌有较强的抗菌活性，其疗效优于红霉素、麦迪霉素和乙酰螺旋霉素，并具有毒性低、稳定性良好的优势。该专利申请于2000年11月8日获得授权（CN1058295C），并于2012年被转让给同联制药进行后续的研发与专利布局。基于该基础专利，同联制药和医科院生技所联合围绕药物组合物、菌株优化、分离纯化（获得单体化合物）、药物制剂、治疗用途、发酵工艺等进行了大量的专利布局。

巩固先发优势开展全方位的专利布局

在药物组合物方面，同联制药与医科院生技所于2003年联合提交专利申请

CN1554355A，该专利申请涉及必特螺旋霉素药物组合物及其在抗感染性疾病中的应用，并明确公开了组合物中活性成分异戊酰螺旋霉素（Ⅰ+Ⅱ+Ⅲ）总含量应不低于50%，4″-酰化螺旋霉素的总含量不低于80%。同时证实了必特螺旋霉素药物组合物不仅对多数革兰氏阳性菌有较好活性，且对部分革兰氏阴性菌也有作用，特别是对肺炎支原体效果显著。该药物组合物专利对于成分限度的要求与新药申报材料一致，成为同联制药开发可利霉素药物事实上的核心专利。

在菌株优化方面，医科院生技所于2002年11月19日提交了专利申请CN1405299A，该申请涉及通过诱变、自然分离等手段提高整合型原始菌株WSJ-1发酵产生必特螺旋霉素（可利霉素曾用名）的能力，进而获得高产菌株WSJ-195，该菌株发酵效价以及所产生的必特螺旋霉素组分稳定，更加适用于制药工业规模化生产。2007年4月，医科院生技所提交了专利申请CN101054553A，该专利申请涉及4″-异戊酰螺旋霉素Ⅰ基因工程菌株的构建，其在必特螺旋霉素产生菌中通过破坏编码3-O-酰基转移酶基因，获得产生4″-异戊酰螺旋霉素Ⅰ为主组分的基因工程菌。该菌株的获得更加有利于生产工艺的简化，也便于后期药物的质量标准制定以及质量控制环节。随着研究的不断深入，同联制药与医科院生技所于2009年7月共同提交了专利申请CN101649325A，该专利申请涉及利用基因串联技术提高基因工程菌产生异戊酰螺旋霉素主组分的比例，具体是将必特螺旋霉素基因工程菌中与螺旋霉素异戊酰基化密切相关的*Ist*基因进行串联，通过增强其基因剂量提高产生菌异戊酰基化能力；同时也利用强启动活性的启动子红霉素抗性基因*ermE*基因启动子序列替换原*Ist*基因启动子序列，以增强串联*Ist*基因的表达，从源头提高基因工程菌产生异戊酰螺旋霉素主组分的比例。2010年7月，同联制药与医科院生技所再次共同提交2项专利申请CN101914481A和CN101914482A（WO2012009963A1），均涉及利用调节基因构建高含量抗生素主组分以及单一组分异戊酰螺旋霉素Ⅰ的基因工程菌，其优化的基因工程菌是将*acyB*2调节基因与异戊酰基转移酶基因*Ist*连锁，转入螺旋霉素产生菌或异戊酰螺旋霉素Ⅰ产生菌中，该菌株可以明显提高主组分异戊酰螺旋霉素的含量以及单一组分异戊酰螺旋霉素Ⅰ的含量，为后续工业化生产以及制备注射剂型打下了良好的基础。进一步地，基于前期利用基因串联技术制备高产优化基因工程菌菌株的研究成果，同联制药于2015年12月提交了专利申请CN105505954A（WO2017114034A），该申请公开了可利霉素生物合成连锁基因簇共有44个基因开放阅读框，提出通过基因簇序列信息和结构分析，可以进一步对其产生菌进行遗传操作，获得新型、更有效的抗生素。后续沈阳福洋医药于2018年12月提出专利申请CN111349595A（WO2020125531A1），该申请中通过使可利霉素产生菌的菌株中的*Lrp*基因失活（Δ*Lrp*-BT），提高了螺旋霉素和可利霉素的产量，尤其是明显提高了可利霉素的主组分4″-异戊酰螺旋霉素Ⅲ的产量和比例。

在分离纯化方面，同联制药于2010年3月同时提交专利申请CN101785778A、CN101785779A和CN101773510A，这3件专利申请分别涉及4″-异戊酰螺旋霉素Ⅰ、Ⅱ、Ⅲ 3种单组分化合物的分离纯化，其通过高效液相色谱法对可利霉素样品进行分离，获得相应保留时间的化合物纯品，并通过进一步的药效学试验证实4″-异戊酰螺旋霉素Ⅰ、Ⅱ、Ⅲ 3 种单组分化合物的抗菌活性均优于可利霉素，明显优于对照组，这为研制临床有效的4″-异戊酰螺旋霉素单组分抗生素奠定了基础。同联制药还与华东理工大学开展优化制备工艺的技术合作，于 2010 年 7 月提交的专利申请 CN101921302A 中公开了改进可利霉素纯化工艺的方法，通过选择适当种类的缓冲盐溶液洗涤萃取相，去除其中的杂质成分，优化可利霉素的组分配比，显著提高了产品的质量和收率。基于后续丰富产品管线的规划，同联制药也开展了单体化合物以及光学活性化合物的研究和专利布局，于 2011 年 5 月提交了专利申请 CN102247396A（WO2011147316A1），该专利申请首次对可利霉素是否具有光学活性进行了研究并提供了相应的制备方法，通过对培养、发酵条件的调整和优化获得了一种具有旋光活性的左旋可利霉素，并证实该具有旋光活性的可利霉素具有更加优异的抗感染活性；此外，同联制药还于 2011 年 5 月提出了 3 件涉及具有光学活性的单体化合物申请 CN102311471A、CN102260308A 和 CN102229634A，上述申请公开了左旋异戊酰螺旋霉素Ⅰ、Ⅱ、Ⅲ晶型化合物的制备方法以及晶型参数等信息，还公开了包含左旋异戊酰螺旋霉素Ⅰ、Ⅱ、Ⅲ晶型化合物单一组分的注射用制剂形式，并通过进一步的体外药效试验证实左旋异戊酰螺旋霉素Ⅰ、Ⅱ、Ⅲ晶型化合物的抗菌活性均优于可利霉素。

在药物制剂方面，同联制药于 2013 年 3 月提交了专利申请 CN103142520A，该专利申请涉及可利霉素片剂以及包衣片的处方组成以及制备方法，其获得的可利霉素片制粒容易、崩解较快、溶出速率较好，适于大规模机械化生产；2018 年 9 月提交的专利申请 CN108992416A 公开了可利霉素肠溶片具体处方组成以及双层包衣制备方法，其解决了现有可利霉素片产品原料吸湿性强，不利于制粒的缺点，成功制备获得了产品溶出度能够满足国家药典标准，并且使药物在肠溶液被吸收，生物利用度优异、药效更好的可利霉素肠溶片。为了拓展可利霉素治疗新型冠状病毒感染的应用形式，沈阳信达泰康于 2020 年 4 月提交的专利申请 CN111450066A 中涉及制备可利霉素冻干粉针制剂，该申请同时公开了注射用可利霉素冻干粉针制剂，其具有复溶时间短、不溶性微粒少的优点，并且具有很强的抗新型冠状病毒或其他冠状病毒复制作用，为临床治疗增加了可行性方案。

在治疗用途方面，同联制药 2015 年 12 月提交的专利申请 CN105497053A（WO2017114095A1）公开了可利霉素在抗结核杆菌感染中的应用，实验结果表明可利霉素对临床分离的结核分枝杆菌包括耐药菌的活性，明显优于临床一线对照药异烟肼和利福霉素，预示着可利霉素在未来有可能成为结核菌感染疾病的治疗药物。沈阳福洋医药于 2018 年 4 月提交了专利申请 CN110545820A（WO2018184587A1），该申请公开了可利霉素对乳腺癌、肝癌、肺癌、肾癌、脑瘤、宫颈癌、前列腺癌、胰腺癌、食管癌、胃腺癌、结肠癌、淋巴瘤或白血病等多种肿瘤具有较好的疗效，并公开了可利霉素可与常规抗肿瘤药物联合使用，达到协同治疗效果。此外，沈阳福洋医药还于 2018 年 7 月提交了专利申请 WO2019007368A1，该申请涉及异戊酰螺旋霉素Ⅰ、Ⅱ和/或Ⅲ在制备治疗和/或预防肿瘤药物方面的应用，并公开了具体制剂形式。后续在 2019 年 1 月提交的专利 WO2019141254A1 公开了可利霉素、异戊酰螺旋霉素Ⅰ、异戊酰螺旋霉素Ⅱ或异戊酰螺旋霉素Ⅲ作为 mTOR 抑制剂在制备治疗和/或预防 mTOR 通路相关的疾病的药物中的应用；WO2019141256A1 涉及可利霉素、异戊酰螺旋霉素Ⅰ、异戊酰螺旋霉素Ⅱ、异戊酰螺旋霉素Ⅲ之一作为活性成分，用于治疗糖尿病、延缓衰老和/或延长寿命、阿尔茨海默病的相关用途。2019 年 4 月提交的专利申请 WO2019201268A1 公开了可利霉素、异戊酰螺旋霉素Ⅰ、异戊酰螺旋霉素Ⅱ、异戊酰螺旋霉素Ⅲ之一作为活性成分，用于治疗疼痛、发热的相关用途。

在发酵工艺方面，同联制药与华东理工大学于 2008 年 4 月共同申请了专利 CN101560540A，该专利申请涉及对必特螺旋霉素深层发酵过程中消泡方法的优化改进，其公开了聚醚改性聚硅氧烷类物质能够在必特螺旋霉素发酵过程中同时发挥消泡、抑泡和促进生物合成的作用；2011 年 9 月提交的申请 CN102329839A 公开了一种高效价可利霉素的发酵生产方法及其所用的培养基，该特殊组分制备的培养基能够使可利霉素发酵液的平均生物效价相对提高 16.7%。

专利技术发展脉络与上市进程相适应

可以说，同联制药紧扣可利霉素上市进程进行的专利布局。如图 2－1 所示，从时间的维度分析可以发现，同联制药对于可利霉素的专利布局呈现出分段性特点。以 2010 年 9 月进行新药申报为时间节点，在此之前，可利霉素的专利申请布局较为谨慎，所涉及的也多为基础技术，如菌株优化、发酵工艺改进以及药物组合物等。而当可利霉素进入新药申报程序后，同联制药在进行药品申报的同时围绕可利霉素展开了多角度、全方位的专利布局。一方面基于基因工程技术的发展特点，持续进行菌株优化的研究工作，同时对发酵工艺进行改良；另一方面逐步深入研究，并结合药物审批以及市场方面的实际需求，针对可利霉素属于多组分混合物的特点，着重对其分离纯化方法，单一组分活性化合物以及光学活性成分的挖掘集中突破。此外，随着所掌握的基础专利以及核心专利即将到期，同联制药也积极进行了外围专利的布局，包括药物制剂方面以及新治疗用途的专利布局保护。

从技术发展脉络的角度分析发现，作为一项我国拥有完全自主知识产权并且掌握其关键核心技术的新药，同联制药运用产学研合作模式，与国内科研院所合作持续进行技术创新，并逐步提升自身研发水平，在可利霉素的专利布局上呈现着鲜明的技术相关性。

一方面，同联制药在技术创新的源头，即菌株优化技术方面进行了大量的研发与专利布局。由于可利霉素是利用基因重组技术获得的基因工程菌的发酵产物，根据其制备工艺的特点，如何提供稳定的必特螺旋霉素高产菌株，进一步提高生产制造必特螺旋霉素的效率以满足制药工业规模化生产的要求，一直是其早期技术发展的重要方向。对此，同联制药及其合作方研究院所通过对基因工程菌株的优化获得高产菌株 WSJ－195，大大提高了发酵产生可利霉素的能力。但是，由于 4″－异戊酰基转移酶对底物的不专一性，导致可利霉素的组分非常复杂。而作为多组分抗生素，在制备过程中必须使可利霉素成品中的异戊酰螺旋霉素成为其主组分，才能满足新药申报质量标准的要求，为了使混合物中异戊酰螺旋霉素含量不低于 65%，研究人

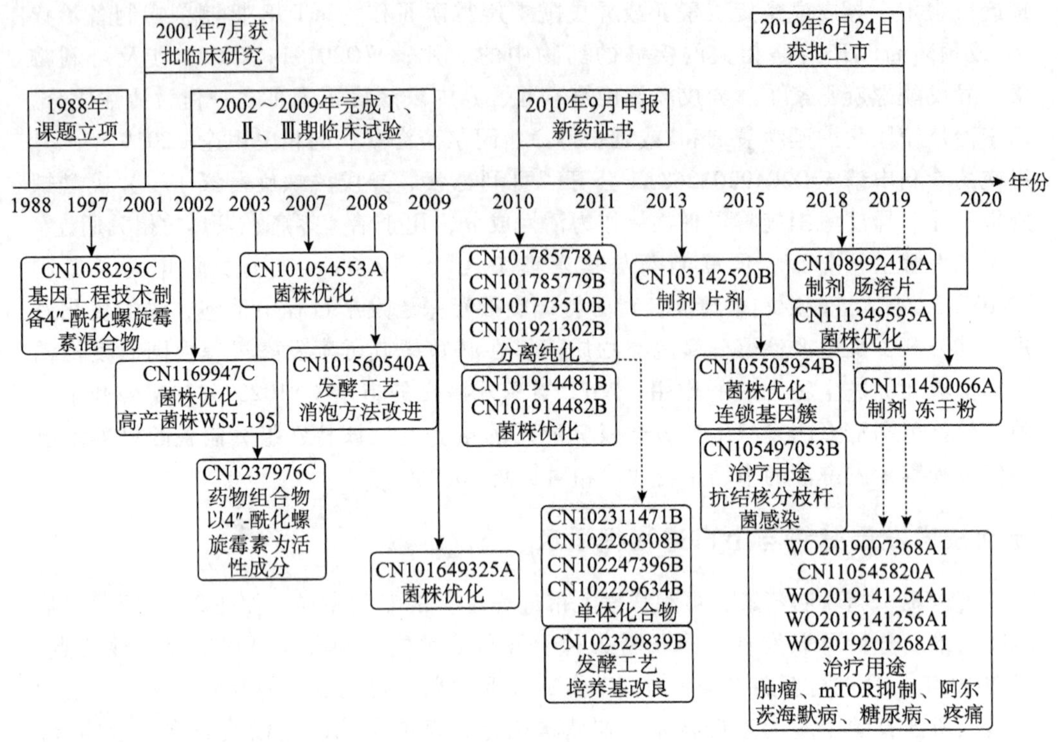

图 2-1　可利霉素的专利布局情况与上市进程

员将研究的技术重点放到了如何从源头提高菌种合成主组分的能力上，在对菌株优化的过程中，研发了能够以产生异戊酰螺旋霉素Ⅰ或异戊酰螺旋霉素Ⅲ为主组分的基因工程菌，并利用基因串联技术对基因工程菌株进行改进，从而提高螺旋霉素产生菌中表达产物的能力。

另一方面，同联制药基于基因工程技术本身的特点并结合实际应用需求，进行了工艺的改良以及产品的升级，同时展开及时有效的专利布局。同联制药与其合作科研院所将其技术研究方向主要集中在了制备工艺的优化改良方面，例如对培养基、发酵条件的深入研究与优化。研发人员也继续对可利霉素相关的技术主题进行了深入的挖掘与扩展，结合可利霉素的特点，围绕如何从多组分药物向单一组分活性化合物的产品升级进行了研究与专利布局，通过严格控制发酵过程中的 pH，得到了一组具有旋光活性的可利霉素，并在系列专利 CN102247396B、CN102229634B、CN102311471B 和 CN102260308B 中分别保护了左旋可利霉素以及左旋异戊酰螺旋霉素Ⅰ、Ⅱ、Ⅲ的活性单体化合物。经体内外试验证明，左旋可利霉素敏感度高、耐药性小，同时左旋异戊酰螺旋霉素Ⅰ、Ⅱ或Ⅲ化合物显示出更加优异的抗感染效果。上述专利技术为感染性疾病的治疗提供了一种新的活性单体化合物，以便未来可以丰富产品管线，也为研发可利霉素的手性药物制剂奠定了基础。随着新药审批进程的不断推进，同联制药对可利霉素的研发方向以及专利布局也逐渐向药品上市以及工业化生产方向倾斜。包括针对可利霉素的黏合力和吸湿性较强的缺陷，开发了可利霉素包衣片剂型（CN103142520B）以及可利霉素肠溶片剂型（CN108992416A），使可利霉素片的崩解、溶出速率能够满足临床需求。与此同时，进一步发掘可利霉素的潜在功效，扩大可利霉素临床适应证和使用范围，在专利CN105497053B中提供了可利霉素在抗结核分枝杆菌感染中的应用，以临床常用的抗结核病相关一线药物为对照，可利霉素对临床分离的结核分枝杆菌中显示活性的菌株抑制有效数均优于对照组，提示其有望在治疗某些耐药结核分枝杆菌感染疾病中得到应用。

值得一提的是，在治疗用途专利布局方面，从2018年起，同联制药的关联企业沈阳福洋医药就围绕可利霉素及其异戊酰螺旋霉素单体组分的新治疗用途进行了多项专利申请，其中包括4项PCT申请，分别涉及治疗或预防肿瘤（CN110545820A、WO2019007368A1），糖尿病、延缓衰老和/或延长寿命、阿尔茨海默病（WO2019141256A1）以及疼痛、发热（WO2019201268A1）等方面的用途。此外，沈阳福洋医药还针对可利霉素、异戊酰螺旋霉素Ⅰ、异戊酰螺旋霉素Ⅱ、异戊酰螺旋霉素Ⅲ作为mTOR抑制剂的产品、药物组合物及其应用进行了PCT申请（WO2019141254A1）。药物新用途的专利组合布局也体现了同联制药对可利霉素的专利布局已经进入了有意识的防御阶段，一方面最大化保护自己的研发成果，确保获得权利，另一方面防止竞争对手在相关或相似的应用领域获得专利权，避免影响现有专利技术的实施与应用。

可以说，在可利霉素的技术研发和专利布局过程中，同联制药突破了企业自主技术创新的“线性范式”局限，借助医科院生技所、华东理工大学等科研院校的人才优势，跟进前沿技术，开拓研究思路，同时整合企业的软硬件资源，构建了多层次、递进式的专利防护网，是我国医药企业开展“网络范式”专利技术创新的成功实践。

➢ 思考与启示

可利霉素作为一种包含多组分的混合型抗生素，由于其制备工艺的特点，尤其是抗生素发酵过程中产物多组分的问题，给后续工业化生产以及质量标准控制带来了诸多困难与挑战。可利霉素的上述特点也决定了其早期技术创新主要集中在菌株构建、基因工程技术的应用以及组分鉴定、分析和药理学评价等基础研究层面。在这一阶段，其专利布局也着重于菌株优化、药物组合物等方面的专利申请。而随着研究的不断深入，同时为了满足新药申报过程中对产品质量控制以及后续工业化生产的需求，技术研究重点逐渐转向制备工艺的细化研究层面。一方面，从源头改进基因工程菌株产生异戊酰螺旋霉素主组分的效能；另一方面，优化反应制备条件，例如从发酵工艺、分离纯化工艺角度进行研究，从而提高可利霉素中主组分的产率。随着新药研究的推进，原研企业的技术关注点以及专利布局方向也从制备工艺的改良优化深入对单体活性化合物、手性单体的研究，同时针对可利霉素的临床剂型、新治疗用途等开展多维度的专利布局。原研企业新近发表的研究论文中还提到了可利霉素不仅可以直接清除病原体，还可以提高宿主的免疫力。❶ 同时，也有其他科研单位发现可利霉素具有多种药理活性，如具有很强的体外抑制口腔鳞状细胞癌的生物学活性，❷ 相信可以进一步发掘其新的药理活性，更广泛地拓展适应证。

通过分析同联制药对可利霉素的专利布局情况可以发现，技术研发是企业进行专利布局的基础，而全面有效的专利布局也为原研企业的技术和产品提供有力的保障。原研企业同联制药掌握着可利霉素的核心技术，具有先发优势和并无激烈竞争的情况下，在技术研发和专利布局过程中始终贯彻渐进式的策略和思路，行稳致远，而企业和科研单位的良好合作也夯实了可利霉素专利申请的技术水平。同联制药在构建自身专利网络的同时，也有意识地进行了防御性专利布局，通过药物制剂以及治疗用途方面的挖掘给竞争对手设置专利壁垒，专利布局的攻守兼备切实保证了可利霉素上市后企业对该药物的市场掌控力。

可利霉素的研发与专利布局过程可以说是产学研紧密结合的典型范式，其充分利用了科研院所的技术创新能力以及企业在临床试验、药物审批等方面的资源优势，这种技术与产业优势的集成化使创新技术不再游离于市场之外，促使科技成果更好地转化成现实生产力也能进一步助力我国的科技创新发展。同联制药与医科院生技所产学研合作开发新药的模式，突破了企业单打独斗搞自主技术创新的“线性范式”局限，实现了专利技术创新的“网络范式”，这一强强联合的技术创新策略相信能够为国内制药企业提供有益的借鉴。

（执笔：王斯婷）

---

❶ ZHU S, ZHANG X, CHEN M, et al. The novel antimicrobial activities of carrimycin against multidrug resistant Acinetobacter baumannii and Pseudomonas aeruginosa systemic infection [J]. The Lancet Infectious Diseases, 2020.

❷ 梁思源，赵铜超，周知航，等．可利霉素对口腔鳞癌细胞生物活性的影响［J］．中国口腔颌面外科杂志，2020，18（4）：308－313.

03 泽布替尼

——高价值专利助力新药研发的“中国速度”

编者按 全新的母核结构、良好的临床效果奠定了泽布替尼专利的高技术价值，在国内外获得快速授权彰显了专利的高法律价值，高技术价值和高法律价值的专利成为企业投融资过程中的核心资产，在新药上市前实现了高市场价值。可以说，正是高价值专利保障了核心技术的领先地位和研究资源的有效投入，推动了泽布替尼在中美同步上市的进程。

➢ 创新型制药公司紧跟抗肿瘤靶向药热点

泽布替尼（Zanubrutinib），化学名（7S）-2-（4-苯氧基苯基）-7-［4-（1-丙烯酰基哌啶基）］-4，5，6，7-四氢吡唑并［1，5-a］嘧啶-3-羧酰胺（见图3-1）。泽布替尼是布鲁顿酪氨酸激酶（Bruton's Tyrosine Kinases，BTK）抑制剂，临床用于治疗既往接受过至少一项疗法的成人套细胞淋巴瘤（MCL）患者，以及既往接受过至少一项疗法的成人慢性淋巴细胞白血病/小淋巴细胞淋巴瘤（CLL/SLL）患者。

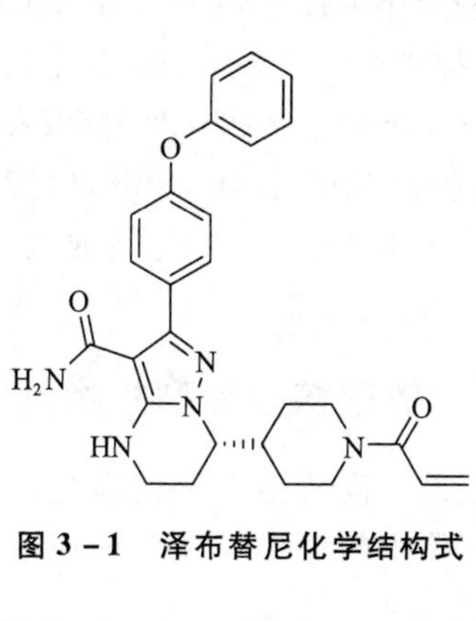

图3-1 泽布替尼化学结构式

泽布替尼由百济神州有限公司（以下简称“百济神州”）自主研发，历时7年完成药物结构优化、晶型、药物制剂以及临床前和临床研究，于2019年11月获美国FDA批准上市，2020年6月获中国NMPA批准上市，商品名为百悦泽，是国内首个同时获得 FDA 和 NMPA 批准的新分子实体。

百济神州启动研究 BTK 抑制剂时，BTK 已被确证为可药性靶标，全球还没有批准上市的 BTK 抑制剂，只有两个处于临床试验的候选药物，即后来成为首个上市的 BTK 抑制剂伊鲁替尼（强生/艾伯维，2013 年）和第二个上市的 BTK 抑制剂阿卡替尼（阿斯利康，2017 年）。泽布替尼的研究启动时机晚于伊鲁替尼和阿卡替尼，其最初设定的研究目标是在安全有效性上优于前者。研究表明，泽布替尼对 BTK 具有更为专一、持久的选择性抑制作用，而且血浆暴露量更高，[1][2] 达到了预期目标。可以说，百济神州紧跟 BTK 抑制剂的研究热点，并取得了优效的研究成果。

➢ 在新药研发进程中培育高价值专利

由于泽布替尼的研发周期较短且新近上市，还未进入大规模产出专利的阶段。当前相关专利共 23 项，其中，原研企业百济神州拥有 4 项专利申请，主要涉及化合物、晶型、联合用药。具体而言，在 2014 年 4 月提交化合物专利申请 WO2014173289A1，2017 ~ 2018 年提交晶型、联合用药专利申请 WO2018033853A3、WO2018033135A1、WO2019108795A1，化合物专利申请进入中国、美国、欧洲、日本、韩国等 32 个国家和地区阶段，基本包括了作为主要医药市场的国家和地区。除了百济神州以外，ADC Therapeutics 公司和 Medimmune 公司共同拥有 2 项 2018 年提交的涉及联合用药的专利申请 WO2018193105A1、WO2018193104A1，具体为 ADCx19、ADCx22、ADCx25 与第二药剂联合治疗已经用抗 CD20 药剂治疗的患者，第二药剂可选 BTK 抑制剂，已经进入中国、欧洲、日本、韩国等国家和地区阶段。武汉九州钰民医药科技有限公司拥有 2 项 2019 年提交的涉及泽布替尼制备方法的专利申请 CN110922409A、CN110845504A。GOURLAY S 等其余申请人均拥有 1 项，涉及制剂、用途或联合用药。在 23 项专利中，有 14 项涉及联合用药，除上述提及的联合用药外，还包括 BTK 抑制剂与免疫抑制剂联用治疗免疫性疾病（WO2016100914A1），与 ROR－1 拮抗剂、NOTCH 抑制剂、PI3K 抑制剂、Enzastaurin 联用治疗癌症（WO2018005519A2、WO2018045273A2、WO2019183226A1、WO2020055698A1），与 FPRδ 选择性抑制剂、抗 CD20 抗体联用治疗 B 细胞增殖性疾病（WO2017205843A1），与 mTOR 激酶、Bcl－2 或免疫调节药物联用治疗癌症、免疫性或炎性疾病（WO2017218844A2、WO2020024916A1）等。

多次迭代研究获得新骨架，铸造核心专利技术价值

技术价值是专利保护的基础。高价值专利的诞生，归根结底取决于技术的先进性。在化学药领域，物质专利技术的先进性主要体现在分子结构的创新程度和治疗

---

[1] GUO Y，LIU Y，HU N，et al. Discovery of Zanubrutinib（BGB－3111），a Novel，Potent，and Selective Covalent Inhibitor of Bruton's Tyrosine Kinase［J］. J. Med. Chem，2019，62：7923－7940.

[2] TAM G S L，TROTMAN J，OPAT S，et al. Phase 1 study of the selective BTK inhibitor zanubrutinib in B－cell malignancies and safety and efficacy evaluation in CLL［J］. Blood，2019，134（11）：851－859.

效果的优劣。而对于一个新药来说，基本专利、外围专利构成的专利组合，所体现出的优异的医疗价值、相对于同类药品技术的优越性，包括疗效、适应证范围、毒性和副作用等，都是其技术价值的体现。百济神州自 2012 年 7 月立项研发 BTK 抑制剂，作为针对热点靶标的跟随性药物，如果想获得上市，则需要达到“优效”，即在安全性、有效性上优于在先药物。分析当时在研的 BTK 抑制剂，伊鲁替尼具有出色的疗效和耐受性，但出现了出血、皮疹、腹泻等不良反应，考虑这可能与抑制其他激酶相关；而且，伊鲁替尼需要大剂量才能达到有效 BTK 目标占有量，口服生物利用度低。因此，企业最初设定的分子优化目标是获得更高的口服吸收性和选择性。

在研究之初，吡咯并嘧啶、吡唑并嘧啶和嘌呤已经是激酶类抑制剂常见的母核结构。百济神州的研究人员首先合成了一个假嘧啶酮系列Ⅰ，显示出良好的 BTK 抑制作用，之后通过环合并方法得到新系列Ⅱ，发现其具有出乎意料的高 BTK 抑制作用，而对于其他激酶的抑制效果不显著，表现出对于 BTK 的高度选择性。

进一步地，研究人员合成了两个系列的稠环化合物，包括三环和双环化合物，并评估其对于 BTK 的抑制活性。最初合成了三环化合物，之后引入丙烯酰胺作与蛋白活性位点形成共价键的反应片段，得到的化合物抑制活性有明显提高，研究显示其与 BTK 激酶的 Cys481 残基之间可能形成不可逆的共价键。该化合物虽然显示出较好的细胞活性，但在大鼠实验中理化性质较差、口服生物利用度较低。进而尝试将丙烯酰胺基移至相邻位置，但是活性降低。考虑到三环芳香族母核的高刚性，以脂肪族环取代其中一个芳香族环，得到一系列化合物均显示出相似的酶抑制效能，并且在体外均有效抑制 BTK 的 Tyr223 残基磷酸化。但是，该类化合物并未体现出明显的 BTK 选择性抑制作用。鉴于三环稠合的刚性构象导致不良的药代动力学性能，研究者又合成了一系列带有双环芳族母核的新化合物。最初探索性地制备了具有咪唑并吡唑母核的化合物，研究表明含有共价结合位点的化合物能够与 BTK 的 Cys481 残基发生良好的共价结合。但是在此轮结构优化过程中并未获得兼具 BTK 高选择性和优良的药代动力学性质的化合物，因此还需继续优化探索新的母核。

鉴于上述咪唑并吡唑母核类化合物药代动力学性能较差的问题，研究人员进一步合成了具有吡唑并嘧啶母核的化合物，并打破双环核的芳香特性和平面性，将嘧啶环还原，发现还原后的化合物的生物活性提高了 300 倍以上。手性分离后获得了相对更有效的单一对应异构体，并进一步研究了该类结构的构效关系。但是尽管该类化合物表现出较好的细胞活性，但均显示出不良的口服吸收性，并且口服生物利用度也较低，因而不再就该类化合物进行后续评估。但是，研究人员据此确定了以吡唑并哌啶为母核的骨架、连接的苯环邻位有迈克尔侧链的结构是合适的骨架形式。

在此基础上，研究人员将母核结构固定、共价结合位置保留在邻位，引入了一系列取代基来取代顶部苯氧基，以提高口服生物利用度。考虑到吸收是影响化合物口服生物利用度的关键因素，通过降低分子的整体亲脂性可以提高口服吸收效果，因此，采用已知会降低亲脂性的较小基团（乙基、丙基、环丙基或卤素）代替大体积的亲脂性取代基（苯基或苄基）。结果显示用亲脂性较低的环丙基甲氧基、甲氧基或氯代苯氧基对药理活性没有影响。体外评估数据显示，降低亲脂性的化合物具有更好的溶解度和肝微粒体稳定性，能显著改善大鼠的口服暴露量和生物利用度；而且，其具有更高的血浆清除率、改善的口服生物利用度，这可能与改善溶解度促进更好的吸收有关。但该系列中的所有化合物显示出对其他激酶显著的抑制活性，可能与伊鲁替尼一样产生皮疹和腹泻等不良反应，有必要进一步优化。

为了增加对 BTK 的选择性并改善口服吸收，研究人员选择变换分子中的另一端，采取用不同的大小、几何形状和取代方式的脂肪族取代芳香环的策略，合成了一系列新的衍生物并对其构效关系进行详细考察，最终获得化合物 31a，研究表明，其具有相对最佳的 BTK 选择性抑制作用和药代动力学性质，该化合物就是泽布替尼。

从 2012 年立项开始的两年多时间内，百济神州的研究人员通过多轮的迭代设计和优化，从 500 多个化合物中挑选出了泽布替尼。与在先上市的伊鲁替尼、阿卡替尼相比，泽布替尼在母核结构、取代基的性质、化合物的拓扑学性质上存在明显的区别。相对于伊鲁替尼，泽布替尼保留了共价结合区域丙烯酰基以及对 BTK 主要起选择性抑制作用的苯氧基苯基，对母核结构进行了较大调整，把吡唑并嘧啶结构替换为吡唑并哌啶结构，同时调整了基团之间的相对位置，通过上述大胆的重构与修饰，在提高活性的同时也改善了生物利用度。相对于阿卡替尼，泽布替尼结构差别更大，共价结合区域由炔基换为烯基；对 BTK 起选择性作用的基团，阿卡替尼为（吡啶 -2 - 基）苯甲酰胺，而泽布替尼为苯氧基苯基。虽然泽布替尼在研发过程中参考了伊鲁替尼、阿卡替尼的结构，但研究人员通过多次的结构迭代设计和优化之后，已经获得了全新的母核骨架，并在此基础上进行调整、优化，实现了完全创新的技术高度，[1] 而且泽布替尼在后续的评价中也超越了伊鲁替尼、阿卡替尼，获得了相对更好的活性与选择性，靶向性更强，脱靶效应更小，实现了该项目最初设定的目标。

全球同步临床研究取得良好结果，夯实核心专利技术价值

百济神州对于泽布替尼的研发采取了国际化路线，于 2014 年 8 月率先于澳大利亚启动泽布替尼用于治疗 B 细胞恶性肿瘤的全球Ⅰ/Ⅱ期临床试验，2015 年在美国和其他国家开展了扩展队列研究。2016 年 7 月，在国内提交泽布替尼的临床申请，基于初步疗效数据，中国国家食品药品监督管理局药品审评中心（Center for Drug Evalntion，CDE）与百济神州在 2016 年 12 月达成共识，未来可以基于一项针对中国复发/难治（R/R）MCL 患者的单臂Ⅱ期临床试验（BGB - 3111 - 206）的临床结果有条件批准泽布替尼的上市申请；2017 年 3 月，在国内 14 家临床中心开始Ⅱ期临床试验（BGB - 3111 - 206）；2018 年 8 月和 10 月，百济神州向 NMPA 提交了包含这项关键试验数据的治疗 R/R MCL 和 R/R CLL/SLL 的新药上市申请，并在 2020 年 6 月获得有条件批准。[2] 在美国，2018 年 8 月 FDA 举行沟通会，同意基于临床研究

---

[1] 郭宗儒．我国创制的抗肿瘤药物泽布替尼［J］．药学学报，2020，55（8）：1978 - 1982.

[2] National Medical Products Administration. National Medical Products Administration Approves Zanubrutinib［EB/OL］．［2020 - 07 - 21］．http：//www. nmpa. gov. cn/WS04/CL2056/377969. html.

BGB－3111－AU－003、BGB－3111－206 数据提交上市申请。2019 年 6 月，百济神州在美国提交新药上市申请，同年 8 月受理并授予优先审评资格，3 个月后加速批准 R/R MCL 适应证。

泽布替尼在中美两国提交新药上市申请的时间有先后，但截至批准时提交的申请资料包含了相似的核心临床研究数据。[1][2] 疗效分析数据主要来自关键临床试验研究 BGB－3111－206 和 BGB－3111－AU－003；安全性分析数据还包括了来自临床试验 BGB－3111－1002、BGB－3111－205 和 BGB－3111－210。百济神州也在审评期间向 NMPA 滚动提交了更新的安全性数据。[3] 临床试验 BGB－3111－206 数据显示，R/R MCL 患者总缓解率（ORR）达到 84%，其中，59% 为完全缓解（CR），24% 为部分缓解（PR）；临床试验 BGB－3111－AU－003 则显示出 84% 的 ORR，22% 的 CR 与 62% 的 PR。鉴于令人信服的疗效数据以及在大量人群中具有良好耐受性的安全性证据，美国和中国的药品监管部门以不同的加速通道批准了泽布替尼上市。同时，百济神州还推进了多项涉及适应证拓展和药物联用的临床试验，包括泽布替尼用于华氏巨球蛋白血症（WM）、CLL/SLL 一线治疗、治疗 R/R 边缘区淋巴瘤（MZL），与利妥昔单抗联合治疗 CLL/SLL、与奥比妥珠单抗联合治疗 R/R 滤泡性淋巴瘤（FL）、与替雷利珠单抗联合治疗 B 细胞淋巴瘤，联合维持疗法治疗 COVID－19 及肺部窘迫患者等。

泽布替尼获得了 FDA 加速审批的全部途径包括快速通道、加快审批、突破性疗法和优先审评。快速通道允许原研企业在研发阶段提出新药申请，加快审批使药物在最终临床结果得出前获批，优先审评针对最后的审评阶段，突破性疗法对药物筛选更为严格，初步临床试验表明药物在一个或多个有临床意义的指标上较现有疗法有显著改变，上述 4 项途径对药物从开发到上市的不同阶段给予支持。获得加速审批的药物能够及时获得 FDA 指导意见，临床开发速度更快，有利于快速占领市场。获得加速审批的全部四项途径也反向证实了泽布替尼优于已有 BTK 抑制剂，展现了很高的技术价值。

泽布替尼在中国和美国以外的上市进程也已经提速。2020 年 6 月，泽布替尼在中国获批上市后，百济神州向欧洲药品监管部门递交新药上市申请并获受理，用于治疗既往接受至少一项疗法的 WM 患者，或作为不适合化学免疫疗法 WM 患者的一线治疗方法；2020 年 9 月，向加拿大药品监管部门递交上市申请并获受理，并纳入优先审评。百济神州还向澳大利亚、以色列递交新药上市申请，适应证覆盖 MCL、WM；向 NMPA 递交用于治疗 WM 的新适应证上市申请。临床试验的结果陆续公布

---

❶ U. S. Food and Drug Administration. Drug Approval Package：BRUKINSA［EB/OL］.［2020－07－21］. https：//www. accessdata. fda. gov/drugsatfda_docs/nda/2019/213217Orig1s000TOC. cfm.

❷ Nasdaq Investors. BeiGene Announces the Approval of BRUKINSA™（Zanubrutinib）in China for Patients with Relapsed / Refractory Chronic Lymphocytic Leukemia or Small Lymphocytic Lymphomaand Relapsed / Refractory Mantle Cell Lymphoma［EB/OL］.（2020－06－03）［2020－07－21］. http：//ir. beigene. com/news－releases/news－release－details/beigene－announcesapproval－brukinsatm－zanubrutinib－china.

❸ LI G，LIU X，CHEN X. Simultaneous Development of Zanubrutinib in the USA and China［J］. Nat. Rev. Clin. Oncol.，2020：1－2.

和各国上市步伐的加快，进一步加固了泽布替尼物质专利的技术价值，也预示着更大的市场与经济回报（见图 3－2）。

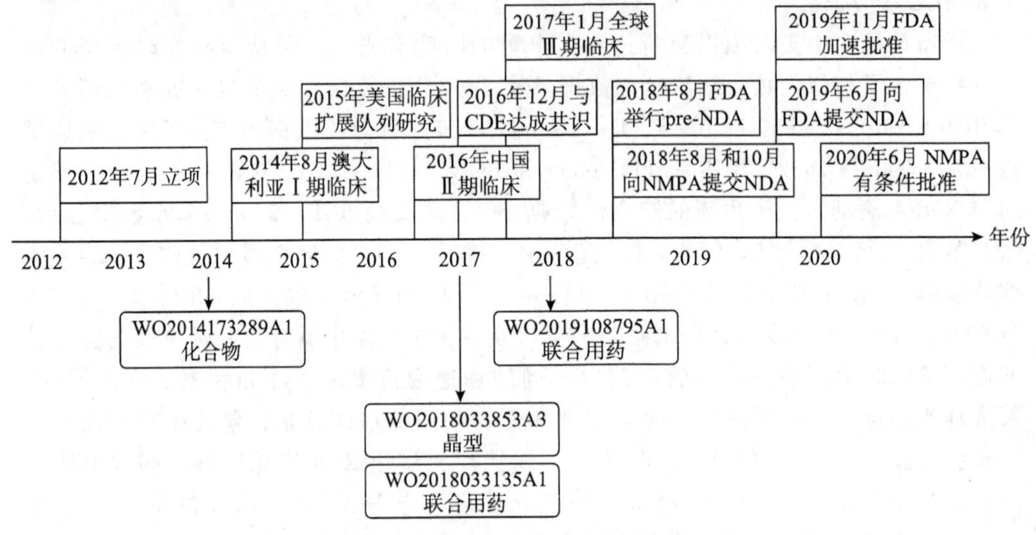

图 3－2　泽布替尼研发历程与专利布局

对于小分子化合物药物来说，可以使用多种检测手段对化合物结构进行反向确认。当药物进入Ⅰ期临床后，能够接触到药物活性成分的人群将不限于主要研发者，化合物结构将无法保持秘密。泽布替尼最早于 2014 年 5 月在澳大利亚提交临床试验申请，在此之前的 2014 年 4 月，百济神州针对核心化合物提交专利申请 WO2014173289A1，在提前布局化合物专利的前提下开展后续临床试验。之后，在临床试验开展过程中，随着临床疗效的逐步明确，百济神州从上市药物的药学研究、后续应用范围扩展等角度，针对晶型、联合用药外围专利进行布局，提交具有性质优势的晶型 A 专利 WO2018033853A3，泽布替尼与免疫检查点抑制剂或 CD20mAb 联合用药专利 WO2018033135A1。泽布替尼全球Ⅲ期临床试验启动后，提交专利申请 WO2019108795A1，涉及 BTK 抑制剂与 PD－1 抗体联合用药的技术方案，2019 年 12 月百济神州的产品管线产品 PD－1 替雷利珠单抗获批上市，该专利申请与其产品管线相对应。图 3－2 显示了百济神州针对泽布替尼的专利布局与上市进程，可以预见的是，作为一个具有临床“优效”的靶向抗肿瘤新药，泽布替尼相关专利技术的竞争已经处于酝酿期。而且，自泽布替尼临床疗效逐渐明朗的时间点（2015 年）开始，每年都有涉及泽布替尼联合用药专利申请提交，说明业内密切关注泽布替尼全球研究进展，在明确疗效前提下迅速布局联合用药专利，间接证明了泽布替尼本身的价值和受关注程度。

通式化合物核心专利在多国获得快速授权，彰显法律价值

在专利布局的过程中，稳定而有效的法律价值是专利实现专利防御、进攻、运营等后续功能的前提。百济神州泽布替尼核心物质专利在中国和其他多个国家和地

区获得快速授权，且授权了较大范围的马库什通式化合物，彰显了核心专利的法律价值。

专利的法律价值首先体现在权利要求的保护范围上，以泽布替尼中国授权专利CN104884458B为例，该核心专利的权利要求采用马库什通式形式撰写，涵盖了一系列具有相同母核结构的化合物，由于说明书描述了式Ⅰ化合物具有BTK抑制活性，并在实施例中列举了196个式Ⅰ范围内的化合物，抑制BTK、抑制BTK的Tyr223磷酸化的试验数据，因而权利要求概括的范围能够得到说明书的支持，最终获得授权。

该申请有32件同族申请，包括中国、美国、欧洲、日本、韩国等国家和地区阶段申请，基本包括了作为主要医药市场的国家和地区，包括EP2014787642 、US14/723417、US14/951491、US15/359871、US15/969864、JP2016509281和KR1020157030395，均获得授权，且具有与中国同族相同或相似的保护范围。授权的权利要求采用马库什通式概括了较宽的保护范围，有效囊括疗效佳、安全性高的泽布替尼，进而保证了百济神州在这一研究领域上的领先地位，同时较宽的保护范围也避免了泽布替尼具体结构的过早暴露，防御竞争对手的快速跟进研究。布局的市场越大，说明专利权人对其重视程度越高、专利越重要，获得权利的国家和地区越多，则说明同族专利技术潜在的市场空间就越大。

从审查周期来看，各同族申请从进入各国家和地区阶段到获得授权所经历的时间相对较短。以进入中国、欧洲、美国、日本和韩国为例：2015年6月25日进入中国国家阶段，2017年3月13日授权，历时不到2年；2015年8月28日进入欧洲地区阶段，2016年7月7日授权，历时不到1年；2015年5月27日进入美国国家阶段，US14/723417于2016年5月9日授权；US14/951494是2015年11月25日提交的US14/723417的继续申请，2016年8月26日授权；US15/359871是2016年11月23日提交的US14/951494的继续申请，2018年3月28日授权；US15/969864是2018年5月3日提交的US15/359871的继续申请，2019年10月11日授权，4件申请的平均授权周期也在1年左右。2015年10月22日进入日本国家阶段，2017年8月29日授权，历时不到2年。2015年10月21日进入韩国国家阶段，2017年10月24日授权，共历时2年。[1] 从实质审查阶段的审查意见的内容来看，这些国家和地区发出的通知书中均只涉及一些形式问题，而不涉及新颖性和/或创造性等实质性问题。以相应的中国、欧洲和美国同族专利申请为例：中国同族专利，3次审查意见中分别指出权利要求涉及不授权主题、支持、清楚、简要等形式问题。欧洲同族专利，通知书指出权利要求具备新颖性和创造性，仅涉及撰写形式不恰当等形式问题。4件美国同族专利，通知书指出权利要求涉及清楚、简要、支持、不恰当引用、马库什权利要求的单一性和/或重复授权等形式问题。由以上内容可以看出，该专利申请在各个国家和地区阶段的审批过程进展较快，最长不超过2年。各个国家和地区专利

[1] Peksung Intellectual Property Ltd. 从专利角度解读“泽布替尼”的创新性［EB/OL］.（2020-04-21）［2020-07-21］. https://www.lexology.com/library/detail.aspx? g=ad96f2b3-f38a-42be-970a-1d320ee93d40.

审批机构均未检索到影响该专利申请新颖性、创造性的现有技术；授权保护范围宽泛。上述事实从一定程度上表明，基于泽布替尼物质专利的高技术价值，其专利申请能够获得快速授权，且专利权相对比较稳定、有效期长，彰显了较高的法律价值。

多主题外围专利布局，进一步延伸核心专利的法律价值

在核心专利之后，百济神州从时间维度上进行有规划、有步骤的外围专利布局，包括化合物晶型、联合用药在内的多主题专利联合布局，实现核心物质保护期的延伸、提升专利技术的不可规避性。

晶型是药学研究中的重要环节。2017 年，百济神州提交了泽布替尼晶型 A 的正式专利申请 WO2018033853A3。根据核心专利化合物制备方法，发现化合物泽布替尼为无定形，显示较低的玻璃转化温度，进行药物配制时存在一定困难，诸如低稳定性和难以纯化。因此研究得到化合物晶型 A，其具有诸如高熔点和更好稳定性的特性，适于配制药物。该专利申请实施例中公开了合成化合物及其晶型 A 的方法，测试了对激酶的抑制和选择性以及对血液癌细胞系（REC－1、Mino、JEKO－1 和 TMD－8）肿瘤细胞增殖的作用。同时，提供了正常小鼠模型中晶型 A 的药物动力学研究，系统性REC－1 异种移植物模型中晶型 A 的功效研究，晶型 A 的毒理学、药物动力学等评价数据。实施例中还公开了Ⅰ期临床试验的部分结果，包括①在患有晚期 B 细胞恶性肿瘤的患者中的Ⅰ期临床试验结果，②在 WM 患者中的Ⅰ期临床试验结果，③在 CLL/SLL 患者中正在进行的Ⅰ期临床试验结果等。

与此同时，为了拓展后续临床应用，百济神州也尝试布局联合用药（WO2018033135A1），涉及在受试者中预防癌症、延迟癌症进展或治疗癌症的方法，包括向有此需要的受试者施用治疗有效量的 BTK 抑制剂与治疗有效量的免疫检查点抑制剂或靶向治疗剂的组合，靶向治疗剂是抗 CD20 mAb，选自利妥昔单抗、替伊莫单抗、托西莫单抗、奥法木单抗或奥滨尤妥珠单抗，免疫检查点抑制剂为 PD－1、PD－L1、PD－L2 等或其组合。实施例中公开了抗 CD20 mAb 和 BTK 抑制剂的组合在人 REC－1/NK92MI 套细胞淋巴瘤异种移植模型、人 TMD－8 DL BCL 异种移植模型、人 REC－1 MCL 异种移植模型中的效果，显示两种药剂组合比任一种单一药剂都更加显著有效；在人 REC－1 MCL 异种移植模型中，与伊鲁替尼和利妥昔单抗的组合治疗相比时，泽布替尼和利妥昔单抗的组合治疗后的肿瘤重量明显更低；比较泽布替尼、伊鲁替尼对其他激酶的抑制作用，泽布替尼具有更强的选择性。实施例中还公开了临床试验研究内容，在澳大利亚和美国进行的 B 细胞淋巴瘤患者中泽布替尼和奥滨尤妥珠单抗的多中心、开放标签的Ⅰ期试验，包括剂量递增阶段和剂量扩展阶段。另外，为了进一步拓展临床应用空间，还布局了联合用药专利（WO2019108795A1），公开了在受试者中预防癌症、延迟癌症进展或治疗癌症的方法，包括向有此需要的受试者施用治疗有效量的 BTK 抑制剂与抗 PD－1 抗体的组合。实施例里公开了首次多中心、开放标签的Ⅰb 期临床试验，以评估化合物与单克隆抗体 1 联合治疗 B 细胞恶性肿瘤的安全性、耐受性和初步疗效。发现化合物和单克隆抗体 1 的组合分别在惰性和侵袭性淋巴瘤患者中实现 SPD（通过 CT 扫描的淋巴结直径乘积之和）的最大

改善，发现该组合可分别延长惰性和侵袭性淋巴瘤患者的寿命。

不同时间、不同地域布局多个主题的专利保护网，对延长核心化合物专利的保护期以及提升专利技术的不可规避性具有重要意义。外围专利所体现的技术往往是技术研究的进一步深入，例如泽布替尼晶型A、与PD－1抗体联合用药，这种深入研究是权利人精心设计的以公开换保护的专利布局之策。百济神州在适当的时机，即核心专利申请3年之后，随着临床疗效的逐步明确、开展全球Ⅲ期临床试验和自研的PD－1抗体药替雷利珠单抗获批上市前，将曾经保密的内容适当地以专利形式保护和公开，最大程度保护相关技术进展。可以说，通过多主题组合专利构筑防御之墙，形成专利壁垒，也间接地提高了核心专利权利的稳定性，提升自身市场竞争力。

➢ 高价值专利成为投融资的核心资产

技术价值是市场价值的基础，法律价值是市场价值的保障。医药领域高度依赖专利保护。从法律层面来看，医药企业可以在新药专利保护期内获得整个市场的全部收益，从而回报新药在开发阶段的投入，并获得充足的资金来进行下一轮的新药研发。[1]

泽布替尼是针对伊鲁替尼生物利用度低、靶点选择性差的问题研发出的高安全性、高耐受性和高缓解率的BTK抑制剂，核心专利技术价值高、法律价值稳定，而其专利的市场价值也在泽布替尼上市之前展现出来。2011年4月，百济神州成立之初获得默沙东的投资。2014年之后，随着泽布替尼等几个新药品种的研发进程和良好前景的不断展现，百济神州完成了多次融资，实现在美国、中国香港上市。可以说，百济神州在没有一款药物上市的情况下，高价值专利就是其核心资产，促成了多轮融资，体现了核心专利的高市场价值。而高价值专利也保证了充足的“现金弹药”，不断推动后期项目进展。

目前，全球BTK抑制剂药物总体市场规模超过80亿美元，主要市场份额由2013年上市的伊鲁替尼占据。泽布替尼上市后，在美国定价每月12935美元，比伊鲁替尼便宜20%以上，百济神州2020年第一季度财报显示泽布替尼在美国的产品收入为72万美元，在包括新增用药患者，保险覆盖以及在医生群体中的品牌认知度等早期上市指标中的进展令人鼓舞。泽布替尼在中国定价为每月22600元，低于伊鲁替尼初上市价格，并在积极争取进入医保，减轻患者用药负担，做到价格优惠。相信未来泽布替尼会带来更高的经济回报，专利的高价值将得以再次展现。

➢ 思考与启示

高价值专利是连接企业研发和市场的重要工具。高价值专利具有技术、法律和

[1] 白光清. 医药高价值专利培育实务［M］. 北京：知识产权出版社，2017.

市场三个维度的价值属性。在化学药领域，物质专利技术的先进性主要体现在分子结构的创新程度和治疗效果的优劣。而对于一个新药来说，基本专利、外围专利构成的专利组合，所体现出的优异的医疗价值、相对于同类药品技术的优越性，包括疗效、适应证范围、毒性和副作用等，都是其技术价值的体现。较大保护范围的核心专利以及后续有规划、有步骤的外围专利的布局，实现稳定而有效的法律价值，确保药物获得市场垄断、延长生命周期、提升专利技术的不可规避性，因此，法律价值是专利实现专利防御、进攻、运营等后续功能的前提。可以说，技术价值是市场价值的基础，法律价值是市场价值的保障，技术价值越高、法律价值越稳定的药品，越有可能获得较高的市场价值。

泽布替尼是我国首个中美成功上市的原创新药。通过多次的迭代设计，研究人员在全新的母核骨架上进行调整、优化，从 500 多个化合物中优选出具有良好的 BTK 选择性和生物利用度的候选药物，并在全球范围内推进了多项适应证和联合用药的临床试验，与首个上市的 BTK 抑制剂药物伊鲁替尼相比，泽布替尼显示了高缓解率、高耐受性的“优效”结果，铸就了泽布替尼核心专利的技术价值。后续临床试验结果陆续公布和各国上市步伐加快，夯实了专利的技术价值。在此基础上，基于高质量的专利文件撰写和详实的数据披露，泽布替尼的核心专利在多国获得了较宽保护范围的快速授权，专利存续时间、专利保护范围等彰显了专利的法律价值。进一步，通过多主题外围专利有规划、有步骤的布局，实现核心专利保护期的延长、提升专利技术的不可规避性，进一步提升了核心专利的法律价值。具备高技术价值和高法律价值的核心专利也成为百济神州在投融资过程中的核心资产，促成了多次投融资并最终上市。在创新模式逐渐多样化的发展趋势下，专利的高市场价值在新药上市之前就能得以实现。可以说，以百济神州为代表的创新型制药企业，通过高价值专利固定核心技术的领先地位，吸引研究资本投入，保障新药研究的高效实施，所获得的良好临床结果反馈再一次地提升了专利的价值，形成良性循环，最终促成泽布替尼成功在中美同步上市。泽布替尼的研发上市和专利布局之路，对于国内的创新型制药企业具有较高的借鉴意义。

（执笔：陶冶）

04 阿美替尼

——专利策略“棋高一着”促成
跟随型创新“以小博大”

编者按 豪森药业精准规避热门靶向抗肿瘤药奥希替尼的化合物专利，以较小的结构改进获得阿美替尼。通过合理扩充化合物实施例、巧妙设计生物学评价方案的专利策略，阿美替尼核心物质专利在中国、美国等国家和地区以较大的保护范围获得授权，最大程度保护改进创新并降低了研发风险，成为跟随型新药研发模式的成功范例。

➢ 紧随热点开发的小改进新药

替尼类酪氨酸激酶抑制剂是目前抗肿瘤小分子靶向药物的热点，自2001年瑞士诺华制药研发的伊马替尼上市以来，替尼类药物已经发展到第三代。其中，以研究最广泛的药物为例，第一代的上市药物包括吉非替尼、厄洛替尼和埃克替尼等，但是患者使用第一代药物数月后会因为T790M突变产生耐药性问题。随后开发的第二代药物包括阿法替尼等，通过与激酶靶标形成稳定的共价键结合，克服了T790M突变引起的耐药性，但是由于这类药物在保持对L858R激活突变体、Exon19缺失激活突变体和T790M抗性突变体有较强抑制活性的同时对野生型EGFR及其他酪氨酸蛋白激酶受体也显示出较强的抑制活性，导致毒副作用增加。第三代药物通过与酪氨酸激酶结合域Cys797氨基酸形成共价键结合，抑制信号通路的传导，可以避免T790M突变带来的耐药问题，具有靶向选择性更高、毒副作用较低等优点。可以说，第三代EGFR－TKI是目前的研究热点，代表性药物是阿斯利康制药有限公司（以下简称“阿斯利康”）研发的甲磺酸奥希替尼，于2017年3月在中国上市，商品名为泰瑞沙。

江苏豪森药业集团有限公司（以下简称“豪森药业”）密切关注奥希替尼的研究进展，实施跟随创新策略，在奥希替尼结构基础上进行改造修饰获得的“me－too”型小改进新药阿美替尼（Almonertinib），化学名为N－［5－［［4－（1－环丙基－1H－吲哚－3－基）－2－嘧啶基］氨基］－2－［［2－（二甲氨基）乙基］甲基氨基］－4－甲氧苯基］－2－丙烯酰基酰胺（见图4－1）。阿美替尼于2020年3

月在国内上市，成为继奥希替尼之后，国内第二个获批上市的主要针对 EGFR－T790M 耐药突变的第三代 EGFR－TKI 药物，用于治疗局部晚期或转移性非小细胞肺癌（NSCLC），临床上使用阿美替尼的甲磺酸盐形式，商品名为阿美乐。

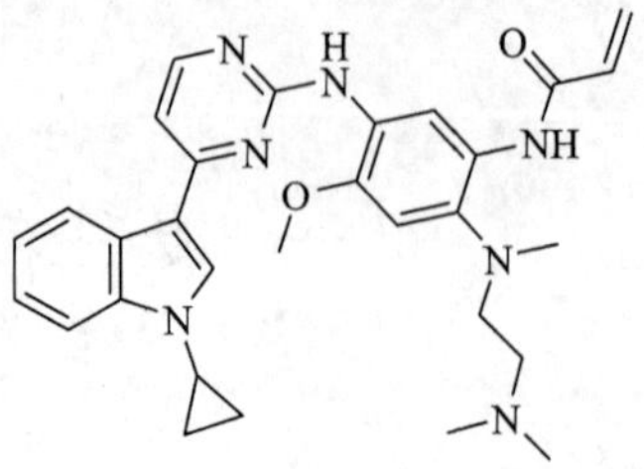

图 4－1　阿美替尼化学结构式

➢　利用专利策略最大化专利权利保护范围，稳定新药研发信心

阿美替尼是在奥希替尼结构基础上进行的改造修饰，二者的化学结构具有一定的相似性。与奥希替尼相比，阿美替尼的主要改进点在于将吲哚环中氮原子上连接的甲基替换为环丙基。豪森药业抓住奥希替尼核心专利保护的漏洞，创制“me－too”型新药。在撰写阿美替尼核心专利时进行合理规避，通过扩充实施例尽可能地圈定更大的保护范围，设计适宜的生物学测试评价指标和药效学实验，发现了阿美替尼与奥希替尼的结构区别所带来的药代动力学差异，并准确把握专利的申请时间，在成功规避奥希替尼的核心专利的基础上，申请涵盖阿美替尼的马库什通式化合物专利，并在中国和美国等国家获得授权。这一系列巧妙的操作也体现了国内制药企业多年来的技术积淀和专利挖掘、布局能力的提升。

合理规避奥希替尼专利，扩充实施例实现更大保护范围

首先，豪森药业在分析奥希替尼专利的基础上，针对多个位点进行化合物的结构设计和活性评价，在能够得到说明书支持的前提下，将核心专利的保护范围最大化。

奥希替尼核心专利（WO2013/014448A1，公开日 2013 年 1 月 31 日）中公开了通式化合物或其药学上可接受的盐，以通式结构表示。该通式结构整体骨架比较固定，可变的位置仅 G 基团和 R^1～R^3，而且，该专利公开文献中，对于可变位置的选择范围较窄。其中，G 基团选自 4，5，6，7－四氢吡唑并［1，5－a］吡啶－3－基、1H－吲哚－3－基、1－甲基－1H－吲哚－3－基、吡唑并［1，5－a］吡啶－3－基；R^1选自氢、氟、氯、甲基和氰基；R^2选自甲氧基和甲基；R^3选自包括（3R）－3－（二甲氨基）吡咯烷－1－基、（3S）－3－（二甲基－氨基）吡咯烷－1－基、3－（二甲氨基）氮杂环丁烷－1－基、［2－（二甲氨基）乙基］－（甲基）氨基、［2－（甲氨基）乙基］－（甲基）氨基、5－甲基－2，5－二氮杂螺环［3.4］辛－2－基、（3aR，6aR）－5－甲基六氢－吡咯并［3，4－b］吡咯－1（2H）－基、1－甲基－1，

2，3，6－四氢吡啶－4－基、4－甲基哌嗪－1－基、4－［2－（二甲氨基）－2－氧代乙基］哌嗪－1－基、甲基［2－（4－甲基哌嗪－1－基）乙基］氨基、甲基［2－（吗啉－4－基）乙基］氨基、1－氨基－1，2，3，6－四氢吡啶－4－基、4－［（2S）－2－氨基丙酰基］哌嗪－1－基在内的多个含氮取代结构。在该专利的说明书中记载了60个合成产物，177个化学中间体，奥希替尼的7个多晶型以及奥希替尼甲磺酸盐的2个多晶型的实施例。

可以看出，阿斯利康在奥希替尼的研发过程中，对于化合物的结构设计、合成和活性验证的研究目标比较集中，对化合物结构多样性的拓展并不充分。说明书中记载的60个合成产物，与G基团连接的母核结构均为嘧啶氨基苯基丙烯酰胺；而G基团大体上仅分为两类，一类是吲哚环中氮原子上甲基取代或未取代的吲哚－3－基，另一类是氢化或非氢化的吡唑并［1，5－a］吡啶－3－基。另外，对于取代基的扩展也非常有限，取代基R^1选自氢、氟、氯、甲基和氰基；取代基R^2选自甲氧基和甲基；仅对取代基R^3进行了一定扩充，选自［2－（二甲氨基）乙基］－（甲基）氨基等多个含氮结构。一般来说，通式化合物中的母核结构是经过大规模的活性筛选后确定的，对于EGFR激酶抑制活性和抗T790M突变的效果的保持至关重要，而取代基的拓展对于争取更大保护范围、为竞争对手设置壁垒具有重要作用。在奥希替尼的核心专利中，除了取代基R^3的范围囊括了包含［2－（二甲氨基）乙基］－（甲基）氨基在内的多种不同含氮结构以外，其他几处可变位置的研究均不够充分。尽管由于受到结构中的空间位阻效应的影响R^1仅能选择氢原子、本领域常见的卤素原子以及例如甲基、氰基等短链基团，无法过多扩展，但是，存在较大改进空间的G基团和取代基R^2的限定仍然较为单一。特别是限定G基团位置上包含吲哚、吡唑并吡啶两类仅含有氮杂原子的双环结构，并未拓展至更宽泛的杂环体系，例如吲唑、喹啉、苯并咪唑、吡咯并吡啶、吡咯并吡唑、吡咯并咪唑、咪唑并吡啶、喋啶等其他结构相近的仅含氮杂原子的、含有双环的芳杂环结构，或者例如咔唑、吖啶等仅含氮杂原子的三环芳香结构，或者例如吡嗪、嘧啶、哒嗪、三唑等含有多个氮原子的单环芳香结构，或者其他结构相近的同时含有氮和氧两个杂原子或氮和硫两个杂原子的单环或双环结构，或者例如己内酰胺、丁内酯等脂类杂环结构等。对于取代基R^2位置上的限定也较为单一，仅包含甲氧基和甲基，并未限定包括乙基、丙基、异丙基、丁基、环丙基、环丁基、烯丙基等常见的烃类取代基团以及乙氧基、羟甲基、羟乙基等常见的短链含氧取代基、卤取代短链烷基等。随着奥希替尼核心专利的公开，其他制药企业容易围绕奥希替尼核心专利中公开的母核结构对个别取代位点进行结构改造和修饰，以成功规避奥希替尼的专利保护范围。

阿美替尼正是在奥希替尼的结构基础上，通过改变奥希替尼结构中G基团位置上连接的吲哚环上氮原子的取代基而获得授权。在阿美替尼的核心专利（WO2016/054987A1，公开日2016年4月14日）中公开了通式化合物、其立体异构体或其药学上可接受的盐。与奥希替尼核心专利相比，阿美替尼专利的通式化合物在双键末端增加了R取代基，对于环A（相当于奥希替尼的位置G）的类型也作出扩展。从可变基团的数量以及取代基的种类来看，豪森药业针对阿美替尼核心专利要求了更宽的保护范围，不但在环A位置以及取代基R^2上的结构拓展更加丰富，R、R^1以及R^3位置上的取代基限定也更为多样化。而且，在专利说明书中记载了12个化学中间体的制备过程以及143个具体化合物的合成路线以及结构鉴定，目标化合物实施例的数量是奥希替尼物质专利的两倍多。这众多的实施例化合物既有针对吲哚环氮原子上取代基类型的设计，又有针对母核结构上取代基类型的设计；既有针对环A种类为取代或非取代的苯并吡唑、取代或非取代的苯并咪唑、取代或非取代的苯并三唑、取代或非取代的苯以及多个芳香多元环稠合的扩展，又有针对环A与母核连接位置的多种设计选择。可以说，豪森药业在阿美替尼的核心专利布局过程中，对于化合物的结构种类设计更为全面和多样，不仅规避了奥希替尼的专利保护范围，还将自身的专利保护范围通过合理的马库什通式撰写，以及设定更多的可变基团铺展开来，获得了更充足的$N \times N$结构数量，为后续的新药研究和专利布局奠定了基础，同时也给其他竞争企业的药物仿制和跟进制造了更多的障碍。

巧妙设计生物学试验确保核心专利获得多国授权

豪森药业通过精心设计阿美替尼核心专利的申请时间和生物学评价方式，完美地体现了阿美替尼相关专利技术方案的创造性，从而确保专利授权。

奥希替尼是全球首个上市的第三代EGFR－TKI药物，其可以与某些突变型EGFR（T790M、L858R和外显子19缺失）发生不可逆地结合。在培养细胞和动物肿瘤移植模型中，奥希替尼表现出对携带EGFR突变的非小细胞肺癌细胞系较强的抗肿瘤活性，对野生型EGFR扩增的非小细胞肺癌细胞系抗肿瘤活性较弱。试验证明，奥希替尼对T790M/L858R突变和外显子19缺失EGFR的抑制活性IC_{50}分别为15nmol/L和17nmol/L，而对野生型EGFR的抑制活性IC_{50}为480nmol/L，显示了较高的选择性。[1]

阿美替尼的核心专利中关于生物学测试评价主要包括EGFR－T790M突变型酶学实验和EGFR野生型酶学实验，以及人肺腺癌细胞增殖抑制实验和人类鳞状癌细胞的增殖抑制实验。其中，前者采用荧光共振能量转移方法（TR－FRET）分别测试化合物对外显子20 T790M突变型EGFR的抑制作用和对野生型EGFR的抑制作用，得出化合物对相关酶活性的半数抑制浓度IC_{50}；后者采用荧光细胞活性检测系统，分别测试化合物对人肺腺癌细胞和人类鳞状癌细胞的细胞增殖抑制作用，得出化合物抑制细胞增殖活性的半数抑制浓度IC_{50}，并进一步计算出野生型/突变型的选择性。

在阿美替尼核心专利的药效学测试中，没有设定阳性对照组，可以说这也是豪森药业在专利申请时的高明策略。阿美替尼核心专利的申请日是2015年9月30日，此时阿斯利康的奥希替尼还没有获批上市（奥希替尼于2015年11月在美国上市）。可以想见，一旦奥希替尼获批上市，其相关的生物学测试评价数据势必会被公开，届时如果阿美替尼与奥希替尼的药效学测试结果相比并未达到更优的效果，则可能

---

[1] 何珩，黄璐，许颖．新型抗非小细胞肺癌药物奥希替尼［J］．中国新药杂志，2016，25（16）：1801－1806.

会影响阿美替尼的核心专利获得授权。

阿美替尼和奥希替尼的结构区别仅为阿美替尼吲哚环中氮原子上连接的是环丙基，而奥希替尼吲哚环中氮原子上连接的是甲基。两者结构差异较小，从非显而易见性角度来看，结构改进略显薄弱，且从抗肿瘤药效方面对比也不一定能看出明显的提升。但是，豪森药业另辟蹊径，在药代动力学性质方面寻找到突破点，通过分析和比较两种药物的代谢产物，以及 t_{MAX}、C_{MAX}、AUC、$t_{1/2}$ 等药代动力学参数，从而为阿美替尼与奥希替尼之间寻找到了差异化的技术效果。

据文献报道[1]，奥希替尼存在两种代谢产物，分别为侧链末端氮脱除甲基（代谢物-1）和吲哚环上氮脱除甲基（代谢物-2）。而阿美替尼由于吲哚环中氮原子上的氢原子被环丙基取代，将吲哚环相关的位点进行封闭，使其代谢产物中不存在代谢物-2，仅存在与奥希替尼的代谢物-1形式相似的1个代谢产物。在阿美替尼的核心专利中记载了大鼠药物代谢实验结果，经研究发现，阿美替尼由于没有产生代谢物-2，避免了该代谢物对T790M突变型和野生型靶蛋白缺乏选择性所带来的毒副作用问题，克服了现有技术存在的缺陷。进一步地，通过分析大型动物犬的药物代谢实验结果发现，阿美替尼的药代动力学参数优于奥希替尼对照组，暴露量可以达到奥希替尼的6倍以上，同时药物半衰期也有较大幅度的延长，更加符合临床需求。通过在药代动力学评价中设置阿美替尼和奥希替尼的对比，充分体现了阿美替尼相对于现有技术取得显著的技术进步，从而为阿美替尼核心专利获得授权奠定了坚实的基础。

借鉴奥希替尼思路开展外围专利布局

在获得物质专利授权并开展新药临床研究和上市申报的过程中，豪森药业也逐步启动了对阿美替尼的外围专利布局。作为近期上市的新药，阿美替尼尚未进入密集的专利布局期，目前涉及的专利申请仅7项，其中6项是原研豪森药业的专利，1项是江苏恒瑞制药有限公司（以下简称“恒瑞医药”）提交的涉及CDK4/6抑制剂与甲磺酸阿美替尼的联合用药的专利申请。其中，豪森药业在早期提交的涉及阿美替尼的通式化合物、盐、晶型的基础专利均向美国、日本、欧洲、韩国等国家和地区进行了专利布局并在美国等国家获得了专利授权，体现了企业在规避设计和专利挖掘方面的实力。

通过跟踪阿斯利康针对奥希替尼的技术研发和专利布局，豪森药业针对阿美替尼的基础专利和外围专利布局方面均展现了国际化的战略眼光。2015年9月30日，豪森药业首先提交了涉及核心化合物的PCT申请WO2016/054987A1（公开日2016年4月14日），要求享有2014年10月11日的本国优先权，同时指定进入中国、美国、日本、欧洲、韩国、加拿大、澳大利亚、俄罗斯、印度、巴西和墨西哥等多个

[1] FINLAY M R, ANDERTON M, ASHTON S, et al. Discovery of a potent and selective EGFR inhibitor (AZD9291) of both sensitizing and T790M resistance mutations that spares the wild type form of the receptor [J]. Journal of Medicinal Chemistry, 2014, 57 (20): 8249-8267.

国家和地区在该化合物核心专利中，除请求保护通式化合物4－取代－2－（N－（5－取代烯丙酰胺基）苯基）氨基嘧啶衍生物以外，还请求保护包含治疗有效量的通式化合物、具体化合物、其立体异构体或其药学上可接受盐及可药用载体的药物组合物，药物组合物在制备用于治疗 L858R EGFR 突变体或 T790M EGFR 突变体和外显子 19 缺失激活突变体活性介导疾病的治疗药物中的应用，药物组合物在制备用于治疗非小细胞肺癌的药物中的应用。

为了夯实阿美替尼物质的专利保护，豪森药业于 2016 年 12 月提交了涉及阿美替尼晶型的 PCT 专利申请 WO2017/161937A1（公开日 2017 年 9 月 28 日），要求享有 2016 年 3 月的本国优先权，并指定进入中国、美国、日本、欧洲、韩国、加拿大和澳大利亚等多个国家和地区。该晶型专利中详细记载了阿美替尼游离碱和各种可药用盐的晶型，包括游离碱晶型Ⅰ～Ⅲ、盐酸盐晶型Ⅰ、硫酸盐晶型Ⅰ～Ⅳ、磷酸盐晶型Ⅰ、甲磺酸盐晶型Ⅰ～Ⅵ、富马酸盐晶型Ⅰ和Ⅱ、马来酸盐晶型Ⅰ～Ⅲ、乙酸盐晶型Ⅰ和Ⅱ，其制备过程以及粉末 X 射线衍射数据。通过深入研究阿美替尼游离碱或者酸式盐的不同聚集状态，得到了阿美替尼游离碱或酸式盐的多晶型物，这些多晶型物能够大大改善无定型阿美替尼的溶解性、吸湿性、化学稳定性等理化性质，同时提高工艺的可操作性，筛选出适于药学上可接受的最适合的聚集状态，为药物开发提供科学依据，也为防御竞争对手跟进开发阿美替尼的改良盐型制造了专利障碍。

2019 年开始，随着阿美替尼临床研究的逐步推进，豪森药业又相继布局了阿美替尼通式化合物及其盐的制备方法专利、药物组合物专利和制药用途专利。在化合物制备方面，豪森药业于 2019 年 2 月提交了专利申请 CN109761960A（公开日 2019 年 5 月 17 日），涉及 4－（1－环丙基－1H－吲哚－3－基）－N－苯基嘧啶－2－胺衍生物的制备方法，通过使用 5－取代的 2，6－二氯嘧啶与吲哚反应，再与环丙基硼酸在醋酸铜、2，2′－联吡啶等催化剂，碳酸钠、磷酸钾等碱性试剂，乙腈、四氢呋喃等有机溶剂存在的条件下，在 50～65℃下进行偶联获得 3－（2－氯嘧啶－4－基）－1－环丙基－1H－吲哚，再加入 4－氟－2－甲氧基－5－硝基苯胺反应获得 4－（1－环丙基－1H－吲哚－3－基）－N－（4－氟－2－甲氧基－5－硝基苯基）嘧啶－2－胺，在氮气保护下加入二甲基乙酰胺，搅拌，将获得的中间体与二异丙基乙胺和 N，N，N′－三甲基乙二胺反应获得化合物 N^1－（4－（1－环丙基－1H－吲哚－3－基）嘧啶－2－基）－N^4－（2－（二甲氨基）乙基）－2－甲氧基－N^4－甲基－5－硝基苯－1，4－二胺，在雷尼镍的作用下还原，再通过与 3－氯丙酰氯反应、酸化洗涤等具体步骤获得阿美替尼的甲磺酸盐。这种制备方法克服了现有技术中合成阿美替尼的原料物 3－（2－氯嘧啶－4－基）－1－环丙基－1H－吲哚难于获得，不适合工业化大生产以及原料物环丙基硼酸价格较为昂贵，生产成本高，反应过程中需要使用的催化剂 4－二甲氨基吡啶和溶剂甲苯具有高毒性和强刺激性，难以满足环保要求等缺陷，避免了在 95℃的高温下进行反应，优化了反应条件。进一步通过重结晶替代硅胶柱纯化的步骤，缩短了制备周期并减少了固液废物，缩减了制备成本，显著提高了制备工艺的可操作性、环保指数以及安全性，且所获得的中间体和终产物纯度好、收率高。在药物组合物方面，豪森药业于2019年5月提交了药物组合物的PCT专利申请WO2019/218958A1（公开日2019年11月21日），要求享有2018年5月的本国优先权，目前已进入澳大利亚和中国香港地区。在该专利申请中，对药物组合物中填充剂、崩解剂、包衣材料等多种影响因素进行了正交实验设计，同时考察了光照、高温、高湿条件下，药物组合物的杂质种类及含量和稳定性情况。通过对药物组合物中活性成分的含量、活性成分的单位剂量、制剂类型和具体辅料成分的选择，使获得的药物组合物具有良好溶出度，提高制剂的载药量和稳定性。在制药用途方面，豪森药业于2019年7月提交了专利申请CN110652514A（公开日2020年1月7日），具体涉及阿美替尼或其可药用盐在制备治疗EGFR-TKI敏感性相关EGFR突变介导型局部晚期或转移性非小细胞肺癌药物中的用途。通过酶学实验、动物临床试验和多中心临床试验，并针对难治或既往接受过第一代或第二代EGFR抑制剂治疗的耐药患者，通过剂量递增和剂量扩展获得了相应的临床试验结果。数据显示，阿美替尼对既往EGFR-TKI治疗进展的EGFR T790M突变阳性的局部晚期和转移性非小细胞肺癌患者的客观缓解率为65.6%，疾病控制率为93.4%。同时，对于L861Q或G719X基因突变患者、外显子19缺失或L858R基因突变患者的治疗效果较好，对91例脑转移型非小细胞肺癌患者的整体疗效为59.3%。2019年7月，豪森药业还提交了专利申请CN110698461A（公开日2020年1月17日），要求享有2018年7月9日的本国优先权，请求保护1-环丙基-1H-吲哚的制备方法以及类似骨架的通式化合物的制备方法。通过改变合成步骤的顺序、扩展制备工艺的参数以及进一步限定通式结构，完善化合物制备技术并进一步优化阿美替尼的专利布局。

截至2020年11月，阿美替尼的化合物核心专利已经在中国、美国、日本、澳大利亚获得了授权，同时，晶型专利也率先在美国获得专利授权。此外，豪森药业还在进一步挖掘化合物核心专利中尚未被明确纳入保护范围的内容，针对最早的化合物核心专利相继提交了3件分案申请（CN111170999A、CN111171000A、CN111187221A）。可见，阿美替尼这款上市新药在化合物及其盐、晶型、药物组合物、制备方法、制药用途几个方面进行了较为完备的专利布局，还利用分案申请对核心内容进行进一步的保护，从广度和深度两个维度进行拓展。目前尚未检索到豪森药业提交的关于阿美替尼与其他抗癌药物联用的相关专利，而恒瑞医药于2019年5月提交了发明名称为“一种CDK4/6抑制剂与EGFR抑制剂联合在制备预防或治疗肿瘤疾病的药物中的用途”的专利申请WO2019/223716A1。该申请说明书中针对人肺腺癌细胞NCI-H1975（携带EGFR 21外显子L858R突变和20外显子T790M突变）进行了药物联用的药效学实验，并且在权利要求中限定了例如玻玛西林、瑞博西尼、帕博西尼等多种CDK4/6抑制剂与例如奥希替尼、吉非替尼、厄洛替尼、阿美替尼等多种EGFR抑制剂联用的用途。作为目前热门的第三代EGFR-TKI上市药物，预计未来会有更多的制药企业关注阿美替尼临床应用和联合应用等方面的技术拓展和专利布局。

➢ 多项临床试验并行，高效推进上市进程

奥希替尼作为第三代EGFR-TKI的首个上市药品，属于临床急需的突破性新

药，从2013年提交新药临床研究申请（IND），到2015年新药注册申请（NDA），中间获得了美国的快速通道认证、突破性疗法认证、加速审评资格等多项加快审评审批的优惠政策，在美国5个月完成审批，在中国从进口药注册到获批上市也仅仅耗费7个月，速度惊人。

作为基于奥希替尼的小改进新药，豪森药业抓住阿美替尼与奥希替尼的结构差异较小，安全有效的预期前景相对明确的优势，抓紧推进临床试验，实现快速上市。在奥希替尼进入Ⅲ期临床研究的阶段，豪森药业于2014年12月提交了阿美替尼的临床试验申请，采用多项临床试验同时开展的方式，有效缩短了临床试验的周期，并于2018年10月完成阿美替尼的临床试验，2019年4月向国家药品监督管理局药品审评中心（CDE）提交了阿美替尼的药品上市申报材料，并于同年5月获得优先审评资格。最终，阿美替尼于2020年3月在中国获批上市，其药品上市审评周期仅用了不到1年，从临床试验申报到药品获批上市仅花费了5年多的时间，与国内新药创制的一般时程相比可谓效率颇高（见图4－2）。可以说，也正是因为阿美替尼在多国获得了专利授权，豪森药业敢于采用多个临床试验并行加速推进的策略，在后续临床研究和上市申报之路上开足马力，直奔终点。

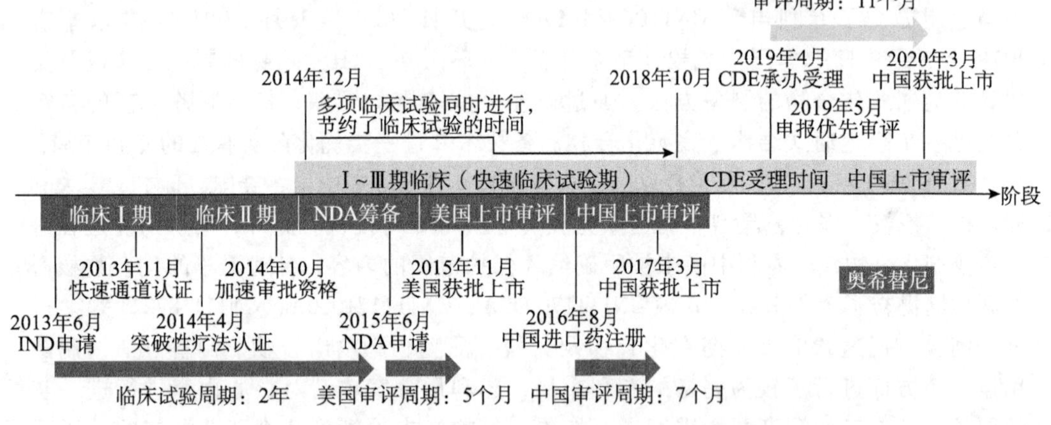

图4－2 阿美替尼与奥希替尼的研发和上市主要时间节点

➢ 多个第三代EGFR－TKI药物即将上市，未来竞争激烈

奥希替尼自2015年获批上市后，2018年全球销售额达到18.6亿美元，[1] 2019年全球销售额更是达到了31.9亿美元，[2] 同比增长了71.5%，利润可谓相当可观，成为一款重磅药物。为解决第一代和第二代EGFR－TKI针对T790M靶点的耐药突变

---

❶ 奥希替尼18年中国销售额近20亿［EB/OL］.（2019－03－12）［2020－11－13］. https：//med. sina. com/article_detail_100_2_62362. html.

❷ 阿斯利康2019年财报：奥希替尼大卖31.9亿美元，中国收入近50亿美元［EB/OL］.（2020－02－15）［2020－11－13］. http：//www. bio4p. com/fastnews/23130. html.

问题，国内外制药企业纷纷展开对第三代 EGFR－TKI 药物的研发。在甲磺酸阿美替尼片（阿美乐）获批上市前后，包括杭州艾森医药研究有限公司（以下简称“艾森医药”）研发的马来酸艾维替尼、上海艾力斯医药科技股份有限公司（以下简称“艾力斯医药”）研发的甲磺酸伏美替尼、浙江贝达药业股份有限公司（以下简称“贝达药业”）开发的甲磺酸贝福替尼以及上海倍而达药业有限公司（以下简称“倍而达药业”）研发的 BPI－7711 等具有竞争力的第三代 EGFR－TKI 药物已经提交注册。

其中，马来酸艾维替尼是由艾森医药自主研发的国内第三代 EGFR－TKI，可以同时抑制 EGFR L858R、外显子 19 缺失以及 T790M 突变，用于治疗具有 EGFR 突变或耐药突变的非小细胞肺癌。2015 年分别在中国和美国启动 I 期临床研究，成为第一个进入中国临床研究并同步开展美国临床研究的自主创新药物。尽管艾维替尼 2018 年 6 月在国内提交上市申请并被纳入优先审评程序，但是，由于血脑屏障渗透能力较弱，目前尚未获得上市批准。甲磺酸伏美替尼是艾力斯医药针对 EGFR 敏感突变以及 EGFR T790M 耐药突变的治疗非小细胞肺癌的国产第三代 EGFR－TKI。甲磺酸贝福替尼胶囊是由益方生物科技（上海）有限公司（以下简称“益方生物”）自主研发的第三代 EGFR－TKI，贝达药业于 2018 年 12 月同益方生物签订合作协议，受让本品中国权益并独家在约定区域内进行产品的开发及商业化。BPI－7711 是倍而达药业在奥希替尼结构基础上研发的第三代 EGFR－TKI。

通过对艾维替尼、伏美替尼、贝福替尼以及 BPI－7711 等品种的结构分析不难发现，其均是在重磅药物奥希替尼的结构基础上进行结构改造完成的。通过对反应中间体以及产物结构设计的扩展、对化合物核心专利中马库什通式结构的上位概括和取代基的限定获得尽可能大的保护范围。与奥希替尼相比，艾维替尼的结构设计策略是将嘧啶与吡咯并环，并通过醚键直接将嘧啶环与丙烯酰基苯基连接，通过胺基与甲基哌嗪基氟取代苯基连接。虽然艾维替尼的结构母核与奥希替尼明显不同，但是结构片段与奥希替尼存在一定的相似性，并通过结构片段的重新组合获得了新的化学结构。伏美替尼使用吡啶环替代苯环与丙烯酰胺进行连接，且由三氟乙氧基替代甲氧基作为该环上的取代基团。贝福替尼也是在奥希替尼的基础上进行的结构改进，使用了与阿美替尼相似的思路，使用三氟乙基替代甲基成为吲哚环上氮原子的取代基团，从而将吲哚环上氮原子位置的代谢位点进行封闭，同样避免了奥希替尼的代谢物－2 的生成，降低了发生毒副作用的可能。BPI－7711 与奥希替尼的结构差别仅为与二甲基氨基相连的基团使用乙氧基替代了 N－甲基氨基乙基。

由此可见，正是由于奥希替尼核心专利中对于母核结构和取代基的保护范围扩展不充分，除了豪森药业以外，国内还有多家制药企业通过小改进规避奥希替尼核心专利，研发出第三代 EGFR－TKI，且在药物的安全性和有效性方面均有不错的表现，预计未来可能产生竞争。

➢ 思考与启示

作为首个上市的具有突破性意义的第三代 EGFR－TKI 药物，阿斯利康的奥希替尼受到了各方的关注。但是，奥希替尼核心物质专利的保护范围相对局限，特别是对于母核结构、关键位置取代基等扩展不够充分，给跟随型的创新药研发留出了空间。在鼓励新药创制的政策大背景下，国内制药企业并未局限于开发奥希替尼的仿制药，而是各出妙招，规避奥希替尼的核心专利研发竞争性品种。在多家跟进的国内制药企业中，豪森药业精准捕捉专利漏洞，通过环丙基替换甲基的微小改进得到阿美替尼，充分降低了新药研发的风险。特别是，鉴于化合物结构改动不大，其非显而易见性可能遭受质疑的问题，豪森药业通过巧妙的实验设计，以药代动力学性质方面的优势证明了阿美替尼具有预料不到的技术效果，从而奠定了阿美替尼核心物质专利的创造性基础。同时，通过涵盖更多结构多样化的实施例化合物使专利保护范围最大化。在阿美替尼核心物质专利获得授权后，豪森药业也适时以分案形式提交多项通式化合物申请，有计划地扩大保护蓝图，在专利挖掘方面可谓是“棋高一着”。这一成功的专利策略使阿美替尼在与奥希替尼结构差别不大的情况下获得了多国授权，这也为豪森药业增加投入，加速推进临床研究增强了信心，并通过申报优先审评的方式，加速审评速度，实现快速上市。阿美替尼从核心专利申请到新药国内获批上市仅仅用了4年半的时间，反过来也使新药研发过程中的专利消耗期大大缩短，延长的市场独占权期限也意味着巨大的收益。最终，在国内企业围绕EGFR－TKI三代药物奥希替尼的改进创新竞赛中，阿美替尼在国内最先获批，抢得市场先机。这一系列巧妙的操作也体现了国内制药企业多年来的技术积淀和专利挖掘、布局能力的提升，从而实现了小改进创新药获得大成功。

临床研究结果显示，阿美替尼在有效性方面与甲磺酸奥希替尼相当，[1] 第二适应证目前正处于临床试验中。但是，由于国内多家制药企业在奥希替尼基础上开发的第三代EGFR－TKI药物即将上市，与奥希替尼结构相似性也意味着这些竞争性品种未来将会在市场上引发激烈的竞争。目前，豪森药业对于阿美替尼的专利布局远没有结束，在未来，如何通过制药用途、联合用药等领域的研发创新和专利布局超越竞争对手，将成为阿美替尼在后期国内市场的竞争中继续占据有利地位的关键因素，其未来的专利布局策略值得期待。

（执笔：葛瀚麟）

---

[1] 全球第二个三代EGFR－TKI创新药！豪森甲磺酸阿美替尼片获批［EB/OL］.（2020－03－20）［2020－11－13］. https：//m. sohu. com/a/381689455_293363.

05 安罗替尼和吡咯替尼

——对比解读创新药专利布局的多元化战略

编者按 正大天晴针对引进品种安罗替尼的制药用途开展密集专利布局以图扩张市场，恒瑞医药对于自研品种吡咯替尼的制剂技术进行迭代开发为仿制设置专利壁垒。对于同期研发上市的抗肿瘤新药，国内制药企业根据不同的创新起始阶段，因时制宜，构建了各具特色的保护网络，展现出多元化的专利策略。

➢ 国产靶向抗肿瘤药初露锋芒

以受体酪氨酸激酶抑制剂为代表的小分子靶向药物是目前抗肿瘤化学药领域的研发热点。自首个药物伊马替尼上市以来，国内外已经有数十个替尼类药物获得批准。我国制药企业研发的替尼类药物也于近几年密集获批上市，其中包括安罗替尼和吡咯替尼。

安罗替尼（Anlotinib），化学名称为 1 - [[[4 - (4 - 氟 - 2 - 甲基 - 1H - 吲哚 - 5 - 基) 氧基 - 6 - 甲氧基喹啉 - 7 - 基] 氧基] 甲基] 环丙胺。安罗替尼是口服多靶点酪氨酸激酶抑制剂，作用靶点包括血管内皮生长因子受体（VEGFR）、血小板衍生生长因子受体（PDGFR）、成纤维细胞生长因子受体（FGFR）等，具有抗肿瘤血管生成和抑制肿瘤生长的作用，❶ 可用于治疗肺癌、结直肠癌、肾癌、软组织肉瘤、甲状腺癌、胃癌等多种癌症。安罗替尼由正大天晴药业集团股份有限公司（以下简称“正大天晴”）与南京爱德程医药科技公司（以下简称“爱德程”）联合研发并于 2018 年 5 月获批上市，临床应用其盐酸盐形式，商品名为福可维，适用于既往至少接受过 2 种系统化疗后出现进展或复发的局部晚期或转移性非小细胞肺癌患者的治疗。目前安罗替尼针对软组织肉瘤、卵巢癌的临床试验也在稳步推进中。

吡咯替尼（Pyrotinib），化学名称为 (R, E) - N (4 - (3 - 氯 - 4 - (吡啶 - 2 - 基甲氧基) 苯基氨基) - 3 - 氰基 - 7 - 乙氧基喹啉 - 6 - 基) - 3 - (1 - 甲基吡咯烷基 - 2 - 基) - 丙烯酰胺。吡咯替尼属于泛酪氨酸激酶受体家族（ErbB）的不可逆抑制剂，与多种人表皮生长因子受体（HER）的胞内激酶区 ATP 结合位点共价结

---

❶ 张娜，佟旭，王大鹏，等．盐酸安罗替尼在常见恶性肿瘤中的研究进展［J］．齐齐哈尔医学院学报，2019，40（23）：2992 - 2995.

合，阻止 HER 家族同/异源二聚体形成，抑制自身磷酸化，阻断下游信号通路的激活，抑制肿瘤细胞生长，具有全面、强效的抗肿瘤作用。吡咯替尼由恒瑞医药研发并于 2018 年 8 月获批上市，临床应用其马来酸盐形式，商品名为艾瑞妮©，用于治疗人表皮生长因子受体 2（HER2）阳性的晚期乳腺癌。❶

同为小分子靶向抗肿瘤新药（见图 5－1），正大天晴的安罗替尼是由爱德程先期研发并转让给正大天晴的品种，正大天晴更多地参与了安罗替尼在研发中后期及临床研究阶段的工作。而作为自主研发的品种，吡咯替尼的研发上市全过程均由恒瑞医药的研究团队完成。由于企业在新药研发的整个过程中实际参与的阶段不同，关注的技术改进点也有所区别，相应地形成了各具特色的专利布局策略。

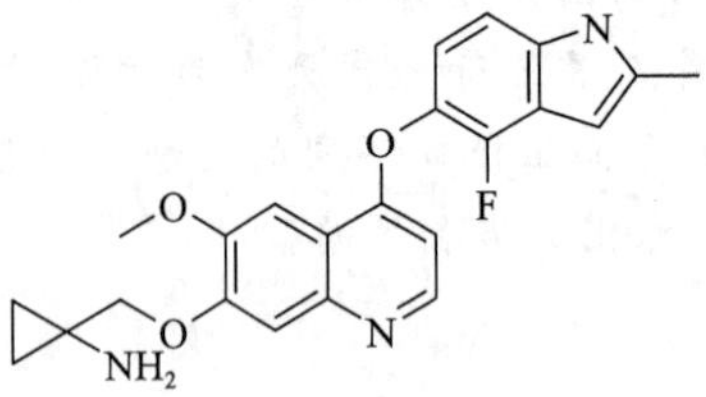

(a) 安罗替尼

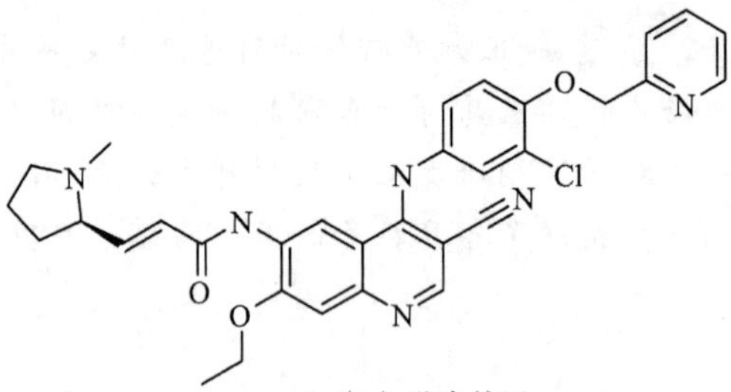

(b) 吡咯替尼

图 5－1　安罗替尼和吡咯替尼化学结构式

➢ 安罗替尼：聚焦制药用途专利布局，力图拓展市场范围

安罗替尼最早由爱德程研发，其是在阿斯利康开发的候选药物西地尼布的结构基础上经过修改得到的。西地尼布是具有喹唑啉母核结构的小分子酪氨酸激酶抑制剂，其结构最早在 2000 年被披露（WO2000047212A1）。爱德程的研究人员通过将喹唑啉母核替换为喹啉母核，并进一步将侧链上的吡咯烷基替换为环丙胺基得到安罗替尼。研究表明，环丙基的引入能够增强分子对受体的亲和力，从而增强药物的药效，降低脱靶作用，而且能够增加血脑屏障渗透率和代谢稳定性。❷

2007 年，正大天晴和爱德程在美国提交了临时专利申请，并在 2008 年以此为优先权，提交了涵盖安罗替尼的马库什通式化合物的 PCT 申请 WO2008112407A1，要求通式化合物、具体化合物、治疗癌症的应用以及药物组合物的权利保护。该 PCT 申请后续进入中国、美国、欧洲、日本、韩国等国家和地区，并且均已获得授权。

随着研究的推进，正大天晴于 2010 年在国内提交了安罗替尼的临床研究申请，同期提交了涉及安罗替尼可药用盐的稳定晶体化合物专利申请并获得授权（CN102344438B），

---

❶ MA F, LI Q, CHEN S, et al. Phase I Study and Biomarker Analysis of Pyrotinib, a Novel Irreversible Pan－ErbB Receptor Tyrosine Kinase Inhibitor, in Patients With Human Epidermal Growth Factor Receptor 2－Positive Metastatic Breast Cancer [J]. J. Clin. Oncol., 2017, 35 (27): 3105－3112.

❷ 药融圈．安罗替尼上市月销过亿：正大天晴新/仿药爆发？[EB/OL].（2018－08－29）[2019－07－27]. https://www.sohu.com/a/250689995_100103981.

后续提交的分案申请也获得授权（CN103664892B）。随着临床前和临床研究的深入，安罗替尼作为多靶点酪氨酸激酶抑制剂对于众多癌症具有治疗作用的效果逐渐被揭示。自 2015 年开始，正大天晴密集布局制药用途专利申请，提交了涉及治疗软组织肉瘤、甲状腺髓样癌、非小细胞肺癌、不适用常规表皮生长因子受体酪氨酸激酶抑制剂治疗的非小细胞肺癌、晚期肺鳞癌、食管癌、胃癌、神经内分泌肿瘤、直肠癌、乳腺癌、鼻咽癌、骨肉瘤、淋巴瘤、小细胞肺癌、脑癌等多种应用的一系列 PCT 申请。可以说，根据安罗替尼多靶点药物的特点，正大天晴对于不同适应证进行广泛布局，形成第二治疗用途的外围专利壁垒，并为药物上市后的市场应用范围扩张做好准备。

从提高药品质量和患者顺应性等角度，正大天晴也开展了常规技术研究和专利布局。在制剂和质量控制方面，于 2015 年提交了涉及安罗替尼片剂、胶囊剂以及给药方法的 PCT 申请 WO2015185012A1，于 2016 年提交了涉及化合物杂质的专利申请 CN107778288A、CN107778290A。另外，还提交了涉及氘代安罗替尼的专利申请 CN109422731A，通过对化合物进行氘代，有效延长了药物的代谢半衰期。

目前涉及安罗替尼的公开专利申请有 32 项，绝大多数为正大天晴与爱德程提交。其他申请人较为分散，包括恒瑞医药、厦门赛诺邦格生物科技有限公司等，主要涉及联合用药。其中，正大天晴所申请的涉及安罗替尼的专利领域主要涉及化合物、晶型、制药用途、联合用药、制剂技术，化合物制备方法等（见图 5－2）。自 2017 年正大天晴提交安罗替尼上市申请后，其布局重点主要集中于治疗应用，并大多通过 PCT 申请形式为向国外布局。随着安罗替尼上市后在临床上应用疗效的反馈，❶ 预计也会有更多的企业关注这一品种，并参与到专利布局竞争中来。

➢ 吡咯替尼：解决关键制剂问题，为仿制设置技术壁垒

吡咯替尼是恒瑞医药在来那替尼的结构基础上修饰得到的。来那替尼最初由美国惠氏制药有限公司研发，该公司与美国辉瑞制药有限公司并购后，来那替尼的开发权被许可给美国 PUMA 生物科技公司，并于 2017 年 7 月在美国获批上市，❷ 用于已完成注射用曲妥珠单抗辅助治疗用药。❸ 来那替尼的结构中酰胺侧链末端是二甲基氨基，其核心物质专利申请（WO2002028443A1、WO2004066919A2）中，在该侧链末端要求保护烷基、杂芳香基取代的情形，但是没有保护含氮杂环烷基。恒瑞医药精准捕捉了这一专利漏洞，将酰胺侧链末端二甲基氨基环合，形成吡咯烷基，以此规避来那替尼原研物质专利获得吡咯替尼，并证明了吡咯替尼在部分药效评价中显示出优于来那替尼的技术效果。

---

❶ 正大天晴药物研究院．守护幸福 大有可维：安罗替尼的研发之路［EB/OL］.（2018－07－31）［2019－07－27］. http：//www. sohu. com/a/244427701_206277.

❷ 陈本川．治疗乳腺癌新药：马来酸来那替尼［J］. 医药导报，2018，37（3）：395－401.

❸ DEEKS E D. Neratinib：First global approval［J］. Drugs，2017，77（15）：1695－1704.

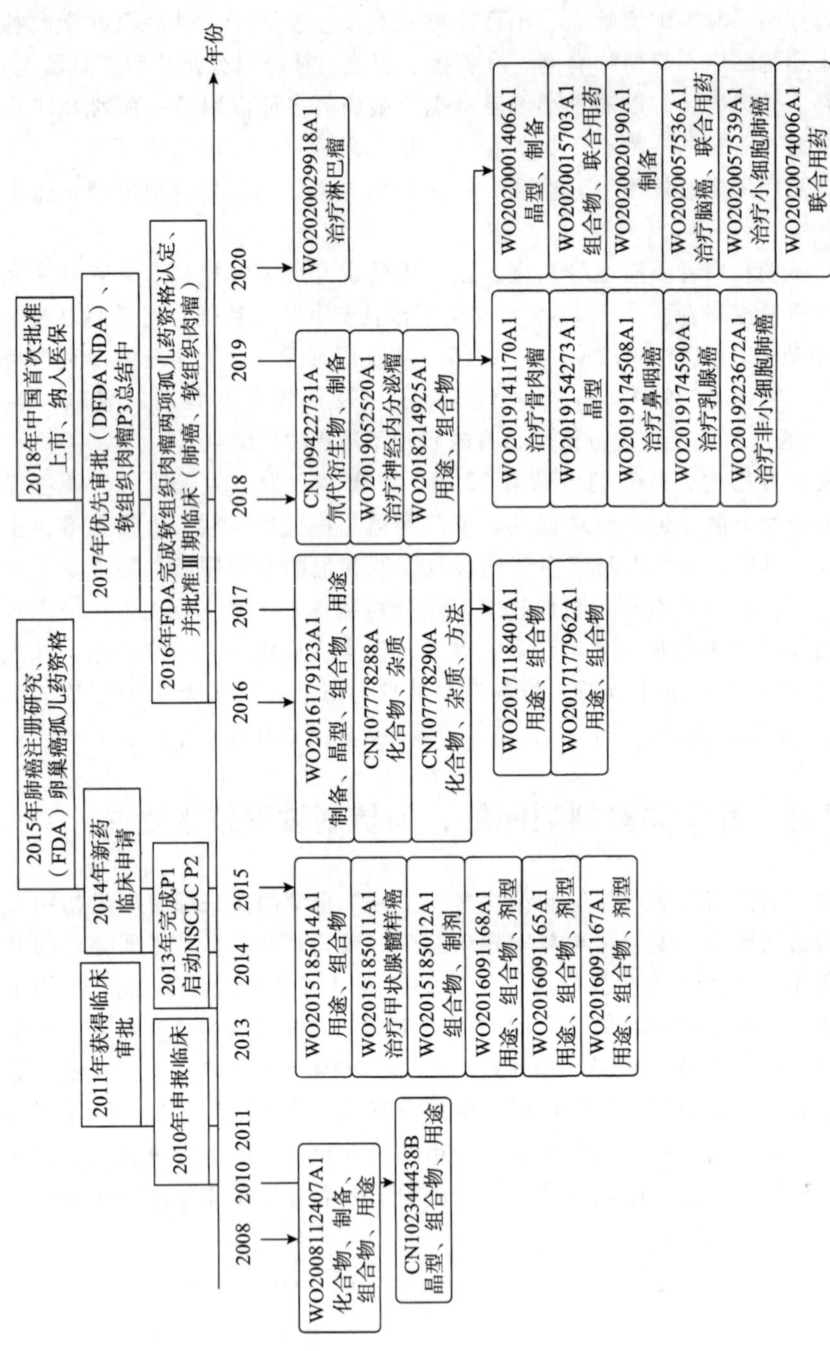

图5-2　安罗替尼研发历程与专利布局

2010年，恒瑞医药提交了涵盖吡咯替尼的马库什通式化合物、药物组合物、制备方法以及治疗应用的PCT申请WO2011029265A1，并进入欧洲、美国、韩国、日本等国家和地区，均获得授权。作为自主研发的新药品种，恒瑞医药紧扣吡咯替尼临床前研究中解决的多个关键技术点开展专利布局。针对吡咯替尼游离碱溶解性差，生物利用度低，不适于成药的问题，恒瑞医药研究了吡咯替尼可药用盐并于2012年提交PCT申请WO2012122865A2，通过制备例如马来酸盐，能够明显提高溶解度，改善药代动力学性质，马来酸盐形式也成为吡咯替尼最终上市的盐型。为了夯实吡咯替尼结构的保护力度，恒瑞医药于2013年提交了涉及吡咯替尼衍生物的专利申请WO2013131424A1，在覆盖重点基团的同时，对于吡咯替尼可能的改造位点和相应的化合物结构进行补充公开，避免竞争对手在吡咯替尼的结构基础上快速跟进研发竞争性品种。在药学研究过程中，开发适于药用的晶型是不可或缺的环节。针对拟上市的盐型，恒瑞医药于2013年提交了马来酸吡咯替尼的晶型化合物以及该晶型用于治疗肺癌、乳腺癌、表皮鳞癌或胃癌的专利申请WO2014008794A1，该晶型形式具有较好的稳定性和纯度，后续于2018年进一步提交了稳定性提高的晶型Ⅲ专利申请CN109206407A和晶型Ⅳ专利申请WO2019029477A1。可以说，恒瑞医药在药学研究过程中，逐步完成了对吡咯替尼化合物及其药用盐、衍生物、晶型及其制备方法和治疗应用的基础专利布局。

随着吡咯替尼临床研究的深入，其上市前景逐渐明朗。恒瑞医药的专利策略逐渐转向了防守，即如何为仿制吡咯替尼构建技术壁垒。对此，恒瑞医药结合吡咯替尼的理化性质特点，将技术研究和专利布局的重点放在原料药制备工艺和制剂技术两大方向上。

在原料药制备工艺方面，针对已有吡咯替尼制备方法操作复杂、成本高、收率低、安全性低、不易于放大生产的缺点，恒瑞医药进一步改进了吡咯替尼的制备方法，申请了专利WO2017186140A1。另外，针对现有技术中以三氯氧磷为原料、甲醇催化反应制备中间体存在的反应收率低、产品性状不好等缺点，恒瑞医药提交了改进的制备方法专利申请WO2019076316A1，通过采用水、磷酸和磷酸盐以及金属催化剂和路易斯酸等催化剂，所制备的中间体具有收率高、纯度好的优点，且降低了三氯氧磷用量，反应条件温和，更适合工业化生产。在制剂技术方面，针对吡咯替尼在水中黏性大的问题，恒瑞医药于2017年提交了涉及改进固体组合物黏度的专利申请WO2017129087A1，通过在固体制剂中加入交联聚乙烯吡咯烷酮、含有有机溶剂的润湿剂，有效改善了溶出度。针对黏性大问题，还提交了涉及吡咯替尼制剂制备方法的专利申请WO2017129088A1，采用湿法制粒，使制备的颗粒分布均匀，组合物溶出迅速而且均一。但是，后续研究表明，上述2项申请中记载的制剂工艺在进行放大实验时，所得样品的溶出速率明显低于相对应的小试批次样品，而且批次间药物制剂溶出速度也不均一，因此，恒瑞医药在已有研发基础上进一步改进工艺，提交了涉及剂型及其制备方法的专利申请WO2019080830A1。可以说，恒瑞医药根据吡咯替尼化合物的理化性质特点，通过不断对原料药制备工艺、剂型处方及其制备方法的研发改进，从小试到放大，实现技术迭代，并将研究成果通过专利固化。按照当前口服固体制剂一致性评价要求，仿制药要求与原研药具有药学等效和生物等效的性质，在恒瑞医药加大力度布局原料药和制剂相关专利申请的情况下，预计仿制药突破专利壁垒获得满足一致性评价要求的吡咯替尼医药制品的难度会更大。

在提前防御仿制的同时，恒瑞医药也开始了对后续市场应用范围的拓展。2017 年，恒瑞医药提交了吡咯替尼用于 HER2 突变的或 HER2 抗体药治疗失败或耐药的癌症以及肺癌、乳腺癌、非小细胞肺癌等癌症的治疗用途专利申请（WO2017129094A1、CN107638424A、WO2018054348A1），完善了治疗应用的外围专利布局。在联合用药方面，还针对 HER2 阳性的转移性乳腺癌的治疗申请了联合用药专利 WO2018133838A1，该专利中记载了将吡咯替尼与嘧啶类抗代谢药物合用治疗乳腺癌获得了预料不到的技术效果。

可以看出，恒瑞医药在研发吡咯替尼的过程中，遵循药学研究、临床前和临床研究的整个流程，开展了衍生物、药用盐和晶型、制剂技术、制备工艺、制药用途、联合用药等多个技术主题的全面布局（见图 5－3），为吡咯替尼构建了严密的专利防护网。

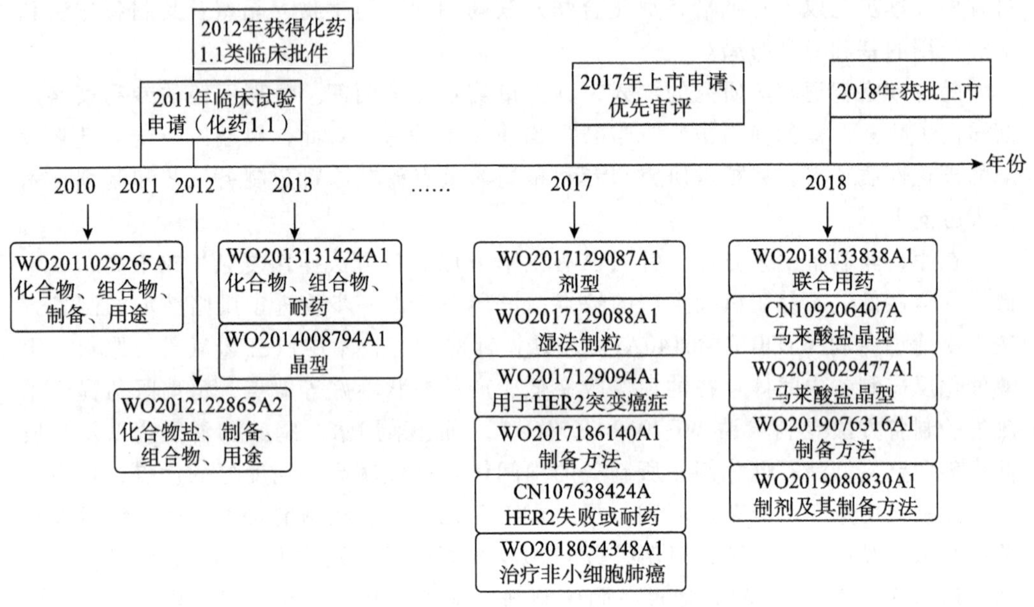

图 5－3　吡咯替尼研发历程与专利布局

➢ 思考与启示

正大天晴、恒瑞医药属于我国研发实力较强的制药企业，具有专业的药物研发团队和知识产权管理团队。由于安罗替尼是正大天晴转让获得的品种，它实际上是在新药研发阶段中期进入，而吡咯替尼是自研品种，恒瑞医药参与了研发的全过程。

基于不同的研发起始阶段，正大天晴与恒瑞医药针对安罗替尼和吡咯替尼的专利布局策略既有共性也有个性。

在共性方面，从专利布局的路线来看，两个品种的物质专利策略均是由面及点，首先申请马库什化合物核心专利，圈定较大保护范围，随着候选化合物的确定和研究的不断深入，依次布局具体化合物的可药用盐化合物及其优势晶型。而且，两家企业均比较重视专利的国际布局，能够充分利用相关国家的优先权延长保护期、利用相关国家的继续申请政策，适时提出同族申请以提高授权的概率。从起始专利的提交时机来看，两个品种均是在核心物质专利提交之后即申请临床试验，并均于一年后获得临床批件。从物质专利的披露程度来看，两个品种的化合物专利撰写上并没有采用“潜水艇”式战略，而是全面公开了化合物通式、异构体、组合物、化合物制备方法、用途、核心化合物等技术内容，推测这是企业鉴于替尼类药物研发的激烈竞争所采取的抢先公开、跑马圈地的策略。

当然，基于两家企业是在不同阶段参与研发过程，在各自品种的专利布局上更多地表现为个性化特点，也充分体现了专利布局的多元化战略。

安罗替尼是爱德程转让正大天晴的新药品种，其早期的药学相关研究由爱德程完成，正大天晴主要是在临床研究阶段跟进这一项目。通过合作引进具有较好前景的候选药物，为正大天晴节约了药物研发过程中的试错成本和时间。而且，正是由于对获批上市的良好预期，正大天晴也将专利布局的焦点放在了拓展适应证和联合用药技术领域，以期在上市后进一步拓展市场，同时防御仿制药在核心物质专利到期后的快速上市。

吡咯替尼是恒瑞医药自主研发的新药。作为来那替尼的跟随型创新品种，恒瑞医药及时专利追踪，精准捕捉漏洞，抢位布局吡咯替尼专利。正是由于吡咯替尼与来那替尼结构的相似性，其研发的成功率大大提升，因此，尽管吡咯替尼与来那替尼的首次专利申请相差6年，但是，吡咯替尼实际上仅比来那替尼晚1年上市，有效专利期得以大大延长。而且，在自主研发过程中，恒瑞医药依靠多年积淀的技术实力，围绕吡咯替尼在水中黏性大的理化性质缺陷，首先通过辅料种类的选择改善溶出度，然后通过采用湿法制粒的方式进一步提高溶解效果。后续工业化生产过程中面对小试工艺放大后效果不佳的问题，通过进一步的技术改进完成了片剂、胶囊等特定制剂的大规模制备。分阶段申请专利将技术更新迭代通过专利布局固化，事实上也延长了相关技术的专利保护期限。可以看出，恒瑞医药克服技术难点申请专利保护，增大了仿制吡咯替尼的难度，巩固了对自有产品的专利保护。

可以看出，不论是通过品种引进丰富自身管线，还是开发自有品种，两家企业都通过对各自新药品种的不断技术创新，构建多元化的专利保护体系，为获得更高的商业价值保驾护航，通过这两个品种的研发进程和专利布局特点的比较也可以看出，专利布局本身并没有一个固定的模式，根据品种的特点，构建有针对性的专利网络，才会达到实质上的保护效果。

（执笔：焦士勇）

06　氟马替尼

——攻守兼备的专利策略助推国产新药“青出于蓝”

编者按 豪森药业深耕慢性粒细胞白血病治疗药领域，一方面成功无效伊马替尼关键制药用途专利，消除仿制障碍，另一方面规避伊马替尼核心物质专利，通过结构优化得到安全性高、疗效更好的创新药氟马替尼并掌握了外围专利布局的主动权，在从仿制到创新的实践中打了一场漂亮的专利攻守之战。

➢ 慢性粒细胞白血病治疗药物市场需求巨大

氟马替尼（Flumatinib），化学名为 N－［6－甲基－5－［［4－（吡啶－3－基）嘧啶－2－基］氨基］吡啶－3－基］－4－［（4－甲基哌嗪－1－基）甲基］－3－（三氟甲基）苯甲酰胺（见图 6－1）。氟马替尼是豪森药业开发的靶向抗肿瘤药物，临床使用其甲磺酸盐形式，商品名为昕福。氟马替尼是在瑞士诺华制药公司（以下简称“诺华”）的伊马替尼基础上开发得到的“me－too”型药物，属于小分子蛋白酪氨酸激酶抑制剂，通过抑制断点簇区－c－ABL（Breakpoint Cluster Region－c－ABL，BCR－ABL）融合基因酪氨酸激酶活性，抑制费城染色体阳性的慢性粒细胞白血病（Chronic Myelogenous Leukemia，CML）和部分急性淋巴细胞白血病患者的肿瘤细胞增殖，诱导肿瘤细胞凋亡。

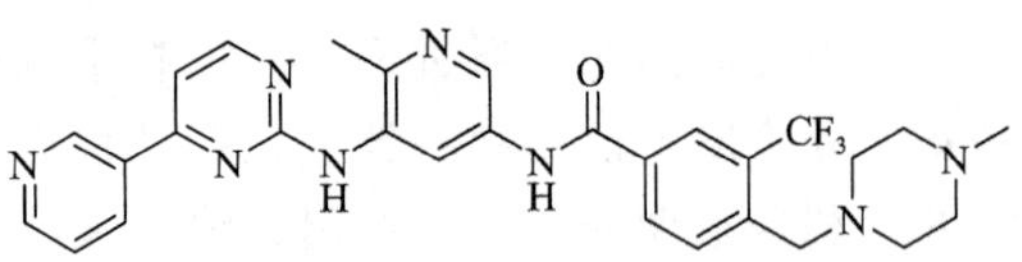

图 6－1　氟马替尼化学结构式

CML 是一种从骨髓造血细胞开始侵入血液的癌症，属于罕见的恶性血液疾病。研究表明，高达 95% 的 CML 病例存在 9 号和 22 号染色体易位造成的 BCR－ABL 融合基因，导致酪氨酸激酶的组成性激活，从而引发不受控制的细胞增殖。CML 一般分为 3 个阶段：慢性期、加速期和急变期，病程可持续多年，一旦进入急变期常常在半年内死亡。诺华开发的伊马替尼是首个用于 CML 的小分子靶向抗肿瘤药，于 2001 年 5 月在美国上市，同年 11 月在欧洲上市，成为 CML 治疗的一线用药。在伊马替尼之前，CML 患者的平均存活期只有 3～6 年，而在伊马替尼上市后，患者的 10 年生存率提高至 85%～90%。[1] 但是，对于接受伊马替尼治疗的 CML 患者，其 2 年耐药率在加速期达到 40%～50%，在慢性期也是达到了 10%左右。因此，获得性耐药成为当前 CML 治疗的主要挑战。随着 CML 的发病率继续升高且存在年轻化趋势，大部分患者需要长期服药，在耐药性 CML 的治疗领域仍然存在巨大的市场需求。

➢ 主动出击，打破伊马替尼关键制药用途专利壁垒

作为首个具有突破性地位的 CML 治疗药物，伊马替尼的市场前景不言而喻。在 2000 年左右，国内包括豪森药业在内的多家医药企业开始研究伊马替尼仿制药。要想实现仿制药尽早上市，首先面临的问题就是如何突破诺华在中国为伊马替尼构建的专利保护网（见图 6－2）。

诺华于 1993 年在中国提交了公开号为 CN1077713A 的化合物核心专利并获得授权，要求保护包含伊马替尼的通式化合物及其药物组合物和制备方法，该专利中记载了 N－苯基－2－嘧啶胺类衍生物能够选择性地抑制蛋白激酶 C，可用作抗肿瘤剂，调节免疫剂和抗菌活性成分，其中实施例 21 化合物就是伊马替尼。该专利作为伊马替尼的化合物核心专利，已于 2013 年 4 月 2 日届满终止。后续诺华也对伊马替尼的结构类似物进行了专利布局，包括在专利申请 CN101160130A 中保护一种用于嗜酸粒细胞增多综合征的嘧啶基氨基苯甲酰胺衍生物，其中优选的化合物可用于治疗对伊马替尼有耐药性的嗜酸粒细胞增多综合征或对其耐药的 CML，并在专利申请 CN101180060A 中要求保护上述化合物与伊马替尼的组合用于治疗或预防增殖性疾病，最终授权的权利要求为该优选化合物与伊马替尼的组合用于制备治疗胃肠道基质肿瘤药物的用途，后续专利申请 CN102274230A 涉及该优选化合物用于克服伊马替尼耐药性方面的用途，并获得了专利权。除了甲磺酸盐为上市的盐型以外，诺华在专利申请 CN1914191A 中要求保护伊马替尼的其他酸加成盐，包括 D－酒石酸盐、L－酒石酸盐、琥珀酸盐和丙二酸盐等，防御竞争对手开发改良盐型新药，该专利申请于 2009 年在国内获得专利权。

为了延长伊马替尼的专利保护期，诺华针对其晶型开展了深入的研究，最早于 1998 年提交专利申请 CN1264375A 涉及 N－苯基－2－嘧啶胺衍生物的结晶变体。甲磺酸伊马替尼具有多晶型现象，在众多晶型当中，α 和 β 晶型已经用于临床研究。理化试验表明，甲磺酸伊马替尼 β 晶型的流动性明显优于其 α 晶型，且在 140℃以下热力学更稳定，β 晶型的吸湿性也比 α 晶型要小，更易于贮存和加工。由于良好的理化性质，该专利申请于 2003 年在国内获得专利权。除此之外，诺华还申请了包括 ε、δ、F、G、H、I、K 在内的多种新晶型（CN101243066A、CN101312960A），均在国内获得授权。可以说，诺华在伊马替尼的晶型改进方面完成了严密的专利布局。

---

[1] 朱磊，郭静明．慢性粒细胞白血病的治疗进展［J］．航空航天医药，2010（8）：1378－1379.

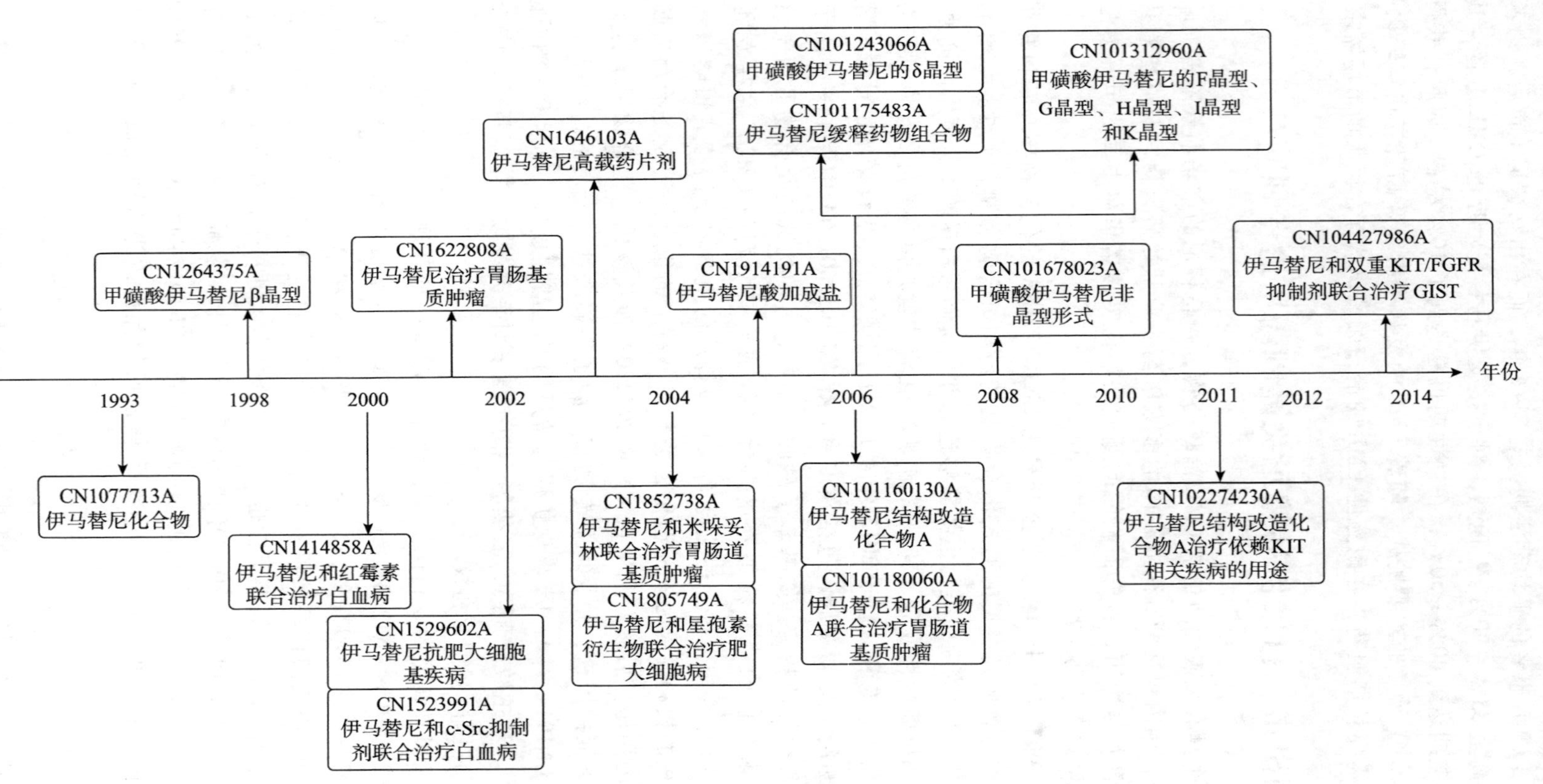

图6-2　伊马替尼中国专利布局

随着伊马替尼的临床研究进入后期，其上市前景逐渐明朗，诺华开始拓展伊马替尼的治疗用途，为后续的市场拓展奠定基础。2000 年，诺华首先提交了涉及伊马替尼与红霉素联合给药的形式用于治疗白血病的专利申请 CN1414858A 并获得授权。2001 年，出于延长伊马替尼治疗肿瘤用途的专利保护期限的目的，诺华瞄准消化道肿瘤细分领域，提交了涉及伊马替尼作为活性成分治疗胃肠基质肿瘤（GIST）的专利申请 CN1622808A 并获得授权，但是该专利申请已被宣告无效。进一步的治疗应用范围扩展还包括在 2002 年诺华与其他申请人共同提交的，涉及伊马替尼和 c－Src 抑制剂用于治疗白血病用途的专利申请 CN1523991A，以及将伊马替尼用于抗肥大细胞系的疾病如变应性疾病中的新用途专利申请 CN1529602A 等，尽管这两件专利申请在国内未获得授权，但是也可以起到防御竞争对手获得相关权利的效果。

联合用药是恶性肿瘤临床治疗的常用方案，相对于单独用药而言，药物联用可以达到降低毒副作用、提高生物利用度、协同增效或降低耐药性等效果。诺华对于伊马替尼的药物联用方案也进行了针对性的专利布局。2004 年，诺华针对克服伊马替尼在使用过程中可能产生的耐药问题，提交的专利申请 CN1805749A，要求保护星孢素衍生物与伊马替尼组合治疗肥大细胞病，并记载了星孢素衍生物可缓解对伊马替尼有耐受性的肥大细胞病的效果。该专利申请于 2008 年获得专利授权，至今仍维持有效。在专利申请 CN1852738A 中要求保护伊马替尼和米哚妥林的组合用于治疗胃肠道基质肿瘤并获得专利权。随着 2013 年伊马替尼物质专利到期，诺华在 2012 年预防性地提交了涉及治疗胃肠基质肿瘤的药物组合专利申请 CN104427986A，之后该专利申请因逾期导致失效。

通过制剂技术改进，提高药物的生物利用度，改善患者的顺应性也是专利布局的重要方向。诺华在 2003 年提交的专利申请 CN1646103A 中要求保护伊马替尼的高药物载荷片剂，但是该专利申请由于创造性问题被驳回。随后专利申请 CN101175483A 中要求保护包含伊马替尼的缓释药物组合物，这两项制剂技术的改进均在提高伊马替尼生物利用度和维持血药浓度方面产生了积极的效果。该专利申请已获得授权。2008 年，诺华在专利申请 CN101678023A 中要求保护一种甲磺酸伊马替尼稳定的非晶型形式，该非晶型形式是将其制备成固体分散体、环糊精复合物形式并与赋形剂共研磨获得的，其稳定性好，具有较高的溶出速率和生物利用度。

可以看出，在确认了伊马替尼具有肿瘤治疗方面的突出优势后，诺华立即启动了以伊马替尼化合物为核心的专利布局。一方面，基于该化合物本身的性质，对化合物的结构进行改造，制备不同的加成盐类化合物，并开发多种晶型寻求专利保护，以期延长伊马替尼物质的专利保护期。另一方面，从伊马替尼的治疗用途、与其他药物联合用药、制剂等方面进行研究，充分挖掘可能存在的临床应用和途径。随着伊马替尼成为临床治疗白血病的一线药物，诺华进一步投入了大量的精力研究如何克服临床上持续使用导致的耐药性，通过对该基础药物的化学结构进行改进，或者与其他类似靶点活性成分联合应用来改善伊马替尼的治疗效果。可以说，诺华采用以点带面的方式对伊马替尼活性成分及其相关医药制品进行专利布局，构建了层层递进的专利保护网络。如何突破关键专利壁垒，实现仿制药快速上市成为豪森药业等国内企业面临的难题。

2013 年，豪森药业和国内其他制药企业获得药品监管部门批准，在国内生产伊马替尼片剂型和胶囊型仿制药。这些仿制药的治疗效果与原研药相当，但是价格显著降低，对原研伊马替尼的中国市场占有率形成明显冲击。对此，诺华公开表示，虽然伊马替尼的化合物专利权已到期，但是治疗胃肠基质肿瘤用途的发明专利仍在保护期之内。随后，诺华提起侵权诉讼，主张豪森药业等侵犯其治疗胃肠基质肿瘤用途的发明专利权。作为应对侵权诉讼的策略，豪森药业于 2014 年 9 月向专利复审委员会提起专利权无效宣告请求。此项备受关注的涉案专利名称为“胃肠基质肿瘤的治疗”，专利号为 ZL01817895.2，优先权日为 2000 年 10 月 27 日，申请日为 2001 年 10 月 26 日，授权公告日为 2006 年 9 月 27 日。该专利授权公告时的权利要求为：“具有通式Ⅰ的 4－（4－甲基哌嗪－1－基甲基）－N－［4－甲基－3－［（4－吡啶－3－基）嘧啶－2－基氨基］苯基］－苯甲酰胺或它的可药用盐在制备用于治疗胃肠基质肿瘤的药品组合物中的用途。”豪森药业提供的证据表明，在该涉案专利的优先权日前，已有期刊文献公开了经过多中心研究后的临床验证性结果：“STI－571 用于 GIST 研究的结果是令人兴奋的”。经双方确认，“STI571”“甲磺酸伊马替尼”或“伊马替尼的甲磺酸盐”均是指代与“4－（4－甲基哌嗪－1－基甲基）－N－［4－甲基－3－［（4－吡啶－3－基）嘧啶－2－基氨基］苯基］－苯甲酰胺的甲磺酸盐”相同的含义，因此，现有技术已经给出了甲磺酸伊马替尼用于治疗胃肠基质肿瘤的启示，涉案权利要求不具备《专利法》第 22 条第 3 款的创造性。[1] 豪森药业对于该专利所提出的专利无效宣告请求获得了专利复审委员会的支持，涉案专利的专利权被宣告全部无效。诺华不服向北京知识产权法院上诉，北京知识产权法院对于此案的判决结果为：驳回上诉，维持专利复审委员会决定。诺华不服判决，又向北京市高级人民法院上诉。在 2017 年 12 月 20 日，北京市高级人民法院作出了驳回上诉、维持原判的判决决定。可以说，面对诺华就伊马替尼的关键制药用途专利发起的侵权诉讼攻击，豪森药业通过无效宣告相关专利实现成功反击。由上述专利侵权纠纷也可以看出，原研诺华与国内制药企业都很看重伊马替尼的中国市场，从另一个侧面也反映了伊马替尼作为一种疗效突出的抗肿瘤药物在当时具有不可替代的地位。

➢ 突出重围，培育竞争性品种氟马替尼

如果说“伊马替尼胃肠基质肿瘤用途”专利权无效宣告案件是豪森药业应对国外创新药专利布局和侵权诉讼的反击战，那么氟马替尼的研发上市和专利布局则是一场主动出击的突围战。

在国内制药企业聚焦于仿制伊马替尼、抢占伊马替尼的市场份额之时，豪森药业已经在着手研发能够替代伊马替尼的自主创新品种。对于创新主体而言，有力的

---

[1] 此处《专利法》为 2008 年第三次修正的《中华人民共和国专利法》。——编辑注

专利保护是药物能够得以持续研究的重要激励和保障。豪森药业在研发伊马替尼仿制药的同时，也注意到伊马替尼核心专利（CN1043531C）记载的通式化合物中，仅对部分位置的取代基团进行了保护范围的延展，并没有对于N－苯基－2－嘧啶胺母核结构进行充分的扩展，也没有记载支链结构中的取代基团对于激酶抑制活性的保持是否产生影响。伊马替尼核心专利对于通式结构拓展不足的缺陷为豪森药业以母核和支链结构作为突破口进行结构改进留下了较大的空间。

豪森药业抓住机遇，针对伊马替尼临床应用中出现的耐药性和安全性问题，进行结构改进，开发“me－too”型药物，并于2005年提交了氨基嘧啶类化合物专利申请（WO2006/069525A1、CN1972917A），该专利申请就是氟马替尼的核心化合物专利。专利说明书的实施例中记载了化合物HH－GV－F（即氟马替尼）在体外和小鼠体内实验中对于白血病细胞的抑制活性和选择性均优于伊马替尼。对比氟马替尼和伊马替尼的结构可以看出，氟马替尼在伊马替尼的结构基础上，将母核中的苯环替换为吡啶环，并引入了三氟甲基基团。伊马替尼核心专利对于用吡啶替换母核结构中的苯基以及在支链结构中连接三氟甲基基团的情形并未给出教导，使氟马替尼的结构改进具备了突出的实质性特点，而氟马替尼的体内外初步药效优于伊马替尼也夯实了其相对于现有技术取得的进步，豪森药业提交的氟马替尼物质专利在中国、美国、加拿大、欧洲、日本和西班牙等多个国家和地区获得专利授权，为新药创制奠定了良好的开端。

通过化合物分子与激酶靶标的对接模拟研究发现，氟马替尼和伊马替尼与激酶结构域定位于相同结合位点并形成同样的氢键结合，但是氟马替尼结构中新引入的三氟甲基与激酶结构域中残基Leu647、ILe653、Leu783和ILe808的侧链形成的疏水口袋产生了额外的范德华力和/或疏水相互作用。通过这种机制，氟马替尼与激酶靶标的疏水口袋形成更有效的结合，有效克服了耐药性突变问题（包括D820G、N822K、Y823D和A829P 4个氨基酸位点的突变），显著提高了对ABL激酶及其突变型的抑制能力。[1]

2019年，氟马替尼的Ⅲ期临床试验完成并获得了积极的结果。在开放标签的Ⅲ期临床研究中，平行比较了氟马替尼与伊马替尼作为一线治疗用药对于中国初诊CML慢性期患者的疗效和安全性。与伊马替尼组相比，氟马替尼组在治疗6个月和12个月后的错配修复率明显更高。更重要的是，氟马替尼组与伊马替尼组相比，在12个月时达到完全分子学缓解的患者明显更多。安全性方面，氟马替尼所致的不良事件，皮疹、眼睑水肿、白细胞减少和营养不良等发生率显著降低。因此，氟马替尼可以作为初诊CML慢性期患者的一线治疗选择。[2]

可以说，在诺华与国内其他制药企业争夺伊马替尼市场份额之时，豪森药业基

---

[1] ZHAO J, QUAN H, XU Y, et al. Flumatinib, a selective inhibitor of BCR - ABL/PDGFR/KIT, effectively overcomes drug resistance of certain KIT mutants [J]. Cancer science, 2014, 105 (1): 117 - 125.

[2] LI Z, MENG L, ZHANG Y, et al. Frontline flumatinib versus imatinib in patients with chronic myeloid leukemia in chronic phase: Results from the China randomized phase Ⅲ study [J]. Journal of Clinical Oncology, 2019, 37 (15 suppl.): 7004.

于对伊马替尼核心物质专利的分析，精准捕捉到规避伊马替尼专利实施结构改进的技术点，通过“me－too”型药物研发思路，获得了具有安全性高、疗效更好的创新药氟马替尼，实现了“me－better”，在伊马替尼的市场竞争中突出重围，并掌握了未来技术创新和专利布局的主动权。

➢ 修炼内功，构建氟马替尼专利保护网

氟马替尼是基于“me－too”型药物设计理论所获得的创新药物。与仿制药不同的是，“me－too”型药物在核心物质结构上拥有自主知识产权，并且具有与同类药物相当或更优的药物治疗效果。“me－too”型药物的一般研发流程包括：选择上市药物或者候选新药分子作为先导化合物，系统调研分析相关专利，研究分子与靶标的作用模式，总结已有活性分子的构效关系，确定结构改造位点；综合考虑结构的创新性、合成难度等，设计新结构化合物；进一步合成一定数量的衍生物，开展分子和细胞水平的实验；获得体外效果优于先导化合物的新结构分子后，开展理化性质、体内外药效、毒性等方面的综合评价，选择各方面指标相对理想的苗头化合物进行全面的临床前和临床研究。当然，“me－too”型药物并不是简单的模仿，更重要的是对于先导化合物进行优化改良，获得更好的疗效，具有一定的创新性。而且，由于先导化合物已经完成了药效学和安全性评价，基于结构的相似性可以预期“me－too”型药物研究的风险较低。[1]鉴于氟马替尼开发时期我国制药企业尚处于“从仿到创”的过渡时期，还不具备直接研发全创新药物的经济和技术实力，在当时而言，开发“me－too”型药物是一种更为现实的做法。“me－too”型药物属于创新药，能够获得物质专利保护，相当于在所改进的先导化合物周边开辟了一条平行赛道，企业也能够掌握后续技术创新和专利布局的主动权。

氟马替尼的核心专利申请 CN1972917A 于 2005 年提交，早于诺华对于伊马替尼进行结构改造的专利申请 CN101160130A，表明豪森药业在针对伊马替尼的改进创新之路上决策和行动更早。而且，与伊马替尼相比，氟马替尼的核心物质专利保护的马库什通式化合物权利要求中对于母核结构、取代基基团的可变性作了充分的拓展，保护了众多结构类似物，为以后开发新的伊马替尼结构优化物保留了空间，进而充分防御了竞争对手捕捉专利漏洞后的快速跟进。随着氟马替尼研究的深入，豪森药业于 2011～2017 年提出了涉及晶型和制备方法的多件外围专利（见图 6－3）。晶型涉及化合物的微观物理结构，同一种药物化合物可能有多种不同的微观结构，即药物多晶型现象。药物多晶型之间可能在稳定性、溶解性、吸湿性、制剂难易程度、生物利用度、毒副作用等理化性质方面存在很大差异。综合考虑稳定性和溶出性能，筛选出适合于药用的晶型并申请专利保护可以事实上延长新药的保护期。可能是借鉴了伊马替尼的布局思路，考虑到该类结构存在的多晶型现象，豪森药业针对氟马替尼晶型及其用于慢性髓性白血病的制药用途展开了密集布局，其中晶型专利

[1] 申俊杰，尹军团. Me－too 药创造性的把握与研发策略［J］. 河南科技，2016（2）：61－64.

CN104974139A、CN103509007A 和 CN103509006A 均记载了稳定性好的甲磺酸氟马替尼新晶型并获得了中国专利授权，同时还有多件晶型专利申请正处于审查阶段。

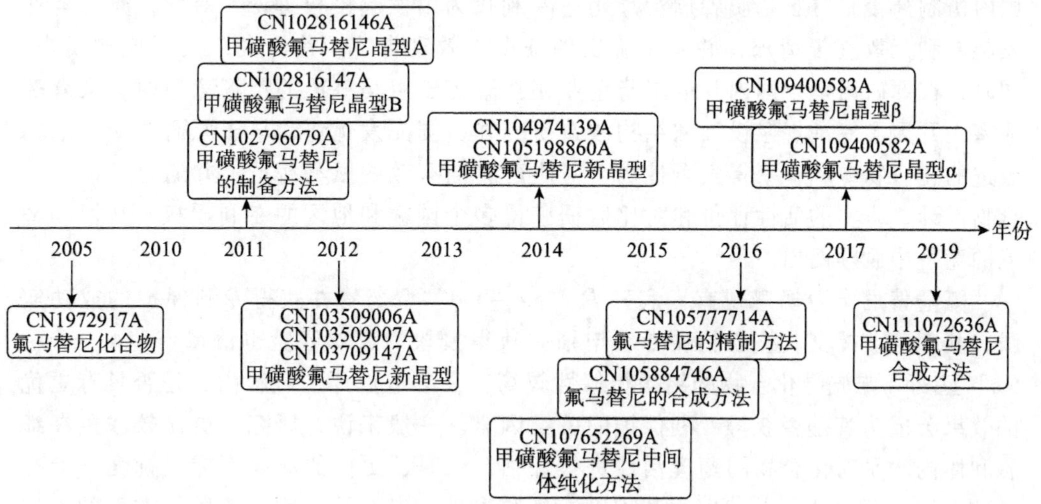

图 6-3　豪森药业针对氟马替尼的中国专利布局

优化制备方法，提高反应产率和产物纯度是新药研发初期不可或缺的技术研发阶段。豪森药业也针对氟马替尼的制备和精制过程进行了技术改进并申请专利保护。其中早期申请 CN102796079A 记载了将羧基化合物与氨基化合物在缩合剂和溶剂存在下形成酰胺键，反应液加入碱直接析晶得到氟马替尼游离碱，然后与甲磺酸成盐得到甲磺酸氟马替尼，通过该制备方法能够缩短反应时间，提高收率且安全性更好。CN105884746A 涉及氟马替尼的合成方法，包括缩合、还原、缩合等步骤，优点是工艺简单、反应条件温和，适合放大生产。CN111072636A 涉及甲磺酸氟马替尼的合成方法，以 4-甲基-3-（三氟甲基）苯甲腈为起始原料，经溴代、取代和偶联三步反应制备得到氟马替尼。该方法路线合理、操作简单，避免引入基因毒性杂质，并且收率和纯度较高。CN107652269A 涉及甲磺酸氟马替尼中间体化合物的纯化方法，具体是将甲磺酸氟马替尼中间体化合物用包括含氟溶剂的有机溶剂体系纯化，利用纯化后的中间体化合物制备甲磺酸氟马替尼可以显著改善产物的外观。专利申请 CN105777714A 提供了一种氟马替尼的精制方法，将氟马替尼溶于有机溶剂后加入水析晶，可有效降低基因毒性杂质 2-甲基-N3-［4-（吡啶基-3-）嘧啶基-2-］吡啶-3，5-二胺的含量，使氟马替尼达到更严格的质量标准，从而保证甲磺酸氟马替尼成品的质量。可以说，豪森药业在研究氟马替尼的过程中掌握了绝对的主动权。由于氟马替尼新近上市，还未进入专利大规模产出阶段，相信随着其临床效果和作用的进一步研究，相关的制药用途、联合用药等专利申请也将陆续出现。

➢ 思考与启示

作为慢性粒细胞白血病治疗领域的突破性新药，伊马替尼受到各方关注。原研诺华希望能尽量延长其专利保护期限，因而在中国针对伊马替尼构建了包括晶型、制药用途、联合用药等多层次的严密专利保护网。在国内仿制药上市后，诺华也以国内仿制药侵犯胃肠基质肿瘤治疗用途专利权为由发起侵权诉讼。对此，豪森药业发起专利无效宣告请求，并基于确实的证据无效宣告该用途专利，实现成功反击。同时，在原研诺华、国内其他制药企业还在聚焦于伊马替尼的市场竞争时，豪森药业率先开展了专利规避设计和结构改造研究并占据先发优势，早于原研提交了结构改进的化合物专利，获得安全性高、对耐药肿瘤有效的氟马替尼，并通过巧妙的化合物设计、详实的活性评价和对比数据获得多个国家和地区的专利授权，从伊马替尼的竞争中脱颖而出。

氟马替尼作为规避现有专利开发“me－too”型药物并获得专利保护的成功实践，豪森药业提交其核心物质专利申请并获得授权的成功经验也值得借鉴。“me－too”型药物与先导化合物的结构相似性较高，在创造性评判过程中，是否具有更优的效果会成为其是否获得专利保护的关键因素。一般来说，研究人员比较注重在细胞和体内水平对化合物的药理活性进行评估，但是，更优的效果不应仅拘泥于治疗活性方面，药代动力学、生物利用度、细胞毒性、安全性、物化性质等方面的数据也可以作为药物化合物的效果基础。氟马替尼的核心专利中不仅记载了氟马替尼具有优于伊马替尼的治疗活性，也证实了氟马替尼的安全性更高，成为氟马替尼相对于现有技术具备创造性的保障。

在此基础上，豪森药业也借鉴诺华对于伊马替尼的专利布局策略，开展氟马替尼的晶型、制备方法等外围专利申请。可以说，从对用途专利无效宣告的反击，到规避设计获得新化合物并进而主动开展专利布局，豪森药业打出了一套漂亮的专利组合拳，成为我国制药企业由仿制到创新的升级之路上的经典案例。

（执笔：崔义文）

07 阿帕替尼和呋喹替尼

——专利保护的实际收益大于机会成本

编者按 和黄医药提前布局呋喹替尼晶型专利避免纠纷，恒瑞医药保留阿帕替尼晶型技术秘密遭遇 NPE 诉讼。在当前强化知识产权保护的政策指引下，新药专利保护所获得的经济和社会效益也必将大于其机会成本，医药领域创新主体应当树立以公开换保护的信心，通过专利布局为巩固和开拓市场保驾护航。

➢ 市场前景广阔的重磅抗肿瘤新药

阿帕替尼（Apatinib），化学名为：N－［4－（1－氰基环戊基）苯基］－2－（4－吡啶甲基）氨基－3－吡啶甲酰胺。阿帕替尼是小分子酪氨酸激酶抑制剂，通过选择性抑制血管内皮细胞生长因子受体 2 的酪氨酸激酶活性，抑制肿瘤血管生成，延缓肿瘤生长。[1] 阿帕替尼是恒瑞医药研发的抗肿瘤药物，于 2014 年 10 月获批上市，临床使用甲磺酸盐形式，商品名为艾坦，适用于既往至少接受过 2 种系统化疗后进展或复发的晚期胃腺癌或胃－食管结合部腺癌患者。

呋喹替尼（Fruquintinib），化学名为：6－（6，7－二甲氧基喹唑啉－4－氧）－N，2－二甲基苯并呋喃－3－甲酰胺。呋喹替尼是和记黄埔医药（上海）有限公司（以下简称“和黄医药”）自主研制的新药，通过抑制 VEGFR 的磷酸化及下游信号转导，实现抑制肿瘤新生血管生成的效果，延缓肿瘤生长。研究表明，其对 VEGFR1、VEGFR 2 和 VEGFR 3 抑制作用较强，但对其他激酶几乎没有抑制活性，因而具有高效、低毒等特点，该药物在药品上市许可持有人（Marketing Authorization Holder，MAH）制度试点过程中被纳入上海市第一批试点品种，于 2018 年 9 月获批上市，临床适应证为转移性结直肠癌，商品名为爱优特。

在研发上市的过程中，阿帕替尼和呋喹替尼（见图 7－1）都遭遇了非实施主体（Non－Practicing Entities，NPE）的攻击，并在对于 NPE 的防御与进攻过程中采取了不同的策略。

---

[1] 胡刚．阿帕替尼治疗晚期胃癌疗效分析［J］．内蒙古医学杂志，2018，2：142－144.

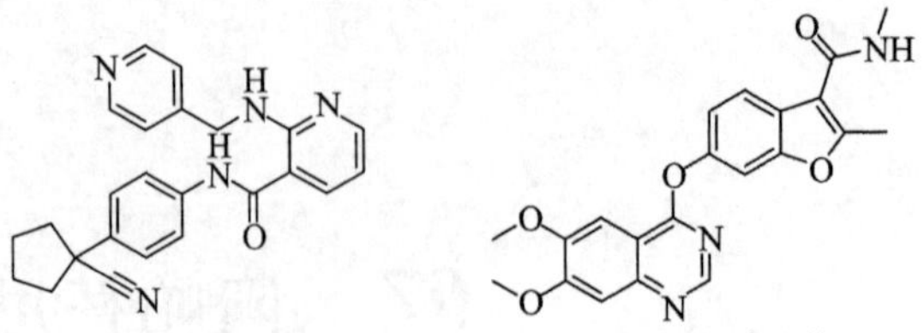

（a）阿帕替尼　　（b）呋喹替尼

图 7－1　阿帕替尼和呋喹替尼化学结构式

➢ 专利布局关注焦点各不相同

阿帕替尼：聚焦适应证和联合用药，为拓展治疗应用奠定基础

阿帕替尼最初是由南京爱德程医药科技有限公司发现的一个酪氨酸激酶抑制剂，专利公开号 US20040259916A1，涉及作为血管生成抑制剂的六元氨基酰胺类衍生物，包括六元氨基酰胺类衍生物、制备方法、药学组合物、治疗与血管生成/血管通透性增加有关的疾病。其中国同族的申请日为 2002 年 11 月 27 日，授权日为 2006 年 10 月 25 日，授权公告号为 CN1281590C。后续同族专利在美国、欧洲、日本、韩国均获得了授权。恒瑞医药购买了其中国专利申请权，并于 2004 年启动甲磺酸阿帕替尼的药理毒理研究，在化合物核心专利申请审查的同时开展临床前研究。作为阿帕替尼的原研企业，恒瑞医药共提交了 24 件相关专利，其中 11 件为 PCT 国际申请，相关信息如图 7－2 所示。

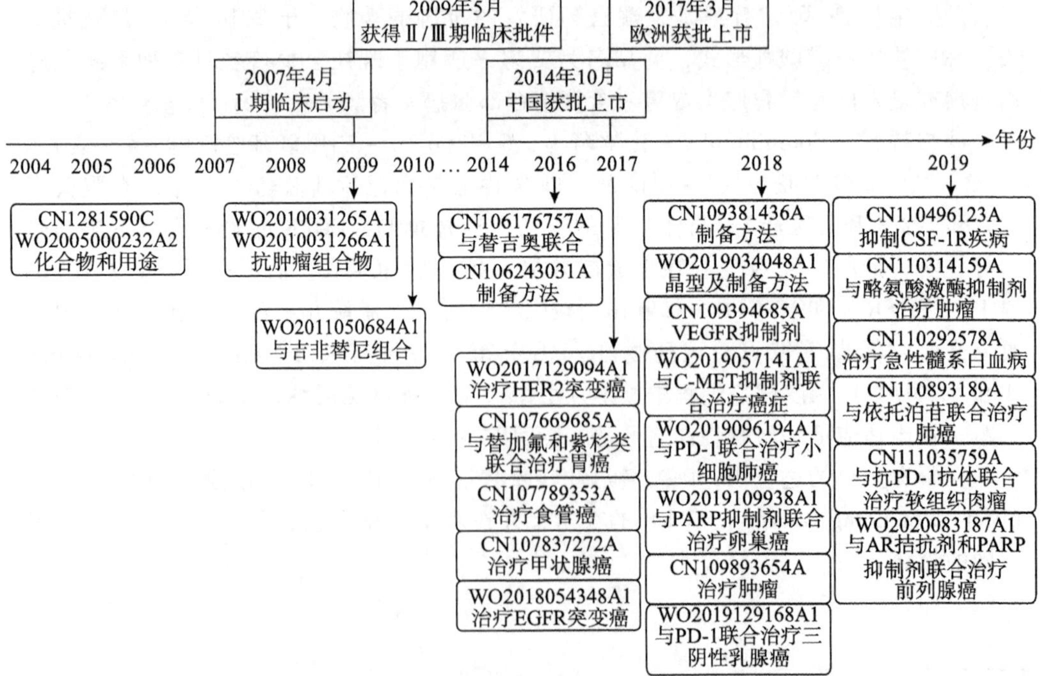

图 7－2　阿帕替尼的研发过程和专利布局

在研发过程中，恒瑞医药按照常规的专利布局思路陆续申请了外围专利，包括制备方法（CN106243031A）、化合物药用盐（WO2010031266A1）、制剂（CN109381436A、CN109394685A、CN109893654A）、晶型（WO2019034048A1）等。为了扩展临床应用范围，针对适应证及联合用药进行了比较全面的布局，适应证中使用“增生性疾病”的表述方式“跑马圈地”，并为后续进一步拓展细分领域的治疗用途埋下伏笔。前期研究发现，阿帕替尼对肺癌、胃癌均有较好的治疗效果。在此基础上，研究人员进一步对其他癌症适应证和联合用药效果进行研究，以期扩大临床应用价值和市场价值，同时申请了相应的多件癌症治疗相关专利进行保护。包括与其他抗癌剂联合治疗肿瘤的专利申请有WO2011050684A1、WO2019057141A1、CN110314159A、CN106176757A、CN107669685A。其癌症治疗的类型也从最初的治疗胃癌（CN107789353A），扩展到小细胞肺癌（WO2019096194A1）、甲状腺癌（CN107837272A）、三阴性乳腺癌（WO2019129168A1）、化疗耐药的卵巢癌或化疗耐药的乳腺癌（WO2019109938A1）、软组织肉瘤（CN111035759A）、前列腺癌（WO2020083187A1）、急性髓系白血病（CN110292578A）等。除了申请保护传统发病部位限定的癌症种类治疗用途外，还申请了针对基因突变类型限定的癌症的治疗用途（WO2017129094A1、WO2018054348A1、CN110496123A），体现出申请人对目前热门领域，特别是癌症基因学分类和精准化治疗的关注和研究。

呋喹替尼：围绕生产制备过程进行专利布局

由图7-3可以看出，和黄医药于2008年5月提交呋喹替尼核心化合物专利，包括化合物结构及其对于治疗血管生成相关疾病的制药用途，并在中国和美国获得授权，授权公告号为CN101575333B和US7829574B2。该专利记载了呋喹替尼具有抑制激酶插入区受体的活性。随后2009年5月提交专利国际申请（WO2009137797A2）并进入多个国家和地区。2009年9月和黄医药申报临床研究，并在2010年11月获批。在临床研究期间，2014年9月提交呋喹替尼多种晶型、溶剂合物晶型专利申请（WO2016037550A1、CN105461702A），进一步对呋喹替尼外围进行专利布局。获得批准上市2个月后，和黄医药提交了呋喹替尼制剂及联合用药专利申请（CN111184698A、WO2020098795A1）。

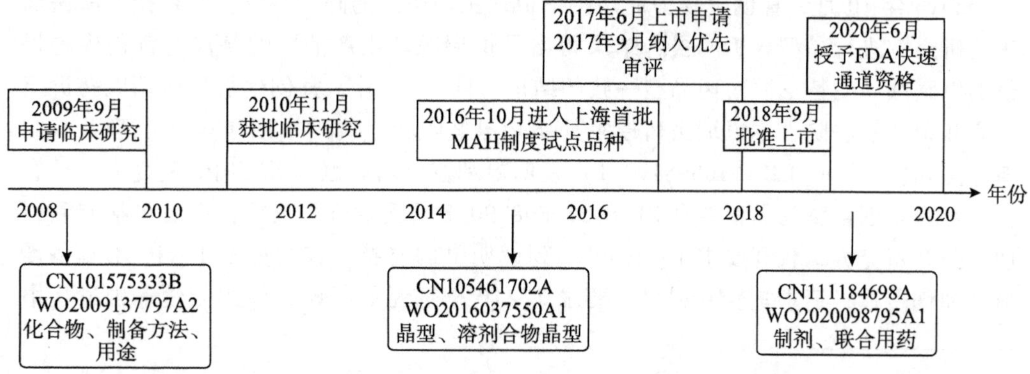

图7-3　呋喹替尼的研发过程和专利布局

呋喹替尼的专利布局时间较均匀，随着药物审批进程，有序地对药物晶型、制剂进一步进行布局。呋喹替尼从提出上市申请到批准上市仅用时15个月，这样的快速审批与我国近年来医药审评审批改革密切相关，其中进入MAH制度试点品种名单以及纳入优先审评审批对呋喹替尼的快速上市起到了重要作用。

➢ 同样遭遇NPE，选择被动防御还是主动出击

NPE主要指不从事任何实际专利产品生产和销售的实体，只通过专利许可或授权来营利的主体。NPE客观上能够起到促进技术流转、提高创新绩效的有益效果，但是其弊端也非常明显。特别是少数投机型NPE的权利寻租性对创新环境、竞争秩序和社会公共利益造成巨大损害。在高度依赖知识产权保护的药物领域，NPE通常是对已经或即将上市新药的研究型企业进行诉讼突袭，涉专利指控的企业面临丧失预期收益、赔偿不合理费用、影响企业声誉等多重风险，对于行业发展和技术进步具有明显的负面影响。❶

上海宣创生物科技有限公司（以下简称“宣创生物”）自2013年成立起，连续申请了几十件晶型专利，涉及多种即将上市的新药或新分子，包括巴瑞克替尼相关晶型7件，安塞曲匹相关晶型1件，阿帕替尼晶型10件，玻玛西尼甲磺酸盐晶型2件，吡咯并喹啉醌甜菜碱盐1件，吡咯并六元杂环化合物5件，无定型嘧啶衍生物晶型1件，阿奇沙坦胆碱盐晶型3件，喹唑啉衍生物（即呋喹替尼）晶型3件，环丙烷甲酰胺衍生物晶型9件，杂环天冬氨基蛋白酶抑制剂3件，三唑并吡嗪衍生物晶型3件。其中，涉及阿帕替尼晶型的10件申请中，涵盖了阿帕替尼的A、B、C晶型等，提交的涉及呋喹替尼的晶型申请也涵盖了呋喹替尼的A、B、C晶型。

由于和黄医药在早于宣创生物相关专利的申请日（2014年12月22日）之前已经提交了呋喹替尼的晶型专利CN105461702A，其中公开的晶体XRPD数据与宣创生物专利的记载基本一致，该专利在宣创生物的专利申请日之后公开，直接导致宣创生物放弃了与呋喹替尼相关的3件专利申请。而在阿帕替尼的研究过程中，企业可能是考虑将晶型作为技术秘密保留，因而没有申请专利保护，这也给了宣创生物可乘之机，获得了包括阿帕替尼晶型A在内的多项专利授权。

2016年10月，宣创生物公证购买了恒瑞医药生产的阿帕替尼，并委托上海医药工业研究院进行晶型分析。报告结果得出了恒瑞医药生产的阿帕替尼与宣创生物提供的甲磺酸阿帕替尼原料药晶型一致的结论。同年12月，宣创生物将恒瑞医药诉至北京知识产权法院，称恒瑞医药侵犯其“烟酰胺类衍生物的甲磺酸盐A晶型及其制备方法和应用”（ZL201510398190.1）发明专利权。随后恒瑞医药向专利复审委员会提出针对宣创生物的晶型专利ZL201510398190.1的无效宣告请求，理由包括专利说明书公开不充分，权利要求1~10得不到说明书的支持，权利要求1~10不具备新颖性和创造性，请求宣告专利权利要求1~10全部无效。该案件的无效宣告过程中

❶ 姚兵兵．浅谈NPE的利弊与诉讼风险防范［J］．中国发明与专利，2017，14（2）：87－93.

涉及对晶型发明优先权的认定，临床试验能否构成专利法意义上的使用公开，以及药品晶型发明的新颖性、创造性的判断等医药领域专利审查的热点问题。经过双方答辩与合议组审查，专利复审委员会于 2017 年 8 月 31 日作出被诉决定，宣告 ZL201510398190.1 号发明专利权全部无效。该无效宣告请求案件被评为“2017 年度专利复审无效十大案件”。宣创生物不服被诉决定向北京知识产权法院提起诉讼。北京知识产权法院于 2019 年 1 月 15 日作出维持专利复审委员会作出的无效判决。宣创生物不服北京知识产权法院的判决，将该案诉至最高人民法院。

可以看出，恒瑞医药因没有及时布局晶型相关专利，给宣创生物以可乘之机，虽然后续恒瑞医药采用提出无效宣告请求进行反击，但如果可以未雨绸缪，提前围绕化合物专利做好外围技术（组合物、盐、晶型、制剂等）的专利布局，一方面可通过授权获得技术保护，另一方面也可通过防御性公开给后续研究提供足够的进退空间。

作为国内自主研发的抗肿瘤新药，阿帕替尼和呋喹替尼均具有巨大的市场潜力，也更容易遭受 NPE 的攻击。呋喹替尼因提前布局了晶型相关专利而避免了后续纷争，而阿帕替尼则因为没有布局晶型专利而在上市后遭遇了权利纷争。

恒瑞医药在收到宣创生物的起诉状后，立即提起无效宣告程序，最终该专利被全部无效，展现出较强的技术实力和法律水平，从而能够在专利纠纷中全身而退。事实上，在恒瑞医药的核心化合物专利 WO2010031265A1 的说明书实施例 1 中制备的就是白色针状晶体。可见，恒瑞医药实际上早已经得到了阿帕替尼甲磺酸盐的晶型，推测其可能就是上市产品使用的 A 晶型，但是该专利文件中没有披露相关晶型数据，也没有主张晶型相关权利，也许是企业考虑将晶型作为技术秘密而非专利进行保护的一种策略。对于企业来说，专利保护和技术秘密保护各有利弊。专利保护的优势在于明确的权利主张，一旦取得了专利保护，任何其他单位和个人不得因商业目的制造、使用、销售、许诺销售、进口该相关产品，而劣势在于公开了相关的信息，给了竞争对手开展研究开发的空间。而且，由于新药的研发时间较长，企业从专利保护期中获得收益的时间有限。与之相比，技术秘密的优势在于保护的永久性，这满足了企业希望对关键技术进行长期保护的需求。但是技术秘密保护有着无法弥补的劣势，一方面是容易泄露，即技术秘密为公众所知或者为竞争对手所知，另一方面有可能会被竞争对手抢先申请专利，导致事实上在先的技术侵犯了他人后提交的专利权利。虽然恒瑞医药积极应诉，通过专利无效策略最终赢得胜利，但是在专利纠纷过程中，容易引发不必要的关注，造成管理成本的增加。反观和黄医药，通过提前申请呋喹替尼晶型专利，利用在先申请、在后公开的时间差，将专利纠纷消灭于萌芽中。

由此可见，通过积极的专利布局，一方面企业可以围绕核心技术继续申请新的外围专利，避免因核心化合物专利保护到期导致的失去专利保护的问题，并且通过递进式的层层保护，构建严密的专利防护网络，提高保护等级，带来市场的独占权益。另一方面，作为防御式专利，其公开的技术方案也使 NPE 主动放弃对核心专利的攻击，保护了商誉，节约了维权成本。

➢ 思考与启示

阿帕替尼、呋喹替尼是我国制药企业自主研制的抗肿瘤创新药物，体现了我国制药企业从仿制向创新转变的趋势，企业在新药研发的过程中也逐渐探索出各具特色的专利布局策略。阿帕替尼在上市前进行了基础专利布局，在上市之后，针对新适应证、联合用药、晶型、制剂和生产工艺等方面进行了较为全面的专利布局，为未来临床应用的拓展留出了充足的空间。呋喹替尼的药品审批时间也与我国近年医药政策大力改革的潮流不期而遇，通过 MAH 制度以及药品优先审评等加速上市。

在新药研发过程中，晶型研究是不可或缺的环节。多晶型现象在固体药物中广泛存在，同一种药物的不同晶型的理化性质可能存在差异，如溶解度、密度、熔点、硬度等，这些理化性质上的差异会影响药物的质量，包括稳定性、溶出度、溶出速率等，进而影响药物的生物利用度和生物活性，最终导致临床疗效的差异。开发新的晶型是延长药物基础专利保护期的重要手段，国外大型制药企业往往通过多种晶型专利扩充药物专利池，延长药物专利生命周期和设置专利壁垒，稳固自己的市场地位。因晶型转变引起的诉讼屡见不鲜，[❶] 对于原研药企业，通过申请药物晶型专利能够获得技术保护，在延长基础专利保护期的同时可形成对仿制药企业的专利障碍；对于仿制药企业，以晶型转变为突破口，通过研发不同的药物晶型并请求专利保护，能够绕开原研企业的专利壁垒，在与原研企业的竞争中另辟蹊径，清除专利壁垒，在市场中博取一席之地。

关于呋喹替尼，和黄医药在 2014 年 9 月先申请了 1 件关于化合物的晶型专利，请求保护 6 种具体的晶型。几乎在同一时期内，宣创生物于同年 12 月申请了 3 件晶型相关专利，分别请求保护 A 晶型、B 晶型和 C 晶型。由于和黄医药首先公开了该化合物的部分晶型结构，在一定程度上可能导致宣创生物放弃上述 3 件晶型专利，进而也无法针对和黄医药提出侵权诉讼。而恒瑞医药没有针对化合物的晶型进行专利布局，虽然在化合物专利 WO2010031265A1 中根据制备方法可以看出其得到的也是阿帕替尼甲磺酸盐的晶体，但其权利要求中并没有请求保护该晶型，也没有对该晶型进行任何相关结构表征。宣创生物正是抓住了这一空白点，在恒瑞医药的阿帕替尼甲磺酸盐上市的同一时期，开始申请阿帕替尼甲磺酸盐的各种晶型专利，并在其晶型专利获得授权后（2016 年）立即向恒瑞医药提起侵权诉讼，希望从中获益。虽然恒瑞医药积极应诉，通过专利无效宣告赢得胜利，但是在这一过程中也增加了企业风险，带来暂时性的不利影响。

随着我国医药行业的飞速发展，医药领域的市场竞争日益激烈，强化专利保护的需求越发强烈。2019 年 11 月，中共中央办公厅、国务院办公厅印发的《关于强化知识产权保护的意见》提出要加大侵权假冒行为惩戒力度，加快在专利等领域引入侵权惩罚性赔偿制度，大幅度提高侵权法定赔偿额上限，加大损害赔偿力度等，凸

---

❶ 赵菁，劳芳．晶型转变引发的专利诉讼：分析与启示［J］．中国发明与专利，2016（9）：123－126.

显了国家强化知识产权保护的决心。随着药品专利链接制度、药品专利期限补偿制度、药品试验数据保护制度等药品专利保护体系的逐步建立和完善，我国药品知识产权保护体系将更加健全，对创新药的保护力度也在不断加强。与之相比，技术秘密虽有可能满足企业长期保护核心技术信息的需求，但其存在高泄露风险的弊端。一旦泄露，企业面临的往往是人力、物力与精力的巨大付出，增加运营成本。近年来，我国医药企业每年的研发投入比重越来越大，与高研发投入成正比的是企业专利申请量的快速增长。医药企业对创新技术进行知识产权保护的意识日益加强，而在专利制度中“以公开换保护”的基本原则之下，企业所获得的经济和社会效益必将大于其机会成本。因此，提前做好专利布局，享受稳定的保护，是实现可持续的创新，提高药品安全性、有效性和可及性的重要保障。

（执笔：师晓荣）

08 埃克替尼

——“民生领域的两弹一星”的专利之道

编者按 作为国产新药研发和专利布局的先行探索者，贝达药业通过在厄洛替尼的结构中引入冠醚形成稠环这一不走寻常路的结构改造方法，巧妙规避在先专利获得了埃克替尼。该新药品种的核心专利成功经受多次专利无效宣告挑战考验并在市场上取得巨大成功，彰显了核心专利的价值，埃克替尼也成为国家“重大新药创制”科技重大专项的标志性成果之一。

➢ 我国自主研制的首个靶向抗肿瘤新药

肺癌是当今发病率和死亡率最高的恶性肿瘤之一，根据患者的临床和病理特征，可分为小细胞肺癌（SCLC）和非小细胞肺癌（NSCLC），其中NSCLC占80%以上。早期治疗常用干扰素类，副作用较大。之后，科学家发现表皮生长因子受体酪氨酸激酶抑制剂（EGFR－TKI）对于NSCLC具有较好的靶向治疗作用，从而引发了全世界范围内研制该类激酶抑制剂的热潮。

其中，吉非替尼（Gefitinib）是阿斯利康制药公司开发的EGFR－TKI药物。❶2002年8月，吉非替尼最早在日本作为NSCLC一线治疗药物上市。2003年5月，美国FDA批准其作为经铂类抗癌药和多西紫杉醇化疗无效的晚期NSCLC患者三线单药治疗药物。2005年、2010年，吉非替尼在中国先后被批准用于既往接受过化疗的局部晚期或转移性非小细胞肺癌，以及用于对EGFR基因具有敏感性的局部晚期或转移性非小细胞肺癌患者的一线治疗，商品名为易瑞沙。厄洛替尼（Erlotinib）由瑞士罗氏制药公司（以下简称“罗氏制药”）、美国基因泰克公司等联合开发，❷ 2004年11月首先在美国获批用于治疗既往接受过化疗失败的局部进展性或转移性NSCLC患者。2006年在中国获批上市，商品名为特罗凯。

埃克替尼（Icotinib），化学名称为4－［（3－乙炔基苯基）氨基］－喹唑啉并［6，7－b］－12－冠－4（见图8－1），是我国自主研发首个上市的EGFR－TKI药物，由贝达药业研发，于2011年在国内上市，用于治疗既往接受过至少一个治疗方

---

❶ 陈昊．抗肿瘤药物吉非替尼专利技术分析［J］．中国新药杂志，2015，24（12）：1326－1333，1348．

❷ 杨铁军．产业专利分析报告（第36册）：抗肿瘤药物［M］．北京：知识产权出版社，2015．

案失败后的局部晚期或转移性 NSCLC，临床应用盐酸盐形式，商品名为凯美纳。埃克替尼在当时的研发上市打破了国外企业垄断抗肿瘤靶向药物市场的局面，被时任国家卫生部陈竺部长誉为“民生领域的两弹一星”，也是“重大新药创制”科技重大专项的标志性成果之一。

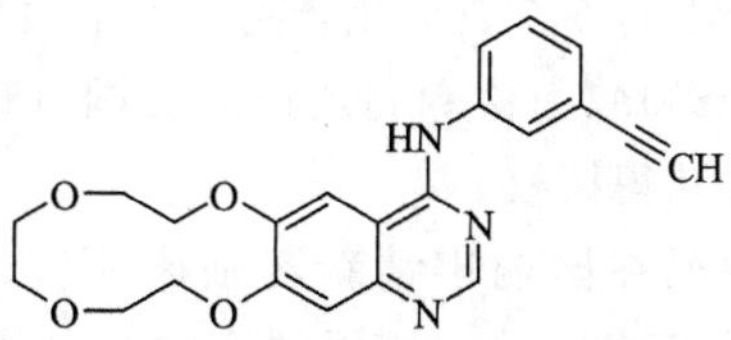

图 8-1 埃克替尼的化学结构式

➢ 本土新药创制和专利布局的早期探索

作为国内抗肿瘤靶向药中具有突破性意义的新药，埃克替尼的化合物专利和晶型专利分别获得 2012 年第十四届和 2014 年第十六届中国专利金奖。贝达药业凭借“小分子靶向抗癌药盐酸埃克替尼开发研究、产业化和推广应用”项目在 2015 年获得国家科技进步奖一等奖。2016 年贝达药业在深圳市证券交易所挂牌上市。可以说，正是埃克替尼的成功研发使贝达药业成为我国创新药研发的“排头兵”。

下面通过对埃克替尼的研发历程与核心专利布局脉络的梳理了解这一新药的产生过程。自 2000 年以来，随着我国综合国力的稳步提升，国内的研发环境更加宽松，激励政策更加优厚，因此，越来越多的海外留学生选择了回国创业。据统计，留学人才集中于国家战略新兴产业，绝大多数具有国际先进和国内先进水平，主要覆盖生物制药、人工智能、新材料等新技术领域。2002 年 8 月，考虑到当时国内靶向抗癌药还处于空白，加上对留学人才回国相关政策上的大力支持，怀揣着“就想做总部在中国的跨国药企”的信念，丁列明放弃美国高薪工作，与其他团队成员回国创业。与此同时，吉非替尼刚刚在日本获批上市用于 NSCLC 的治疗。

根据文献报道[1]，EGFR-TKI 具有比较明确的结构特征，以吉非替尼的结构为例，可以将其结构拆分成Ⅰ、Ⅱ、Ⅲ三个片段。其中，喹唑啉母环是化合物具有抗肿瘤活性的基本结构，喹唑啉环上的 N-1、N-3 分别与腺嘌呤核苷三磷酸（ATP）以氢键方式结合，是抗癌活性必需的结构（片段Ⅱ）；而喹唑啉环的 2-位、5-位和 8-位由于空间位阻的影响不易引入碳链过长的取代基；4-位取代喹唑啉（即片段Ⅰ）是产生抗肿瘤活性的重要基团；喹唑啉环中 6，7-位可供引入的取代基范围要广泛得多（即片段Ⅲ区域），是设计合成衍生物的主要位点。在 2000 ~ 2002 年，贝达药业的核心研究团队在国外吉非替尼和厄洛替尼化学结构的基础上，研究 EGFR-TKI 的构效关系，并在厄洛替尼的母核结构基础上，保留了中间的喹唑啉环即片段Ⅱ的结构，考虑到厄洛替尼相关专利中喹唑啉环 6，7-位为分开的双取代基，

[1] 沈明辉. 6-位修饰的吉非替尼衍生物的合成与活性研究 [D]. 哈尔滨：黑龙江大学，2015.

突破性地在喹唑啉环中引入冠醚结构，形成环合取代基，巧妙规避现有专利，通过这一不走寻常路的结构改造方法获得了埃克替尼。

2003年1月，贝达药业在杭州正式注册成立，并得到第一笔天使投资。两个月后，贝达药业提交了第一件专利申请CN1534026A，要求保护作为EGFR－TKI的新型稠合喹唑啉衍生物，实施例中记载有15个具体化合物，其中化合物23即为埃克替尼，同时也提交了PCT申请WO03082830A1，该专利还进入美国（US2004048883A1）以及澳大利亚（AU2003233455A1）并获得授权。

2005年10月，埃克替尼在国内申请新药临床研究，并在7个月后获得批准。2009年2月，Ⅲ期临床试验正式启动，使用的方案是与进口的同类药易瑞沙进行双盲、头对头比较，根据公司在中国上市药品目录集中提供的埃克替尼Ⅲ期临床试验结果显示，埃克替尼与吉非替尼的疗效和安全性相当。随着临床研究结果的逐步披露，埃克替尼的上市前景逐渐明朗，贝达药业也开始了针对埃克替尼的专利布局。

2009年7月，贝达药业提交了关于埃克替尼盐酸盐的3种制备方法的申请（CN103254204A），同样也是以PCT申请形式提交WO2010003313A1进入美国、日本、韩国、欧洲以及澳大利亚等国家和地区并获得了相应的授权。该案有4件分案申请，涉及盐酸埃克替尼的晶型，分别是盐酸盐晶型Ⅰ（CN101878218A）、组合物及用途，盐酸盐晶型Ⅱ（CN102911179A）、组合物及其用途，盐酸盐晶型Ⅲ（CN104592242A）、组合物及其用途，盐酸盐晶型Ⅳ（CN104530061A）、组合物及其用途。上述申请文件说明书中记载了盐酸埃克替尼晶型Ⅰ、Ⅱ、Ⅲ、Ⅳ的相对生物利用度显著优于埃克替尼游离碱。另外，基于现有技术中制备盐酸埃克替尼以及中间体的制备方法中使用了三氯氧磷，不利于环保的问题，贝达药业于2012年12月28日提出了一种不使用三氯氧磷制备埃克替尼及其中间体的制备方法（CN104024262A），该方法可避免较多污染物的排放，具有较好的经济效益和环保效益。2014年6月，贝达药业又继续提交了涉及埃克替尼Ⅰ、Ⅱ、Ⅲ、Ⅳ晶型的专利申请（CN104470929A），其中实施例12验证了埃克替尼晶型Ⅱ相比晶型Ⅰ具有更好的生物利用度，同时还提交了埃克替尼马来酸盐的晶型专利（CN104487443A）。为了扩展埃克替尼的适应证，扩大潜在市场份额，贝达药业于2014年10月提交了专利申请WO2015051763A1，要求保护含有埃克替尼的皮肤外用组合物如凝胶或乳膏，所述组合物用于治疗皮肤相关的疾病如银屑病、硬皮病等，同时该申请进入美国、欧洲、日本和韩国等国家和地区。可以说，在国内的新药研发尚处于摸着石头过河的阶段之时，拥有留学人才科学家团队的贝达药业成为探索创制新药的先行者，并在埃克替尼的上市前景一片大好之时，逐步展开了对该新药品种的外围专利布局。

➢ 核心专利经历多次无效宣告挑战

盐酸埃克替尼是中国自主研发的第一个小分子靶向抗癌药，其在2011年4月获得生产批文并于同年8月上市，在2011年当年即获得了销售收入近6000万元的优异成绩。因此引发业内关注，使其核心化合物专利权利遭受多次无效宣告挑战。经统计，2011~2014年，共有4次针对埃克替尼的原研化合物专利（CN1284772C）提交无效宣告请求，具体如表8-1所示。

表8-1　埃克替尼核心化合物专利无效宣告请求信息

提出时间	无效请求人	无效理由	审查结论	结案时间
2011-09	睿锦公司	说明书公开不充分、权利要求得不到说明书支持、不具备创造性、修改超范围	请求人撤回	2012-08
2014-09	付磊	说明书公开不充分	经修改维持有效	2015-10
2014-11	李强	说明书公开不充分、权利要求得不到说明书支持、不具备创造性	请求人撤回	2015-03
2014-11	王露	说明书公开不充分、权利要求得不到说明书支持、不具备创造性、修改超范围	经修改维持有效	2015-10

埃克替尼核心化合物专利权利要求1记载了如下内容：

1. 一种具有以下结构的化合物，

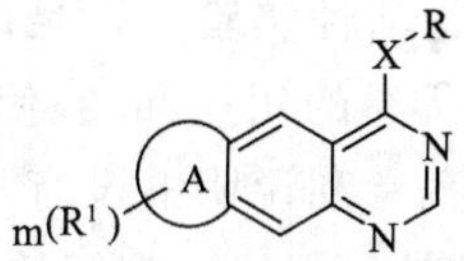

X R N N A $m(R^1)$

其特征在于：A是9到15元的至少包含2个氧原子的非芳香单环，该单环还包括0~3个选自O、S和N的杂原子；……；以及其药学上能接受的盐。

该专利说明书记载了15个在喹唑啉环上有冠醚结构的化合物的制备过程，以及化合物的核磁共振氢谱或质谱分子量数据。另外，说明书记载了通过试管内激酶试验表明表皮生长因子受体激酶活性被IC_{50}值为2~500nM的抑制剂所抑制。

首个无效宣告请求人睿锦公司在埃克替尼获批上市的第2个月即2011年9月向专利复审委员会请求埃克替尼化合物专利（以下简称“涉案专利”）无效，无效宣告理由包括权利要求修改超范围、说明书公开不充分、权利要求得不到说明书支持和权利要求不具备创造性。2012年3月进行了口头审理后，请求人撤回了无效宣告请求，专利复审委员会于2012年8月发出结案通知书。

到了2014年下半年，先后有李某、王某、付某3位自然人向专利复审委员会提出专利无效宣告请求。2014年9月，付磊以案件说明书没有记载足以证明该所述化合物可以抑制EGFR酪氨酸激酶的实验数据为理由，主张说明书公开不充分，不符合《专利法》第26条第3款的规定。2014年11月，李某、王某先后以说明书公开不充分、权利要求得不到说明书支持、权利要求不具备创造性、权利要求修改超范围提出无效宣告理由。其中，李某在无效决定口头审理前于2015年3月撤回了无效宣告请求。

专利复审委员会对付某、王某提出的无效宣告请求进行了合案审查。在审查阶段，该案的争议焦点主要有：①涉案专利公开文本限定了A是7~18元环，授权权利要求1限定的“A环是9~15元的至少包含2个氧原子的非芳香单环，该单环还包括0~3个选自O、S和N的杂原子”修改是否超出原申请记载的范围；②说明书中记载的“激酶活性被IC_{50}值为2~500nM的抑制剂所抑制”是否公开充分；③权利要求1是否具备创造性。

对于争议焦点①，专利复审委员会合议组认为，涉案专利限定的通式结构中，A环具有以下a、b、c 3个方面特征：a特征是环原子数目为9~15；b特征是环类型单环为非芳香单环；c特征是杂原子为至少包含2个氧原子以及0~3个选自O、S和N的杂原子。其中，a特征在原权利要求12和说明书第14页第2段均有明确记载。对于b特征，实施例1~15共制备15个具体化合物，均为非芳香环且其中14个为单环，仅实施例5为稠环；对于c特征，原权利要求12记载了“2~5个O、S、N杂原子”，15个化合物A环中均含有O原子且其数为2~5；同时结合说明书整体理解，权利要求1的A环中某一特征的变化不会必然引发另一特征也随之变化的情形，各特征之间并非存在紧密关系。因此基于技术方案部分所记载的大范围，实施例部分所公开的具体化合物实质上给出了对A环中的b、c特征限定为上述部分范围的修改指引，因此认为修改后的权利要求1不超范围。争议焦点②在于，对于本领域技术人员而言，说明书记载的上述生物活性实验是否足以使本领域技术人员确信本专利要求保护的化合物具有如说明书所述的用途和/或使用效果，进而能够实现本发明。专利复审委员会合议组认为：涉案专利说明书没有具体指明哪个或哪些具体化合物获得IC_{50}值为2~500nM的生物活性，但可以理解的是，本案所描述的生物活性实验必然采用通式所示范围内的具体化合物，通常应该采用实施例所述的化合物。对于本案而言，实施例中化合物数量非常有限，仅为15个具体化合物，并且所有化合物都是含有冠醚结构，并对化合物的结构进行了确认，同时还描述了验证化合物活性的生物活性实验方法。从说明书公开这一系列完整内容来看，申请人在申请日前清楚地知晓现有技术的状况以及自身技术的改进点所在，并明确记载采用何种方法来验证相应的细胞活性；根据上述信息，本专利说明书已经对权利要求所保护的技术方案作出了清楚、完整的说明，所属技术领域的技术人员能够根据说明书公开的内容实现本发明，因此，说明书满足充分公开的要求。而争议焦点③主要涉及与证据1（CN1137037A，公开日为1996年12月4日）公开的化合物厄洛替尼相比（见图8-2），现有技术中是否给出了足够的技术启示使本领域技术人员有动机对该化合物进行相应的结构改造制得涉案专利权利要求1的带有冠醚结构的稠合A环喹唑啉衍生物。

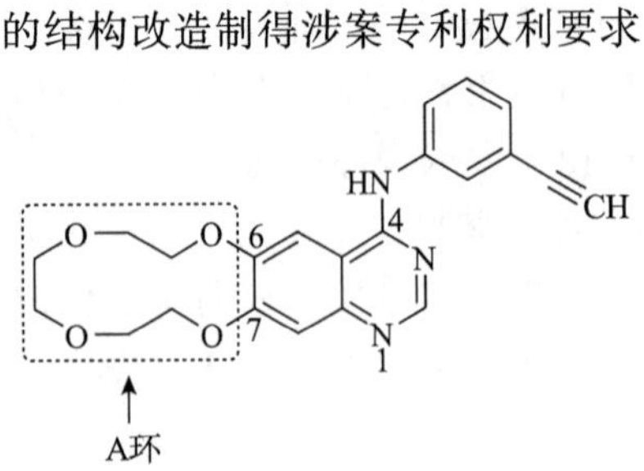

（a）涉案专利结构

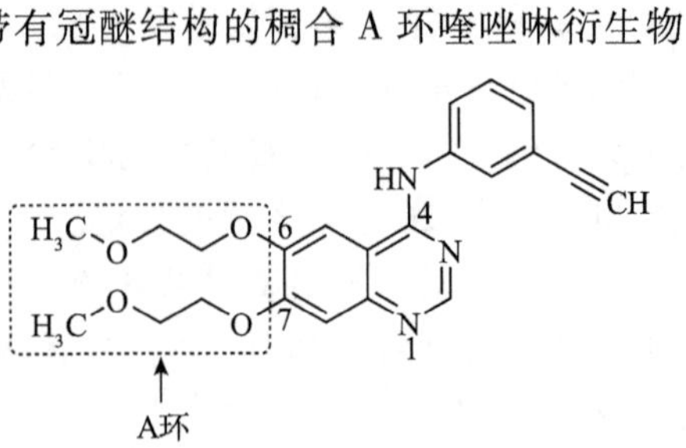

（b）证据1结构

图8-2 涉案专利具体化合物与证据1化合物的结构对比

专利复审委员会合议组认为，首先，证据1中公开的喹唑啉衍生物包括两大类：一种是喹唑啉的6、7位取代基为含氧原子的链状基团，另一种则是喹唑啉的6、7位取代基成环但至多为8元环的两类化合物，并没有进一步教导将a类的链状基团成环以及将b类的5~8元环进行扩展。其次，本领域技术人员已知此类酪氨酸激酶抑制剂的有效母核结构为4－苯胺喹唑啉，并将其称为4－苯胺喹唑啉类化合物，对喹唑啉的苯环进行稠合引入冠醚结构已经改变了化合物的母核结构，所以无论是证据1还是证据2（WO97/49688A1，公开日为1997年12月31日），均将该稠合环定义为5~8元杂环，该环的环原子数目在较小范围内变化，此外5~8元环的空间结构相对稳定，而9~15元环因环原子数目较多而更易于发生构象的变化，两类环结构上的差异也会阻碍本领域技术人员对二者进行替换，故本领域技术人员没有动机对该稠合环的环原子数目进行扩展。而且，涉案专利实际上包含了已经上市的抗肿瘤靶向药埃克替尼，其上市后2年销售额近5亿元人民币，在短时间内取得了巨大的商业成功，证明了临床应用的迫切需求，也表明本发明相对于现有技术是有贡献的。综合上述考虑认为权利要求1具备创造性。专利复审委员会于2015年10月9日发出了无效宣告请求审查决定书，在专利权人于2015年1月19日提交的权利要求书的基础上，维持CN1305860C专利权有效。

➢ 思考与启示

新药研发具有高风险、高投入、长周期等特点，因此，新药研发的初始立项尤为重要。而在立项阶段，知识产权尽职调查是其中的重要环节，需要对所属领域的现有技术特别是原研或潜在对手的专利进行充分的调研，例如对相关化合物、晶型、盐型等专利进行侵权风险排查。在埃克替尼的初始研发阶段，贝达药业的研究团队依靠自身的技术优势，在相关专利的检索分析、专利规避设计思路等方面取得了可圈可点的成绩。首先是找到了替尼类在先专利中喹唑啉环中取代基相应位置的技术空白点，运用计算机模拟技术，发现了冠醚类结构对于喹唑啉激酶抑制剂的潜在效果，将冠醚结构引入喹唑啉母核形成稠环，从而构建了新的母核结构，规避现有专利的同时也为技术方案获得授权奠定了基础。技术方案的非显而易见性也成为埃克替尼化合物专利多次经受无效挑战均能获得胜利的保障。

从该案中也可以看出，专利文件的撰写质量特别是试验数据的披露程度对于是否能获得专利权保护来说至关重要。埃克替尼化合物专利说明书全文共30页，其中效果实施例17记载有所要保护的化合物的IC_{50}值范围，并未记载具体化合物对于激酶的抑制活性，推测可能是希望“藏叶于林”，不要尽早地暴露核心化合物，也预防竞争对手针对每个化合物的活性数据展开构效关系研究和快速跟进，这也是在其提交申请的2003年前后大多数国内外化合物专利申请通常采用的策略。当然，由于埃克替尼化合物专利中公开的化合物数量比较有限，结构近似度较高，即使其仅仅以区间范围形式公开化合物的活性，也足以满足专利法中有关充分公开的要求。但是，随着技术的进步，各热点领域专利竞争的激烈程度进一步加大，技术重叠的可能性更大，结构特征的相似度也较高，因此，在披露试验数据时需要考虑的可能就不仅仅以满足充分公开作为唯一要求了。在通式化合物专利申请中，对于涉及化合物数量较多的案件，特别是当这些化合物结构存在一定差别时，可以对不同结构的化合物进行归类，并对属于不同类别的化合物进行相应的效果数据记载，以满足充分公开的要求。最后，在权利要求撰写时，例如对马库什化合物取代基的限定可以考虑从多个维度进行不同层次的限定，例如对于结构中的环原子数、环类型以及环中的杂原子进行多层次的限定，这样可以为后续的修改留出足够的空间，以免出现修改超范围的风险。

专利具有技术、法律、市场三重属性。其中，专利的技术属性体现在专利技术的先进性、成熟度、不可替代性等，专利的法律属性体现在权利的稳定性、不可规避性、有效期等，专利的市场属性则体现在对政策的适应性、供求关系等。[1]“商业上的成功”也属于专利市场属性的体现。事实上，《专利审查指南2010》规定了当发明的产品在商业上获得成功时，如果这种成功是由于发明的技术特征直接导致的，则一方面反映了发明具有有益效果，同时也说明了发明是非显而易见的，因而这类发明具有突出的实质性特点和显著的进步，具备创造性。因此，对于埃克替尼而言，其优异的临床疗效促使其在市场上取得巨大的成功，也正是展现了技术价值与市场价值的统一。

（执笔：杨倩、涂海华）

---

❶ 白光清．医药高价值专利培育实务［M］．北京：知识产权出版社，2017．

09 西达本胺

——打赢核心专利权保卫战，剑指海外市场

编者按 微芯生物紧跟研究热点开发国内首个用于恶性肿瘤治疗的组蛋白去乙酰化酶抑制剂西达本胺，并成为国产创新药海外授权许可模式的先行探索者。在核心化合物专利遭遇无效宣告纠纷时，微芯生物针对专利文件中的瑕疵做出了有理有据的答复和修改，维持了专利的有效性，也进一步巩固了西达本胺的专利保护。

➢ 十年磨一剑创制抗肿瘤新药

西达本胺（Chidamide），化学名为 N－（2－氨基－4－氟苯基）－4－［N－［（E）－3－（3－吡啶）丙烯酰基］氨甲基］苯甲酰胺（见图9－1）。西达本胺属于苯甲酰胺类组蛋白去乙酰化酶亚型选择性抑制剂。研究表明，其主要针对第Ⅰ类组蛋白去乙酰化酶（Histone Deacetylase，HDAC）中的1亚型、2亚型、3亚型和第Ⅱb类的10亚型发挥选择性抑制作用，从而有效调控肿瘤异常表观遗传功能，达到抑制肿瘤细胞周期、诱导肿瘤细胞凋亡、调节机体细胞免疫的作用，还可通过表观遗传调控机制，诱导肿瘤干细胞分化、逆转肿瘤细胞的上皮间充质表型转化，在恢复耐药肿瘤细胞对药物的敏感性和抑制肿瘤转移、复发等方面发挥潜在作用。❶

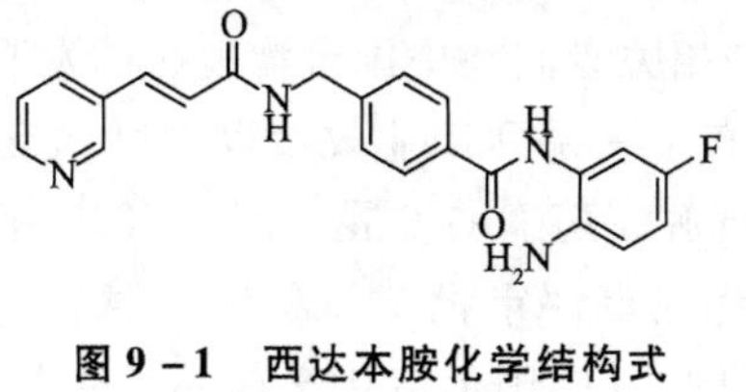

图9－1 西达本胺化学结构式

西达本胺是深圳微芯生物科技股份有限公司（以下简称“微芯生物”）历时十余年完成自主研发的创新药，于2014年12月在中国获批上市，为5mg规格片剂，商品名为爱谱沙，用于既往至少接受过一次全身化疗的复发或难治的外周T细胞淋

❶ 马军，石远凯，朱军，等．西达本胺治疗外周T细胞淋巴瘤中国专家共识（2016版）［J］．中国肿瘤临床，2016，43（8）：317－323.

巴瘤（PTCL）患者的治疗。该适应证是基于Ⅱ期临床研究中一项单臂临床试验的客观缓解率结果给予的有条件批准。2019 年 11 月，西达本胺联合芳香化酶抑制剂用于激素治疗受体阳性、人表皮生长因子受体 -2 阴性、绝经后、既往经内分泌治疗复发或进展的晚期乳腺癌患者的适应证获得批准。目前进行中的临床实验还包括联合用药治疗晚期非小细胞肺癌和弥漫性大 B 细胞淋巴瘤等。

恶性肿瘤由于成因复杂、难以治愈，严重危害人类的身体健康。HDAC 和组蛋白乙酰转移酶两个酶家族共同作用来维持组蛋白乙酰化的动态平衡。Taunton 等于 1996 年发现了第一个组蛋白去乙酰化酶 HDAC1，❶ 开启了世界范围内对于 HDAC 的探索和研发。HDAC 能够去除赖氨酸上的乙酰基，从而抑制基因转录，但是 HDAC 表达过高则会诱导正常细胞发生癌变，并参与其发展、增殖、侵袭和转移。靶向抑制 HDAC 可抗肿瘤，因此对 HDAC 抑制剂（HDACIs）的研究愈发成为近年来的热点研究方向。HDACIs 的种类按其化学结构可分为异羟肟酸类、苯甲酰胺类、环肽类、短链脂肪酸类、亲电酮类和其他类六大类。目前已有多个典型的 HDACIs 分别获批上市，包括伏立诺他、罗米地辛、贝利司他、帕比司他等，还有多个 HDACIs 处于临床研究中。❷ 但是，上述 4 种药物均未在中国上市，可以说，中国市场 HDACIs 药物存在较大空白。

西达本胺是国内首个获批的具有自主知识产权的 HDACIs 药物。2003 年，微芯生物提出西达本胺原研化合物专利申请并获得授权（CN1284772C）。2006 年 10 月，微芯生物通过“许可费 + 里程碑收入 + 收益分成”的技术授权许可方式与美国沪亚生物科学国际有限公司（以下简称“沪亚生物”）签订协议，将西达本胺在多个国家的专利权利许可给沪亚生物，❸ 成为我国探索原创新药海外专利授权许可他人使用的先行者。

2016 年 1 月，沪亚生物通过从属许可将西达本胺在日本、韩国和东南亚等国家和地区的开发和商业化权利转授予日本卫材制药有限公司（以下简称“日本卫材”），沪亚生物向微芯生物支付的从属许可费用仅为日本卫材向其支付的从属许可费的 20%。另外，华上生技医药股份有限公司（以下简称“华上生技”）于 2013 年 9 月取得微芯生物西达本胺相关专利在中国台湾地区的发明专属授权。

2015 年以来，我国颁布了一系列产业政策以鼓励和支持医药行业的发展，尤其是研发和生产创新药物、抗肿瘤药物的发展，例如 2020 年为鼓励创新和满足临床急需出台的《药品上市许可优先审评审批工作程序（试行）》等，为创新药发展增添助力。西达本胺作为第一批被《中国上市化学药品目录集》收录的品种，成为我国创新药的典范之一。2019 年 8 月 12 日，微芯生物在上海证券交易所科创版上市，成

❶ TAUNTON J, HASSIG C A, SCHREIBER S L. A mammalian histone deacetylase related to the yeast transcriptional regulator Rpd3p [J]. Science, 1996, 272 (5260): 408 - 411.

❷ 杨飞飞. 新型组蛋白去乙酰化酶抑制剂的设计合成及其抗癌活性研究 [D]. 上海：华东师范大学，2014.

❸ 深圳微芯生物科技股份有限公司首次公开发行股票并在科创版上市公告书 [EB/OL]. (2019 - 08 - 06) [2020 - 06 - 18]. https://finance.sina.com.cn/roll/2019 - 08 - 09/doc - ihytcerm9529232.shtml.

为首家在科创版上市的创新药企业，这也说明了市场对创新药所带来收益的期待。

➢ 在苯甲酰胺类 HDACIs 构效研究中寻找创新思路

西达本胺的结构发现和改进过程凝聚着苯甲酰胺类 HDACIs 的构效研究发展史。苯甲酰胺类化合物经改造能表现出对第 I 类 HDAC 中的 HDAC 1 ~ 3 亚型有较好的选择性，主要原因在于这类 HDAC 的催化区域底部存在长约 14Å 的腔道，5 位被芳环取代的苯甲酰胺类化合物恰好能填充在这一区域中，因此成为当时的热点研究方向。进入临床研究的苯甲酰胺类药物主要有 CI－994、MS－275、MGCD－0103 和 CS055（西达本胺）等。

如图 9－2 所示，苯甲酰胺类 HDACIs 的研究起源为基础化合物地那林（Dinaline），即 4－氨基－N－（2－氨基苯基）苯甲酰胺。早期地那林作为抗惊厥药使用，科研人员偶然发现它对细胞生长存在抑制作用，后经体内、体外实验证实地那林对实体瘤的生长具有抑制活性。❶ 至此揭开苯甲酰胺类 HDACIs 的研发序幕，开展了一系列化合物的修饰和活性研究。

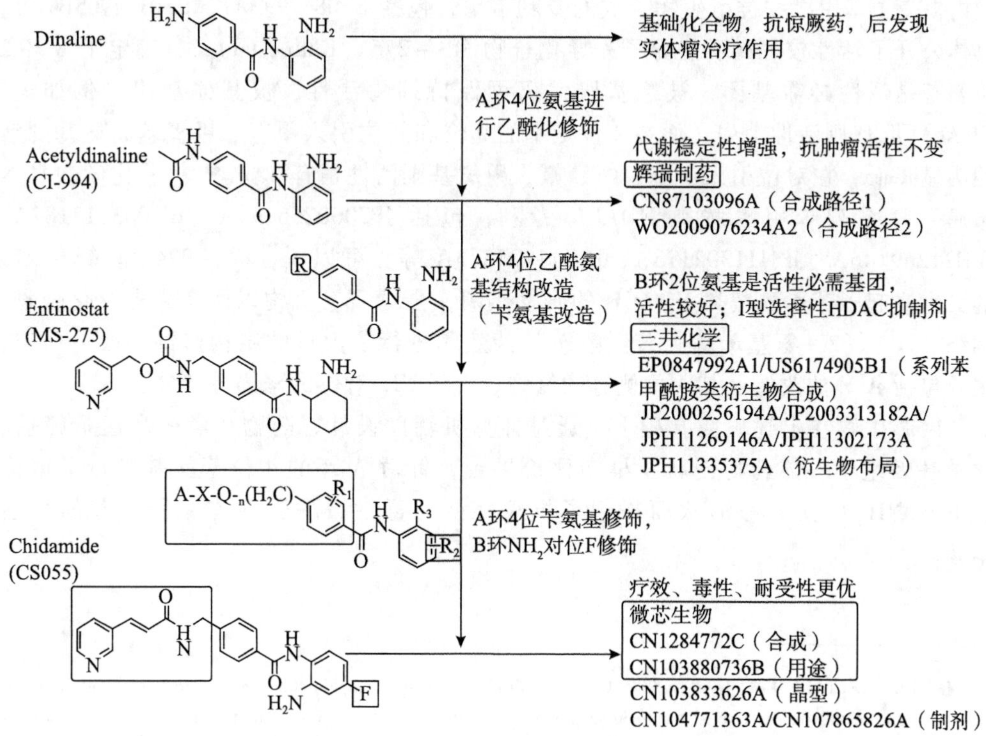

图 9－2　西达本胺结构改造研发路径

---

❶ SEELIG M H, BERGER M R, Efficacy of Dinaline and its Methyl and Acetyl Derivatives Against Colorectal Cancer In Vivo and In Vitro［J］. European Journal of Cancer, 1996, 32A（11）: 1968－1976.

第一阶段是对地那林的各个活性基团进行修饰和改造，研究发现地那林A环4位氨基进行乙酰化修饰的产物乙酰地那林（Acetyldinaline，4-乙酰氨基-N-(2′-氨基苯基)-苯甲酰胺，CI-994），代谢稳定性增强，抗肿瘤活性不变。[1] 随后，各大制药公司针对乙酰地那林的合成、剂型、药效等进行了一系列研究，并布局了相应的专利。乙酰地那林的化合物合成路径主要有：歌德克股份公司的CN87103096A（美国同族：US5137918A）公开了如何制备乙酰地那林，同时公开了剂型配置以及用于治疗癌症，例如结肠癌和腺癌，该专利已于2007年4月22日到期；WO2009076234A2公开了通过其他路径制备乙酰地那林。在抗肿瘤活性方面，US5795909A公开了乙酰地那林与其他成分的联合抗癌作用。较为遗憾的是，美国马里兰大学提交的专利申请WO2009076234A2，由于在前公开的期刊破坏了其权利要求的新颖性而没有进入国家阶段。另外，BERAND LIMITED和都柏林大学康威生物分子与生物医药研究院共同申请了WO2007049262A1，麻省理工学院提交了专利申请WO2011053876A1，这两件专利均关注于乙酰地那林的联合用药。辉瑞制药对乙酰地那林进行了抗癌药物的临床开发，对该分子的成药前景寄予厚望。与此同时，科研人员对化合物的进一步修饰也在同步进行。三井化学株式会社（以下简称“三井化学”）于1997年9月在全球范围内提交了苯甲酰胺类衍生物合成的专利申请，包括EP0847992A1、US6174905B1等，具体公开了活性较好的明星分子先导化合物MS-275（Entinostat），且确定了B环2位氨基是活性必需基团，被羟基取代仍可保持抑酶活性，被其他基团（例如氢、NHAc）取代则活性消失；而在2位氨基的邻位和间位引入甲基、甲氧基、氨基则活性明显降低，在对位引入甲基、氯、氟、甲氧基则活性稍有减弱。[2] 三井化学在日本布局了一系列苯甲酰胺类HDACIs专利，包括JP2000256194A、JP2003313182A、JPH11269146A、JPH11302173A、JPH11335375A等。可以说，CI-994和MS-275的诞生掀起了苯甲酰胺类HDACIs的研发热潮，全球研发机构以两者为先导化合物，围绕“N-（2-氨基苯基）苯甲酰胺”药效团进行了大量的结构修饰和改造研究，主要包括A环的改造及其4位侧链的修饰、B环NH_2对位的修饰等。[3][4]

微芯生物在上述研究基础上，通过计算机辅助设计、药物化学、高通量筛选、化学基因组学一体药物创新及早期评价平台，针对A环的4位苄氨基进行了修饰和B环NH_2对位F修饰从而得到了抗癌疗效、毒性、耐受性均有所改善的西达本胺。

---

[1] EL-BELTAGI H M, MARTENS A C, LELIEVELD P, et al. Acetyldinaline: a new oral cytostatic drug with impressive differential activity against leukemic cells and normal stem cells: preclinical studies in a relevant rat model for human acute myelocytic leukemia [J]. Cancer. Res., 1993, 53 (13): 3008-3014.

[2] SUZUKI T, ANDO T, TSUCHIY A K, et al. Synthesis and histone deacetylase inhibitory activity of new benzamide derivatives [J]. J. Med. Chem., 1999, 42 (15): 3001-3003.

[3] VAISBURG A, BERNSTEIN N, FRECHETTE S, et al. (2-Amino-phenyl)-amides of ω-substituted alkanoic acids as new histone deacetylase inhibitors [J]. Bioorg. Med. Chem. Lett., 2004, 14 (2): 283-287.

[4] HAMBLETT C L, METHOT J L, MAMPREIAN D M, et al. The discovery of 6-amino nicotinamides as potent and selective histone deacetylase inhibitors [J]. Bioorg. Med. Chem. Lett., 2007, 17 (19): 5300-5309.

➢ 西达本胺相关专利布局网络初具规模

作为西达本胺的原研企业，微芯生物于2003年首次提交涉及西达本胺的化合物专利申请，并于2006年获得授权，授权公告号CN1284772C。同期还有关联申请人提交的涉及组蛋白去乙酰化酶抑制剂及其药用制剂的制备和应用的专利申请也获得授权（CN100455564C）。后续微芯生物相继布局了包括晶型专利CN103833626B，E构型苯甲酰胺类异构体专利CN106916100B，固体分散体制剂专利CN104771363A和CN107865826B，制药用途专利WO2020103778A1，与依西美坦联合应用治疗乳腺癌的专利CN109106720B，用于治疗白血病的联合用药专利申请CN109985039A，与自体造血干细胞等联用的专利申请CN111228264A，与蛋白激酶抑制剂组合的专利申请WO2020034916A1，与R－CHOP方案[1]联合应用的专利申请CN111195249A，与DICE方案[2]联用的专利申请CN111195250A，衍生物专利申请WO2020063618A1和CN102020638B等。其中，相关专利多以PCT形式提交，后续也进入中国、美国、欧洲、日本等国家和地区要求相应权利，显示了企业在研发之初即具备了国际化的战略眼光。

紧随微芯生物的研发进程，国内外其他制药企业也关注到西达本胺并展开了预先的布局。例如，比奥诺尔免疫有限公司（BIONOR IMMUNO AS）提交了用于治疗HIV病毒感染/艾滋病的联合用药专利申请，鼎泓国际投资（香港）有限公司也提交了联合用药相关申请，均是将西达本胺作为可选的药物。此外，中国人民解放军军事医学科学院野战输血研究所申请了2件涉及联合用药的发明专利申请，包括CN104056270B涉及组蛋白去乙酰化酶抑制剂用于制备多器官损伤救治药物和CN104083763A涉及用于制备潜伏病毒激活剂。山东川成医药股份有限公司提交了1件制备方法发明专利申请CN105949114A，湖南华腾制药有限公司研究了氘代衍生物并提交专利申请CN108558743A。可以看出，联合用药与制药用途是跟随者主要的研究方向，拓展的用途为HDAC介入的其他病症的预防和治疗，例如自身免疫疾病艾滋病、炎症疾病风湿性关节炎、乙肝、丙肝及银屑病等，这也表明了其他企业对于西达本胺作为HDACIs类药物给予了较高的关注度。

➢ 成功赢得核心化合物专利权保卫战

微芯生物成立于2001年，是由以鲁先平博士为代表的留美归国人员创立的生物领域高科技企业，专注于肿瘤、代谢性疾病及自身免疫性疾病的小分子药物的原创研发，创新药品种包括西达本胺等。2003年7月，微芯生物向国家知识产权局提交了西达本胺化合物的核心专利申请CN1513839A，并进入多个国家且获得授权。在同

---

[1] R－CHOP联合用药方案为利妥昔单抗联合环磷酰胺、阿霉素或表阿霉素、长春新碱和强的松。

[2] DICE联合用药方案为地塞米松、异环磷酰胺、顺铂和依托泊苷。

期，2004 年该课题合作申请人尹子卉发表《新型抗肿瘤组蛋白去乙酰化酶抑制剂西达本胺的合成》一文（证据 1），公开了西达本胺的合成路径和该化合物质谱、熔点、氢谱、红外图谱、元素分析的数据。西达本胺的核心化合物专利（以下简称“涉案专利”）的授权公告文本包括 6 项权利要求，其中独立权利要求 1 涉及通式化合物，独立权利要求 2 涉及权利要求 1 所述通式化合物的制备方法，独立权利要求 4 涉及包含权利要求 1 所述通式化合物的药用制剂，独立权利要求 5～6 涉及权利要求 1 所述通式化合物的制药用途。

作为全球首个获批的亚型选择性组蛋白去乙酰化酶口服抑制剂，西达本胺的市场前景不言而喻，因此也吸引了其他竞争者相继跟进。想要打开中国市场，专利诉讼不可避免，而核心化合物专利则是必争之地。2013 年 11 月，亨特博士实验室有限公司以授权的权利要求 1～6 修改超范围和不具备创造性为主要理由向专利复审委员会请求宣告上述专利无效。该专利无效宣告案件被评为 2014 年度专利复审无效十大案件之一。

涉案专利的专利说明书实施例 2 记载了化合物的制备过程和氢谱、红外图谱、分子量、元素分析的数据，记载了化合物名称为 N－（2－氨基－5－氟苯基）－4－[N－（3－吡啶丙烯酰基）氨甲基]，并公开了其结构式。微芯生物在 2014 年 8 月 19 日无效宣告请求口头审理过程中当庭提交了修改的权利要求 1～3，将独立权利要求的通式化合物具体修改为源于实施例 2 的 N－（2－氨基－4－氟苯基）－4－［N－（3－吡啶丙烯酰基）氨甲基］，独立权利要求 2～3 分别涉及该化合物的药用制剂和制药用途。

无效宣告请求人亨特博士实验室有限公司在无效宣告程序中共提交了 5 份证据。证据 1 是 2013 年 11 月 13 日提交复审请求时同步提交的；证据 2～5（证据 2：CN103833626A，公开日 2014 年 6 月 4 日；证据 3：WO2014082354A1，公开日 2014 年 6 月 5 日；证据 4：EP04709299 专利申请的审查意见；证据 5：US20040224991A1，公开日 2004 年 11 月 11 日）为 2014 年 7 月 25 日补充提交的。通过上述证据，无效宣告请求人主张说明书实施例 2 化合物的名称及结构式中氟的位置由 5 位修改为 4 位，该内容在原申请文件中没有记载，尤其是证据 5 证明通过本专利实施例 2 的方法获得的是 5 位氟取代的化合物，因此专利权人所作的修改超范围。不过，证据 2～5 由于提交日期超出了无效宣告请求日以后一个月的规定期限，未被采纳。

专利权人微芯生物在无效宣告程序中提交了 3 份反证及 12 份用以证明公司背景的证据。反证 1（唐培堃主编，精细有机合成化学及工艺学，天津大学出版社，1993 年 11 月第 1 版，1996 年 8 月第 4 次印刷，封面、扉页、出版信息页以及正文第 258 页）、反证 2（荣国斌等编著，大学有机化学基础，华东理工大学出版社，2000 年 8 月第 1 版，2000 年 8 月第 1 次印刷，封面、扉页、出版信息页以及正文第 15 页、191 页、453 页）均为 2014 年 1 月 26 日针对无效宣告请求提交意见陈述时同步提出的，从反应机理方面分析用以证明所述修改属于改正明显错误。反证 3（委托中山大学测试中心出具的编号 040603A 的分析检验报告），通过二维核磁共振谱图来确证氟的位置处于 4 位。12 份用以证明其公司背景的证据包括：沪亚生物获西达本胺抗肿瘤化合药物授权，微芯生物抗癌标靶新药技转授权华上生技，2010 年作为 12 家新兴战略产业代表企业向时任国家领导人汇报的新闻，国家高技术研究发展计划（“863”计划）针对重大疾病的药物分子设计及产品开发课题任务合同书，国家科技重大专项项目任务合同书，国家科技部科技进步奖一等奖证书，美国芝加哥政府致函及其译文以及多家国外媒体报道新闻稿件。其中，反证 3 和实验记录由于公开性存在异议未被采纳，12 份公司背景证明文件专利权人在口头审理中确认不作为证据使用。

对于修改超范围的问题，合议组经过审理后认为：修改后的权利要求 1 所涉及的具体化合物是由马库式通式化合物修改而来，该化合物为说明书实施例 2 记载的具体制备的唯一化合物。通看整个说明书，仅实施例 2 和实施例 4 记载了两个具体化合物的制备过程和结构确认数据，仅实施例 2 的化合物测试了活性效果，可见，实施例 2 的化合物是该专利的发明核心所在。

一般而言，在无效宣告程序中对权利要求的修改仅限于权利要求的删除、合并和技术方案的删除，但是并未完全排除其他修改方式。将马库式通式化合物具体限定为落入其范围内的说明书中有明确记载的实施例化合物能够更加充分地体现专利制度鼓励发明创造的立法本意，有助于专利确权程序在评判专利的技术贡献时聚焦发明实质。实施例 2 的化合物是将 4 - ［N - （3 - 吡啶丙烯酰基）氨基甲基］苯甲酸与 4 - 氟 - 1，2 - 苯二胺反应获得的，虽然苯二胺上同时存在两个氨基，但由于卤素 F 的存在，使两个氨基的反应活性明显不同。反证 1 ~ 2 为本领域公知常识性证据，可以证明氨基氮原子上电子云密度越高，碱性越强，空间位阻越小，胺被酰化的反应活性越活泼；卤素取代基使邻、对位碳原子比间位碳原子具有更多的电子云密度，故得到的产物以邻、对位为主；而原料 4 - 氟 - 1，2 - 苯二胺中氟的邻位上是未取代的，对于仅存的对位氨基和间位氨基来说，显然对位氨基的反应活性更强，由此生成的 4 - 氟取代的产物应当占绝大多数，故申请人将原来处于间位取代的产物修改为对位取代产物即将氟由 5 位修改为 4 位属于更正明显错误。而证据 1 是专利权人微芯生物在发现该错误之前发表的，不能用于证明实际制备得到的就是 5 位氟取代化合物。

在无效宣告程序中，专利权人微芯生物最终修改的权利要求 1 请求保护一种具有分化和抗增殖活性的苯甲酰胺类组蛋白去乙酰化酶抑制剂，该化合物的结构如图 9 - 3所示。

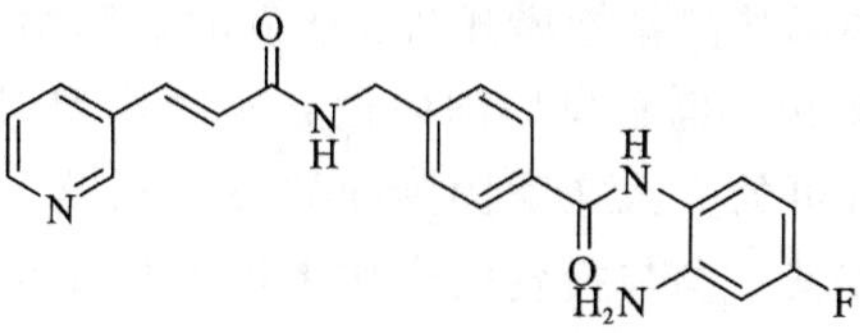

图 9 - 3　苯甲酰胺类组蛋白去乙酰化酶抑制剂

无效宣告请求人提出了全部权利要求相对于 US6174905B1（公开日 2001 年 1 月 16 日）和 US6313153B1（公开日 2001 年 11 月 6 日）的结合不具备创造性的主张。

在综合考虑无效宣告请求人亨特博士实验室有限公司与专利权人微芯生物双方

的意见陈述后，专利复审委员会合议组认为，涉案专利与现有技术相比，碳碳双键连接基与碳氧单键连接基团不同，涉案专利吡啶环与苯环之间的连接基包括4个碳原子，其中的碳碳双键能够与其所连接的吡啶环形成单双键交替出现的π－π共轭结构，电子云可以在相对广阔的空间内移动，产生离域现象，并且吡啶环与碳碳双键以及接着连接的羰基处于同一平面上。而US6174905B1公开的结构中吡啶环与苯环之间的连接基仅包括3个碳原子，其中的碳氧单键连接基不能与吡啶环形成共轭结构，并且吡啶环相对于碳氧单键可以自由旋转。由于化合物的活性效果与其结构（包括基团的性质、电子云分布、化合物空间结构）等密切相关，即便是考虑本领域公知常识，本领域技术人员在对已知化合物进行结构替换时，也主要考虑电子云分布类似、空间结构接近的常用取代基。因此，本领域技术人员在需要提供一种HDACIs的药用化合物时，不会根据本领域公知常识直接将碳氧单键替换成电子云分布与空间结构明显不同的碳碳双键。而且US6174905B1中公开了数百种具体化合物结构，仅泛泛地提到所述化合物可以抗癌。同时，其公开的所有化合物均涉及包括碳氧、碳氮单键在内的单键连接方式，甚至在通式取代基的定义方面，也仍然将单键连接方式概括在其范围内。因而，烯类碳碳双键不饱和基团并不是US6174905B1中吡啶或苯环之间的连接基的常见形式，据此本领域技术人员不会想到要对连接基团作较大程度的修改，更不会想到采用碳碳双键的连接方式代替原有结构。US6313153B1中虽然公开了通过碳碳双键连接吡啶环与苯环的技术方案，但其所公开的化合物都是双环结构，即仅包括吡啶环和苯环，这与涉案专利涉及的吡啶环、苯环、苯环的三环结构本身存在结构差异，且所公开的化合物是用于治疗肾炎的药物以及转化生长因子－β（TGF－β）抑制剂，与涉案专利化合物的作用机理不同，故不会给出技术启示，本领域技术人员没有动机将US6313153B1和US6174905B1结合。

经过双方答辩与合议组审查，专利权人微芯生物将权利要求限缩为实施例2记载的具体化合物，专利复审委员会经审理后在此基础上维持该发明专利权有效。可以说，在专利权无效纠纷的过程中，微芯生物对于提交申请专利中的瑕疵进行了修正，进一步稳定西达本胺物质的专利保护。

➢ 思考与启示

西达本胺是在聚焦国际热门靶标展开新药研发的过程中探索从“me－too”型到“me－better”型药物的实践，也是早期国内创新药的典型形式。在该新药研发过程中，微芯生物通过授权许可的方式拓宽国际化研究的道路，获得的许可费也为国内研究提供了资金支持，在其中参与投资的合作者沪亚生物也因此获得了丰厚的投资回报。

如前述对苯甲酰胺类HDACIs构效改进发展史的回顾，西达本胺能够从众多以CI－994和MS－275为先导物合成的分子中脱颖而出，是站在巨人肩膀上结合一体化创新药物及早期评价平台设计的结果，但是由于热门靶标领域竞争激烈往往使构效可拓展空间受到限制，最终授权范围仅为实施例化合物。涉案专利权利要求经过无效宣告程序的考验也稳定了西达本胺的物质专利保护。

当然，回顾微芯生物对西达本胺的专利保卫战过程，虽然最终结果是以维持专利权有效而剧终，但其中的过程仍值得思考。微芯生物通过10多年的开拓和奋斗，使西达本胺能够成功上市，其中付出的努力不言而喻。对于原研公司而言，小分子化合物的结构确认尤为重要，尤其是对于存在异构体、手性的化合物，应在尽可能的条件下通过二维核磁共振谱图等来确定化合物结构。如果基于现有条件实在不能确定，应将尽可能多的优选方案写入说明书和权利要求书中，尝试逐层概括的方式，例如扩展成多层级通式化合物的形式等。在西达本胺无效宣告案中，由于早期对化合物结构确认上存在瑕疵，在申请文件的撰写方面也经验不充分，影响了权利要求的最终保护范围。虽然经过专利保卫战及时维护了专利的有效性，但医药企业专利工作人员应注意工作的严谨性以及申请文件撰写的层次性。当申请文件的撰写确实出现了一些瑕疵时，在无效宣告程序中，专利权人一方应立足研发根本，可以尝试多种修改方式。在提交修改的同时也应注意提交一些资质证明文件，虽然这些文件在最终的判决中不一定能够作为有效证据使用，但是可以作为还原创新过程、体现创新程度等的证明文件，为修改的技术方案提供技术支持。而对于无效宣告请求人而言，在提交复审请求时，应尽可能设想专利权人可能的修改方式，并充分提供包括申请文件、现有技术、系列申请、相关发表文章等的证据设法应对。总之，无论是对于专利权人还是无效宣告请求人，都应充分准备诉讼材料，不打无准备之仗。

科技行业专利之战，从来就不仅仅是法律之战，而是科技生态的争夺，是产业格局的较量，只有立足研发根本，才能走得更远。西达本胺的专利保卫战正是由于微芯生物立足研发成果，对现有技术确实作出了技术贡献，才为最终获胜奠定了基石。中国医药行业由“中国制造”向“中国创造”的转型升级仍在继续，还需更多深耕研发创新药的医药人继续努力。

（执笔：刘艳芳）

10　安妥沙星和奈诺沙星

——借鉴"他山之石"探索国产创新药的制胜之道

编者按 与拜耳制药针对莫西沙星开展的贯穿整个药品生命周期的专利布局策略相比，安妥沙星和奈诺沙星的专利布局深度和广度均有待扩展。在沙星类药物研发中，如何将解决药物安全性问题的技术贡献转化为可专利的技术方案，以及在新药上市后继续通过制剂、制药用途和联合用药等技术主题为拓展市场提供保障，值得国内企业进一步探索。

➢　高安全性的喹诺酮类广谱抗菌药

安妥沙星（Antofloxacin），化学名为（S）-（-）-9-氟-2，3-二氢-3-甲基-8-氨基-10-（4-甲基-1-哌嗪基）-7-氧代-7H-吡啶并［1，2，3-δ］-［1，4］苯并噁嗪-6-羧酸，是中国科学院上海药物研究所（以下简称"上海药物所"）在左氧氟沙星类似物研究中获得的喹诺酮类抗菌药。[1] 2001年，安徽环球药业股份有限公司（以下简称"安徽环球药业"）与上海药物所达成合作协议共同开发安妥沙星并于2009年4月获批上市，临床使用其盐酸盐形式，商品名为优朋。研究表明，安妥沙星不仅对多种革兰阳性需氧菌有抗菌活性，对多种革兰阴性需氧菌也有效；其主要作用机理是通过抑制细菌DNA旋转酶（细菌拓扑异构酶Ⅱ）的活性，阻止细菌DNA的复制而达到抗菌作用，临床上治疗由敏感菌引起的感染性疾病，具有安全性较高的特点，心脏毒性明显低于同领域品种，半衰期长达20小时，每天一次用药即可，患者顺应性较高。[2]

奈诺沙星（Nanofloxacin），化学名为（3S，5S）-7-［3-氨基-5-甲基-哌啶基］-1-环丙基-1，4-二氢-8-甲氧基-4-氧代-3-喹啉羧酸。奈诺沙星属于新型无氟喹诺酮类抗菌药物，临床使用苹果酸盐形式。其最早由美国宝洁公司（以下简称"宝洁公司"）研发，随后相关专利权被转让给太景生物科技股份有限公司（以下简称"太景生物"）。2012年6月，浙江医药股份有限公司（以下简称"浙江医药"）与太景生物签署了合作协议，获得了奈诺沙星及苹果酸奈诺沙星的口服剂

[1] 李天舒．我国一类新药盐酸安妥沙星面世［N］．健康报，2009-06-01（2）．

[2] 梅友健．新型高效广谱抗菌药物：安妥沙星［J］．安徽医药，2010，14（2）：229-231．

与注射剂在中国境内制造、销售的权利。2016年，苹果酸奈诺沙星胶囊制剂在中国批准生产并上市，商品名为太捷信。研究表明，奈诺沙星对于革兰阳性菌、阴性菌及非典型病原体均有强效的广谱抗菌作用，对于多重耐药性的肺炎链球菌和甲氧西林耐药性金黄色葡萄球菌的作用尤强，适合用于治疗社区获得性肺炎。[1]

喹诺酮类药物是目前临床上广泛应用的抗菌药，其研发历史悠久，从以哌啶酸、吡咯酸为代表的第一代发展至今已经有四代产品，上市药物种类超过60种。早期的喹诺酮类药物存在耐药、抗菌谱窄以及药物副作用等问题，研发人员针对已知缺陷不断地对喹诺酮类药物进行结构改造，以获取抗菌效果好、代谢性质优异、毒副作用低的药物。在安妥沙星、奈诺沙星（见图10－1）开展研究的更早时期，德国拜耳医药保健有限公司（以下简称"拜耳制药"）于1999年开发上市莫西沙星并获得了巨大的市场成功，拜耳制药为莫西沙星构建的专利保护网络也成为其市场成功的有力保障。通过对比分析安妥沙星、奈诺沙星和莫西沙星的专利布局策略，可以为国产创新药如何更好地进行技术创新和专利布局提供一定的借鉴。

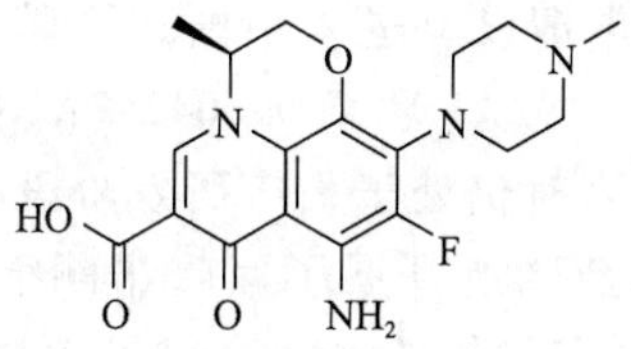

（a）安妥沙星 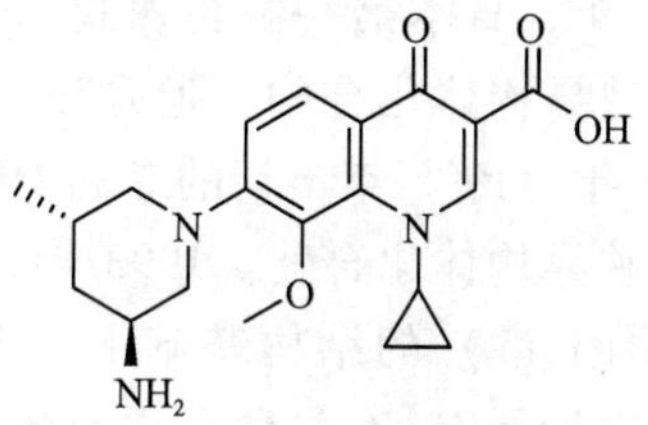　　（b）奈诺沙星

图10－1　安妥沙星和奈诺沙星化学结构式

➢ 安妥沙星：外围专利布局延迟到新药上市后

在喹诺酮类抗生素中，针对氟喹诺酮类结构的改造路径比较明确，构效关系研究比较充分。如图10－2所示，以左氧氟沙星为例，对氟喹诺酮的改造主要集中在吡啶环N－1位置，针对N－1原子处的取代基进行改造的同时可对C－8位置进行取代基改造，N－1和C－8位置可单独改造，也可成环。如在苯环C－8位置处引入甲氧基，有助于加强抗厌氧菌活性，并结合苯环位置C－7取代基的改造，即为第四代喹诺酮类的骨架；其次改造的区域位于苯环位置C－7处，主要通过杂环或烷基等进行改造，该位置的取代基对喹诺酮类化合物的抗菌活性有很大影响，修饰该位置的取代基可能会出现更理想的抗菌化合物；另外，还可对C－6位置进行取代改造，取代基可选自氟、氨基等，上述位置基团的改造同样能够改变抗菌性能。[2] 目前，除

[1] POOLE R M. Nemonoxacin: First Global Approval [J]. Drugs, 2014, 74 (12): 1445－1453.

[2] 丘懿，郭笑如，朱国华．氟喹诺酮类抗菌药物的构效关系与研究新进展［J］．海峡药学，2001，13（1）：9－10.

安妥沙星以外，氧氟沙星、左氧氟沙星等十余种同类抗菌药已成功研发上市，[1] 竞争相对激烈。

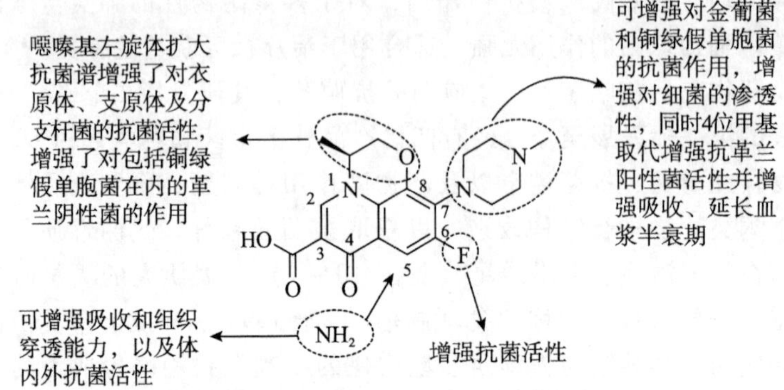

图 10－2　氟喹诺酮类结构改造路径示例

早在 1981 年，日本第一制药株式会社申请的专利 JPS57149286A 已经公开了安妥沙星的非对映异构体化合物，但是该专利申请没有进入中国。拜耳制药和宝洁公司分别在 1987 年、1995 年申请的专利 DE3711193A1 和 WO9604247A1 中也公开了安妥沙星的非对映异构体化合物。1993 年，在当时仍处于临床研发阶段的左氧氟沙星（1996 年在美国上市）的结构基础上，上海药物所开展了氟喹诺酮衍生物的研究，重点针对左氧氟沙星 C－5 位置和哌嗪基团进行修饰改造，合成了五类 60 余个氟喹诺酮类化合物，并对该系列化合物的合成方法、化合物的构效关系、结构与代谢特征的关系、结构与毒性的关系等进行了深入研究，[2] 筛选出左氧氟沙星类似物 YH54，该化合物在左氧氟沙星的 C－5 位置上引入了氨基，氨基的引入明显增加吸收和组织穿透能力，并增强体内外抗菌活性。基于上述研究结果，上海药物所于 1997 年申请了涉及左旋氧氟沙星类似物的合成及其用途的专利并于 2000 年获得授权（CN1055927C）。该专利保护了一系列左旋氧氟沙星衍生物以及该衍生物在抗菌、抗肿瘤、抗支原体等方面的应用，专利中共涉及 48 种具体化合物，最优选的为 YH54，即安妥沙星。同时，该专利还克服了现有技术中左氧氟沙星类药物合成路线复杂的缺陷，开发出适合工业化生产该类喹诺酮类化合物的方法，以该方法生产该类喹诺酮类化合物具有条件温和、收率高、光学纯度高、成本低等优点。

在申请化合物专利之后，上海药物所开始寻找合作伙伴以加速产业化进程。[3] 1999 年，安徽环球药业开始调研该项目，并在 2001 年与上海药物所签署合作协议，联合进行安妥沙星新药开发。作为国内首个自主研发的喹诺酮类抗生素，该药物在研究过程中获得了包括国家重大新药创制专项、上海市新药基金、“863” 计划、国家自然科学基金、中国科学院知识创新工程等基金的支持。针对化合物专利 CN1055927C，上

---

[1] 郭惠元．吡酮酸类抗菌药物的构效关系［J］．中国抗生素杂志，1992，17（2）：99－117.

[2] 重庆东泽医药科技发展有限公司．中国最具市场潜力的喹诺酮类抗生素盐酸安妥沙星片优朋®［EB/OL］．（2012－05－19）［2019－05－09］．http：//www.doc88.com/p－196575433777.html.

[3] 钟振华，刘正午．一个新药与两个男人的接力赛［J］．中国处方药，2009，8（89）：22－26，56.

海药物所对安徽环球药业授予独家许可，期限为2008～2017年，之后在2010年将专利权转让给了安徽环球药业。安徽环球药业在2001～2004年对安妥沙星进行了临床前安全性研究，于2004年3月开展Ⅰ期临床研究，2005年6月至10月完成Ⅱ期临床研究，2005年10月至2006年10月完成Ⅲ期临床研究。结果显示，安妥沙星具有抗菌谱广、抗菌活性强的优势，对非典型病原菌具有抗菌活性以及良好的药代动力学特性，半衰期可达1日，与环丙沙星、左氧氟沙星、洛美沙星不具有交叉耐药性，口服给药未显示明显光毒性，光毒性低于洛美沙星、司帕沙星和依洛沙星。值得一提的是，喹诺酮类药物在具有光毒性和对心脏QT间期的延长的情况下极易导致心脏毒性，但安妥沙星的心脏毒性明显低于当时国外在研的新药莫西沙星。[1] 在对安妥沙星安全性研究阶段，即2001～2006年，安徽环球药业并未着急开展安妥沙星的外围专利布局，推测其可能有意采用延迟专利申请的策略，以延长新药上市后的专利保护期限。2006年安徽环球药业提交新药上市申请，在2008年进入审批绿色通道，并于2009年4月拿到新药证书。

随着安妥沙星成功上市，安徽环球药业开始针对安妥沙星进行外围专利布局，于2010年密集提交了5件涉及安妥沙星的专利申请，包括涉及安妥沙星口服制剂及其用途的专利CN101780029B，采用质量百分比为10%～25%的羧甲基淀粉钠制得的口服制剂，硬度足够，并具有较好的溶出度；涉及安妥沙星注射液及其制备方法与用途的申请CN101785755A，使用特定抗氧化剂解决安妥沙星在注射液中不稳定的问题；涉及高纯盐酸安妥沙星的制备方法的专利CN101792452B，针对化合物核心专利CN1055927C的生产方法收率低、原料浪费、成分高的技术问题，通过结晶技术，解决了现有技术中安妥沙星纯度达不到盐酸安妥沙星原料质量标准的问题；后续还申请了涉及一种安妥沙星盐酸盐结晶形式、其制备方法和包含它的药物组合物专利CN102020660A；涉及一种盐酸安妥沙星的制备方法的专利申请CN101812074A，同样针对现有技术生产盐酸安妥沙星不达标的问题，利用结晶技术提高了纯度。在制剂领域，该企业于2011年申请了涉及安妥沙星胶囊制剂及其制备方法的专利CN102335158A，针对现有胶囊剂遇水易形成黏性较强的胶状溶液，对药物的溶出会产生较大影响的技术问题，选择特定的辅料提高了胶囊剂中安妥沙星的溶出度。之后，在2015年提交了涉及一种安妥沙星的制备方法的专利CN105037388A，针对现有技术中制备安妥沙星原料毒性大的问题，采用增加反应物N－甲基哌嗪的使用量，替代吡啶在反应中所起的作用，取消了吡啶的使用，达到了污染小，产品质量高的效果。随后，于2016年申请了涉及盐酸安妥沙星氯化钠注射液的配制方法的专利CN106109407A，针对现有技术中安妥沙星遇金属离子产生络合反应，导致安妥沙星吸收减少和生物利用度降低的问题，在生产过程中采用乙二胺四乙酸二钠溶液冲洗所用配制系统和灌封系统，保证了产品质量。可以说，随着安妥沙星成功上市，安徽环球药业展开了一系列外围专利的布局。

如图10－3所示，在2009年以前，安妥沙星处于临床研究阶段，其上市前景尚

[1] 梅友健．新型高效广谱抗菌药物：安妥沙星［J］．安徽医药，2010，14（2）：229－231.

不明确，并未引起高度关注，因此，从1997年申请核心专利至2010年左右，安徽环球药业在安妥沙星的专利布局方面出现了一段较长的空白期，但是并未遭受其他申请人的抢占性专利布局进攻。南京京华生物所于2009年申请了涉及安妥沙星的氯化钠注射制剂的专利CN102018664A和葡萄糖注射制剂的专利CN102018663A，但均未获得授权。

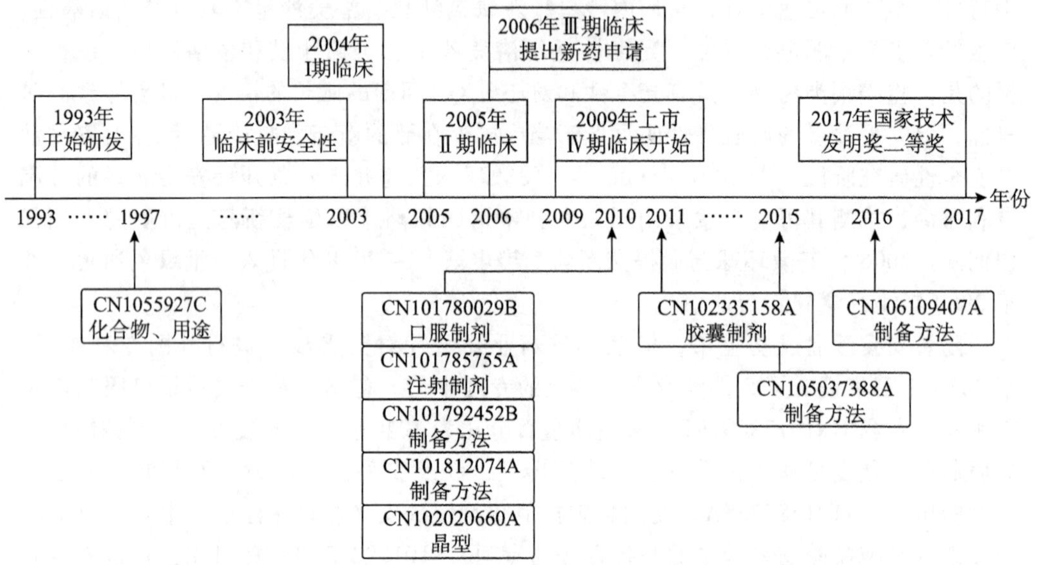

图10－3　安徽环球药业针对安妥沙星的研发进程与专利布局

➢ 奈诺沙星：开发权多次转让的过程中逐渐铺开外围专利布局

奈诺沙星属于无氟喹诺酮类新药，与氟喹诺酮类相比，奈诺沙星在C－8位置以甲氧基修饰，喹诺酮母核6位上省略氟取代基，有效克服了氟喹诺酮类药物中存在的肝脏毒性、光毒性、耐药等不良反应，改善了用药限制。❶ 奈诺沙星的核心化合物专利CN1278813A由宝洁公司在1998年提交，该化合物专利中记载了针对现有抗生素的耐药问题，研发了无氟喹诺酮类化合物及其组合物和制药用途，该专利中对化合物的保护范围并不大，并在权利要求中明确了具体化合物。2006年，宝洁公司提交了奈诺沙星中间体的制备方法的专利申请CN101045695A和奈诺沙星的制备方法的专利申请CN101045724A，以及稳定的奈诺沙星苹果酸盐及其晶型的专利申请CN101045725A，上述专利均获得授权并由宝洁公司转让给太景生物。此后，太景生物于2007年申请了多项专利，包括治疗特定菌株感染的方法（US2009042932A1）；肠道外给药途径的包含葡萄糖、氯化钠注射制剂（CN101361739A）；奈诺沙星可药用盐

❶ 曹国英，张菁，施耀国．无氟喹诺酮类新药奈诺沙星研究进展［J］．中国感染与化疗杂志，2011，11（5）：389－394．

和晶型（WO2007110834A2），通过对制备方法以及特定酸盐的选择，获得了可工业化生产的奈诺沙星的半水苹果酸盐及其晶型；奈诺沙星制备方法（WO2007110835A2），通过改进制备方法获得了更高的产率；以及奈诺沙星中间体制备方法（WO2007110836A1）。2008～2009年太景生物分别提交了涉及特定细菌感染的疾病的制药用途的专利申请（CN101618038A、CN101618039A）。2009年之后，太景生物和浙江医药对于奈诺沙星中间体的制备方法作了重点研究和布局，申请多项专利（CN102093260A、CN103145615A、CN103159793A）。奈诺沙星于2016年在国内上市后，企业在2018年进一步提交了奈诺沙星光学异构体的拆分方法的专利申请（CN111208216A）。如图10－4所示，在奈诺沙星的专利权利多次转让过程中，其外围专利布局不断铺开，在每个阶段的专利申请都会涉及制备工艺、制药用途等多个技术主题，后期在浙江医药的研发阶段，中间体的制备方法以及光学异构体的拆分方法成为专利布局重点，这也是出于使其更适合大规模工业化生产的需要。

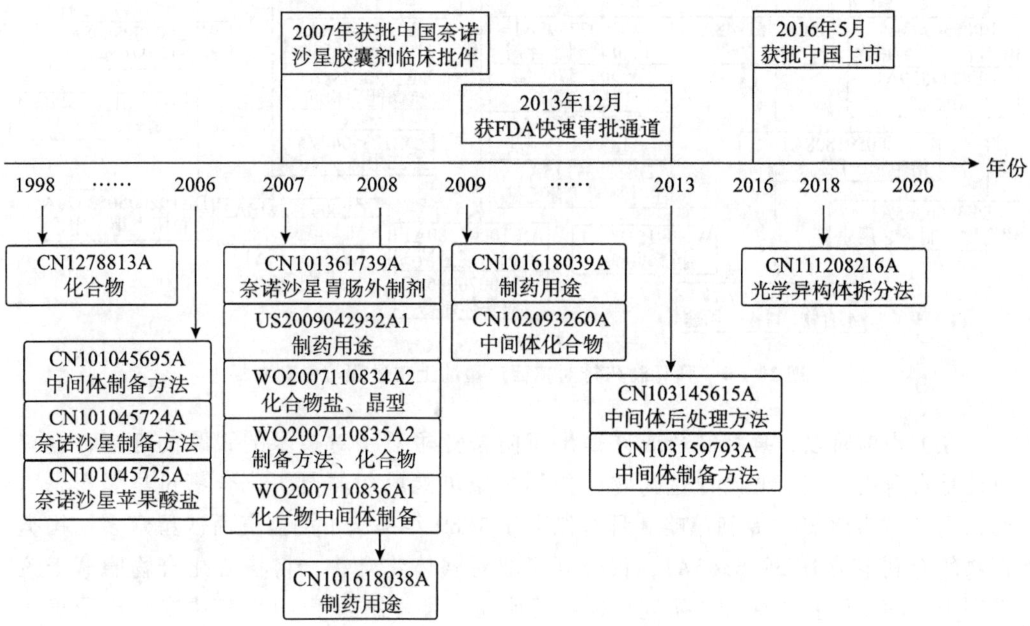

图10－4　原研企业针对奈诺沙星的研发进程与专利布局

➢　莫西沙星：全面的专利布局成为市场成功的保障

拜耳制药研发的莫西沙星是目前市场上最为成功的喹诺酮类抗菌药物，于1999年在美国和德国获批上市，2002年在中国上市，商品名为拜复乐。该药当前全球的年销售额高达数亿美元，是抗菌药领域名副其实的“重磅炸弹”。[❶] 除了药物本身具有抗菌活性高、副作用低的优势外，拜耳制药针对莫西沙星构建严密的专利保护网

❶ 蔡德山．氟喹诺酮类：一路高涨后调结构［N］．医药经济报，2016－08－01（6）．

也成为其取得市场成功的保障。与安妥沙星、奈诺沙星相比，莫西沙星在新药上市前和上市后开展了系统的、渐进的专利布局（见图 10 - 5 和图 10 - 6）。

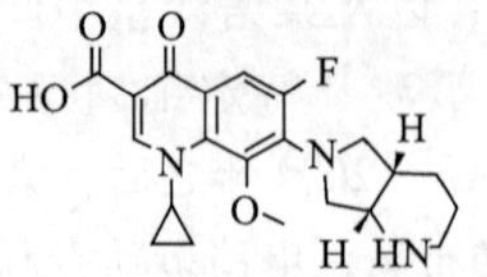

图 10 - 5 莫西沙星化学结构式

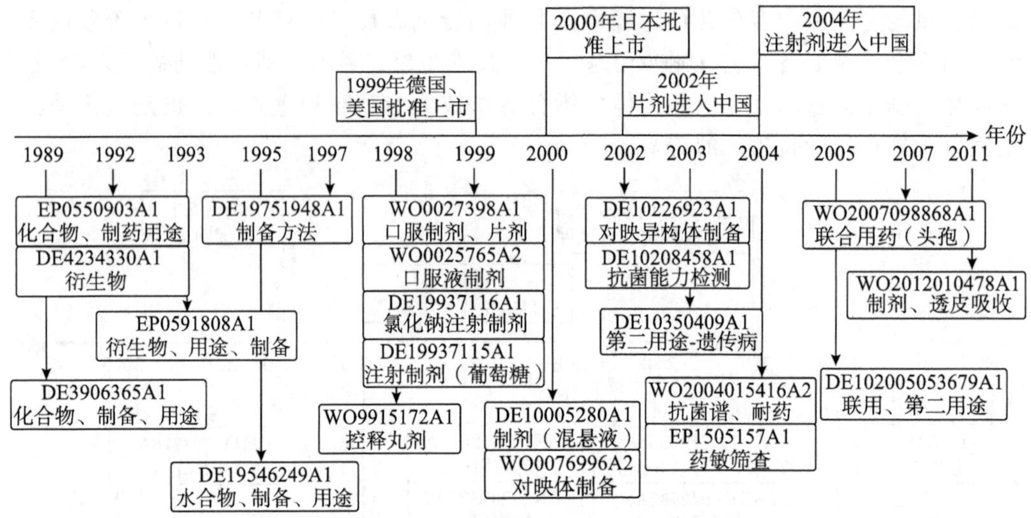

图 10 - 6 拜耳制药针对莫西沙星的上市进程与专利布局

在上市前阶段，拜耳制药或许是出于防备竞争对手对技术的跟踪的考虑，也有可能是自身尚未完全明确候选药物，并不希望可能成药的苗头化合物过早暴露，因而采用了“潜水艇”专利策略。拜耳制药于 1989 年提交了涵盖莫西沙星众多结构类似物的专利申请 DE3906365A1，仅公开了非对映体化合物，将核心化合物隐藏于该专利中。随着研发的深入，研究目标趋于明朗，拜耳制药于 1992 年提交了涉及莫西沙星化合物及其制药用途的核心专利申请 EP0550903A1，围绕该化合物核心专利，拜耳制药 1992 ~ 1993 年提交了众多莫西沙星衍生物的专利申请（DE4234330A1、EP0591808A1），主要对母核结构上的羧酸、N - 1 位、C - 7 位、C - 8 位取代基进行布局，构筑起了化合物的外围壁垒，并于 1995 年提交了莫西沙星晶型的专利申请 DE19546249A1，该专利记载了晶体形式克服了无水形式的莫西沙星易吸湿，导致悬浮液形式或在环境湿度下贮存时引起的其无水形式的结晶构造的变化等技术问题，增加了药品的稳定性和安全性。可以说，对于莫西沙星这一在当时有着突破性治疗效果的四代喹诺酮抗生素，拜耳制药展开了积极的专利布局，到 1995 年基本完成了对化合物外围防御性专利族的构建，在巩固化合物保护的同时，也对于制药用途加强了保护。之后，在 1997 ~ 1999 年这一阶段，拜耳制药针对莫西沙星的制剂技术进行了密集的布局。首先提交了涉及安妥沙星注射制剂的专利申请 DE19937116A1 和

DE19937115A1。其中，DE19937115A1 记载了以葡萄糖或其他糖或糖醇作为等渗溶液制备注射制剂。但是在贮存期间，形成棕色无定形颗粒，这种情况常常仅在 40℃ 下贮存 4～8 周后发生，继续贮存时，颗粒数量进一步增加，即其葡萄糖类注射剂是不稳定的。于是，专利 DE19937116A1 中对该技术进一步改进，使用氯化钠溶液作为等渗溶液，并在开发过程中发现，莫西沙星盐酸盐在氯化钠溶液中溶解性差，存在不稳定等问题，但是在特定浓度 0.4%～0.9% 氯化钠的水制剂中稳定性较好，可制得适于药用的莫西沙星盐酸盐制剂。由于莫西沙星特殊的溶解度、稳定性等因素，筛选发现适合开发成注射制剂的溶剂基本只有上述特定浓度的氯化钠溶液，利用该发现，拜耳制药在氯化钠溶液注射制剂的专利申请中要求了较大的保护范围并获得了授权。由此，上述 2 项专利为莫西沙星注射制剂技术保护奠定了坚实的基础。另外，拜耳制药还提交了涉及口服制剂的专利申请 WO0027398A1 和 WO0025765A2。其中，WO0025765A2 记载了通过添加合适的甜味剂和辅料，有效掩盖了莫西沙星的苦味，并在常温下具有良好的稳定性；而 WO0027398A1 记载了通过添加一定百分含量的乳糖，改善了片剂的硬度和断裂载荷。此外，还提交了涉及缓释制剂的申请 WO9915172A1，该申请记载了通过选择特定的辅料，有效改善了莫西沙星盐酸盐的释放行为。可以说，基于莫西沙星本身的特殊理化性质，拜耳制药在莫西沙星上市前完成了对口服和注射制剂的专利布局，为跟进仿制构建了技术壁垒。在制备方法方面，拜耳制药于 1997 年提交了莫西沙星的制备方法专利申请 DE19751948A1，该专利通过使相应的 8－卤代喹诺酮羧酸衍生物与（C_1～C_3）烷醇或苯甲醇和叔丁醇钠/钾或叔戊醇钠/钾在具有 4～6 个碳原子的脂肪族或环脂肪族醚的溶剂中反应可以得到 8－甲氧基－喹诺酮羧酸，有效解决了现有方法中不适合大规模工业化生产的缺陷。可以看出，拜耳制药在莫西沙星上市前的专利布局策略清晰，层次分明。首先，在充分研究莫西沙星构效关系的基础上，将核心物质分层次披露和保护，并布局了一定数量衍生物的外围专利，防止其他企业捕捉专利漏洞快速跟进。其次，在充分研究莫西沙星理化性质的基础上，展开制剂技术的专利布局，利用莫西沙星注射溶液配方研发上的技术障碍，在莫西沙星注射制剂领域形成了难以逾越的专利壁垒。在此过程中，拜耳制药充分利用“潜水艇”专利策略，对已经授权的专利持续提出分案申请，补充专利权的保护范围，不断完善专利网络。

在莫西沙星上市后，拜耳制药继续对莫西沙星展开外围专利布局，提交了涉及混悬剂的专利申请 DE10005280A1、涉及改善莫西沙星透皮吸收的申请 WO2012010478A1。此外，继续开发莫西沙星的第二制药用途，提交了涉及治疗遗传性疾病的专利申请 DE10350409A1 以及涉及免疫抑制、病毒感染、消化道疾病、流感的专利申请 DE102005053679A1。针对喹诺酮类抗菌药的耐药性问题，提交了涉及联合用药的专利申请 DE102005053679A1 和 WO2007098868A1 以及涉及耐药监测的专利申请 WO2004015416A2 和 EP1505157A1。可以看出，拜耳制药在莫西沙星上市后，一方面继续开展制剂研究获得改进剂型，另一方面围绕莫西沙星的疗效优势拓展制药用途和联合用药，为拓展莫西沙星的临床应用途径和形式奠定了基础，同时也对仿制药的研发设置了更多的障碍。

从实践来看，拜耳制药的上述专利布局很好地维护了莫西沙星的市场利益。拜耳制药针对莫西沙星的核心化合物专利 EP0550903A1 于 2013 年到期。2012 年，北大方正研究院开始研究莫西沙星仿制药，鉴于莫西沙星葡萄糖注射剂易沉淀的技术缺陷难以突破，不宜开发葡萄糖注射制剂，而氯化钠注射制剂专利保护范围较宽难以规避。因此，虽然莫西沙星的核心专利即将到期，但氯化钠注射制剂专利 DE19937116A1（中国授权公告号 CN1246039C）成为其他制药企业无法绕开的专利壁垒，该制剂专利从 2012 年起算至 2020 年还有 8 年专利有效期。2012 年，北大方正研究院针对该氯化钠制剂专利 CN1246039C 提起无效宣告请求，经过多轮诉讼，2015 年北京市高级人民法院判决专利权无效。但是，自 2004 年氯化钠注射制剂进入中国到 2015 年相关专利权被无效，该注射制剂在中国获得了 11 年的独占权。在 2012～2015 年，拜耳制药依然可以依靠莫西沙星注射剂获得巨大的市场利润。可以说，拜耳制药有效利用氯化钠注射制剂的技术创新和专利保护策略为其在中国市场收获了丰厚的回报。

➢ 思考与启示

20 世纪 90 年代是喹诺酮类药物研发的黄金时期，对新药研发进展的追踪分析尤为重要。通过上述比较可知，尽管莫西沙星的研发和上市时间更早，但是国内企业在研发过程中还处于“闭门造车”的状态，并未过多借鉴莫西沙星的专利布局策略。

在当时处于激烈竞争中的喹诺酮药物研究过程中，拜耳制药采取了“高举高打”的策略，积极进行专利布局，除对核心化合物的外围技术进行“跑马圈地”避免竞争对手快速跟进外，通过制剂技术的深入研发和专利布局，获得安全稳定的注射制剂，为仿制药企业构建了技术壁垒，获得稳定的市场独占权利，并在莫西沙星上市后继续开展制剂技术、制药用途和联合用药技术的专利布局，为拓展莫西沙星的临床应用途径和形式，获得更大的市场利益做好准备，专利布局过程持续了三十余年，贯穿莫西沙星药物的整个生命周期。

反观国内喹诺酮类新药，安妥沙星在上市之前仅申请了化合物专利，在上市之后企业仅围绕晶型、制备方法和制剂等进行了常规的布局。尽管在后续专利申请的时间安排上考虑了延续性，但与莫西沙星在药物制剂技术领域的持续创新并积极进行专利布局呈现的鲜明亮点相比，安妥沙星专利挖掘力度略显不足，且提交的注射制剂、胶囊制剂的申请也并未获得授权。据报道，安妥沙星具有半衰期长，光毒性和心脏毒性等副作用少的优势，研究表明其心脏毒性低于莫西沙星，但是企业并未针对上述技术优势进行深入研究与专利结合的方式固化。而奈诺沙星由于开发权利经过多次转手，在转让过程中专利布局的脉络并不十分清晰，浙江医药在奈诺沙星的研发后期主要专注于制备工艺的研发以满足生产需要。由前述分析可以看出，安妥沙星和奈诺沙星的研发企业在新药上市后，在制剂技术、制药用途、联合用药等对于市场拓展有重要意义的技术主题方面均未见有效的专利布局，没有给未来产品升级和应用拓展预留保护空间。

对于新药研发的热点领域，如有技术突破，应尽早申请专利保护。而专利保护是新药拓展市场最好的武器，在相应的技术领域构筑专利保护网络方能在市场中获得独占权益，所获得的回报可以进一步支撑后续技术开发。在此过程中，市场拓展与专利保护可形成“攻守同盟”的良性循环。目前，喹诺酮类药物的研发方向仍然围绕母核结构的改造，以期获得更安全、抗菌谱更广、抗菌效果更优的化合物结构。喹诺酮类药物光毒性以及心脏毒性可谓是该类药物的“阿喀琉斯之踵”，对于该类药物而言，安全性是新药研发的首要问题。进一步地，如何将解决药物的安全性问题的技术贡献转化为专利保护的技术方案，值得创新主体进行思考和探索。

（执笔：焦士勇）

11 阿利沙坦酯

——锐意进取 开拓创新 绘制自主创新药专利蓝图

编者按 艾力斯精准捕捉依立沙坦的专利空白点获得阿利沙坦酯，并围绕上市前的技术准备展开专利布局。信立泰在阿利沙坦酯临近上市阶段完成收购，并基于自身的技术和产业经验展开制剂技术改进和临床应用拓展。可以说，两家企业充分利用各自优势，在阿利沙坦酯的研究过程中不断拓展专利的深度和广度，共同绘制我国自主创新药的专利蓝图。

➢ 针对前药设计获得抗高血压新药

阿利沙坦酯（Allisartan Isoproxil），化学名为 2 - 丁基 - 4 - 氯 - 1 - [2′ - (1H - 四唑 - 5 - 基) 1，1′ - 联苯基 - 甲基] 咪唑 - 5 - 羧酸 - 1 - [（异丙氧基）羰酰基] 甲氧基酯（见图 11 - 1）。阿利沙坦酯是上海艾力斯医药科技股份有限公司（以下简称“艾力斯”）研发的抗高血压新药，后转让给深圳信立泰药业股份有限公司（以下简称“信立泰”）并于 2012 年 10 月以 80mg 或 240mg 片剂规格获批上市，商品名为信立坦。该药物具有体内起效快、平稳等优点，获得了较高的社会认可度，上市次年即被评为中国十大重磅处方药，排名第二位。[1]

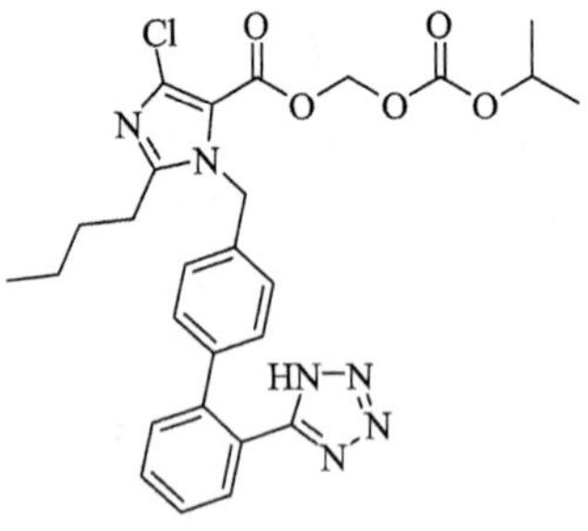

图 11 - 1 阿利沙坦酯化学结构式

[1] 吴文浩，张超，陶移文，等．药物化学教学中新型案例的应用研讨［J］．广东化工，2018，45（5）：245 - 246.

阿利沙坦酯属于血管紧张素Ⅱ受体拮抗剂，为非肽类前药，在体内经酯酶代谢产生活性代谢产物 EXP3174，与血管紧张素 1 型受体（AT_1 receptor）选择性结合，阻断任何来源或任何途径合成的血管紧张素Ⅱ所产生的相应的生理作用，用于轻、中度原发性高血压的治疗。

高血压是目前临床上主要的疾病种类之一，据统计，我国的高血压人数高达 2 亿人，约占世界高血压患者总数的 20%，[❶] 高血压分为原发性高血压和继发性高血压，原发性高血压占高血压总数的 95% 以上，是心血管疾病患者死亡的主要原因，因此，抗高血压药的全球市场需求巨大。目前沙坦类药物是最常用的一类抗高血压药物，具有高选择性、高效、长效、多器官靶向保护作用等优势，也经历了相对长时间的研发过程。1994 年，第一个非肽类的血管紧张素Ⅱ受体拮抗剂氯沙坦钾获批上市，与此同时全球各大制药公司开展了血管紧张素Ⅱ受体拮抗剂的开发和市场竞争。在接下来的 10 余年内至少有 6 种沙坦类药物上市，但是其中并没有我国自主研发的沙坦类药物，阿利沙坦酯的成功上市可以说是弥补了国内在创制沙坦类药物方面的空白。

全新结构和靶点的药物研发具有长时间、高风险、高投入等特点，在此情况下，采用改进创新的方法成为一种更有效率的新药创制方式。艾力斯的研究人员结合对技术进展的充分把握和对相关专利的精准分析，从依利沙坦相关专利中挖掘机会，通过酯基结构改造获得有效性、安全性更佳的阿利沙坦酯，寻求改进创新型药物的研发上市。而且，在研发过程中，艾力斯也始终坚持进行技术创新，寻求在全球沙坦类市场上争取一席之地。在阿利沙坦酯上市之前，艾力斯基于自身状况和发展战略的考虑，决定寻求外部合作，将阿利沙坦酯的专利技术转让给信立泰。信立泰依托其在心血管药物领域雄厚的研发实力、产业基础和市场优势，对阿利沙坦酯的相关技术进行进一步的开拓和革新，加强技术高度，构筑专利壁垒，保护自主知识产权的研究成果，可以说，两家企业在阿利沙坦酯的研发上市过程中，在不同的阶段基于自身的优势特点持续开展技术创新和专利布局，共同构建阿利的专利蓝图。

➢ 在激烈的技术竞争中寻找突破点并展开全面的专利布局

阿利沙坦酯作为我国第一个自主研发的沙坦类抗高血压Ⅰ类新药，由艾力斯研制并转让给信立泰申报上市。目前涉及阿利沙坦酯的专利申请共计 37 项，主要申请人为原研艾力斯和信立泰，共计 26 项，其余 11 项是其他制药企业提交的涉及阿利沙坦酯与药物联用的专利申请。原研的主要专利按照申请时间可以分为艾力斯阶段和信立泰阶段，第一阶段艾力斯主要围绕通式化合物、药物组合物、化合物的用途和制备方法、晶型等基础技术主题进行了专利布局。2012～2014 年，艾力斯与信立泰达成协议，将阿利沙坦酯的专利权转让给信立泰，信立泰获得了对阿利沙坦酯原

---

❶ 李亚英．沙坦类药物的药理作用及临床应用［J］．临床医药文献电子杂志，2015，2（31）：6558－6559.

料药以及制剂生产技术的完全所有权，自此阿利沙坦酯的专利布局进入第二阶段。信立泰依托其在心血管药物领域的领先技术优势、优秀的研发团队和全球的产业链，对阿利沙坦酯进行更大规模的技术创新，涉及化合物的多晶和无定形形态、制剂技术和复方药物组合物等，以满足阿利沙坦酯的产品生产和临床药物治疗使用需求，并探索进一步扩大临床使用范围。可以说，阿利沙坦酯的产生源于艾力斯对依利沙坦相关专利技术的改进创新，其后续的技术创新也实现专利固化。

在依利沙坦的专利中寻找到突破点

阿利沙坦酯属于AT1受体拮抗剂，早在1982年，先导化合物S－8307和S－8308等被陆续发现能够特异性阻断血管紧张素Ⅱ受体从而发挥降血压作用。美国杜邦公司以S－8307为先导化合物，成功研制了第一个AT1受体拮抗剂——氯沙坦钾并于1994年成功上市。由于突出的治疗优势，该类药物受到了广泛的关注，构效关系也得到了深入的研究和总结，与氯沙坦类似结构的化合物陆续被发现，统称为沙坦类药物。❶ 由于沙坦类化合物的核心骨架结构比较确定，对于取代基改造和构效关系的研究已经非常充分，留下的改进空间也比较小。因此，研究者将目光投向了沙坦类化合物的活性代谢产物。研究表明，氯沙坦钾在体内代谢成活性代谢物EXP3174，具有更强的降压活性，是氯沙坦的10倍，而且将代谢产物制成药物直接应用能够缓解代谢负担、加快药物起效时段和避免药物相互作用的风险。但是，EXP3174分子结构极性大，难以穿过细胞膜扩散吸收。❷ 1992年，奥地利化学药物研究股份公司的专利CN1071426A中公开了对EXP3174的5位羧基进行酯化，得到化合物HN－65021，即依利沙坦，与传统沙坦类药物相比，依利沙坦通过酯化改善极性和避免CYP450酶代谢，减轻了肝脏负担和药物相互作用的风险。在一项安慰剂对照研究中，8名健康志愿者口服依利沙坦后未观察到明显的毒副作用，❸ 其安全性和有效性得到了证实，同时也提示了将代谢产物EXP3174分子中咪唑环5位羧基进行酯化或以其他方式改进降低极性是未来沙坦类药物的改进方向。

但是，奥地利化学药物研究股份公司针对上述结构的血管紧张素Ⅱ的拮抗剂的专利申请仅为2项（CN1063689A、CN1071426A），涉及酯化进行修饰的也仅仅限于CN1071426A，该申请于1996年在中国得到授权（CN1032856C），其授权文本中对于化合物的结构作出了明确的限制，尤其是酯化基团部分限定为支链乙酯，并未涉及其他酯化形式，这给针对该化合物进行改进留下了后续研发的空间。

2004年，郭建辉博士回到中国联合企业家杜锦豪创办上海艾力斯医药科技股份有限公司，抓住依利沙坦的专利中酯化基团部分限定范围较小的机会开展新药研发，于2006年提交了化合物专利申请CN101031562A，同时通过申请PCT专利

❶ 刘强．沙坦类抗高血压药物的药效团研究及新化合物设计评价［D］．长沙：中南大学，2012.

❷ 上海艾力斯医药科技有限公司．咪唑－5－羧酸衍生物、制备方法及其应用：中国，200610023991［P］．2007－08－29.

❸ MEALY N，CASTAER J. Elisartan potassium. Antihypertensive angiotensin Ⅱ antagonist. HN－65021［J］. Drugs of Future，1996，21（2）：139－142.

WO2007095789A1，进入欧洲、美国、日本、韩国、加拿大、澳大利亚等多个国家和地区阶段。在该专利申请中，首次公开了式（Ⅰ）的咪唑－5－羧酸类衍生物，或其药学上可接受的盐或其溶剂化物，说明书中记载了10个化合物及其降血压效果的实验数据。化合物8为阿利沙坦酯，其活性代谢物转化率为4.47%，与之相比，依利沙坦代谢物转化率为1.5%。在毒性方面，阿利沙坦酯的LD_{50}大于10g/kg，而依利沙坦的LD_{50}为5～8g/kg，氯沙坦钾的LD_{50}为2g/kg。由此得出，与依利沙坦相比，阿利沙坦酯在具有同等降压效果的同时，具有毒性更低、转化率更高的优点。该专利申请中还涉及咪唑－5－羧酸类衍生物的化合物制备抗高血压药物的用途、含有化合物的药物组合物和制备化合物的方法，于2009年获得授权（CN100506818C），并在美国、日本、欧洲和韩国等多个国家和地区获得专利授权，上述专利布局也为这一创新成果在未来进入国际市场奠定了基础。

艾力斯阶段：围绕新药上市开展外围专利布局

在确定了阿利沙坦酯具有代谢途径更经济、使用更安全的特点后，艾力斯对其开展广泛而深入的技术研究，以求进一步改善药物的溶解性、制剂的适用性，得到满足临床使用需求的药用组合物。结合研究成果，艾力斯围绕化合物的盐和晶型、制备工艺、药物组合物、新应用等新药上市直接相关的技术点进行基础专利布局。

针对化合物的盐和晶型，一方面，艾力斯开展了阿利沙坦酯盐的研究，于2006年和2009年提交了PCT申请WO2008067687A1、WO2009146608A1等系列，上述专利涉及阿利沙坦酯的盐的种类（钾盐、钠盐和钙盐）和确认，发现阿利沙坦酯的盐在常规溶剂中溶解性好，适用于常规制剂，并具有良好的生物利用度，也对阿利沙坦酯的盐的制备方法进行了研究，并确定了阿利沙坦酯盐的稳定性。经筛选得出，阿利沙坦酯钾盐形式在高温、光照或高温的环境下稳定，符合临床制剂的制造适应性。WO2008067687A1进入欧洲、美国、日本、韩国、中国的国家阶段后均获得授权，WO2009146608A1后续进入中国国家阶段，也获得了授权。另一方面，艾力斯同样注重化合物的固态特性的研究，在2008年就阿利沙坦酯的晶型提交了PCT申请WO2009049495A1，其中提及了结晶型阿利沙坦酯，发现了一种不易吸潮、具有良好的流动性且非常适合制备制剂的晶型，该申请进入欧洲、美国、日本、中国的国家阶段并获得授权。进一步地，艾力斯于2011年提交了申请CN103012377A，对晶型的重结晶方法进行改进，采用将阿利沙坦酯粗品加入乙酸乙酯中溶解，加入正己烷降温析晶的方式。该过程中无需加入晶种，收率高，利于晶体的生产，节约成本。上述研究为后续制剂的工业化生产、临床制剂的使用和运输提供了技术支持和使用的便利性。

在化合物的制备方法方面，2007年，艾力斯提交了专利申请CN101367795A，其中对阿利沙坦酯的合成过程中各步骤的中间体制备方法进行列举，提出相关中间体可以通过多种来源获得，并可以根据不同的需要，对原料和路线进行选择，对获得化合物的方式具有更高的灵活性，避免后续生产过程中原料短缺等导致阿利沙坦酯的供应出现问题，该申请获得了授权。为了进一步优化制备工艺，艾力斯于2013年提交了专利申请CN103965171A，申请中提及现有的阿利沙坦酯的制备方法存在耗时长、效率低、污染大，且后处理烦琐和副产物较多的问题，该申请提出在碱性条件、催化剂存在的情况下，于极性有机溶剂中使用氧化试剂氧化三苯甲基氯沙坦，接着经过酸性条件下的氧化试剂氧化，碱性条件下极性溶剂中与氯甲基异丙基碳酸酯反应，脱保护等步骤最终得到阿利沙坦酯，该制备方法中避免使用高锰酸钾，使用纯的有机溶剂以易于回收，前两步收率能达到90%～98%，经过精制可以得到纯度高的产品，为阿利沙坦酯的原料供应、质量标准的控制奠定了技术基础。

在化合物的性质得到充分挖掘和改善的同时，艾力斯在药物制剂和应用方面也进行了充分的研究。基于阿利沙坦酯的性质，艾力斯对制剂的形式和应用进行了选取和优化，在核心专利的基础上递进式改进，提交了一系列申请WO2008086733A1、WO2008148359A1、WO2009146608A1。其中，WO2008086733A1记载了针对母体化合物，通过将药物分散在载体材料中制备得到药物的增溶组合物，提高溶出度和生物利用度，该组合物可以进一步制备成常规的口服固体制剂，给药途径可以为口服或舌下给药，该申请在欧洲、美国、日本和中国得到授权。WO2009146608A1针对化合物的盐，通过选择适当的赋形剂制备制剂形式，在具体实施例中记载了采用本发明配方得到的片剂与其他配方相比，杂质增长慢、稳定性提高，该PCT申请仅进入了中国国家阶段并获得了授权。与此同时，鉴于沙坦类化合物可以保护心、脑、肾和血管等靶器官的作用，WO2008148359A1中记载了阿利沙坦酯的靶器官的保护作用，验证其对心脏、肾脏和主动脉的保护作用，据此对治疗用途进行了补充和确认，该申请在欧洲、美国和中国得到了授权。可以看出，在获得核心专利后，艾力斯对阿利沙坦酯相关的药物组合物和治疗应用进行了优化补充，其保证了阿利沙坦酯后续产品开发和应用方面的专利保护效应，在基础核心专利的外围，构建了一层更加贴合临床应用的，保护完善的全球专利网络。

在继续开展技术创新和专利保护的同时，艾力斯积极组织开展临床前研究和临床研究，加速推进新药上市。在2007～2011年，完成了阿利沙坦酯的临床Ⅰ～Ⅲ期研究，明确了阿利沙坦酯的安全性、有效性等重要内容。然而，基于全球和国内市场上已有多种沙坦类创新药以及仿制药的激烈竞争的状况，艾力斯在阿利沙坦酯的临床研究已经完成，即将上市之前，作为一家主体药物研发企业，考虑到企业发展战略和保证阿利沙坦酯的市场前景、可发展性和生命周期，选择与具有更强的生产能力和更丰富销售经验的信立泰合作，将生产技术和专利所有权进行了转让。之后，阿利沙坦酯的技术研发和专利布局也进入了第二阶段，即信立泰时代。总结艾力斯的整个研究过程可以看出，艾力斯在沙坦类药物领域锐意进取，精准捕捉技术突破点，通过技术创新得到阿利沙坦酯，在药物的专利保护和药品上市方面做了充足的准备，从而走出了我国首个自主研发的沙坦类药物阿利沙坦酯的第一步。

信立泰阶段：继续展开技术创新和专利布局的延伸

信立泰是集医药产品研发、生产、销售于一体的综合性医药上市公司，特别是信立泰在心脑血管高端专科药领域处于领先地位，具有全球产业链布局。基于自身在心脑血管药物的产业销售优势，和对沙坦类药物的疗效和市场前景良好预期，为了促进企业发展、丰富产品管线，2012 年 10 月信立泰向艾力斯收购了阿利沙坦酯的制剂技术。2013 年阿利沙坦酯片获批上市后，为了加强产品质量控制和保障竞争优势，2014 年 11 月，信立泰从艾力斯购买获得阿利沙坦酯全部专利权和原料药生产技术。更重要的是，信立泰在阿利沙坦酯上市后并没有故步自封，而是继续对阿利沙坦酯的先前相关技术内容进行改进，基于信立泰心血管药物的产业经验，对阿利沙坦酯的临床应用进行综合拓展，同时注重专利申请的保护，完善阿利沙坦酯的专利保护层次，构建更为严密的专利保护网，延长阿利沙坦酯使用的专利保护期限，走出了阿利沙坦酯开拓创新的第二步。其技术创新的焦点主要集中在化合物的固体形态、制剂的改进和拓展、制剂的稳定性研究等，并结合高血压疾病治疗的临床应用需要，对阿利沙坦酯复方制剂进行开发。

WO2015062498A1 及其同族专利涉及无定形形态的阿利沙坦酯，说明书中记载了在使用过程中发现阿利沙坦酯晶体流动性不好，堆密度小，存在静电现象，不利于阿利沙坦酯的粉碎、分装和制剂的制备，研究得到一种无定形阿利沙坦酯，相对于晶体形式具有更小的休止角（33°~36°）和更大堆密度（0.77g/ml 或 0.79g/ml），并发现该无定形阿利沙坦酯制备得到的片剂在 40℃/75% 相对湿度下储存 6 个月，其仍然以无定形的形式存在，含量基本不变，很好地解决了阿利沙坦酯晶体存在的技术问题，确定了无定形阿利沙坦酯的制剂制造和临床应用的可行性，该申请目前在美国和中国得到了授权。同时，信立泰也没有放弃对于阿利沙坦酯晶型的优化。多晶现象为化合物的常规形态，不同晶型的物理化学性质存在显著的差别，寻求具有良好性质的优势晶型，直接影响药物的疗效和产品的生命线，同时也是延续阿利沙坦酯专利保护的有效途径。经过不懈的努力，信立泰得到了一种新的无静电现象、流动性好和稳定性高的阿利沙坦酯晶型，其休止角为 33°~38°，堆密度在 0.73~0.77g/ml 的范围内，保证了阿利沙坦酯制剂生产中产品称量、转运和混合等操作，相关技术内容提交 PCT 申请 WO2015192722A1，该申请在欧洲、美国、日本和中国得到了授权。

艾力斯在前期对阿利沙坦酯的盐、制剂等进行了改进，但是对于临床使用的适合度仍然需要加强开发。信立泰在前期工作的基础上，对阿利沙坦酯的盐和制剂作了进一步的改良。2018 年，提交了专利申请 CN109694369A，在阿利沙坦酯具有良好溶解性的钾盐、钠盐和钙盐的基础上，通过一系列的研究，开发得到了阿利沙坦酯钾盐、钠盐和钙盐的新晶型，其较已知的阿利沙坦酯盐具有溶解性、稳定性、流动性等至少一方面的优势。

制剂是药品使用的形式，亦是药品生命周期的保证。虽然艾力斯在前期对阿利沙坦酯的制剂形式进行研发和专利申请，但是其所述的制剂仍存在改进的空间。制剂改进的专利布局也是产品保护的重要组成部分，信立泰关注到艾力斯前期专利申请 WO2008086733A1 中涉及的增溶组合物固体分散体在实际应用过程中存在单位制剂中有效成分含量低，单位制剂重量偏大，导致患者存在使用顺应性不高的缺陷。针对上述缺陷，信立泰对制剂技术进行了“三步走”的革新，提供了进一步适合临床应用的制剂。首先，递交申请 WO2015176655A1，该申请中解决了如何获得溶出度高且载药量高的固体分散体的技术问题，对载体材料的种类和比例进行了优化，从而在保证稳定性和溶出度的前提下，获得了高负载的固体分散体，其中载体材料涉及聚维酮 K39/32、PEG6000、共聚维酮 S630、羟丙基纤维素 SL 和羟丙甲纤维素邻苯二甲酸酯（HPMCP）HP-55。虽然获得了高负载的固体分散体，但是载体材料的减少意味着稳定性存在风险，信立泰的研究人员进一步研究发现，固体分散体在存储的过程中有效成分发生聚集、析晶等现象，导致固体分散体“老化”，影响制剂的溶出度，该现象在载体材料减少时尤为突出，有必要继续进行改进。对此，信立泰后续在申请 WO2016000608A1 中，通过在固体分散体中加入表面活性剂，得到了负载量高和稳定性好的固体分散体，该申请后续在日本、韩国和中国得到授权。在上述技术创新的基础上，信立泰并没有停止前进的脚步，虽然制剂的性质得到了改善，但是其采用的制备方法仍然是复杂的流化床顶喷法，对此，信立泰于 2016 年提交了专利申请 CN107441497A，通过处方设计和工艺参数设置，实现了固体分散体采用热熔挤出工艺的制备，并将总杂质量控制在 1.5% 以下，重要杂质 EXP3174 控制在 0.3% 以下。至此，信立泰实现了对阿利沙坦酯固体分散体制剂技术进行持续改进的“三步走”的演绎，层层推进的研发和专利布局方式，为延长阿利沙坦酯的制剂的保护期限做了充分工作。

随着制剂领域不断的技术革新，信立泰也持续对阿利沙坦酯的制剂技术进行拓展，补充阿利沙坦酯的制剂技术局限和专利保护的不足。近几年，纳米化技术成为制剂技术热点，其具有改善药物溶出度、提高生物利用度等优势。基于阿利沙坦酯化合物的性质，纳米技术成为改善其性质的有效方式，然而阿利沙坦酯进行纳米化过程中依然存在粒径分布和稳定性的问题有待于解决。对此，信立泰于 2016 年提交的专利申请 CN107441048A 中，记载了通过稳定剂和保护剂的双重作用使阿利沙坦酯可以用研磨工艺制成的纳米颗粒的形式稳定存在，通过药效学观察，与现有同等规格的市售制剂相比，该纳米颗粒具有更好的生物利用度，其稳定性等于或优于市售制剂，具有市场开发前景和工业化大生产的可操作性。另外，制剂的稳定性是制剂改进的主要关注点，影响着产品的储存和临床用药的便利性，其中，包衣工艺是有效解决药物稳定性的手段之一。2015 年，信立泰提交了申请 WO2016161990A2，其中涉及开发得到一种包衣处方，包括黏度为 30~60mPas 羟丙甲纤维素和黏度为 3.3~10mPas 的羟丙甲纤维素的组合，与现有技术相比具有更好的隔离效果，使阿利沙坦酯制剂在极端环境下保持稳定，延长产品有效期。可以说，信立泰依托产品的性质和制剂的技术，对产品的重要参数进行优化，对专利布局进行查缺补漏，完善了整个专利保护网络。

联合用药专利布局拓展市场空间

阿利沙坦酯的技术研发和专利布局流程如图 11-2 所示。可以看出，2006~2015 年，两家企业将研发的重心放在了阿利沙坦酯单一成分的研究上。事实上，在此期间，也有部分企业关注到阿利沙坦酯的良好前景，并提交了药物联用的专利申请。而且，心脑血管疾病的复杂性和并发性，决定了单一的药物治疗效果不明显或存在副作用。因此，进行复方药物的联合势在必行。信立泰同样意识到复方组合物的重要性，提出了启动国际市场拓展计划并积极开发协同用药的目标，在 2016 ~ 2017 年申请了一系列的复方专利申请，其内容涉及阿利沙坦酯或其盐，其水解产物与脑中性内肽酶抑制剂或其盐的药物组合物（CN105963296A）；阿利沙坦酯或其盐与利尿剂的药物组合物（CN109833481A）；阿利沙坦酯或其盐与钙离子通道拮抗剂的药物组合物，提供协同的降压效果，减少药物的使用量，降低不良反应的效果（CN109865139A）；以及阿利沙坦酯代谢产物 EXP3174、脑啡肽酶抑制剂和药学上可接受的阳离子组成具有双重作用的超分子络合物，用于制备治疗包括高血压、心力衰竭等一系列心血管疾病及其他并发症的药物，该络合物在溶解性、稳定性方面相对于现有技术的类似物、物理混合物具有优势（WO2017125031A）。目前，S086（沙库巴曲阿利沙坦共晶合剂）已进入Ⅱ期临床阶段，阿利沙坦酯氨氯地平片、阿利沙坦酯吲达帕胺片都在临床研究阶段。沙坦类复方组合是氯沙坦钾等沙坦类药物延长药物专利保护的有效途径，信立泰积极开展复方组合物的研发，对专利布局进行补充扩展，保护阿利沙坦酯的衍生成果。之后在 2017 ~ 2020 年，信立泰针对阿利沙坦酯进行Ⅳ期临床试验，评价阿利沙坦酯片在大规模人群尤其是肝肾功能不全患者中的使用安全性，提供单药和联合治疗的降压效果，达标率和靶器官保护的证据，进一步完善阿利沙坦酯的用药标准和使用安全性，2017 年通过谈判阿利沙坦酯正式进入国家医保目录，研究表明医保目录准入与新产品未来市场占有率和销售增长呈正相关，可以预期阿利沙坦酯将有广阔的市场前景，也必将成为我国自主研发降压药的成功案例。

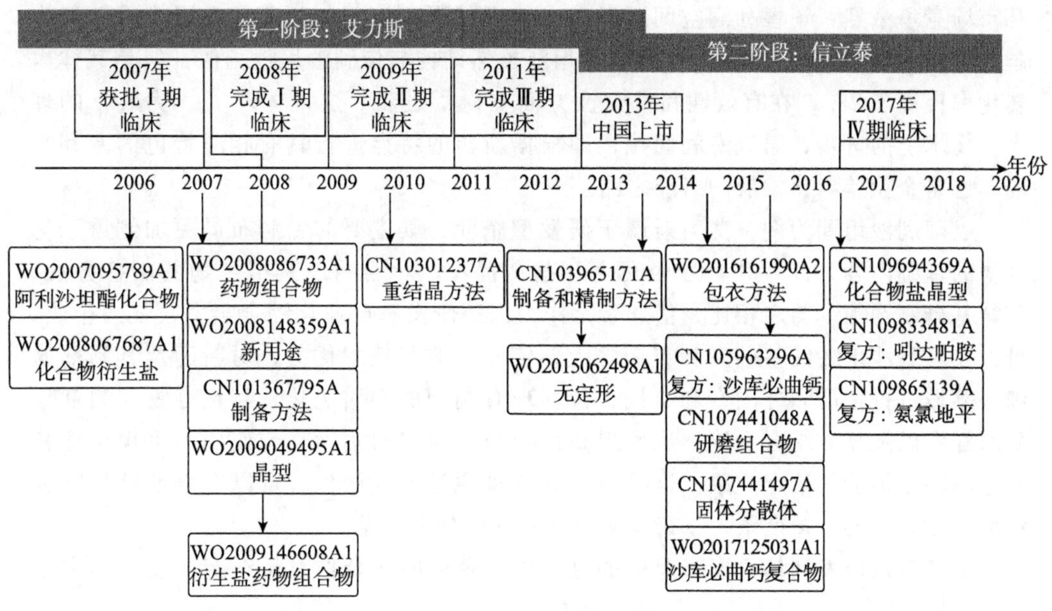

图 11 – 2　阿利沙坦酯的研发历程和专利布局

➢ 思考与启示

沙坦类药物的技术和市场竞争相当激烈。在氯沙坦钾药物上市后，全球各大制药公司积极开展沙坦类药物结构学研究，以期获得疗效更高，副作用更小的药物，后续还有包括缬沙坦、厄贝沙坦、替米沙坦、坎地沙坦酯、奥美沙坦酯、依普沙坦等多个产品获批上市。为了保护自有市场，制药公司对沙坦类衍生物进行了严密的专利保护布局，沙坦类药物之间的竞争越来越激烈，而留下的开发空间也越来越小。在奥地利化学药物研究股份公司发现氯沙坦的活性代谢物 EXP3174 具有更强的降压效果并为了解决其极性较大问题合成了酯化物依利沙坦之后，艾力斯敏锐地捕捉到依利沙坦相关物质专利中对于酯基类型的保护范围比较有限的漏洞，将酯化修饰作为研发目标，开发得到代谢性质更佳的阿利沙坦酯。

这一新药开发的案例，一方面凸显了专利申请撰写保护范围的重要性。由于奥地利化学药物研究股份公司的专利申请中权利要求的范围较小，说明书中的实施例较少，难以概括得到较大范围的化合物，且没有通过后续的申请进行补充和加强，导致其无法有效保护开拓性创新成果。而且，申请中明确公开了其核心的发明构思，这给跟随者留下了技术启示和改进空间，让跟随者能够规避核心专利迅速开发类似结构的新化学实体，从而以较小的代价和较高的成功率获得竞争性品种。

从另一方面来看，原研企业通过在保护不充分、撰写不完善的在研新药专利中挖掘专利空白点，进行跟随创新。关注靶点的可行性，通过小改进方式，降低新药研发风险，获得更大的研发成功率，也是一种有效的新药研发手段。特别是在仿制药市场竞争激烈，销售利润空间逐渐缩小的现状下，该创制新药的发展模式已经为越来越多的制药企业所采用。[1] 阿利沙坦酯虽然结构与依利沙坦很相似，但是其体内转化率提高了2%，在有效性和安全性方面取得了进步，这也体现了“优效”的理念。技术上的进步，通过专利固化，即根据新药的特点进行具有相应特色的专利布局，也是企业差异化发展的必经之路。

以阿利沙坦酯为例，艾力斯属于研发型企业，其主要的专利布局更加侧重于化合物的基础内容，涉及化合物及可药用盐或晶型、化合物及其衍生物的制备方法、药物基础制剂等。与之相比，信立泰是作为医药研发和产业化综合实力较强的企业，可以在阿利沙坦酯的基础专利布局之上，依托产业和技术优势，对新药及其制剂的细分领域进行拓展和外围专利布局，包括现有制剂的性质优化、新化合物和制剂性质的开发以及复方组合物等，从而提高化合物和制剂的实际临床使用的可操作性和改进阿利沙坦酯的治疗效果。这些技术的改进通过专利固化，可以有效地延长阿利沙坦酯专利药的保护期限，抵御未来可能存在的仿制竞争。

从艾力斯研发到信立泰产业化的过程中，企业间的合作对于新药研发也非常重

---

[1] 李奎，叶小翠，林淘曦，等．如何在层层包围中建立仿制药的价值专利［J］．中国新药杂志，2019，28（7）：775－779．

要，通过整合优势资源，对新药的整个技术和专利布局进行网络式的开发。在第一阶段，艾力斯围绕阿利沙坦酯开展了基本技术主题的专利布局，并着力推进上市进程，到了第二阶段，阿利沙坦酯上市前景已经明确，信立泰的目标并不仅在于购买一个具有销售前景的产品本身，而是致力于阿利沙坦酯的长期和整体的市场份额，做到市场独占。因此，信立泰在获取专利技术所有权后，并没有止步不前，而是对阿利沙坦酯的技术进行发展和完善，层层推进结合领域开拓，对基础专利的外围专利网络进行丰富，构建完整的技术和专利保护体系，避免其相关技术被其他企业利用和仿制，展示了我国医药企业卓越的技术眼光和保护意识。而且，两家企业在申请专利的前期，对于重要的技术内容均通过 PCT 形式进行专利申请，并进入了欧洲、美国、日本、韩国等多个国家和地区，为阿利沙坦酯进入国际化市场做好了准备，实现了名副其实的“全球新”的目标，信立泰的全球产业链也为这个目标提供了坚实的支持，也展现了我国医药企业在技术研发和专利布局能力方面逐步提升的过程。

创新药研发一直是一个高风险、高回报的活动。在阿利沙坦酯研发立项阶段，国内医药企业普遍处于“由仿到创”的转型升级过程中，改进型创新是当时我国大多数医药企业比较现实的选择。在现有药物结构的基础上改进创新，研发成本较低、风险较小，却可以得到物质保护并掌握专利布局的主动权，相对于仿制药具有更高的市场占有率和更长的生命周期。从阿利沙坦酯的研发过程中可以感受到，无论是艾力斯还是信立泰，都在改进型创新之路上秉承着“锐意进取，开拓创新”的精神，精准捕捉技术突破点，通过技术创新为临床研究做好准备，在新药上市后继续结合临床应用需要进行拓展布局，分层次铺开专利保护网络，从而绘制出具有我国特色的创新药专利蓝图。

（执笔：韩松）

12 左奥硝唑

——问题导向的改良型创新实践成就裂变之路

编者按 在老药奥硝唑的基础上，为了解决降低毒性、改善溶解性等问题，以圣和药业和陕西合成为代表的多家国内制药企业分别展开了左奥硝唑、左奥硝唑磷酸酯前药等多条途径的创新药研发和专利布局，实现了在奥硝唑基础之上的裂变之路，成为以解决临床问题出发开展改良型新药创制的成功实践。

➢ 神经毒性降低的奥硝唑左旋体受到国内企业关注

左奥硝唑（Oridazole），化学名为（S）-（-）-1-（3-氯-2-羟丙基）-2-甲基-5-硝基咪唑（见图12-1）。左奥硝唑是奥硝唑的左旋体，由Bezhan Chankvetadze于1995年首次报道。❶ 研究表明，左奥硝唑对脆弱拟杆菌、狄氏拟杆菌等厌氧菌有较强的抑菌和杀菌作用，可用于治疗多种敏感厌氧菌所引起的感染性疾病，抗菌效果与奥硝唑相当，但神经系统毒性小于奥硝唑。❷

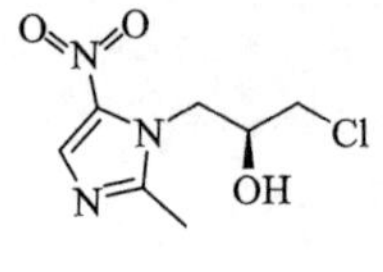

图12-1 左奥硝唑化学结构式

奥硝唑是继甲硝唑、替硝唑后的第三代硝基咪唑类抗菌药物，于1977年由罗氏制药首次在德国上市，但是国外企业并未进一步开展单一对映体的药物开发。在我国，南京圣和药业股份有限公司（以下简称“圣和药业”）历时10年研发，于2009年获批上市左奥硝唑氯化钠注射液，规格为0.5g/100mL，商品名为优诺安，并于当年进入国家医保目录（乙类），被列为治疗厌氧菌的二线用药。相较于以奥硝唑为代

❶ CHANKVETADZAE B, ENDRESZ G, BLASCHKE G. Enantiomeric resolution of chiral imidazole derivatives using capillary electrophoresis with cyclodextin - type buffer modifiers [J]. Journal of Chromatography A, 1995, 700 (1/2): 43-49.

❷ 冷冰，刘威，侯宁，等. 左奥硝唑优化方案治疗腹部厌氧菌感染的疗效观察 [J]. 中国医院用药评价与分析，2017，17（5）：601-603.

表的传统治疗厌氧菌感染的药物，左奥硝唑神经毒性较低，有效减少了药物的不良反应。除圣和药业外，国内其他企业也关注到该品种，并展开了左奥硝唑酯化衍生物的研发和新药申报进程。其中，陕西合成药业股份有限公司（以下简称“陕西合成”）于2015年获得了关于“磷酸左奥硝唑酯二钠原料药及注射用磷酸左奥硝唑酯二钠”的临床药物试验批件。扬子江药业集团（以下简称“扬子江药业”）的新药“注射用磷酸左奥硝唑酯二钠”的上市申请于2019年也获得了国家药品监督管理局药品评审中心的受理。基于不同的研究目标，相关企业在技术研发重点和专利布局策略方面也各有特点。

➢ 主要企业对于左奥硝唑的专利布局各有侧重

左奥硝唑的结构最早公开于1995年的文献中，然而对于左奥硝唑和右奥硝唑安全性研究发现，两者毒副作用没有明显差异，[1] 基于该研究结果，国际上未针对左奥硝唑和右奥硝唑两种光学异构体进行药物开发，后续相关技术改进、专利布局和新药申报的主体均为国内制药企业。经检索，左奥硝唑相关专利共有73项。2002年，中国科学院上海有机化学研究所（以下简称“上海有机所”）提交了涉及奥硝唑中左奥硝唑和右奥硝唑拆分方法的专利申请。圣和药业首次发现，左奥硝唑的中枢毒性低于右奥硝唑和消旋奥硝唑，从而提交了左奥硝唑制药用途的相关专利，之后国内的创新主体开始重点关注左奥硝唑的新药开发前景并着手展开专利布局。

左奥硝唑相关专利的主要申请人也是左奥硝唑及其衍生物新药产品的研究企业，包括圣和药业、陕西合成[2]、扬子江药业以及沈阳中海生物技术开发有限公司（以下简称“中海生物”）。其中，陕西合成以23件的申请量列第一位，主要涉及化合物（衍生物、前体物、氨基酸酯、磷酸酯、磷酸酯二钠）、化合物盐（氨基酸盐、无机酸盐、有机酸盐）、衍生物及对映体的制备和纯化、用途、组合物、晶型（磷酸左奥硝唑酯二钠及水合物）、制剂（磷酸左奥硝唑酯二钠冻干制剂）、检测、异构体分离方法等技术细分领域。圣和药业主要涉及制剂、对映体制备方法及纯化、用途、衍生物、检测等技术细分领域。扬子江药业主要涉及制剂、工业化生产方法（磷酸左奥硝唑酯二钠）、杂质的合成以及检测、晶型等技术细分领域。中海生物主要涉及化合物、异构体、组合物、应用、制备方法等技术细分领域。鉴于圣和药业在左奥硝唑专利布局上的首发地位，其快速抢占了左奥硝唑或其盐在用途、制剂、制备、衍生物等方面的专利布局。在关注到左奥硝唑的上市前景后，作为后来者的陕西合成另辟蹊径，在左奥硝唑衍生物方面进行了广泛布局。扬子江药业也紧随其后，中海生物也较早地在左奥硝唑衍生物方面进行了布局。可以看出，由于左奥硝唑属于已

---

[1] BONE W, YEUNG C H, SKUPIN R, et al. Toxicity of ornidazole and its analogues to rat spermatozoa as reflected in motility parameters [J]. International Journal of Andrology, 1997, 20 (6): 347 -355.

[2] 由于陕西天地人和药业有限公司（以下简称“天地人和”）为陕西合成的控股子公司，西安新安药业有限公司（以下简称“西安新安”）为陕西合成实际控制人持股公司，因此合并“天地人和”和“西安新安”的专利申请。

知化合物，关于左奥硝唑的制备或左奥硝唑衍生物成为各大制药企业研发和专利布局的焦点。

圣和药业：聚焦左奥硝唑上市目标，专利先行迅速布局

圣和药业的研发人员对手性药物奥硝唑采用定向合成得到左奥硝唑、右奥硝唑，并发现右奥硝唑是奥硝唑产生神经毒性的主要原因，因此开发了单一的左奥硝唑药物，其不良反应发生率仅为奥硝唑的1/15。[1] 圣和药业围绕左奥硝唑新药的上市研发过程，布局了涉及制备方法、制药用途、制剂、检测方法及衍生物等主题的专利共9项，其中2件涉及抗厌氧菌感染、抗寄生虫感染的用途专利同时进行了国外布局。

新药申报上市首要解决的问题就是获得一条适用于大规模生产的制备工艺。现有技术中奥硝唑左旋体和右旋体通过酶法生产成本较高，圣和药业的研发人员开发了通过定向合成技术得到左奥硝唑、右奥硝唑的方法，降低了生产成本，基于该项技术申请了涉及奥硝唑光学对映体的制备及纯化方法的专利 CN1651415A，并充分运用优先权占据先机，提交了涉及奥硝唑光学对映体的制备及纯化方法的正式专利申请并获得授权（CN100338039C）。基于定向合成异构体，提交了涉及通过高效液相色谱法（HPLC）检测奥硝唑光学对映体的方法的专利申请并获得授权（CN100339707C）。由于左奥硝唑的结构已经公开，圣和药业通过布局制药用途专利来延长新药保护的授权，提交了涉及左奥硝唑在制备抗厌氧菌感染药物的应用的专利申请并获得授权（CN1314396C），该专利中详细记载了左奥硝唑的毒理试验，发现使用左奥硝唑能够避免右奥硝唑和消旋奥硝唑的毒副作用，尤其是中枢神经抑制作用，获得了更好的药代动力学特性。该专利中记载了将左奥硝唑制备成口服片剂、胶囊剂以及静脉注射制剂，并对剂型作了初步保护。圣和药业同时对该专利进行了国际布局，在欧洲和美国均获得授权。该专利也获得了第十七届中国专利奖优秀奖。进一步，圣和药业对于如何提高静脉给药制剂的质量方面进行了详细的研究，并提交了涉及左奥硝唑的静脉给药制剂及其制备方法的专利申请并获得授权（CN1332662C），通过调节pH和溶解温度解决了左奥硝唑溶解性差以及杂质过多的问题，通过控制制备过程中活性炭的浓度解决了左奥硝唑被过度吸附的问题。为进一步扩展左奥硝唑的应用范围，圣和药业进一步提交了涉及左奥硝唑在制备抗寄生虫感染药物中的应用的专利申请并获得授权（CN1305469C），该专利在左奥硝唑具有更好安全性的情况下，对寄生虫感染的治疗效果优于右奥硝唑和消旋奥硝唑，该专利同样进行了国际布局，并已经获得了欧洲授权。进一步结合感染部位提交了涉及左奥硝唑阴道给药制剂及其制备方法和用途的专利申请并获得授权（CN100534429C）。鉴于左奥硝唑毒性低的特点，圣和药业进一步针对左奥硝唑衍生物进行研究，申请了涉及左奥硝唑衍生物——光学活性的 α - 取代的 2 - 甲基 - 5 - 硝基咪唑 - 1 - 乙醇衍生物的专利并获得授权（CN100540549C）。虽然左奥硝唑能够明显降低中枢系统毒性，但依然有可能

[1] 龚翔．一类新药左奥硝唑及左奥硝唑氯化钠注射液上市［N］．中国医药报，2009 - 09 - 19（1）．

引起与奥硝唑类似的其他副作用，例如对肝脏的毒性、降低白细胞等不良反应，其发病率与剂量有关。Ⅰ期临床单次耐受性和多次耐受试验显示，不良反应主要为消化道系统不良反应，表现为腹痛、腹泻、反酸、恶心、呕吐等，轻度白细胞减少、血小板升高等，❶ Ⅱ期临床试验也显示试验组白细胞减少的副作用。❷ 针对上述不良反应，圣和药业对药物的使用剂量进行了进一步研究，提交了涉及左奥硝唑每日一次剂型的专利申请 CN104606187A，该申请发明点在于每日一次的施用剂量，因为减少了日剂量，进一步降低了毒副作用。但是，在我国的专利审查实践中，给药次数和给药剂量等给药方案的改进通常被认定为与临床医生对治疗方案的选择相关，而与药物及其制剂本身没有必然联系，因而该申请未获得授权。

目前，圣和药业两件用途相关的核心专利 CN1314396C 和 CN1305469C 分别被提起了 4 次和 2 次无效宣告请求，其中针对 CN1314396C 的 2 次无效宣告请求判决维持专利权有效，针对 CN1305469C 的 1 次无效宣告请求判决维持专利权有效。总体而言，圣和药业上述 2 项专利权的稳定性经受住了考验。

陕西合成：找准突破方向，持续布局左奥硝唑前药专利

陕西合成与西安新安、天地人和同属相同的控制人或股东，现将 3 家企业的专利合并分析。陕西合成在 2005 年甚至更早之时已经开展了左奥硝唑的研发，目前共申请专利 23 件，全部为国内申请。

陕西合成针对左奥硝唑的研发方向与圣和药业不同。出于对左奥硝唑良好上市前景的预期，陕西合成把技术突破重点放在了左奥硝唑衍生物的研发上，于 2015～2016 年密集申请了涉及一组抗厌氧菌感染的奥硝唑类衍生物及其制备方法的专利 CN1817868A，涉及一组硝基咪唑类衍生物的光学对映体、制备方法及其用途的专利 CN1789250A，涉及一种奥硝唑的衍生物、制备方法及用途的专利 CN1887874A，上述 3 件申请均是对左奥硝唑结构进行改造，重点使用杂环对左奥硝唑上的氯进行取代。同时陕西合成对左奥硝唑的药用盐进行了布局，申请了涉及奥硝唑药用盐、左奥硝唑药用盐及其制备方法和用途的专利 CN1965824A。虽然上述 4 件专利申请并未获得专利权，甚至未进入实质审查阶段即被视为撤回，这可能是企业结合现有技术所作出的预防性公开。后续，陕西合成将研究重点集中在左奥硝唑前药的开发上，充分运用优先权策略，申请了涉及一类硝基咪唑衍生物、制备方法及用途的专利 CN1803811A，该申请涉及在左奥硝唑的羟基上进行磷酸化修饰，从而改善了化合物的溶解性。随着研究的深入，申请人在左奥硝唑磷酸盐衍生物的研发上取得了突破，同时利用优先权规则，要求 CN1803811A 的优先权，申请了涉及左奥硝唑磷酸酯及其制备方法和用途的专利并获得授权（CN100451023C）。该专利应为陕西合成在左奥硝唑磷酸酯新药研发历程中的核心专利，其成功开发出了较之左奥硝唑在溶解性

---

❶ 李晓光，赵荣生，翟所迪，等．左奥硝唑氯化钠注射液Ⅰ期临床研究［C］．第七届全国抗菌药物临床药理学术会议，2008：135－136.

❷ 丁香园．圣和药业 3 亿研发出左奥硝唑［EB/OL］．［2018－11－15］．http：//www.dxy.cn/bbs/thread/21171862#21171862.

方面更具优势的磷酸酯前药化合物，而两者的体内药代动力学行为无显著差异。[1] 该专利权许可给了扬子江药业。

随后，陕西合成开始在左奥硝唑前药领域多方布局（见图 12 – 2），包括：①申请了涉及奥硝唑的前体药物及其制备方法和用途的专利 CN100999500A。其中专利 CN100451023C 主要涉及对左奥硝唑羟基进行改造的左奥硝唑磷酸酯、左奥硝唑磷酸酯的水合物和溶剂化合物，以及该化合物的药用盐，如碱土金属盐。而 CN100999500A 涉及的是左奥硝唑前体，重点也在于对左奥硝唑上的羟基进行改造，更为广泛地限定了与羟基上的氧相连的基团如烷基、CO – 烷基、以及 CO – 芳基、CO – 烷氧基烷基、CO – 芳氧基烷基、烷基磺酰基、芳基磺酰基、芳烷基磺酰基、氨基酸残基、一磷酸根、二磷酸根或三磷酸根或磷酸根衍生物，该申请对左奥硝唑 OH 基团上的衍生物的布局更为全面。从 CN100999500A 的审查过程来看，除磷酸根、 – CO – 烷基之外的其他基团改造仍然具有授权前景，但申请人在第一次审查意见通知之后选择了视为撤回。该专利虽未授权，但也起到了预防性公开的作用；②申请了涉及用于治疗的硝基咪唑衍生物专利 CN101302201A，使用氨基酸中的酰基或者琥珀酸酯中的酰基对左奥硝唑上的羟基进行酯化；③申请了涉及用于治疗的硝基咪唑衍生物 CN101723969A，该申请在对左奥硝唑上的羟基进行改造的同时，也对氯进行了取代。

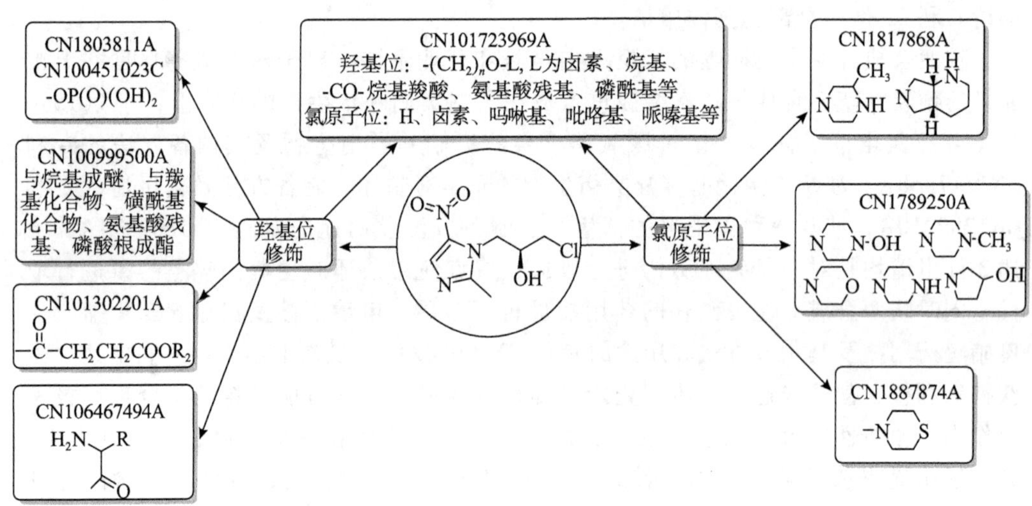

图 12 – 2　陕西合成涉及左奥硝唑结构修饰的专利布局

在经过广泛的研究和评估后，陕西合成将研发重点放在了左奥硝唑磷酸酯为目标的化合物上，于 2014 年 4 月提交了化学药新药“磷酸左奥硝唑酯二钠及注射用磷酸左奥硝唑酯二钠”的临床试验申请并获得受理，在 2015 年 6 月获得国家食品药品监督管理总局颁发的药物临床试验批件，并于同年 12 月与南京迈拓医药科技有限公

[1] 肖亚楠，孙建国，万萍，等. 左旋奥硝唑及磷酸左奥硝唑酯二钠在大鼠体内药代动力学比较研究［J］. 中国药科大学学报，2014，45（5）：571 – 575.

司签订了化药新药注射用磷酸左奥硝唑酯二钠Ⅰ期临床试验合作协议，开始Ⅰ期临床研究。[1][2][3] 除上述核心专利外，陕西合成还提交了涉及左奥硝唑磷酸酯盐、水合物、晶型、制剂、制备方法、纯度检测的多件专利申请，对左奥硝唑磷酸酯化合物进行全面专利布局。包括：①左奥硝唑磷酸酯盐相关专利，如涉及左奥硝唑磷酸酯稳定的药用盐及其制备方法和用途的CN102516298A，其中所述的盐为盐酸盐、硫酸盐等酸式盐，涉及左奥硝唑磷酸酯氨基酸盐的CN102516299A，其中所述盐为碱性氨基酸盐；②水合物相关专利，如申请了涉及左奥硝唑磷酸二钠五水合物及其制备方法和用途的专利并获得授权（CN101177433B），该水合物易吸收、纯度高、稳定性好。涉及一种结晶性左奥硝唑磷酸酯二钠六水合物及其用途的专利CN102731571A；③晶型相关专利，如涉及磷酸左奥硝唑酯二钠晶型及制备方法和药用组合物的用途的专利CN106467558A，涉及磷酸左奥硝唑酯二钠六水合物晶型及其制备方法的专利CN107151257A；④制剂相关专利，如涉及一种稳定的磷酸左奥硝唑酯二钠冻干制剂及其制备方法的专利CN106667924A；⑤制备方法相关专利，如涉及一种制备高纯度磷酸左奥硝唑酯二钠的方法的专利CN107857779A；⑥纯度检测的相关专利，如涉及一种分离分析左奥硝唑磷酸酯或其盐有关物质的HPLC方法的专利CN107505404A。其中，CN102516298A、CN102516299A、CN102731571A的专利申请已经驳回失效，CN106467558A、CN107151257A、CN106667924A的专利申请已经视为撤回或主动撤回，而专利申请CN107505404A、CN107857779A尚未进入实质审查阶段。从上述专利的审查进程来看，陕西合成更多地是在取得核心专利后，进行了较广泛的预防性布局，但是企业在后续选择中放弃了部分与磷酸酯新药关联性不高的技术主题。

在针对左奥硝唑前药进行开发的同时，陕西合成还陆续申请了多件左奥硝唑相关专利。针对左奥硝唑的制备方法，申请了涉及奥硝唑的光学对映体的制备及纯化方法的专利并获得授权（CN100579967C），该方法克服了手性环氧乙烷副反应多、产率低的缺陷，具有工艺简单、产率高、反应条件温和、纯度高、外观好的优点，并进一步针对左奥硝唑的生产，申请了涉及一种左奥硝唑的制备方法的专利CN101817786A，进一步减少了反应步骤。后续又申请了涉及一种新的奥硝唑光学对映体的制备及纯化方法的专利并获得授权（CN102643238B），其避免了三氯化铝的使用，反应条件更易控制，同时减少了铝盐对环境的污染。同时还申请了一件分离分析左奥硝唑异构体的HPLC方法的专利CN107917979A。

扬子江药业：紧跟原研企业，围绕磷酸酯初步布局

扬子江药业在2005年甚至更早之时也已经开始左奥硝唑的研发，共申请专利6

---

[1] 东方财富网．合成药业关于“磷酸左奥硝唑酯二钠原料药及注射用磷酸左奥硝唑酯二钠”获得《药物临床试验批件》的公告［EB/OL］．（2015－06－24）［2018－10－08］．http：//finance. eastmoney. com/news/1354，20150624519813873. html.

[2] 迈拓医药官网．迈拓医药与合成药业签订化药1.1类新药注射用磷酸左奥硝唑酯二钠Ⅰ期临床试验合作协议［EB/OL］．（2015－12－12）［2018－10－08］．http：//www. medtopmed. com/179. html.

[3] 新浪网．陕西合成药业1.1类化药磷酸左奥硝唑酯二钠临床试验申请获CFDA受理［EB/OL］．（2014－04－20）［2020－05－30］．http：//blog. sina. com. cn/s/blog_6d05a92f0101ejc8. html.

件，未进行国际布局。研究方向包括制剂、衍生物、制备方法、检测等。早期申请主要涉及左奥硝唑的剂型，如 CN1739504A 涉及片剂（普通片剂、分散片、薄膜衣片、肠溶片）、胶囊、颗粒剂，CN1739505A 涉及左奥硝唑的注射制剂。随后，2008 年扬子江药业申请了涉及左奥硝唑磷酸二钠静脉制剂的制备方法的专利并获得授权（CN101336903B），通过对 pH 进行调控，解决了左奥硝唑磷酸酯二钠在碱性和强酸性条件下都不稳定的技术问题。在随后的几年中，扬子江药业针对左奥硝唑相关专利的申请出现了停滞，随着陕西合成的“磷酸左奥硝唑酯二钠及注射用磷酸左奥硝唑酯二钠”的成功开发，扬子江药业又开始注重在左奥硝唑磷酸酯二钠化合物上的专利布局，针对左奥硝唑磷酸酯二钠提交了涉及晶型、制备方法、杂质的申请，如申请了涉及左奥硝唑磷酸酯二钠的晶型及其制备方法（CN104610356A），同时针对左奥硝唑磷酸酯二钠，申请了涉及磷酸左奥硝唑酯二钠的工业化生产方法（CN104311597A），解决了现有生产方法无机盐偏高、甲苯残留的技术问题，该方法规避了甲苯的使用，提高了纯度和收率，显著降低了无机盐含量。几乎同时还申请了涉及左奥硝唑磷酸酯二钠杂质的合成及其制备和检测方法的专利并获得授权（CN104447870B），实现了杂质标准品的制备。这些跟随的专利申请中，仅涉及杂质的专利获得了授权。目前，扬子江药业的“注射用磷酸左奥硝唑酯二钠”已提交上市申请并获得受理。根据扬子江药业的相关专利申请来看，针对左奥硝唑的研发极其有目标性，其申请量虽然不大，但是方向明确，其虽然没有形成规模化的专利布局，但是也解决了具体的技术问题，实现了企业的相应目的。

➢ 有效的专利布局应当与企业制定的研究目标相适应

由于左奥硝唑于 1995 年即被公开，因此，在化合物属于现有技术的前提下，基于不同的新药开发目标，各家企业制定了不同的方向和策略，针对左奥硝唑进行后续研发和成果保护。其中，圣和药业关注左奥硝唑新药上市，对于衍生物未多加考虑，陕西合成一开始就关注磷酸酯衍生物，以开发改良型新药为主要目标。如图 12－3所示，圣和药业提交了 9 件涉及左奥硝唑的申请，涉及左奥硝唑异构体的制备纯化、检测、应用（抗厌氧菌、寄生虫）、制剂和给药方法等。陕西合成提交了 23 件涉及左奥硝唑的申请，涉及左奥硝唑衍生物、异构体、晶型、制备纯化、制剂、检测、分离等。

圣和药业基于左奥硝唑的毒理学基础研究，意外地发现了左奥硝唑中枢神经毒性更低的优势，进而敏锐地捕获到了奥硝唑升级换代的可能，并随之投入了大量的研究，同时进行了相关的专利布局。圣和药业对左奥硝唑的制药用途、含左奥硝唑的注射制剂进行了核心专利布局，并将治疗厌氧菌感染的核心专利、治疗寄生虫感染的核心专利布局到美国，欧洲的奥地利、德国、西班牙等地，提前布局国际市场。上述构建的专利主要用于防御技术跟随者和潜在竞争对手。与此同时，圣和药业主要关注左奥硝唑本身，未过多考虑二代产品的研发，因此，针对衍生物仅仅是进行了简单的外围专利布局，涉及对左奥硝唑氯取代基的简单替换。从专利申请提交时

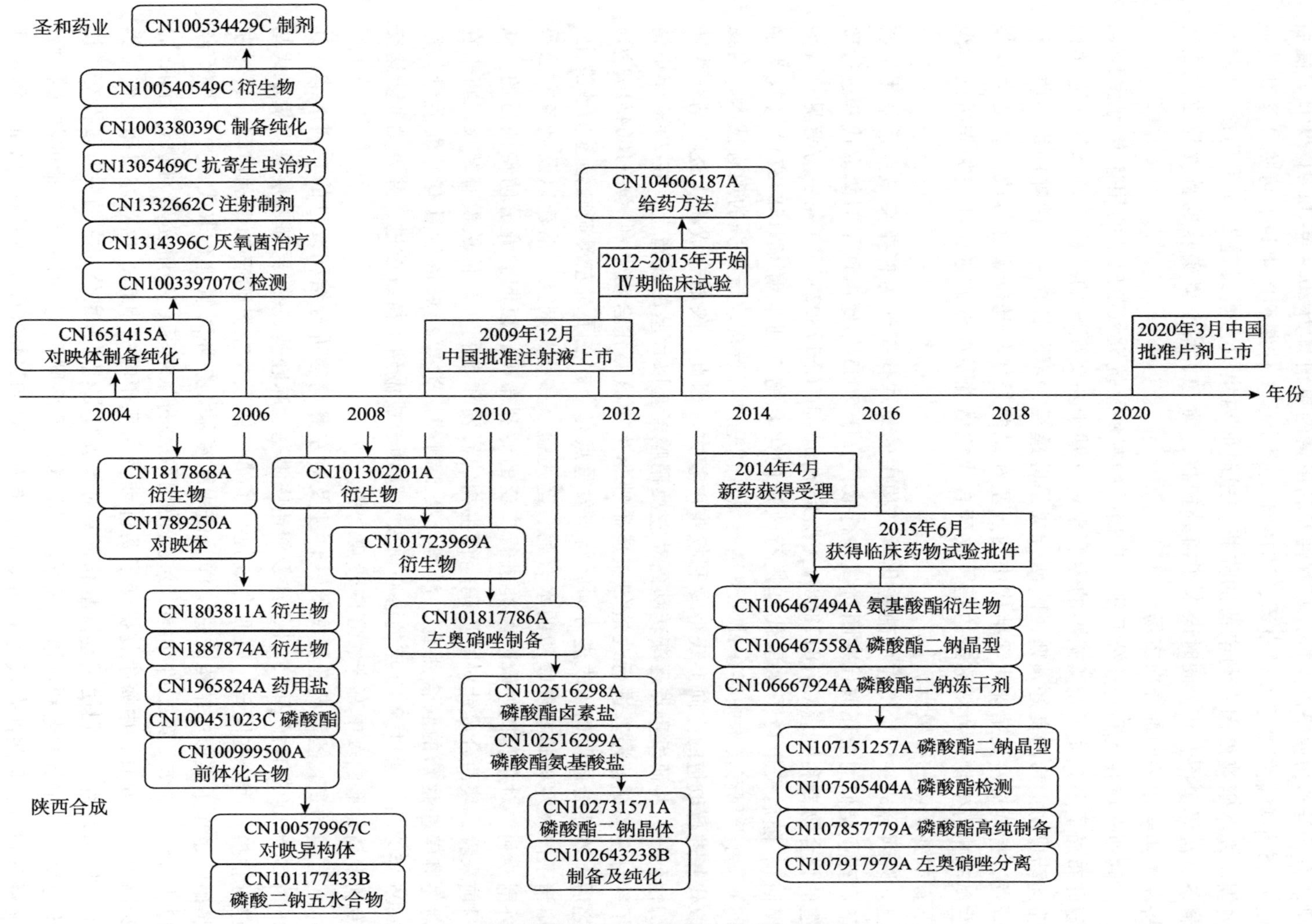

图12-3 圣和药业、陕西合成的研发和专利布局对比

间来看，圣和药业略占先机，其首件专利申请的申请日为2014年11月29日，随后在2015年密集提交了6件申请，2016年又提交了1件制剂的申请。可见，圣和药业占据了左奥硝唑外围专利申请的先机，短时间内集中力量迅速布局了用途、制剂、制备方法等多项专利，同时谋求了海外授权，确立了其左奥硝唑的首发地位并成功将左奥硝唑相关制剂推向市场。

陕西合成在圣和药业公开了左奥硝唑的制备及抗厌氧菌感染的用途专利后不久，随即布局了多个关于左奥硝唑的专利申请。基于左奥硝唑的结构特点和对于左奥硝唑前药成功上市的良好预期，陕西合成另辟蹊径，不断针对左奥硝唑的衍生物进行研发，持续对左奥硝唑化学结构中的羟基和氯两处取代基位置进行改造，充分挖掘左奥硝唑衍生物。值得称道的是，陕西合成凭借着不断的改进，在略失先机的情况下，找到了新的突破点。

陕西合成一开始将左奥硝唑化学结构中的氯取代基作为首要突破点，采用了与圣和药业类似的杂环取代基团对氯进行取代，于2005年底申请了对氯取代基进行改造的化合物专利申请CN1817868A（视为撤回）和CN1789250A（第三方意见，视为撤回），随后又申请了氯取代基进行改造的化合物专利申请CN1887874A（视为撤回）。由于现有技术中存在针对奥硝唑氯取代基进行结构改造相关的现有技术，对氯取代基进行改造的方向上获得专利权难度较大。因此，陕西合成将上述申请作为防御性公开并将研发重点逐渐转移到对左奥硝唑羟基取代基的改造上。在2006年申请了针对左奥硝唑羟基进行改造的左奥硝唑衍生物核心化合物专利（CN100451023C）之后，陕西合成明确了改进方向，将研发重点完全放在了对左奥硝唑羟基的改造上，申请了涉及左奥硝唑磷酸酯的水合物、药用盐、晶型、剂型、前药以及制备方法等外围专利，对左奥硝唑磷酸酯类进行广泛的专利布局，以起到充分防御的目的。从目前来看，陕西合成针对左奥硝唑衍生物的研发和专利布局依然没有结束，将来在对左奥硝唑耐药的联合用药、剂型、第二制药用途等领域依然具有开发前景。在2005年之后，通过近10年的潜心研发，陕西合成做到了持续改进，并分批逐步递交专利申请，形成攻中有守、守中带攻之势。

有趣的是，圣和药业提交的一件涉及对左奥硝唑进行结构改进的专利申请，其申请日为2005年12月15日，涉及使用吗啉基、咪唑基、4-羟基哌啶基对氯取代基进行替换。而恰在同日，陕西合成提交了第一件涉及左奥硝唑的专利申请，其对左奥硝唑也作了类似的结构改进，涉及使用哌嗪基等杂环对氯进行取代，并于2005年12月16日提交了第二件申请，涉及使用取代的哌嗪基、吗啉基等对氯进行取代。2016年1月6日，中海生物提交了两件涉及左奥硝唑的申请，也对左奥硝唑作了类似的结构改造，分别使用重氮基和氰基对氯进行取代。3家公司在同一时段提交了技术方案如此相似的专利申请，真可谓"英雄所见略同"。分析相关申请的技术起源，推测圣和药业和陕西合成可能均受到了专利CN100344626C（公开日为2005年4月13日）的启示。专利CN100344626C涉及对奥硝唑进行结构修饰，使用吗啉基等取代基对氯进行取代，该专利现为江苏豪森拥有，其凭借该专利获得了第二十一届中国专利优秀奖，❶ 基于该专利的产品吗啉硝唑也已成功上市。

前药设计一直是新药开发的一个重要手段。数据显示，2008～2017年，美国FDA共批准了30种前药，而最近几年批准的非消化道给药制剂的前药多为磷酸酯，同时，磷酸酯前药还可用于口服，如抗艾滋病药物福沙那韦即为安普那韦的磷酸单酯前药。❷ 陕西合成绕开了圣和药业对于左奥硝唑的集中技术布局，采取前药的方式突破相关专利的限制，低成本培育竞争性品种，在左奥硝唑的开发中找到了突破口，循序渐进地推进技术改进，并伴随着多件专利层层保护，虽然前药设计属于改进型发明，但是充分的挖掘和密集的布局也起到了防御竞争者再次开发前药的作用。

扬子江药业也是在同一时间段进入左奥硝唑的开发之中，于2005年提交了2件涉及左奥硝唑的制剂专利申请，其申请日恰巧在圣和药业核心用途专利（CN1314396C）和制剂专利（CN1332662C）的申请日与公开日之间。当圣和药业的上述专利公开后，扬子江药业应该发现自己已失先机，因此，扬子江药业后续针对左奥硝唑的专利布局力度并未增强。但扬子江药业持续关注左奥硝唑研发情报，紧跟圣和药业和陕西合成2家企业的研发进度，适时抢占申请。在陕西合成进行了左奥硝唑前药的布局时，扬子江药业申请了左奥硝唑磷酸酯二钠注射剂的制备方法专利并获得授权（CN101336903B）。同时还申请了涉及左奥硝唑磷酸酯晶型、制备方法及相关杂质的专利申请。扬子江药业通过获得陕西合成的相关专利权的许可，迅速将“注射用磷酸左奥硝唑酯二钠”推向了上市阶段。

➢ 思考与启示

左奥硝唑是已知药物奥硝唑的左旋体，因其属于已知化合物，未引起国际大型制药企业的关注。在我国，多家制药企业几乎是同一时间步入左奥硝唑开发领域，并在技术竞争和专利保护过程中探索出不同的开发方向和专利布局策略。基于解决奥硝唑神经系统毒性的问题，圣和药业率先发现了左奥硝唑的潜在优势，通过专利先行快速抢占了市场先机，进而密集布局了左奥硝唑相关专利，快速将产品推向市场。基于突破圣和药业的专利壁垒，并改善左奥硝唑的溶解性，陕西合成另辟蹊径，通过开发左奥硝唑磷酸酯化衍生物新药找到了创新点，并循序渐进地进行技术改进，从而获得了左奥硝唑前药的成功开发，并将其许可给扬子江药业。

化合物专利作为药物专利的核心，被业内药物研发机构广泛关注。具有临床前景的新化学实体的发现所需的时间成本和研发经费逐年攀升，导致了新药创制的高风险。手性药物和前药的开发均为经典的新药创制途径，其成功的案例也不胜枚举。以圣和药业和陕西合成为代表的国内制药企业基于不同的问题导向，针对左奥硝唑及其磷酸酯前药的开发又一次对这一经典理论进行了成功的演绎，基于问题导向的

---

❶ 国家知识产权局．国家知识产权局关于第二十一届中国专利奖授奖的决定［EB/OL］．(2020－07－15)［2020－09－30］．https：//www.cnipa.gov.cn/art/2020/7/15/art_2073_153182.html.

❷ 李项．前药新药权重翻倍 三大策略主动出击［N］．医药经济报，2019－05－20（5）.

改良型创新实践成就了奥硝唑的“裂变”之路，左奥硝唑及其磷酸酯前药的开发历程不失为一条新药创制“捷径”。而在药物的开发过程中，如何选择研发方向和进行相应的专利保护既决定了成功与否，也在一定程度上决定了将来的市场利益。专利作为抢占市场的重要利器，在药物领域中的作用尤为突出。剑指市场，专利先行，这也是制药企业的发展之道。知己知彼，方能百战不殆，企业应该充分重视和密切关注相关技术的专利信息，了解同领域竞争企业及其研发方向，把握战机，基于掌握的信息或选择迎风而上，或选择剑走偏锋。立足于当前国内医药行业发展现状，对于制药企业来说，针对现有药物进行改进，从降低毒性、改善溶解性质等入手开发具有明显临床优势的改良型新药也具有重要的实践意义。

（执笔：刘军政）

13　帕拉米韦三水合物

——外围专利布局紧扣上市进程，从跟进到超越

编者按 帕拉米韦化合物在中国并没有专利保护，中国军事医学科学院在流感爆发的契机下跟进研究其水合物，使用制备方法特征限定的晶型权利要求初步奠定了帕拉米韦三水合物的专利保护基础。随后，南新制药紧扣国内上市进程中的关键技术点，通过有效控制杂质的制备方法、粒径限定的吸入剂特色技术等构建专利保护体系，在专利布局的策略和成效方面实现了超越。

➢　流感爆发促成的上市新药

帕拉米韦（Peramivir），化学名为（±）-t-3-（1′-乙酰胺基-2′-乙基）-丁基-c-4-胍基-t-2-羟基环戊基-1-羧酸（见图 13-1）。帕拉米韦属于流感神经氨酸酶（Neuraminidase，NA）抑制剂，通过切断子代病毒颗粒从受感染细胞表面游离的进程，防止病毒向其他细胞扩散，达到抑制病毒细胞增殖作用。帕拉米韦最早由美国 Biocryst 公司（Biocryst）开发并于 2010 年在日本首先上市，用于流感的治疗。我国军事医学科学院（以下简称“军科院”）和湖南南新制药股份有限公司（以下简称“南新制药”）的研发人员跟进开发了帕拉米韦三水合物，并以帕拉米韦氯化钠注射液的剂型在国内获批上市，商品名为力纬。

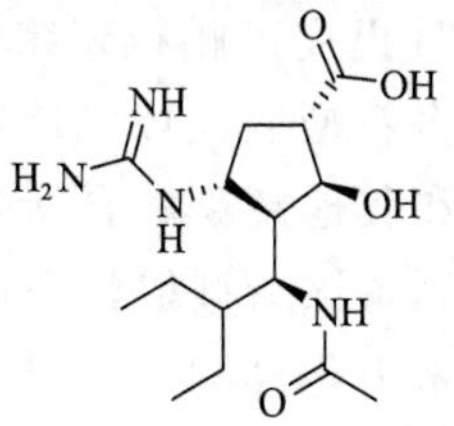

图 13-1　帕拉米韦化学结构式

帕拉米韦的上市之路并非一帆风顺。早在 2000 年，澳大利亚国立大学药学院 Babu 等人在分析唾液酸、扎那米韦、奥司他韦与 NA 的相互作用机制及构效关系的

基础上设计并合成了环戊烷衍生物，经过筛选得到帕拉米韦显示了良好的抗流感效果，❶ 然而后续与美国强生制药的联合研究发现该药物口服后不能充分进入血液，无法达到预期治疗效果，项目被暂时搁置。但是，随后爆发的甲型 H1N1 流感病毒改变了帕拉米韦的命运。2007 年，美国卫生和公共服务部为 Biocryst 提供超过 1 亿美元的资金继续研发帕拉米韦。为了解决口服生物利用度不高的问题，Biocryst 将其改为静脉注射剂型。之后，Biocryst 与韩国绿十字制药公司、日本盐野义制药公司联合在日韩进行新药研发和注册。❷ 2009 年，全球甲型 H1N1 流感爆发，帕拉米韦在日本被确定为优先审批项目，在 3 个月内获得快速批准，于 2010 年 1 月获批上市。❸ 在美国，由于没有对甲型 H1N1 严重感染有效的其他静脉注射抗病毒药物，美国 FDA 也授予帕拉米韦紧急使用授权，即在无需知情同意或伦理委员会审批的情况下，允许尚未获批准上市的帕拉米韦注射液用于临床治疗严重流感。在国外重新启动帕拉米韦项目并取得成功的同时，国内研究者也关注到这一品种，特别是，Biocryst 针对帕拉米韦核心化合物专利 WO9933781A1 并未进入中国，这为国内企业的快速跟进提供了很好的机会。为了应对全球流感大流行带来的国内公共健康问题，军科院研发了帕拉米韦三水合物，开发了帕拉米韦氯化钠注射液剂型，于 2007 年 10 月在国内提交临床试验申请。2009 年 5 月，军科院将该品种转让给南新制药（前身为湖南有色集团下属凯铂生物药业有限公司）。2011 年，南新制药提交上市申请，2013 年初 H7N9 病毒爆发，同年 4 月帕拉米韦氯化钠注射液获批上市。

➢ 国外企业放弃中国市场带来的契机

Biocryst：研究过程曲折，未积极展开专利布局

Biocryst 是帕拉米韦化合物的发现者，并先后与美国强生制药、美国卫生和公共服务部、韩国绿十字制药公司、日本盐野义制药公司进行合作开发，但是，可能因为研究过程并不顺利，Biocryst 并未针对帕拉米韦进行积极的专利布局，仅申请 6 件相关专利，其中与帕拉米韦相关度较高的仅有 3 件。

Biocryst 于 1998 年 12 月 17 日提交了帕拉米韦化合物核心专利 WO9933781A1，涉及用作神经氨酸酶抑制剂的众多新型取代环戊烷和环戊烯化合物及其衍生物，用于预防、治疗或减轻病毒、细菌和其他感染的含所述化合物的药物组合物，及使用所述化合物的方法。还涉及用于制备该新型取代环戊烷和环戊烯化合物的新型中间体或母体。该专利中记载了帕拉米韦化合物及其异构体的结构、制备方法以及对神经氨酸酶的抑制活性，并列举了口服、注射、吸入等多种给药形式。该专利的同族

---

❶ 顾觉奋. 新型抗流感病毒强效神经氨酸酶抑制剂帕拉米韦研究进展 [J]. 中国新药杂志，2013 (9)：989 -997.

❷ 陈承. 帕拉米韦诞生记：抗禽流感新药的炼成 [N]. 21 世纪经济报道，2013 -04 -11 (3).

❸ 赵丽嘉，王利华，胡雅萍，等. A/B 型流感病毒治疗药物：帕拉米韦水合物 (Peramivir hydrate) [J]. 药物评价研究，2010，5：400 -406.

专利在日本、美国、欧洲均获得了授权，但是，在中国是视为撤回失效状态。Biocryst放弃了帕拉米韦化合物专利的中国权利也为后续国内的研究留出了空间。之后，该公司于2000年6月9日提交了涉及改善制备工艺的专利申请WO0100571A1，该专利提供了一种无须柱层析获得高效的立体异构体分离的方法，并提供了一种在环境湿度改变条件下更稳定的晶型A，但是同样没有在中国获得专利保护。另外，根据文献❶❷报道，帕拉米韦在体外和实验性感染的小鼠中具有显著的抗流感病毒活性，但是对人体的口服生物利用度不高，导致治疗效果不佳。但是，Biocryst研究发现，单次、低剂量静脉注射帕拉米韦在小鼠模型上表现出显著的治疗效果，并根据该项研究结果提交专利申请WO2007095218A1。但是，在审查中审查员认为：专利申请的区别技术特征在于给药剂量，而通过动物给药剂量的换算调整获得人体用药剂量是容易实现的，注射途径由于不存在肝脏首过效应因而生物利用度高于口服也属于常识，因此，该申请的中国同族专利CN101420948A及其分案申请CN104784166A均未获得授权。可以说，由于早期核心化合物专利未在中国获得授权，Biocryst实际上放弃了中国市场，在外围专利布局过程中并未积极争取，从而给国内企业留下了充足的空间。

南新制药：针对帕拉米韦三水合物的全面布局

作为帕拉米韦三水合物在国内的上市药品持有人，南新制药及其关联公司与合作单位军科院共提交了7件涉及帕拉米韦的专利申请。尽管数量不多，但是已经涉及帕拉米韦三水合物的物质及其晶型、制备工艺、制剂等多个方面，围绕上市过程中的主要技术点，基本形成了帕拉米韦上市药物的专利保护网。

首先，军科院在帕拉米韦结构已知的情况下，研制出更稳定的三水合物并获得专利授权。已知帕拉米韦的活性与扎那米韦和奥司他韦相当甚至更强，但是帕拉米韦易吸潮，吸潮后水分难以除尽，因此其无水物难以通过工业化获得，质量难以有效控制，而且在水溶液中不稳定，受环境因素影响易发生自降解，难以直接制成注射剂型。为解决该问题，军科院研究团队合成了帕拉米韦三水合物，并于2007年8月14日提交专利申请CN101367750A，与帕拉米韦及其他衍生物相比，三水合物具有良好的稳定性，不易吸潮，质量易于控制，适于大规模工业化生产。由于Biocryst的在先专利CN1367776A中已经公开了帕拉米韦三水合物，军科院使用制备方法特征限定该三水合物的物质权利要求，并陈述了该制备方法相对于现有技术有较大区别，获得的三水合物与已知三水合物在熔点、晶型特征方面不同等理由，最终获得专利授权。在Biocryst的帕拉米韦化合物专利没有在中国获得专利权的情况下，军科院通过新的三水合物晶型获得授权也为后续新药的转让和产业化奠定了基础。

---

❶ GOVORKOVA E A, LENEVA I A, GOLOUBEVA O G, et al. Comparison of Efficacies of RWJ - 270201, Zanamivir, and Oseltamivir against H5N1, H9N2, and Other Avian Influenza Viruses [J]. Antimicrobial Agents and Chemotherapy, 2001, 45 (10): 2723 - 2732.

❷ SMEE D F, HUFFMAN J H, MORRISON A C, et al. Cyclopentane Neuraminidase Inhibitors with Potent In Vitro Anti - Influenza Virus Activities [J]. Antimicrobial Agents and Chemotherapy, 2001, 45 (3): 743 - 748.

南新制药经由军科院转让获得帕拉米韦三水合物专利权后，积极着手解决生产过程中的问题并进行技术开发和专利布局，其中主要攻克的难点是制备工艺。虽然当时已有数项涉及帕拉米韦或帕拉米韦三水合物全合成方法的公开专利，包括 WO2012145932A1、CN101367750B、WO2012145932A1、CN100432047C、CN101538228B、CN102863359B 等，但所用到的方法仍旧存在缺陷，包括收率偏低、生产成本高、涉及环境毒害试剂，或者不适合工业化生产等。例如，Biocryst 公开的合成方法，[1] 在关键中间体异噁唑啉环的形成步骤需要使用剧毒的异氰酸苯酯和苯，导致生产过程存在安全和环保问题。而且，噁唑环还原开环时使用到比较昂贵的金属催化剂二氧化铂（PtO_2）也增加了生产成本。军科院早期专利 CN101367750B 的生产工艺存在步骤长、产率低（不到 15%），也带来生产成本等问题。为成功实现产业化，南新制药在 2015 年 7 月 31 日和 2015 年 8 月 10 日分别提交了两件制备工艺改进相关的专利申请 CN105085328A 和 CN105198827A。其中，CN105085328A 提供了一种步骤更简单、成本更低廉、更安全环保的帕拉米韦三水合物合成方法，在 2018 年 6 月 29 日获得专利授权。CN105198827A 则涉及抗流感药物帕拉米韦合成的一个关键中间体——（3aR，4R，6S，6aS）-4-［［（1，1-二甲基乙氧基）羰基］氨基］-3-（1′-乙基丙基）-3a，5，6，6a-四氢-4H-环戊烷并［d］异噁唑-6-羧酸叔丁基铵（化合物Ⅳ）的新合成方法的专利，相比现有工艺步骤显著地提高了收率，由 60% 提高到 80% 以上，且工艺步骤简单，可以用于工业规模级的生产。

在解决了原料药生产过程中的技术问题之后，南新制药将技术改进的方向转移到制剂领域。帕拉米韦的口服吸收效果差，需要以注射形式给药，但是注射剂使用不方便，注射时产生疼痛、毒副作用较大、价格较高等因素导致临床使用受到限制，且注射剂也是 Biocryst 的开发剂型，并申请了专利（WO2007095218A1）。因此，南新制药转而选择开发患者顺应性更好的新剂型，针对呼吸道疾病的特点，于 2019 年 2 月 25 日申请了一种稳定性更好的帕拉米韦溶液型吸入剂（CN109771398A），能有效减少相关物质的产生，具有更小、分布更均匀的粒径，有利于药物沉积在肺组织。特别是，在 pH5.5 条件下具有更好的稳定性，能靶向分布在肺组织，更好地减少超声过程带来的药物降解以及化学反应。之后，继续对溶液型吸入剂进行改进，并于 2020 年 4 月 10 日提交了涉及一种帕拉米韦干粉吸入剂的专利申请（CN111358773A），限定了该干粉吸入剂的粒径分布 D_{10} 为 1.3～3μm；D_{50} 为 3～6μm；D_{90} 为 6～13μm。说明书中记载了该干粉吸入剂无需载体、辅料，具有适宜的肺部可吸收的分布均匀粒径范围、形态、粉体流动性，不易聚集成团，能有效提高一次给药剂量，具有适宜的药学稳定性。同时，还提供了一种更有效的干粉制备方法，采用气流粉碎帕拉米韦三水合物，获得特定粒径、形态等的微粉，能实现药物的有效肺部递送，实现更好的治疗效果。该专利申请没有采用传统制剂权利要求以辅料组成、制备方法特征限

[1] BABU Y S, CHAND P, BANTIA S, et al. BCX-1812 (RWJ-270201): discovery of a novel, highly potent, orally active, and selective influenza neuraminidase inhibitor through structure-based drug design [J]. J. Med. Chem., 2000, 43 (19): 3482-3486.

定的撰写范式，而是通过限定干粉粒径参数来限定请求保护的吸入剂，以期争取请求保护的权利要求范围最大化。同时，军科院也在新制剂技术和新药物研发中为后续帕拉米韦的应用埋下伏笔。现有技术中的纳米晶是以水为分散介质，主要用于改善难溶性药物的溶解度的问题，但是尚未有文献报道用以解决水溶性药物渗透性的纳米晶技术。军科院于2018年4月23日提交了涉及提高水溶性药物渗透性，进而提高其生物利用度的油性水溶药物纳米晶及其制备方法的专利申请CN108498455A。后续还提交了涉及新的抗病毒药物与帕拉米韦联合使用的专利申请CN109771432A。

捕捉专利布局漏洞，抓住新药上市契机

比较帕拉米韦和帕拉米韦三水合物在国内和国外的专利布局与新药上市进程（见图13－2）可以看出，Biocryst在中国未尽力争取专利保护权利可能与当时帕拉米韦上市进程受挫相关。帕拉米韦物质专利申请在中国审查过程中，2004年6月4日发出第1次审查意见通知书后申请人未答复视为撤回，此时恰逢国外的开发项目被暂停。因此在2007年项目重新启动时，鉴于帕拉米韦物质在中国并不享有专利保护，Biocryst也未与中国制药企业达成合作，主动放弃了中国市场，转而在日韩寻求上市。国内研究者抓住了这一契机，抓紧开发了帕拉米韦三水合物。尽管其在物质组成上以水合物形式存在，从药学命名角度与帕拉米韦不同，但是，注射液剂型是溶于水使用，实际上在体内发挥药效的就是帕拉米韦，这使得国内帕拉米韦的研究可以紧跟国外的研究进展，最终实现快速上市。而且，军科院与南新制药围绕上市研发过程在物质、制备工艺、制剂方面进行了积极的专利布局，确保了国内市场权益的稳定，特别是，通过改良原研制备方法实现更高的收率、根据呼吸道疾病的特定布局吸入剂，并通过粒径限定的方式寻求吸入剂专利更大的保护范围等策略，已经超越了原研企业对于帕拉米韦的专利布局策略和成效。

➢ 思考与启示

虽然Biocryst是帕拉米韦化合物专利最早的申请者，但是其放弃了在中国市场获得专利权。军科院抓住了帕拉米韦在中国没有获得化合物专利权的机会，研究获得稳定性更好、疗效更优、更易于注射剂制备、适合工业化生产的水合物形式（CN101367750A），及时申请专利并获得了授权。而且，借助2009年全球甲型H1N1流感和2013年H7N9禽流感疫情的“东风”在国内加速了帕拉米韦上市进程，同期Biocryst在国外进行的帕拉米韦治疗流感的临床试验也非常顺利，这也给国内药品监管部门批准帕拉米韦三水合物足够的信心。尽管三水合物的物质专利授权的范围被限制到具体制备方法下的产品，但是，军科院和南新制药后续通过制备方法、制剂技术的开发和专利布局不断构建专利保护网。特别是，在吸入剂的专利申请中，采用粒径的参数限定撰写形式寻求更有力的专利保护。可以说，军科院和南新制药紧密围绕国内产品上市进程中的关键技术点，通过有效控制生产过程中杂质的制备方法专利，采用粒径限定保护范围的吸入剂的特色技术申请了方法、剂型、组合物等

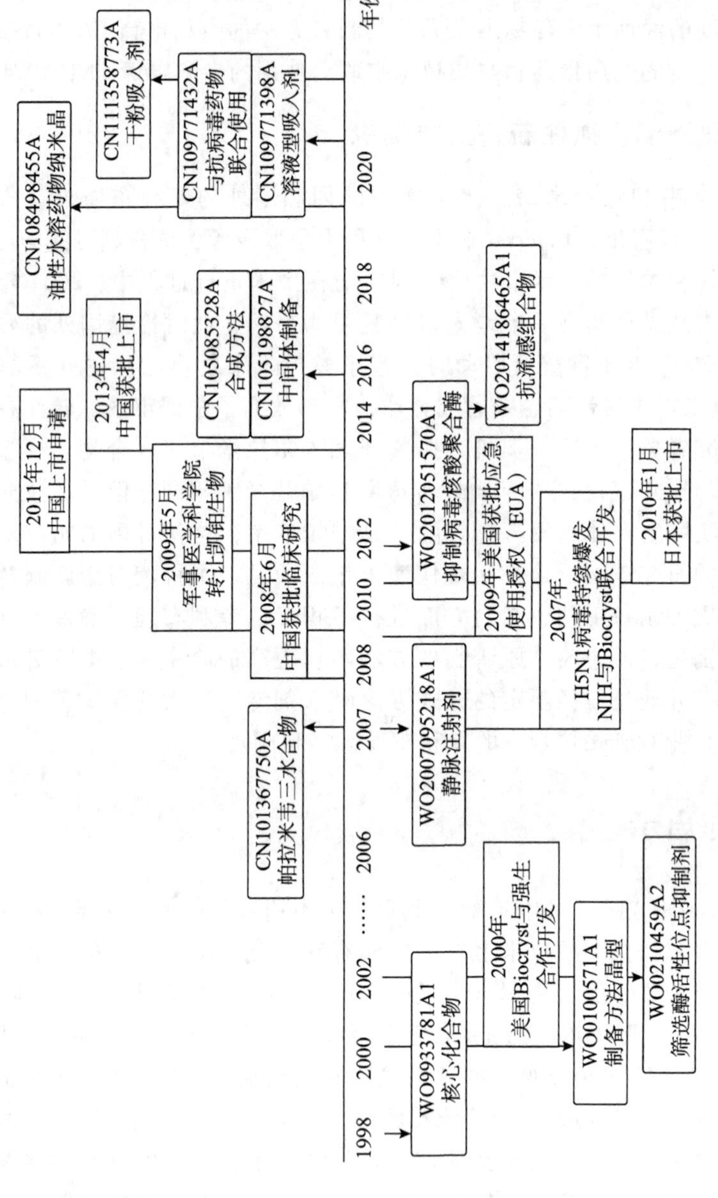

图13-2 帕拉米韦国内外专利布局与上市进程

外围专利，构建了一定的专利保护体系，在布局策略和效果方面取得了显著的成效。

帕拉米韦以注射剂形式上市，众所周知，注射剂的质量要求较口服制剂更高。而帕拉米纬结构中含有 5 个手性中心，对其手性杂质的控制十分必要，❶ 因此，针对该化合物合成工艺优化具有一定的技术难度。由于工艺的复杂性，相比化合物、组合物、制药用途类的专利申请，以制备方法特征限定的权利要求与现有技术相比通常区别特征更多，如果能够取得控制杂质含量提高药物纯度的技术效果，则有望获得专利保护。另外，可以对局部结构进行修饰或改造，以开发获得新的化合物、晶型、组合物、剂型，申请相关外围专利，扩大专利价值延长保护期。例如在帕拉米韦核心化合物专利没有获得保护的前提下，积极研究发现新的类似物，包括为改善化合物理化性质进行化合物新晶型的研究等。还可以积极探索改进给药途径、研发新的剂型、扩展药物用途或联合用药等形式，为后续扩展临床应用做好准备。

（执笔：谢京晶、师晓荣，两位作者对本文贡献等同）

---

❶ 张村子，吕丽娟，王祎，等．帕拉米韦制备过程中手性杂质的控制［J］．精细化工中间体，2012，42（4）：45－48．

14 瑞马唑仑

——不同研发模式下药品专利布局的异曲同工之妙

编者按 人福医药从 PAION 引进苯磺酸瑞马唑仑，在药物稳定性和给药途径等细分技术领域深耕细作，开展差异化的专利布局。恒瑞医药规避专利开发甲苯磺酸瑞马唑仑，掌握专利布局的自主权并率先实现上市。基于不同的创新途径和研发模式，两家企业探索出了各具特色的专利布局策略，并都实现了对新药品种的保护，可谓是异曲同工。

➢ 瑞马唑仑两种盐型先后上市

注射用甲苯磺酸瑞马唑仑（Remimazolam Tosilate）属于短效 $GABA_A$ 受体激动剂，由恒瑞医药研发，于2019年12月获批上市，商品名为瑞倍宁，化学名为3－［（4s）－8－溴－1－甲基－6－（2－吡啶基）－4H－咪唑［1，2－a］［1，4］苯并二氮杂䓬－4－基］丙酸甲酯甲苯磺酸盐，临床用于常规胃镜检查的镇静、结肠镜检查的镇静。注射用苯磺酸瑞马唑仑（Remimazolam Besylate）同为短效 $GABA_A$ 受体激动剂，由宜昌人福药业有限责任公司（以下简称“人福医药”）从 PAION 公司引进，于2020年7月获批上市，商品名为锐马，化学名为3－［（4s）－8－溴－1－甲基－6－（2－吡啶基）－4H－咪唑［1，2－a］［1，4］苯并二氮杂䓬－4－基］丙酸甲酯苯磺酸盐，临床用于结肠镜检查的镇静。两种盐型结构如图14－1所示。

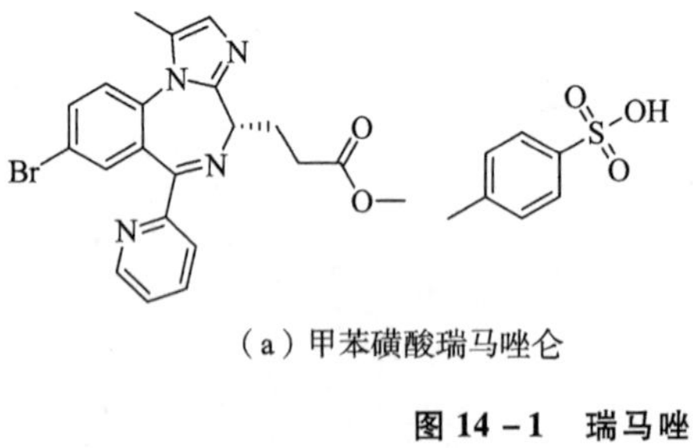

（a）甲苯磺酸瑞马唑仑 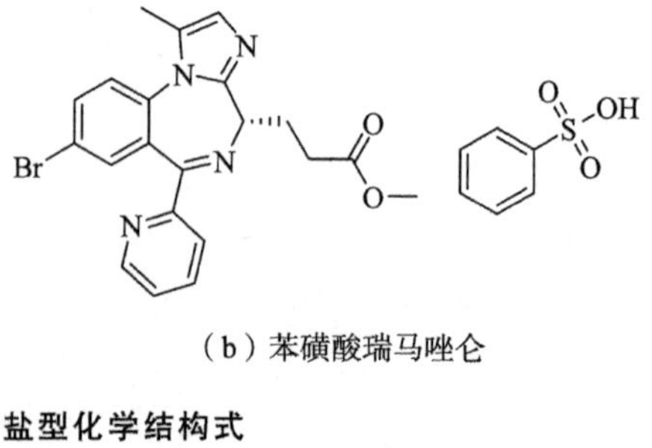　　（b）苯磺酸瑞马唑仑

图14－1　瑞马唑仑两种盐型化学结构式

麻醉药属于国家严格管制药品，仅有少数制药企业涉及该领域，以人福医药、恒瑞医药为第一梯队，恩华药业、扬子江药业紧随其后。人福医药的麻醉产品以镇

痛药芬太尼为核心，恒瑞医药的优势品种为镇静药右美托咪定和吸入镇静药七氟烷。不同盐型瑞马唑仑是人福医药和恒瑞医药在麻醉药领域的首次正面竞争。❶ 其中，人福医药是从国外原研企业 PAION 引进了瑞马唑仑苯磺酸盐并在中国研发申报上市，而恒瑞医药是利用原研的专利漏洞，更改盐型规避专利，开发出瑞马唑仑甲苯磺酸盐，掌握了研发主动权并先发上市。由于药品的创新途径和研发模式不同，两家企业在技术研发和专利布局的过程中也采用了不同的策略。

➢ 原研核心专利漏洞为研制改良型新药留出空间

原研 PAION：化合物专利未进入中国，药用盐保护不够全面

瑞马唑仑是在咪达唑仑的结构基础之上进行修饰改良的产品，结合了咪达唑仑的安全性与异丙酚的有效性，是理想的短效镇静/麻醉产品。瑞马唑仑化合物最初由葛兰素史克发现并申请化合物专利 WO0069836A1。2003 年，葛兰素史克将其全球权益授予 TheraSci，同年 TheraSci 被 CENES LIMITED（CENES）收购。由于瑞马唑仑游离碱稳定性差，为了解决成药问题，CENES 研究人员考虑其成盐技术，尝试了多种酸根，得到瑞马唑仑苯磺酸、乙磺酸盐，并申请专利 WO2008007071A1、WO2008007081A1。2008 年 CENES 被 PAION 收购，此后 PAION 将多个区域市场开发和商业化权益售出，包括 2012 年以里程碑付款方式将中国区开发权益授予人福医药。❷

2000 年，葛兰素史克提交的瑞马唑仑核心化合物专利 WO0069836A1 中，权利要求采用马库什通式形式撰写，主张了较宽的专利保护范围，该类化合物结构中包含羧酸酯部分，可被非组织特异性酯酶经水解代谢成基本无活性的代谢产物而失活。说明书实施例 Ic－8 涉及瑞马唑仑的制备，也公开了在作为药物使用时，化合物的盐是药学上可接受的盐，并列举了常见的酸根包括盐酸、氢溴酸、硫酸、硝酸、磷酸、水杨酸、对甲苯磺酸、酒石酸、柠檬酸、甲磺酸、顺丁烯二酸、甲酸、丙二酸、琥珀酸、羟乙磺酸、乳糖酸、萘－2－磺酸、氨基磺酸、乙磺酸和苯磺酸。但是，葛兰素史克当时未关注中国市场，因此，该核心专利进入美国、日本、欧洲等国家和地区阶段并获得授权，却未进入中国。

在权利转移到 CENES 后，通过进一步研究发现，瑞马唑仑游离碱在 5℃下贮存时稳定，但在 40℃/75% 高温、高湿、开放条件下贮存的样品易潮解，颜色转变成黄色到橙色，与初始相比，有效成分含量明显降低。研究人员发现，瑞马唑仑成盐后能显著改善潮解问题，特别是瑞马唑仑苯磺酸盐、乙磺酸盐易于从常用溶剂中析出，并且显示良好的热稳定性、低的吸湿性和高的水溶性，据此提交了专利 WO2008007071A1 和 WO2008007081A1。PAION 收购 CENES 后，进一步选择瑞马唑仑苯磺酸盐作为临床

---

❶ 李傲华．新药瑞马唑仑获批，人福正面杠上恒瑞，谁才是“麻醉一哥”？［EB/OL］．（2020－07－21）［2020－07－30］．https：//www.sohu.com/a/408933061_100019684.

❷ 刘颜．瑞马唑仑衍生物的设计合成及其生物活性研究［D］．重庆：重庆医科大学，2016.

开发的盐型，并提交了瑞马唑仑苯磺酸盐的制备方法专利申请 WO2011032692A1，以及与阿片样物质联合应用于镇静的联合用药专利申请 EP2450039A1。麻醉药一般在常温下贮存，临床需要在室温下具有足够稳定性的冻干或喷雾干燥的粉针剂，而单独冻干的粉针剂稳定性差。因此，PAION 后续提交了专利申请 WO2013174883A1，提供了包含瑞马唑仑苯磺酸盐和吸湿性赋形剂的粉针剂，赋形剂选自二糖和葡聚糖，经检测粉针剂稳定性均在规定的接受标准内；之后 PAION 提交了经口或鼻吸入的药物产品专利申请 WO2017178663A1。可以说，PAION 从化合物盐型、制备方法、联合用药、制剂等方面为苯磺酸瑞马唑仑构建了专利保护网络。

在解决了成药性、制剂稳定性并形成初步专利保护网的同时，PAION 开始在全球广泛寻找合作伙伴以加速苯磺酸瑞马唑仑在主要国家和地区的上市进程。其中，人福药业于 2012 年与 PAION 达成合作，获得苯磺酸瑞马唑仑的中国开发权。同样深耕麻醉药领域的恒瑞医药也关注到瑞马唑仑的良好效果，在 2010 年前后即开展立项调研，经过有效的情报分析，发现葛兰素史克最早提交的瑞马唑仑化合物专利 WO0069836A1 未进入中国，后续 CENES 提交并转让给 PAION 的药用盐专利（WO2008007071A1、WO2008007081A1）虽然进入中国国家阶段并获得授权，但仅保护了具体的苯磺酸盐、乙磺酸盐。鉴于瑞马唑仑游离碱在中国没有基础化合物专利权，仅有苯磺酸盐和乙磺酸盐专利权的状况，恒瑞医药开始进行规避设计，在已有文献报道基础上充分考虑了安全性，筛选得到了毒性更低的甲苯磺酸盐，❶❷ 推出替代盐型，实现国内制药企业对于改良型新药的有益探索。恒瑞医药随后提交了涉及瑞马唑仑托西酸（即甲苯磺酸）盐、晶型及其制备方法的专利申请 WO2013029431A1，并进入中国国家阶段。根据说明书的记载，虽然甲苯磺酸盐与苯磺酸盐、乙磺酸盐一样存在多晶型，但是其毒性低于苯磺酸盐。而且，在水中重结晶获得的甲苯磺酸盐 I 晶型，具有很好的化学及光学纯度、热稳定性和水溶性，其稳定性显著优于成盐所得的其他晶型，与苯磺酸盐结晶样品的稳定性数据相比有明显优势。该申请在中国获得授权（CN103221414B）。可以说，由于早期在葛兰素史克研发阶段的专利布局前瞻性不足，导致瑞马唑仑化合物在中国没有物质专利保护，而 CENES 布局的药用盐保护范围有限，给国内制药企业留出了开发改良型新药的机会。

恒瑞医药：借鉴原研经验之下的全面专利布局

在获得甲苯磺酸瑞马唑仑专利权之后，恒瑞医药借鉴 PAION 针对苯磺酸瑞马唑仑的专利布局经验，开始了对甲苯磺酸瑞马唑仑的专利挖掘和布局之路。作为静脉注射麻醉药，注射制剂质量与安全性密切相关。由于瑞马唑仑结构中含有酯基，原料药在水溶液中以及长期贮存过程中会水解产生无活性的酸杂质。为提供一种稳定的、高纯度的瑞马唑仑组合物，恒瑞医药深入研究了注射剂处方，在筛选过程中摒

❶ 恒瑞医药．重磅！恒瑞医药 1 类新药注射用甲苯磺酸瑞马唑仑获批上市［EB/OL］．(2020 - 01 - 02)［2020 - 08 - 30］．http：//www. hrs. com. cn/main_newshow/show - 6285. html.

❷ 药智网．这个品种，恒瑞将其更改盐型后，竟已推到即将上市［EB/OL］．(2018 - 09 - 19)［2018 - 08 - 30］．https：//news. yaozh. com/archive/23827. html.

弃了动物来源的辅料，替换为更安全的化学辅料，申请制剂专利 CN107198691A。该制剂专利涉及包含瑞马唑仑或其药学上可接受的盐与 β-环糊精衍生物的组合物，通过添加 β-环糊精衍生物，大大提高了药物的溶解度和稳定性。进一步地，又提交了涉及含瑞马唑仑或其药学上可接受的盐与羟乙基淀粉的组合物专利申请 WO2017198224A1，该申请记载了羟乙基淀粉、羟乙基淀粉与单糖组合对药物降解的抑制作用明显强于已知的甘氨酸、甘露醇、乳糖等常见辅料。而且，参照 PAION 的研究思路，恒瑞医药随后针对提高产物纯度的甲苯磺酸盐制备方法申请专利并获得保护（CN108264499B），同时也提交了联合阿片样物质用于胃镜检查中的镇静和/或麻醉联合用药的专利申请（CN110227161A）。可以说，通过全面的基本技术专利布局，恒瑞医药将药品生产和应用过程中的技术创新通过专利固化，并与 PAION 的苯磺酸瑞马唑仑专利布局形成平行竞争。

人福医药：在原研基础上展开差异化专利布局

相比恒瑞医药，由于原研 PAION 已经先期完成了苯磺酸瑞马唑仑化合物、制备方法、制剂等技术的基本专利布局，人福医药在引进该品种后的专利布局实际上受到一定的限制。因此，人福医药更加注重与原研的差异化，开展了包括制剂稳定性、质量分析方法、其他给药方式剂型等细分技术领域的研发和再创新。作为对注射剂的基本技术布局，人福医药首先开展了冻干粉针剂处方筛选，采用带有多羟基的高分子化合物如泊洛沙姆 188、明胶、聚乙二醇为冻干保护剂，提高产品的稳定性，缩短冻干时间，据此获得专利 CN105726495B。同时，人福医药致力于有关物质的研究和质量分析方法研究，对于研究分离的杂质成分也进行了深入药理学评价，为后续研发新药预留了空间。特别是对苯磺酸瑞马唑仑涉及的 57 种有关物质开展全面研究，制定更严格的标准，确保研发出的产品杂质更少、质量更高。❶ 而且，人福医药还对获得的部分具有生理活性的有关物质进行了专利布局。在对瑞马唑仑及其甲基取代物进行稳定性研究时，发现虽然其苯磺酸盐或对甲苯磺酸盐比原型的稳定性有所增强，但在强制降解的稳定性研究中仍会产生降解杂质，通过制备型液相分离杂质，进行结构确认，得到降解杂质并研究药理活性，发现酯基水解物具有抗血栓活性（CN108003164A）；发现七元环上氮氧化物具有抗病毒活性（CN107868088A）；发现七元环上双键还原产物具有抗心律失常活性（CN108084187A）。

此外，人福医药也在注射剂的相关技术、非注射途径制剂等方面展开了专利挖掘和布局。首先对常用的冻干保护剂进行筛选，采用右旋糖酐、甘露醇、甘氨酸、乳糖为冻干保护剂，明显提高了产品的稳定性，同时有效抑制了杂质的产生，进一步优化得到包括表面活性剂卵磷脂、分散剂无水乙醇、抛射剂四氟乙烷的气雾剂组分处方，据此提交了含瑞马唑仑及其衍生物与麻醉镇痛剂的冻干粉针制剂和气雾剂

❶ 人福医药．宜昌人福药业 1 类新药注射用苯磺酸瑞马唑仑获批上市［EB/OL］.（2020-07-21）［2020-08-30］. https://www.sohu.com/a/408845354_100207087?_trans_=000014_bdss_dklzxbpcgP3p:CP=.

专利申请 CN108143733A。后续又提交了包括鼻用微球制剂专利申请 CN110893186A、含瑞马唑仑或其药学上可接受盐的口服给药制剂专利申请 CN111346065A、经鼻黏膜给药制剂专利申请 CN111346058A、透皮给药制剂专利申请 CN111346098A 等非注射途径制剂的专利申请。

现有镇静药和麻醉药多为静脉给药，但是有些药物例如丙泊酚会引起注射部位疼痛，更会加重患者的紧张、焦虑和恐惧的心理，导致其不配合给药。人福医药提交的专利申请 CN110893186A 是通过将麻醉药包裹在微球里、再与镇静药溶液重悬即得，在进行消化道内镜诊疗时根据患者体重酌情换算后滴入鼻中，镇静药速释先起效，可先缓解患者紧张、焦虑和恐惧情绪，麻醉药包裹在微球中随后起效，可维持麻醉以便于检查的进行。为降低生产周期和成本、提高患者顺应性，人福医药也研发了包含瑞马唑仑及其衍生物或其药学上可接受的盐的微粒、药用赋形剂层和包衣层的口腔用固体药物组合物，微粒是由瑞马唑仑及其衍生物或其药学上可接受的盐、高分子分散载体材料、热熔保护剂经微粉化粉碎，任选加入增熔剂混合均匀制得的物理混合物，再经热熔挤出并微粉化得到的（CN111346065A）；并进一步基于该微粒制备了口服给药剂型（CN111346065A）；或将微粒制备成脂质体，在此基础上制成鼻黏膜给药制剂（CN111346058A）；或将微粒制备成醇脂质体，将热熔压敏胶、醇脂质体以及任选的透皮吸收促进剂搅拌均匀，涂布于防黏层上即得透皮给药制剂（CN111346098A）。可以说，通过专注于质量控制技术、制剂技术等细分领域的技术研发和专利布局，人福医药为苯磺酸瑞马唑仑上市后的安全性以及产品类型的更新换代奠定了基础。

➢ 有效的专利布局应与研发模式和进程相匹配

同为瑞马唑仑药用盐新药，恒瑞医药和人福医药的创新研发模式和进程并不相同。恒瑞医药于 2010 年前后开始立项，确定药用盐替代的研究策略，开发甲苯磺酸瑞马唑仑，于 2013 年 3 月获批临床。2018 年 3 月，恒瑞医药以第一适应证常规胃镜检查的镇静用途申报上市并被纳入优先审评，2019 年 6 月，以第二适应证肠镜检查的镇静申报上市并被纳入优先审评。2019 年 12 月，第一适应证获得批准。2020 年 5 月，获批开展 ICU 机械通气镇静第三适应证的临床试验；2020 年 6 月，第二适应证获得批准。人福医药同样是在 2010 年前后立项，2012 年，从 PAION 购买获得瑞马唑仑苯磺酸盐中国地区开发权益，2015 年 6 月获批临床；2018 年 11 月递交上市申请并于 2020 年 7 月获批上市，用于结肠镜检查的镇静。❶ 可以说，恒瑞医药在甲苯磺酸瑞马唑仑的研究过程中，有步骤、分层次地推进临床试验和上市申报，并逐步拓宽适应证范围，包括肠镜检查的镇静、胃镜检查的镇静、ICU 机械通气镇静等，合理的临床试验策略也保证了研究成果的高效产出，从而加快上市进程。人福药业重点关注结肠镜检查镇静、麻醉诱导与维持的临床应用，并未急于扩张，而是稳扎

---

❶ 人福 1 类新药瑞马唑仑入 NDA 领先半年多的恒瑞能否继续高枕无忧［EB/OL］.（2018－11－18）［2020－08－30］. https://med.sina.com/article_detail_103_2_56042.html.

稳打推动上市进程。

对比分析两家企业的专利技术脉络和研发进程（见图 14 – 2）可知，恒瑞医药在提交瑞马唑仑甲苯磺酸盐物质专利之后，很快提交临床试验申请，说明从立项到获批临床的 3 年多时间内已经完成了初步制剂研究和相关药学研究。而且，在临床研究过程中，也进一步进行制剂研究和用途拓展，并陆续申请专利保护，遵从传统新药专利布局模式，围绕甲苯磺酸盐较为全面布局，包括了盐的晶型、制备方法、制剂和联合用药。可以说，恒瑞医药依靠雄厚的研发实力、精心设计的技术开发和专利布局策略，一直掌握着甲苯磺酸瑞马唑仑研发上市和专利布局的主动权。与之相比，人福药业引进再研发得益于 PAION 前期基础，也必然受制于 PAION 相关技术。在获得中国地区开发权益后近两年的时间，人福医药并未积极推进临床试验，而是首先改进 PAION 制剂生产方法。原研 PAION 提供的冻干制剂生产方法中，冻干时间长达 120 小时，不仅生产成本高，更增加了质量风险。人福药业进行辅料筛选、处方优化，最终将冻干时间缩短为原来的 1/4，质量风险得到有效控制，保证了产品顺利生产，并对该改进的制备原料和工艺技术申请了专利保护。可以看出，对于引进新药，人福医药采用了比较稳妥的策略，首先改进工艺，尽早解决隐含的问题，避免了后期更大损失。更重要的是，人福医药在此基础上开始了以杂质研究、给药途径研究的差异化知识产权布局之路。以改进制剂制备方法为起始，对获得的具有活性的杂质物质以及不同给药途径的制剂进行专利布局，包括含镇静药和麻醉镇痛药的冻干粉针制剂、气雾剂、鼻用微球制剂、含镇静药的口服给药制剂、经鼻黏膜给药制剂和透皮给药制剂等，构建自己特色的专利保护网。

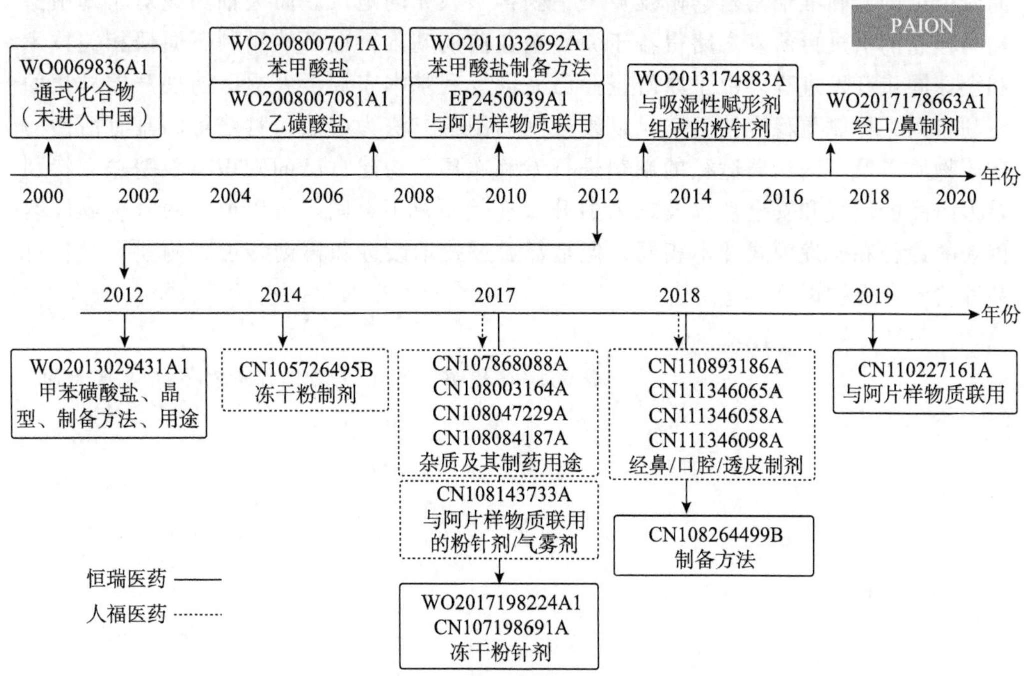

图 14 – 2　瑞马唑仑磺酸盐、甲磺酸盐研发历程和专利布局

作为一个刚上市的新药，瑞马唑仑还没有进入专利密集产出的阶段，相关专利共为38项。除了PAION、人福医药、恒瑞医药以外，拥有苯磺酸瑞马唑仑日本开发权的日本小野制药也提交了涉及制剂、制备方法和给药方案的专利申请（WO2015076340A1、WO2014136730A1、WO2014034890A1）。此外，国内企业也布局了瑞马唑仑的萘二磺酸盐、氢溴酸盐等其他盐型，包括成都倍特（CN105130996B、WO2018103119A1）、四川科伦（WO2017101808A1、CN107266452A），江苏恩华络康（WO2019158075A1）等，表明国内制药企业在瑞马唑仑改良型新药领域也在进行更多的尝试。

➢ 思考与启示

游离碱形式的化合物成盐后在溶出、稳定性方面有一定的改善，对于新药开发更有益处。由于最早葛兰素史克研发时期的专利布局前瞻性不足，没有在中国保护瑞马唑仑游离碱，而后续CENES布局的药用盐保护范围有限，特别是遗漏了与苯磺酸盐非常接近的甲苯磺酸盐，给国内制药企业留出了开发改良型新药的机会。恒瑞医药抓住这一漏洞，通过更改盐型进行专利规避和新药研发，创制的新药甲苯磺酸瑞马唑仑在2019年比人福医药引进的原研苯磺酸瑞马唑仑更早上市。2020年7月1日在我国正式实施的最新化学药品注册分类中，明确了在已知活性成分的基础上，对其结构、剂型、处方工艺、给药途径、适应证等进行优化，且具有明显临床优势的药品为改良型新药，其中包含了对已知活性成分成盐的物质。可以说，恒瑞医药已经在改良型新药的专利规避和再创新方面做了有益的探索并取得了成功，并在与原研引进的苯磺酸瑞马唑仑研发竞争中获得了领先的地位。而人福药业对于苯磺酸瑞马唑仑的引进再研发之路得益于原研企业前期基础，也必然受制于原研相关技术和全球同步开发进程。由于原研企业已完成专利基本布局，人福医药展开差异化的专利布局，更侧重稳定性研究，以改进制剂制备方法为起始，对获得的具有活性的杂质物质以及不同给药途径的制剂进行专利布局，构建自己的知识产权壁垒，特别是为产品的质量和安全性以及未来的升级换代预留了空间。可以说，两家企业虽然创新的途径和研发模式并不相同，但是都通过技术改进和再创新过程构建了对各自品种的专利保护网络。

（执笔：崔传明、陶冶，两位作者对本文贡献等同）

15 吡非尼酮

——在外围专利竞争红海中开拓创新蓝海

编者按 吡非尼酮的市场开发权分属于3家制药公司。美国InterMune、日本盐野义重点布局吡非尼酮治疗应用和治疗方式的外围专利，基于红海战略展开技术竞争。上海睿星基因在未占得专利先机的情况下，转向开发替代产品羟尼酮，依靠改进创新开辟出新的蓝海。

➢ 针对罕见病的免疫抑制类药物

吡非尼酮（Pirfenidone，PFD），化学名为5－甲基－1－苯基－2－（1H）－吡啶酮（见图15－1）。吡非尼酮是于2015年美国胸科协会、欧洲呼吸协会、日本胸科协会、拉丁美洲胸科协会联合发布的《特发性肺纤维化临床治疗推荐指南》中的推荐用药。研究表明，吡非尼酮可以通过调节或抑制细胞因子，抑制成纤维细胞的活性，减少细胞增殖和基质胶原合成，可用于治疗特发性肺纤维化（IPF）。❶

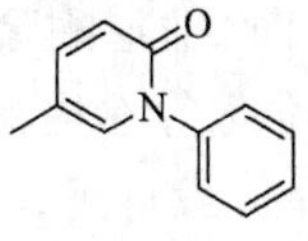

图15－1 吡非尼酮化学结构式

吡非尼酮化合物结构早已被公开，国内外针对吡非尼酮的药理学研究和新药开发经历了较为漫长的过程。在中国，上海睿星基因技术有限公司（以下简称“睿星基因”）于2004年提交了吡非尼酮的新药上市申请。2008年12月，日本盐野义（Shlonogl）制药株式会社（以下简称“盐野义”）率先获准在日本上市销售吡非尼酮片剂，商品名为PIrespa。之后，在2011年、2012年和2014年，美国InterMune生物制药公司（InterMune）在欧洲、加拿大和美国获准上市销售吡非尼酮胶囊剂，商品名为EsbrIet。而作为睿星基因的关联公司北京康蒂尼药业股份有限公司则于2013

❶ 梁旭华，程升晨，王晨阳，等．吡非尼酮的药理作用及光过敏性研究进展［J］．科技广场，2017（6）：30－33．

年12月获得国家药品监管部门批准生产上市销售吡非尼酮胶囊剂，商品名为艾思瑞。

➢ 权利转移分配加速多国上市进程

吡非尼酮属于哌啶酮类化合物。1956年，美国专利申请US2966492A中公开了该类化合物结构骨架，但是早期的申请大多关注哌啶酮化合物结构拓展及其制备方法，较少涉及治疗应用。直到1973年，专利DE2362958C2中首次公开了吡非尼酮的结构，并公开了该类化合物具有促尿酸和止痛作用。1980年，Solomon B. Margolin提交的公开号为AU5427080A的发明专利申请中公开了将吡非尼酮作为肺间质纤维化的治疗药物。Solomon B. Margolin曾担任先灵葆雅、卡特华莱士等多家医药公司的药理研究总监以及美国圣乔治大学医学院药理学系主任和教授，具有丰富的药物研究经验，于1989年成立了以吡非尼酮为主要产品的美国同行生物制药公司Marnac。1990年，Solomon B. Margolin继续提交了专利申请WO9009176A1，其中公开了将吡非尼酮用于修复和预防纤维化病变组织，该专利在澳大利亚、德国、加拿大、日本等多个国家获得授权。随后的几年，Solomon B. Margolin还提交了多件涉及该技术领域的发明专利申请，包括WO9426249A1、US5518729A、WO9741830A1等，涉及具有抗纤维化活性的吡非尼酮结构类似物，以及WO9627374A1、WO9710712A1、US5962478A等涉及吡非尼酮及其类似物的其他用途。总体上，早期吡非尼酮相关专利的所有权集中于Solomon B. Margolin及关联公司。

1996年11月，Solomon B. Margolin将涉及吡非尼酮用于修复和预防纤维化病变组织的专利权转让给了KDL股份有限公司（KDL）。1997年4月，盐野义从Marnac和KDL获得吡非尼酮在日本、韩国的开发权。2002年，InterMune与Marnac及其共同许可人KDL达成一项协议，获得了吡非尼酮除日本、韩国市场外的全球开发权，❶包括将吡非尼酮用于肾、肝和肺纤维化等在内的所有纤维化疾病的开发和商业化。之后日本生物制药公司GNI也获得了开发许可，并于2005年合并了睿星基因，通过睿星基因将吡非尼酮项目引入中国。

在专利权转移的同时，多项临床试验也顺利进行并获得初步成功。1999年，美国的Ⅱ期临床研究表明，吡非尼酮有望作为第一种改善IPF患者预后的抗纤维化药物，具有广阔的治疗前景。❷ 2002年，日本的临床试验结果显示该药物具有良好的耐受性，不良反应极小。❸ 2005年，在日本的一项双盲、安慰剂对照Ⅲ期临床试验中，评估了107名IPF患者使用吡非尼酮的治疗效果，结论显示，吡非尼酮在随访

---

❶ 骆毅（摘）. InterMune获得吡非尼酮的专利［J］. 国外药讯，2008（4）：20－21.

❷ RAGHU G, JOHNSON WC, LOCKHART D, et al. Treatment of idiopathic pulmonary fibrosis with a new antifibrotic agent, pirfenidone: results of a prospective, open－label phase Ⅱ study［J］. Am. J. Respir. Crit. Care. Med., 1999, 159（4）: 1061－1069.

❸ NAGAI S, HAMADA K, SHIGEMATSU M, et al. Open－label compassionate use one year－treatment with pirfenidone to patients with chronic pulmonary fibrosis［J］. Intern. Med., 2002, 41（12）: 1118－1123.

的9个月内可防止IPF急性加重，印证了对IPF患者显著的治疗效果。❶ 在此期间，吡非尼酮还获得了美国FDA授予的多项优先审评资格，包括孤儿药资格认定和快速通道资格认定等，为吡非尼酮临床项目吸引了更多的资金支持，加快了吡非尼酮研发及上市进程。

2010年，由于InterMune在美国进行的2项吡非尼酮Ⅲ期临床研究结果存在争议，其在美国的上市之路遭遇暂时性障碍。但是，美国之外地区的上市捷报频传。2011年2月，吡非尼酮在欧洲获批。2012年10月，加拿大卫生部为吡非尼酮授予优先审评资格，并在180天内完成审批，用于治疗成年患者的轻至中度IPF。2013年，吡非尼酮在中国成功上市。2014年，InterMune公布最新Ⅲ期临床研究获得的积极效果后，吡非尼酮在美国上市。而且，依据上述临床试验结果，吡非尼酮还获得了美国FDA的突破性治疗药物称号（Breakthrough Therapy DesIgnatIon），显示了吡非尼酮作为IPF药物的里程碑意义。而在吡非尼酮美国上市之前，罗氏制药也看中了吡非尼酮在抗纤维化领域的潜力以及强大市场生命力，以83亿美元的价格收购了InterMune。❷ 此次收购扩大了罗氏制药在呼吸系统疾病领域的业务，丰富了产品管线，也为吡非尼酮的上市之路注入了更多的资金和技术支持。

➢ 国内外专利布局特点鲜明

2000年以前，吡非尼酮全球发明专利申请量较低。在这一阶段，相关申请主要来自关联企业，但是，随着开发权的转移、临床试验的顺利进行以及吡非尼酮产品的成功上市，更多的国内外企业和科研机构也加入研究队列，而涉及吡非尼酮的制剂、制药用途等外围的专利申请也逐渐增多。吡非尼酮的上市进程主要由InterMune、盐野义和睿星基因推进，其中InterMune采用了广泛的布局策略，相关专利数量遥遥领先。

在国外，墨西哥细胞治疗与科技公司在已知吡非尼酮具有抗炎功效的基础上，申请了多件涉及凝胶、膏剂等局部外用制剂的专利申请，用于慢性皮肤损伤、痤疮等皮肤炎症性疾病的治疗，同时还有涉及缓控释制剂的申请。针对吡非尼酮口服剂量大、副作用明显的问题，Genoa制药公司于2012～2017年提出了多件吡非尼酮和其类似物的气雾剂申请。2014年8月，Genoa制药宣布，FDA已授予GP－101（吡非尼酮气雾剂）治疗IPF的孤儿药地位。据报道，该药物目前正处于临床研究阶段。另外，以氘代药物研究为主的Auspex制药公司和Concert制药公司围绕氘代吡非尼酮展开了专利布局。

在国内，中南大学围绕吡非尼酮衍生物开展了研究工作，并开发了吡非尼酮的结构类似物氟非尼酮，即1－（3－氟苯基）－5－甲基－2－（1H）吡啶酮，用于肺

---

❶ AZUMA A, NUKIWA T, TSUBOI E, et al. Double－blind, placebo－controlled trial of pirfenidone in patients with idiopathic pulmonary fibrosis [J]. Am. J. Respir. Crit. Care. Med., 2005, 171 (9): 1040－1047.

❷ 罗氏83亿美元收购InterMune生物制药并购热潮涌动［EB/OL］.［2014－08－26］. https://www.chinanews.com/cj/2014/08－26/6531339.shtml.

纤维化的治疗。研究表明，氟非尼酮能够抑制肺成纤维细胞的增殖，且作用强于吡非尼酮。中南大学围绕氟非尼酮的制备方法、制药用途进行了初步的专利布局，其中，专利 CN1218942C、CN101652138B、CN101874800B 已转让或许可给海口市制药厂有限公司。据报道，海口市制药厂有限公司与中南大学联合申请的氟非尼酮胶囊目前已完成Ⅰ期临床试验，结果表明氟非尼酮安全性和耐受性较好，Ⅱ期临床试验工作将于近期启动。[❶] 另外，国内已有多家企业申报吡非尼酮 3.1 类新药，其中，北京凯因科技股份有限公司（以下简称“凯因科技”）的吡非尼酮片于近期获批上市，成为国内第 2 个上市的吡非尼酮产品。凯因科技也申请了一项涉及吡非尼酮制剂的专利 CN101912395B，将崩解剂在制粒前后分两次加入，从而获得了一种溶出速度得到显著提高的吡非尼酮片剂。

作为吡非尼酮新药在不同国家和地区的上市许可持有人，InterMune、盐野义和睿星基因在吡非尼酮相关专利技术的挖掘和布局过程中各有侧重，其中 InterMune 在数量、技术主题方面占有绝对的优势，日本盐野义则主要关注制剂细分技术领域，在国外制药企业的夹攻之下，睿星基因则另辟蹊径，避免了与其他企业在专利竞争的赛道上一起挤独木桥，而是将技术研发重点转移到二代产品上，走出了一条改进创新的大道。

InterMune：关注不良反应，扩展治疗应用

自 2002 年获得吡非尼酮的开发权后，InterMune 开始了自主专利布局之路。如图 15－2 所示，该公司围绕吡非尼酮相关技术展开了全面、持续的专利布局，共申请了 237 项专利，且多数专利均布局在美国、澳大利亚、加拿大、日本、韩国、中国等国家和地区。

从时间分布来看，2009～2014 年是密集布局时期，此时也正是吡非尼酮的临床研究进入尾声，上市前景日益明朗的阶段。从技术主题来看，相关专利申请涉及了结构改造、制药用途、制剂工艺、制备方法、药物联用等多个方面。基于 InterMune 在干扰素和抗肝炎病毒药物领域积累的研究基础，其早期申请的专利类型以药物联用为主，例如将吡非尼酮与干扰素联合用于病毒性疾病和肝纤维化，或将吡非尼酮与其他抗肝炎病毒药物联用，之后则着力布局制药用途。值得关注的是，在制药用途专利中，有一半以上涉及如何避免吡非尼酮的不良反应的技术内容。例如 WO2007064738A1、US20080287508A1、US20110136876A1 等涉及在进餐期间或前后给予吡非尼酮从而减少口服吡非尼酮相关的不良事件；EP2308491A1、US20130045997A1、US20150111899A1 等涉及在给予吡非尼酮后，避免给予细胞色素 P450 酶抑制剂从而降低不良反应；另外，基于发现了吡非尼酮和氟伏沙明之间不良的相互作用，EP2324831A1、US7910610B1、WO2011069094A1 等提出避免两者联合给药；EP2471534A1、US20080194644A1、WO2008077068A1 则公开了一种可以用于吡非尼酮剂量递增给药方案的给药包，以减少不良事件的发生。可以看出，Inter-

❶ 海南海药：收到氟非尼酮胶囊Ⅰ期临床试验总结报告，Ⅱ期临床试验工作将于近期启动［EB/OL］.（2020－09－04）［2020－09－30］. https://www.jiemian.com/article/4933007.html.

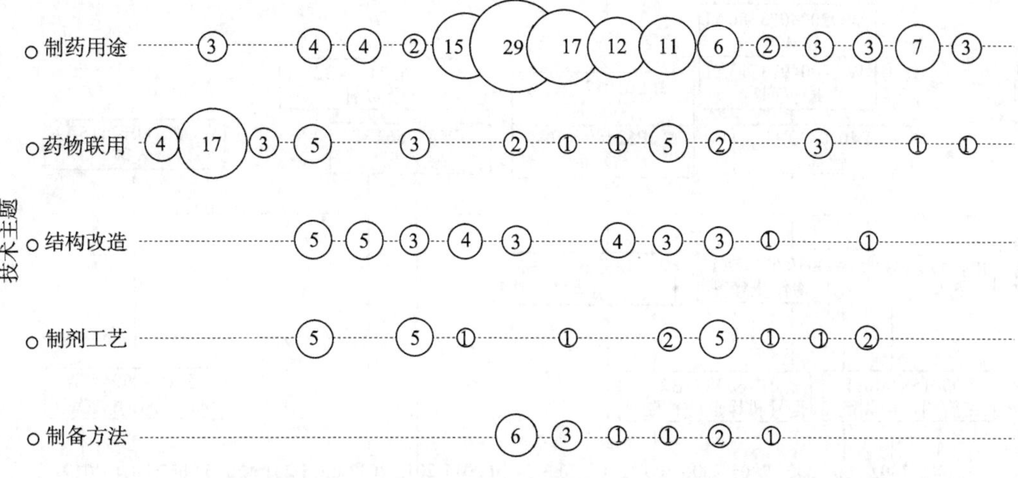

图 15-2　InterMune 涉及吡非尼酮专利申请的时间和技术主题分布

注：图中圆圈内数字表示申请量，单位为项。

Mune 不仅从结构改造、制剂工艺、制备方法等多个传统角度建立了严密的专利防护网，还致力于对吡非尼酮安全性的研究，挖掘相关专利技术，扩张专利保护的广度，为后续的适应证扩展留出更多空间。

盐野义：聚焦细分领域，专注制剂改进

盐野义在日本开展吡非尼酮临床研究并且实现了全球首发上市。尽管盐野义提交的吡非尼酮相关专利总量不到 InterMune 的 1/10，但是其对吡非尼酮的开发始于 1997 年，专利布局始于 2001 年，均比 InterMune 更早。与 InterMune 针对吡非尼酮开展的广泛的专利布局策略不同，盐野义重点关注制剂技术的改进和专利布局。由于吡非尼酮是用于治疗肺部疾病的药物，盐野义重点关注了吸入剂等新剂型的细分领域（见图 15-3）。

盐野义首先关注于吡非尼酮的作用机理研究和作用靶标的发现，在 2001 年提交了专利申请 WO0158448A1，涉及吡非尼酮的作用机理，通过研究发现其为凋亡相关因子，并申请保护吡非尼酮用于细胞凋亡相关疾病的应用。2019 年提交的申请 JP2019099547A 也是在发现了吡非尼酮能促进 PARK2 表达基础上，将其用于治疗细胞老化相关疾病。在结构改造方面，盐野义于 2001 年提交的专利 JP4137636B2 涉及了一种具有大麻素 2-型受体亲和力的吡啶酮衍生物，并且于 2003 年提交的专利申请 WO03070277A1 中涉及上述吡啶酮衍生物的止痒作用。在吡非尼酮上市后，盐野义专利布局的重点为药物制剂，并经历了从口服制剂、外用给药制剂的研究探索到聚焦吸入剂技术的发展过程。2002 年提交的专利 JP4077320B2 是在发现吡非尼酮具有臭味及苦味、压缩性低、光稳定性差等问题的基础上，提出了一种遮掩臭味及苦

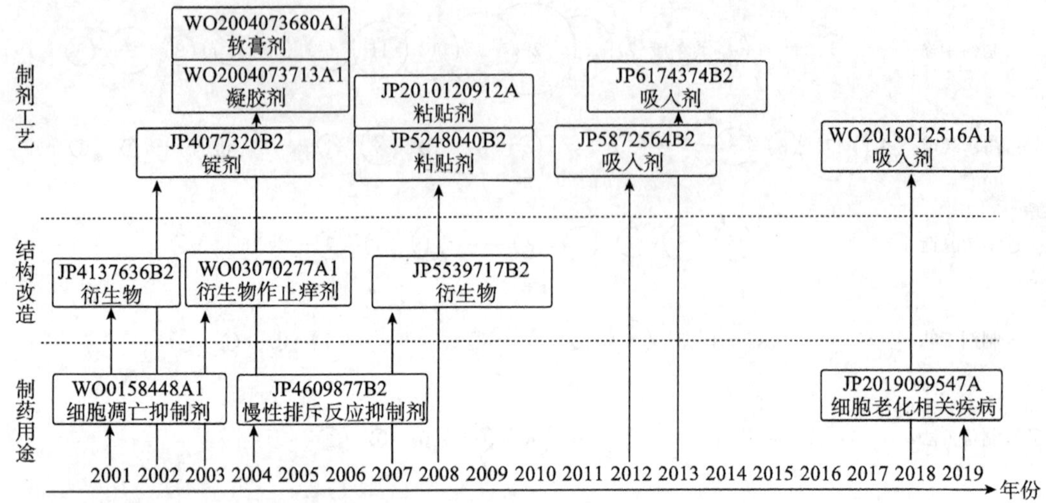

图 15-3 盐野义关于吡非尼酮的专利布局

味、提升光稳定性、主药含量高且压缩性佳的吡非尼酮锭剂。

日本制药企业在外用贴膏剂领域有着悠久的研究历史，也积累了丰富的研究经验。为了提高吡非尼酮对接触性皮炎、纤维性皮肤病等疾病的治疗效果，盐野义对吡非尼酮的皮肤局部给药方式进行了研究，并通过对辅料的改进获得了较好的效果。2004 年，盐野义提交了系列申请 WO2004073680A1 和 WO2004073713A1，分别涉及吡非尼酮液滴分散型软膏剂和吡非尼酮凝胶剂。前者将吡非尼酮溶解于适当溶解剂后再分散到软膏中，吸收好且使用感佳。后者则通过以部分疏水化的羟丙基甲基纤维素作为凝胶基质而得到了一种稳定且药物吸收好的凝胶剂。2008 年，盐野义提交了专利 JP5248040B2，涉及一种吡非尼酮粘贴剂，丰富了外用制剂类型。随着研究的深入，作为对上述粘贴剂的改进，同年提交的申请 JP2010120912A 则以克罗米通和己二酸二异丙酯作为溶解剂，提高了制剂中吡非尼酮的含量，改进了透皮性能，延长了作用时间。

尽管吡非尼酮口服片剂已于 2008 年在日本销售，并被广泛用于肺纤维化。然而口服药物经血液迁移，有可能产生全身性副作用。研究发现，许多患者在口服吡非尼酮后表现出药物诱发的光照性皮肤病的副作用。作为治疗肺部疾病的药物，将吡非尼酮靶向到肺部可以提高疗效，降低副作用，因此，盐野义于 2012 年提交了专利，涉及将吡非尼酮微粉化颗粒与载体充分混合，用于吸入给药，有效降低了药物诱发的光照性皮肤病风险。在上述基础上，盐野义对吡非尼酮吸入剂进行进一步研究，并于 2013 年提交了专利 JP6174374B2，涉及将吡非尼酮和缓释剂混合制备成适宜直径的固体分散体，加入载体后制备成吸入剂。进一步于 2018 年提交了申请 WO2018012516A1，涉及将吡非尼酮与硬脂酸镁共同喷射研磨粉碎制备颗粒，所述颗粒与载体混合后可以有效到达呼吸器官或组织，该粉末制剂吸入特性优异。通过对于吸入剂细分领域的深入技术研发和专利挖掘，盐野义已经转向吡非尼酮产品类型拓展领域。

睿星基因：及早转向替代产品，突出专利竞争重围

在开展吡非尼酮临床研究的早期阶段，睿星基因也主要关注吡非尼酮的制药用途的拓展，如图 15－4 所示，分别于 2004 年和 2006 年提交并获得授权的专利 CN100542532C 和 CN101484167B 均是对吡非尼酮第二制药用途的进一步开发，包括肝损伤坏死、急性肺损伤、放射性肺炎等。2005 年 5 月，GNI 收购睿星基因并启动了吡非尼酮作为 IPF 药物的Ⅰ期临床试验。同年 12 月，吡非尼酮作为放射性肺炎药物的Ⅱ期临床试验启动。三个月后，吡非尼酮作为 IPF 药物的Ⅱ期临床试验也同期启动。2009 年年底，睿星基因提交了吡非尼酮的新药申请，并于 2011 年 9 月获得 1.1 类新药证书。此外，睿星基因还对质量控制方法进行了专利挖掘，于 2018 年 3 月提交了发明名称为"一种吡非尼酮有关物质及其制备方法和用途"的申请（CN108285431A）。

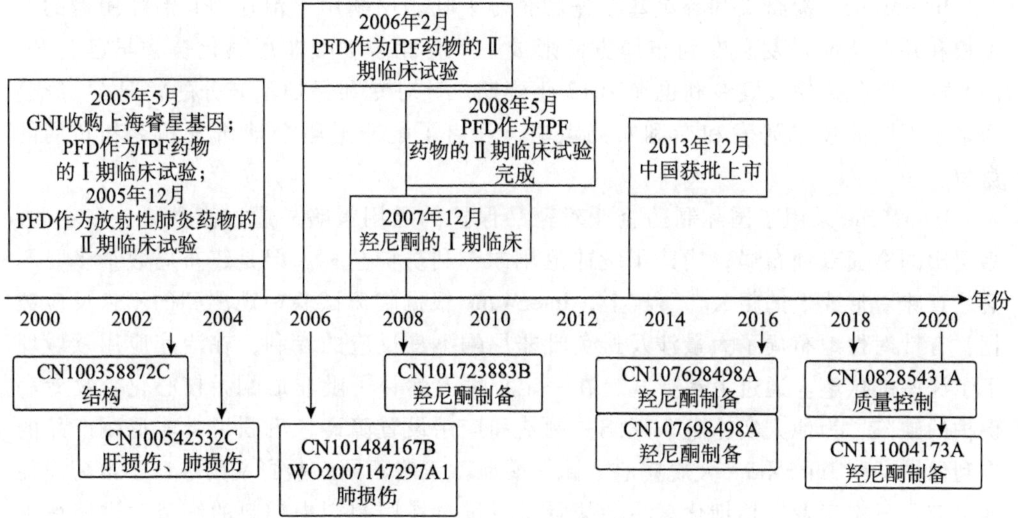

图 15－4 睿星基因及其关联公司的研发历程和专利布局

由于吡非尼酮是引进产品，相关专利权利被转让给多个制药企业，睿星基因在布局的时机和技术水平上均不占优势，因此，该企业很早就转变技术研究方向，针对吡非尼酮开展改进创新，挖掘效果更优的衍生物，致力于新的替代产品的研发。早在 2003 年，睿星基因即提交了首件涉及吡非尼酮衍生物的专利申请并获得授权（CN100358872C）。该专利中公开了化合物 5－甲基－1－（4－羟基苯基）－2－(1H)－吡啶酮，在吡非尼酮的苯环对位增加了羟基取代，后被命名为羟尼酮。与之相比，InterMune在 2006 年才开始提交吡非尼酮衍生物申请，盐野义针对涉及衍生物的布局则主要关注作为止痒剂使用。可以说，在针对 IPF 治疗药物领域的替代产品布局方面，睿星基因走在了国外竞争者的前面。

羟尼酮的作用机理与吡非尼酮相同，通过抑制纤维原细胞在细胞组织中的增殖和减少胶原质的合成达到治疗肺纤维化的效果。由于结构上具有相似性，羟尼酮的

化合物专利说明书记载了羟尼酮对成纤维细胞的抑制作用比吡非尼酮更强的效果，在审查过程中，还补交了对比实验数据证明化合物在抑制胶原合成方面的效果优于现有技术。该专利申请在中国、美国、日本、加拿大、澳大利亚等国家获得了授权。而且，睿星基因在InterMune、盐野义专注于吡非尼酮的外围专利布局和临床研究的同时，加快布局羟尼酮，特别是进行了成药相关的技术储备，从多个角度对羟尼酮的制备方法进行了探索和研究，为工业化生产奠定了良好的基础。同时，睿星基因积极推动羟尼酮的临床研究，并于近期取得显著进展。2020年8月，睿星基因的母公司GNI宣布，羟尼酮治疗乙肝相关肝纤维化的中国Ⅱ期临床研究获得了阳性结果。可以预期的是，羟尼酮在未来的IPF疾病治疗领域将与吡非尼酮形成有力的竞争。

➢ 思考与启示

InterMune、盐野义和睿星基因先后获得了吡非尼酮用于治疗IPF治疗用途的开发权利并在技术开发和专利布局方面形成了平行竞争。吡非尼酮化合物早已公开，涉及抗纤维化用途关键专利也在2012年到期。针对专利保护不充分的状况，3家公司基于不同的技术研发和专利布局策略，开启了吡非尼酮全球研发和专利布局的竞争。

InterMune采用了国际制药企业对药品保护的通用策略，通过高数量、多主题、多层次的全面专利布局，构建了吡非尼酮的专利防护丛林。但是，布局数量多并不必然意味着形式上的粗放，事实上，InterMune根据临床试验中观测到的不良反应数据，有针对性地布局了大量涉及避免吡非尼酮不良反应的专利，在治疗应用领域埋下了深厚的伏笔。通过上述方式，在一定程度上弥补了吡非尼酮无核心化合物专利保护的缺陷，为他人实施吡非尼酮的制造和应用设置障碍，巩固了吡非尼酮产品的专利保护。与InterMune大规模地“跑马圈地”策略不同，盐野义则专注于给药途径的研究。日本工业以精细化著称，盐野义通过对外用制剂中辅料的细节改进获得了专利保护，借助制剂领域的研发优势，该公司在吡非尼酮上市后继续开展吸入剂研发，将吡非尼酮靶向到发病部位，提高用药的安全有效性和患者顺应性，通过在制剂细分领域小而精的专利布局实现“四两拨千斤”的效果。可以预见的是，在肺部疾病治疗领域，吸入剂的方式将会有非常广阔的前景，并为企业带来可观的收益。

由于吡非尼酮的市场开发权被瓜分，InterMune和盐野义在专利布局过程中主要关注具有市场开发权的相关区域市场，但是也并未放弃未来跨区域竞争的可能性。InterMune在吡非尼酮衍生物领域的3件专利均在中国获得授权（CN102099036B、CN104822687B、CN106459042B），盐野义涉及吡非尼酮重点制剂的专利也获得了中国专利权利，包括贴剂（CN102281879B）和吸入剂（CN103917223B）。

在此情况下，如何突破国外制药企业专利技术的壁垒，在多家瓜分吡非尼酮市场权益、已经形成激烈的专利竞争局面中突破重围，成为睿星基因的主要挑战。国外制药公司专注于吡非尼酮治疗应用和治疗方式的竞争，或开展联合用药、制药用途专利布局，或开展制剂技术布局，期望在局限于吡非尼酮上市后取得更大的利益。

睿星基因在专利申请受限、技术水平不足以直面竞争的状况下，转向开发替代产品羟尼酮，并抢先展开了专利布局，积极推进临床研究并取得了一定的进展。可以说，睿星基因通过拓展尚未形成竞争的新领域，依靠创新开辟新的蓝海，从现有专利竞争的红海中脱颖而出，成功的策略值得制药企业学习借鉴。

（执笔：邓丽娟）

16 达诺瑞韦、可洛派韦、拉维达韦

——引进品种在专利技术再创新之路上“倍道兼行”

编者按 达诺瑞韦、可洛派韦、拉维达韦都是国内制药企业从国外引进的抗丙肝新药。基于转让或授权许可的不同模式，企业在新药本土化进程中探索出了各具特色的专利技术再创新策略。通过参与国际创新药的研发分工，使优质创新药在国内尽早上市并构建自有专利保护体系，成为企业在创新之路上“倍道兼行”的选择。

➢ 抗丙肝病毒药物接连获批上市

丙型病毒性肝炎（以下简称“丙肝”）是由丙型肝炎病毒（HCV）引起的传染病，HCV 具有很强的传染性，一旦感染很难治愈，极易发展为肝硬化或肝癌。在丙型肝炎直接抗病毒药物（Direct Acting Antivirals，DAAs）药物出现之前，丙肝标准治疗方案主要为乙二醇干扰素 α-2a 联合利巴韦林，存在治愈率低、治疗周期长等缺点。DAAs 的出现，极大地克服了传统标准治疗方案的不足，提高了丙肝的治疗效果。已知 HCV 含多种结构蛋白和非结构蛋白，非结构蛋白 NS3/4A、NS5A 和 NS5B 是目前 DAAs 的主要作用靶点，在病毒复制过程中十分重要，是目前抗 HCV 药物的研究热点。

达诺瑞韦（Danoprevlr）由歌礼生物科技有限公司（以下简称“歌礼制药”）在国内进行新药申报并于 2018 年上市，商品名为戈诺卫。达诺瑞韦靶向 NS3/4A 蛋白酶，可显著阻断细胞内病毒的产生并促进病毒降解，同时能够抑制病毒组装与释放，其对基因 1 型、4 型 HCV 病毒均具有活性。在达诺瑞韦之后上市的可洛派韦（CoblopasvIr）是 NS5A 抑制剂，同时也是我国首个申报上市的泛基因型直接抗病毒药物，由北京凯因科技股份有限公司（以下简称“凯因科技”）申报并于 2020 年 2 月获批上市，商品名为凯力唯。其与抗丙肝重磅炸弹药物索非布韦联合使用能覆盖主要的患者人群，与国际一线治疗方案相当。拉维达韦（Ravidasvir），又名瑞维达韦，同样是泛基因型 NS5A 抑制剂，并且也是歌礼制药继达诺瑞韦之后申报上市的第二个抗丙肝病毒药物，Ⅱ/Ⅲ期临床试验显示，410 位 HCV 基因 1 型患者应用拉维达韦联合达诺瑞韦治疗方案12周，治愈率达99%。❶ 2020年7月，盐酸拉维达韦片在中国获批上市，商品名为新力莱。

达诺瑞韦、可洛派韦、拉维达韦（见图16－1）是近几年来在我国接连获批上市的抗丙肝新药，具有良好的治疗效果和应用前景。这3种药物存在一个显著的共同点，即它们均是我国制药企业通过授权许可或转让等模式引入国内开展临床阶段并申报上市的创新药。随着医药市场的竞争加剧，一些研发效率高的国内制药企业开始选择引进海外进入临床阶段、具有良好应用前景的新药来研发，以更高的成功率获得候选新药，享受政策红利并以最快的速度通过新药审批上市，同时还能快速增强自有团队的技术实力，甚至直接弥补企业现有产品线的不足。比较这3种药物的专利情况，也不难发现引进药物在专利布局方面，特别是进入我国以后的专利布局中存在一定的共性和个性。

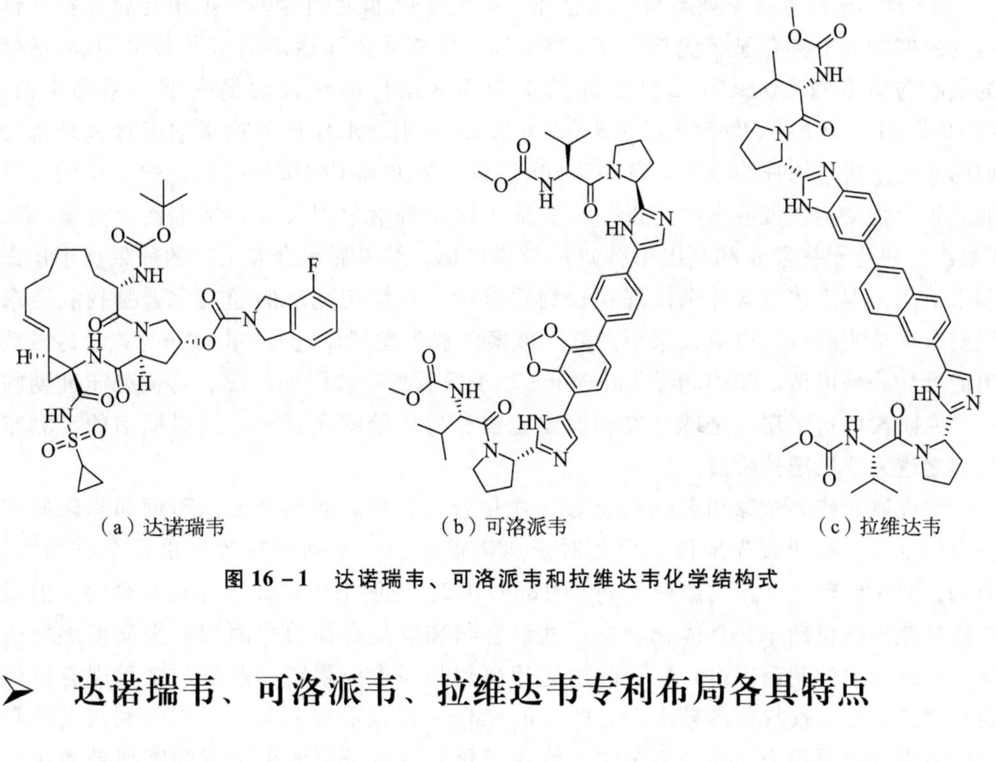

(a) 达诺瑞韦　(b) 可洛派韦　(c) 拉维达韦

图16－1　达诺瑞韦、可洛派韦和拉维达韦化学结构式

➢ 达诺瑞韦、可洛派韦、拉维达韦专利布局各具特点

达诺瑞韦：合作引进品种，技术改进与专利布局焦点与上市进程密切关联

全球范围内，以达诺瑞韦为主题的专利申请共46件，申请量超过一件的申请人按照申请数量排序依次为罗氏制药（12件）、InterMune（8件）、艾伯维（8件）、法国国家健康与医学研究院（3件）以及歌礼制药（2件）。其中，InterMune最早于2004年提交了记载达诺瑞韦结构的专利申请，是达诺瑞韦的原研企业，随后专利权

❶ 歌礼制药2019中期报告［EB/OL］.（2020－10－14）［2020－10－30］. https://www.ascletis.com/data/upload/admin/20200116/5e1fbedf11767.pdf.

利转移至罗氏制药。InterMune 和罗氏制药拥有较多数量的达诺瑞韦相关专利申请，主要涉及化合物、化合物制备、用途、联合用药和制剂等。艾伯维、法国国家健康与医学研究院申请较晚，全部主题均为达诺瑞韦联合给药方案，是在原研专利基础上进行的外围研究。歌礼制药 2 件申请分别涉及化合物晶型和联合给药，并且除这 2 件专利以外，以转让和独占许可方式获得了原研企业化合物、用途、制备方法专利申请在中国的专利权。

由于达诺瑞韦原研专利存在多次转让情况，作者针对历任专利权人 InterMune、罗氏制药和歌礼制药的在华申请情况进行了分析。从图 16－2 可以看出，随着时间推移，达诺瑞韦的专利权人由 InterMune 转至罗氏制药，继而转向歌礼制药（图中虚线框代表该专利由专利权人许可歌礼制药实施）。而且，根据进入该产品研发的时段不同，各制药企业在技术改进中的关注方向也有所区别。

InterMune 作为一家创新型制药企业，研发了吡非尼酮等多个上市药物，在新结构的发掘能力上具有显著优势。CN1889970B 是最早公开达诺瑞韦及其抗 HCV 活性的核心物质专利，InterMune 随后还就类似通式结构的化合物提交了一系列申请：CN1938311A、CN101784549A、CN102046622A 分别请求保护与达诺瑞韦母核结构相似的通式结构，均视为撤回。其中 2009 年申请的专利 CN102046622A 中不仅记载了通式化合物结构，说明书中还进一步验证了达诺瑞韦单用及合并标准治疗方案 SOC（聚乙二醇化干扰素 α 和利巴韦林）的效果对比，结果显示合并治疗的效果优于达诺瑞韦单用，但上述方案并未体现在权利要求中，当结构宽泛的通式化合物权利要求受到审查员质疑后，申请人未予回复，该案件视为撤回。这是 InterMune 关于达诺瑞韦的最后一件申请。2010 年，InterMune 基于发展战略和财务状况，将尚处于Ⅱ期临床研究阶段的达诺瑞韦全球开发和商业化权利出售给罗氏制药，达诺瑞韦的专利布局随之进入罗氏制药阶段。

罗氏制药作为全球知名制药企业，在化合物合成、制剂开发、药理和临床研究等方面都处于行业领先地位，因此对于达诺瑞韦的一系列研究改进也是全方面的。首先，对于经转让获得的原研专利 CN1889970B，说明书中记载了通式化合物，但最终授权范围仅包括单一具体化合物、其组合物和该化合物治疗丙型肝炎病毒感染个体、肝纤维化的制药用途，在制药用途从属权利要求中限定了药品与多种现有抗病毒药物的组合，授权范围较小。对此，InterMune 以及罗氏制药先后以专利权人的身份就该专利申请提交多件分案申请，将通式化合物以及说明书记载的其他具体化合物及制药用途进行保护，这些分案申请也在中国获得了授权，但并未向歌礼制药转让，即 InterMune 和罗氏制药仍然掌握着后续可能产生的新药的核心物质专利权。

达诺瑞韦含有大环结构，合成步骤较为复杂，在原研专利 CN1889970B 中记载其合成过程包括闭环以形成大环结构的复分解反应，需使用含钌催化剂。罗氏制药进一步对制备方法进行了改进，在 CN101479283B、CN101903391B、CN101970396B、CN102112442B 4 项授权专利中记载了对分解过程中所需的钌催化剂及相应合成方法的改进研究，这 4 项专利与达诺瑞韦的原料药制备密切相关，罗氏制药也均向歌礼制药授予中国的独占实施许可。此外，罗氏制药还进行了达诺瑞韦与其他药物的组

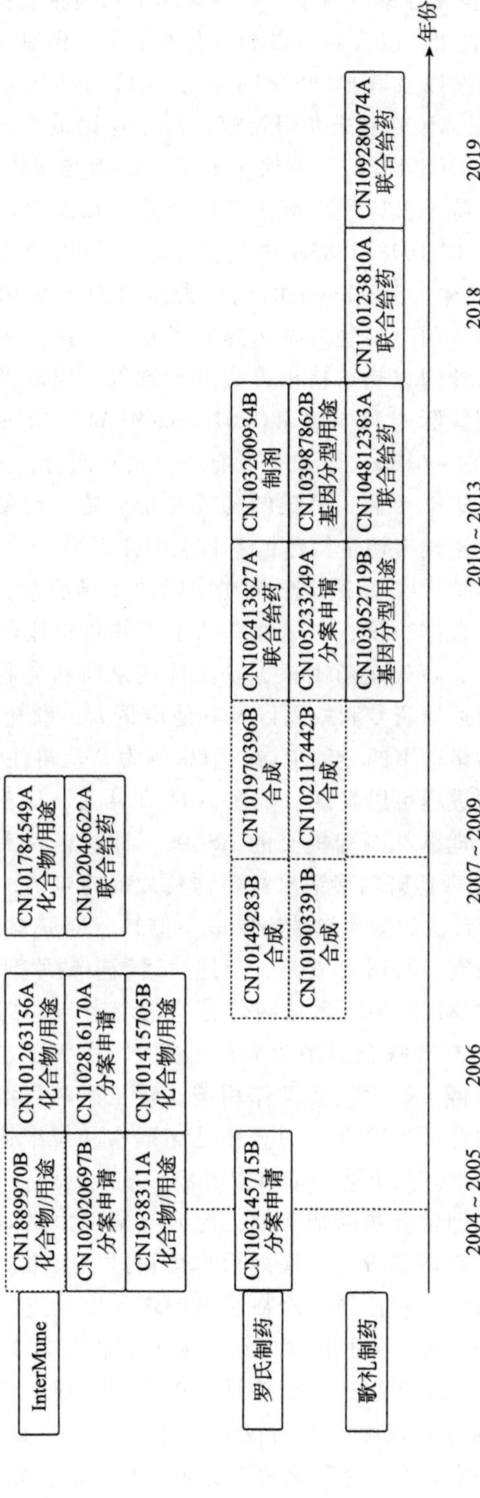

图16-2 InterMune、罗氏制药、歌礼制药以达诺瑞韦为主题的在华专利申请情况

合研究，CN102413827A 及其分案申请中，将达诺瑞韦与包括利托那韦在内的细胞色素 P450 单加氧酶抑制剂联用，以升高达诺瑞韦血液水平，但基于达诺瑞韦早前已被公开的 NS3/4A 抑制剂活性以及其他 NS3/4A 抑制剂可与利托那韦在内的细胞色素 P450 单加氧酶抑制剂联用，该专利未获得授权。对于达诺瑞韦与其他抗病毒药物的联用，罗氏制药的专利 CN103987862B 中保护了达诺瑞韦与聚乙二醇干扰素 α－2a、利巴韦林的组合用于具有特定基因型丙肝患者的用途，该组合能在 2 周内快速产生应答。另外，罗氏制药在 CN104812383A 中验证了在不使用聚乙二醇化干扰素的情况下，达诺瑞韦与利巴韦林、SetrobuvIr 的抗病毒组合对丙肝病毒的作用效果。并且，罗氏制药也最早就达诺瑞韦的制剂技术提交了专利申请，在 CN103200934B 中，记载了将达诺瑞韦与泊洛沙姆以热熔挤出方式进行制剂，能够增强化合物在水环境中溶出度和口服吸收。而国际专利申请 WO2012062691A1（未进入中国）是将达诺瑞韦与核苷类抗病毒剂 PSI－6130（索非布韦前药形式）组合，并使用泊洛沙姆进行制剂。可以说，在接手达诺瑞韦后，罗氏制药通过衍生物、制备方法、联合用药和制剂等技术的研究，为达诺瑞韦初步构建了专利保护体系。

2013 年，基于研发经验和看好达诺瑞韦在中国的市场前景，歌礼制药与罗氏制药就达诺瑞韦展开合作。根据协议，由歌礼制药出资并负责该药物在中国（含港澳台）的开发、注册、生产，罗氏制药则根据阶段性成果向歌礼制药支付药物开发及商业化里程金。相对于前述原研专利权人以及其他申请人，歌礼制药于 2018 年 2 月才初次提交了 2 件关于达诺瑞韦的专利申请，似乎颇为“沉得住气”。但是，通过达诺瑞韦在中国上市审批的进程可以发现，早在 2014 年 4 月，国家食品药品监督管理总局药品审评中心就已受理歌礼制药提交的 ASC08，即达诺瑞韦化原料药和片剂的新药审批申请，2017 年受理达诺瑞韦钠原料药物及片剂的申请，2018 年 2 月，歌礼制药在 CN109280074A 中首次记载达诺瑞韦钠晶型结构，对获得的晶型的理化性质、可制剂性进行了表征和研究，2018 年 6 月，前述达诺瑞韦钠片剂申请获得上市批准。而在另一件申请 CN110123810A 中，歌礼制药将达诺瑞韦与其拥有知识产权的另一药物拉维达韦组合，证实二者联合应用为有效的抗 HCV 治疗方法，并具有增强效应，相对于单用药物，获得了扩大抗病毒作用谱、防止耐药病毒株出现的效果，还解决了拉维达韦的耐药问题。2020 年 8 月，由达诺瑞韦和拉维达韦组合的全口服丙肝治疗方案也获得上市批准。从上述行动可以看出，歌礼制药并非“按兵不动”，而是早就以最快速度提交原型化合物新药审批，此后又集中力量对更适合制剂和应用的化合物形式申请专利和新药审批，一系列操作可谓既快又准。但是，全球抗丙肝药物市场仍在不断推陈出新，歌礼制药面临着维持现状以及进一步扩张市场份额的考验。另外，达诺瑞韦受许可实施的首项原研物质专利将在 2024 年到期，对于专利权人或许可实施人而言，显然存在进一步拓展外围专利布局、延长产品保护期限的需求，距今已不足 4 年的专利期限使专利权人或许可实施人须尽早开展相关研究。未来歌礼制药需基于专利实施许可范围来提交更多专利申请，并根据现有专利情况，逐渐将申请主题转向晶型、制剂、用途细化等外围方向，从而在这一引进药物的自主创新领域赢得更多领地。

可洛派韦：获得专利权转让，激发更强的创新积极性

可洛派韦最早也是由 InterMune 研发的抗 HCV 活性药物。与达诺瑞韦的合作研究模式不同的是，可洛派韦是以专利权转让的形式由凯因科技引进我国的，并且转让时原研企业仅有 1 件专利申请，此后涉及化合物及其抗 HCV 用途、化合物的盐和晶型以及制剂等技术领域的 5 件专利申请（包括基于原研专利的 2 项分案申请）均由凯因科技提交。

在 InterMune 的原研物质专利 CN102791687B 中，记载了可洛派韦所属的通式结构、具体化合物和多个化合物抑制 HCV 复制的实验效果，2013 年该专利的申请人变更为凯因科技，并自此开启由凯因科技对可洛派韦的独家研发阶段。前述物质专利授权范围包括通式化合物、具体化合物、含化合物的药物组合物，以及药物组合物针对 HCV 感染、肝纤维化和增加 C 型肝炎病毒感染个体肝功能的制药用途。该专利授权后，凯因科技作为申请人又提出 2 项分案申请，分别在权利要求中改变化合物的保护范围，均被授予专利权，由此实际上获得了更大的专利保护范围。随后，凯因科技在 CN108675998B、CN109134439B 中通过近 80 种不同的重结晶试验筛选得到适合制剂的可洛派韦盐酸盐晶型，并对晶型进行了表征。基于该具体晶型考察了适于制剂的填充剂、助流剂、润滑剂种类及用量，检测晶型在制剂中的含量变化，为可洛派韦制剂商品化奠定了基础。

可以说，在原研企业仅提交了一件专利申请时，凯因科技就以最快速度注意到了可洛派韦的应用前景，不仅迅速从原研企业手中获得核心化合物的专利权，还很快提交分案申请，成功获得了更大的化合物保护范围，显然更具有知识产权保护意识和专利布局经验，也积极开展了化合物晶型和可制剂性的研究，并通过多件专利予以保护。

除了上述 5 件专利申请以外，唯一由其他申请人提交的 1 件可洛派韦专利申请来自 ATEA，ATEA 为一家美国的小型制药公司，但在抗病毒药物研发方面的实力不容小觑，2020 年罗氏制药曾宣布与之联合开发抗冠状病毒的口服药物。在专利申请 WO2020117966A1 中，ATEA 将其自主开发的核苷类抗病毒药物与可洛派韦进行联合应用，该专利说明书中还对于可洛派韦与硫酸、硝酸等多种酸加成盐的种类、结晶溶剂等进行了详细考察，对获得的晶型的性状、结构予以表征，并进一步考察此两种化合物共同制剂时合适的辅料种类和用量，在其当前权利要求中要求对多种可洛派韦晶型及其抗 HCV 的用途予以保护。

拉维达韦：受到多家企业关注，未来可能面临激烈的专利竞争

拉维达韦的原研企业为美国制药公司 PRESIDIO，其是一家致力于小分子抗病毒治疗药物的制药公司，近年来专注于抗 HCV 药物，包括 NS5A 和 NS4B 泛基因型抑制剂。拉维达韦也是由歌礼制药引进中国，与之前对达诺瑞韦采取合作研发模式不同的是，歌礼制药通过受让拉维达韦专利权的方式获得在中国的所有权利。全球范围内，以拉维达韦为主题的专利申请共 16 件，其中 PRESIDIO 申请 3 件（最早公开

化合物的在华专利权转让给引进歌礼制药，1 件涉及化合物的国际专利申请未进入中国），歌礼制药自主申请 3 件，分别涉及拉维达韦的制备方法和联合给药方案。

CN102647909B 是 PRESIDIO 记载通式基本结构、具体化合物及化合物抗 HCV1b 活性的基础专利，该专利申请中记载了 400 余个具体化合物结构，包括后来命名为拉维达韦的具体化合物，显示出良好的抗病毒作用。该专利申请于 2014 年 3 月被授予专利权，2017 年 4 月，专利登记簿中的专利权人变更为歌礼制药。在 CN102647909B 中，化合物抗病毒活性是以效力等级来记载的，多个化合物存在相同等级的抗病毒效力，显然，PRESIDIO 从中发现了拉维达韦的治疗潜力，并在 2013 年就拉维达韦单一化合物盐酸盐的具体晶型提交了专利申请。然而，TIBOTEC 制药公司在此前就提交了专利申请 WO2011054834A1，其中记载了与拉维达韦核心结构类似的化合物，尽管其请求的保护范围中并不包括拉维达韦，但在该专利申请说明书实施例中实际制备了拉维达韦盐酸盐并记载产物为结晶形式，因此，PRESIDIO 在后提交的化合物晶型专利申请未能在中国获得授权。

在获得化合物核心专利的专利权后，歌礼制药开始了对拉维达韦商品化的自主研发之路。针对拉维达韦原生产工艺中多个步骤均存在的产物复杂、产物与催化剂难分离、即使公斤级投料也需要多次柱层析纯化的问题，在原工艺基础上，通过改变反应缩合剂实现了减少异构体副产物的效果，以活性炭脱除、增加多次结晶步骤等手段替代柱层析，在扩大至吨级的生产规模下收率还能提高 20%，并将这一条适用于工业化大生产的技术路线提交专利申请 CN109134439A。

此外，歌礼制药提交的专利申请 CN110123810A 中对该公司两个现有丙肝药物拉维达韦与达诺瑞韦联合抗 HCV 的效果进行了研究。索非布韦作为早先上市的重磅抗丙肝病毒药物，与其他 DAAs 的联合应用同样广受关注。临床上已有将拉维达韦与索非布韦的联合治疗的实验研究，索非布韦作为 NS5B 聚合酶靶点抑制剂，与拉维达韦作用于 NS5A 的效果相配合，具有良好效果。歌礼制药经研究发现，索非布韦与拉维达韦二盐酸盐的具体形式在固体状态下虽然具有较好的化学相容性，但在水中拉维达韦二盐酸盐溶解度呈 pH 依赖性，当溶出介质 $pH \geqslant 3.0$ 时，拉维达韦溶解度受限，并导致片剂局部离子强度过高，进而影响索非布韦的溶出速率，一旦索非布韦溶出速率降低，未溶解部分药物又会反向干扰拉维达韦的溶出速率。基于上述发现，歌礼制药对于索非布韦与拉维达韦联合治疗方案的可制剂性进行了研究，通过加入特定种类、特点比例的崩解剂，使片剂能快速崩解，减少制剂在水中的接触时间，通过双层片或者三层片的设计，减少了两个组分之间的物理接触，两项手段结合使两种活性成分在快速溶出的前提下将相互干扰降至最低，从而提供了治疗效果好且成分稳定的药物制剂，并据此提交专利申请 CN110693887A。歌礼制药后续提交的几件相关专利申请目前尚未进入审查阶段。

值得注意的是，与达诺瑞韦相比，拉维达韦及其类似物更受国内外制药企业的关注，SANDOZ 制药公司就拉维达韦在内的 HCV 抑制剂制备聚合物包封颗粒的制剂提交专利申请；Enanta、吉利德、百时美施贵宝、InterMune、TIBOTEC、葛兰素史克等制药公司分别就拉维达韦类似结构的抗 HCV 化合物提交专利申请，在这些专利申请的说明书中还均涉及了拉维达韦或其盐的结构以及具体晶型，意味着拉维达韦以及与其具有相同基本结构的一类化合物的良好应用前景已引起广泛关注。除上述专利以外，合肥科尚、苏州朗科两家以仿制药为主的国内企业以及瑞士 HC 制药分别针对拉维达韦制备方法或中间体的改进提交专利申请，表明这一引进品种也已受到国内外仿制药企业的关注，专利权人可能在未来面临更多竞争和挑战。对于专利权人歌礼制药而言，其围绕拉维达韦构建的专利布局中包括了合成方法、化合物晶型和联用用途，相对达诺瑞韦布局更为完善，再次体现了与授权许可药物相比转让引进药物使企业在自主创新研究中有更高的积极性和自由度，基于当前拉维达韦的竞争态势，进一步提交相关外围专利可能有助于歌礼制药完善保护屏障、更充分地发挥引进品种的潜力。

➢ 基于合作或引进的不同研发模式，企业在专利布局方面各有考量

达诺瑞韦、可洛派韦、拉维达韦都是近年来从外国引进的抗丙肝药物。借助国外创新型制药企业对新化学实体的研发能力，国内企业积极参与国际创新药研发的分工协作中，并在此过程中，增强了自身研发实力，加快了具有临床优势的创新药在国内的上市速度，满足患者的用药需求，这是我国制药企业在自主创新之路上探索出的一种“倍道兼行”的选择。

这 3 种抗丙肝创新药在引进时间、目标市场等方面有一定的相似性，但是基于不同的引进模式，国内企业在后续专利布局策略方面产生了一定的差别。比较而言，达诺瑞韦、可洛派韦的原研专利权人都曾试图通过分案申请的方式扩大已获得的化合物保护范围，又都由国内被许可方或受让方完成了晶型等涉及药品上市审批相关的专利申请，且被许可方或受让方的自主专利相对局限于晶型或其制剂的单一主题。但有所不同的是，达诺瑞韦化合物的分案申请由原研专利权人 InterMune 及罗氏制药分别提交，但是 InterMune 放弃了后续分案而罗氏制药成功争取到更大保护范围。根据分案申请提交时间推测，可能在提交分案申请时 InterMune 已经与罗氏制药达成转让意向，因此 InterMune 不再耗费过多精力于分案申请，而由受让专利权的罗氏制药自行争取保护范围，这实际上与可洛派韦在受让专利权后力图扩大保护范围的思路如出一辙，表明专利权人有充分挖掘品种潜力的动机和需求，对授权范围高度重视、分毫不让。而可洛派韦作为一种转让引进品种，受让方凯因科技获得的是专利权利，与被许可实施品种达诺瑞韦相比，可洛派韦的研究相对自由程度更高、自主性更强，例如凯因科技就晶型这一主题开展了大量的实验研究，不仅获得了数十种晶型化合物，还围绕部分晶型进行了制剂、分析等一系列实验，详尽程度已经超出了仅为获得新药审批所必需的专利申请内容，可以看出凯因科技对可洛派韦的开发具有很高的积极性。当前可洛派韦尚存巨大的专利布局空间，从凯因科技所展现出的积极态度，可以想见未来企业会就可洛派韦其他主题构建全方位的专利保护屏障，充分发挥引进品种的技术优势。

达诺瑞韦、拉维达韦同为歌礼制药引进的品种，歌礼制药对二者分别开展的专利布局已经体现出企业在引进外来药物后自主研发能力和专利布局思路上的提升。歌礼制药步入行业之初，选择了在国际关注度高、国内存在巨量潜在市场的抗丙肝药物作为开山之作，可谓深思熟虑之举。其中，达诺瑞韦是歌礼制药首个开发产品，以许可方式引进，这可能是初入行业的一种容错率较高的选择，原研企业已经完成了化合物、制备方法、用途等专利权的基本布局，弥补了引进方在相关技术、人员、设备以及专利布局思路上可能存在的不足，从歌礼制药后续提交的晶型和联合用药申请来看，企业当时提交的专利申请可能是为了就药物上市审批必须公开的内容寻求专利保护，一定程度体现了企业在该阶段所具备的研究能力，以及集中现有研究力量服务于产品上市审批的专利申请思路。与此同时，原研企业未放弃未来的开发可能性，对药物进行了较为完善的布局，留给歌礼制药的自主研发空间有限。因此，在引进第二个药物拉维达韦时，企业选择了以权利转让方式引进，获得了引进品种的完整专利权，也为药物开发赢得了更自由的空间。虽然在引入品种的选择上仍然聚焦抗丙肝药物，但歌礼制药已经敢于选择在制备技术上还存在显著不足的药物品种，并以此为契机，提升企业自身对药物合成制备以及扩大化生产的技术改进能力，并以改进的制备方法为起始开展拉维达韦自主知识产权布局。随后，在药物制剂研究中体现出成熟的研究思路和强劲的技术能力，在原专利权人和其他申请人已率先就拉维达韦晶型、制剂形式提出申请的前提下，也能够涉足药物制剂及分析领域，以复杂的多层片剂方案开展外围专利布局。而围绕拉维达韦的潜在竞争一方面体现了药物本身的价值，另一方面是对歌礼制药的激励和考验，企业若能构建完善的专利壁垒、合理阻击对手，将有效提升其行业竞争力。

➢ 思考与启示

除了歌礼制药和凯因科技外，近年来我国多家制药企业如先声药业、再鼎医药等也通过类似方式引进了国外品种进行开发，引进药物已经成为我国创新药研发的一种重要模式，另外，我国也有一些自主研发的创新药物品种输出海外进行临床研究甚至上市，但总体而言，我国医药领域创新主体在专利引进中主要作为受让/被许可一方。基于达诺瑞韦、可洛派韦和拉维达韦 3 个抗丙肝药物引进我国后的专利布局过程分析，笔者认为，对于通过引进方式获得的自主知识产权，在围绕核心专利进一步改进和开展专利布局过程中，可能存在如下值得注意的问题。

首先，引进企业为了完成对药物开发以及上市的过程，往往要继续提交新的专利申请，构建自己的知识产权壁垒，但其能够施展的范围可能要受到所获得专利范围与出让方拥有的其他专利权的双重限制。以达诺瑞韦为例，当前仅有的晶型、联合应用两项专利不足以为其构建完整的专利保护屏障，按照药物研发及专利保护的普遍规律，化合物前药、衍生物、具体制剂、新晶型、与其他药物的组合等都是常见的外围专利布局方向，当前的专利实施许可人歌礼制药有可能在后续研究中就相关主题展开研究并提交专利申请。然而，尽管歌礼制药获得了达诺瑞韦核心专利的一系列国内专利权，但化合物授权专利保护范围很小，而保护范围更大的授权分案申请又没有被明确转让或许可，原专利权人仍拥有达诺瑞韦通式化合物和大量类似结构化合物的专利权，如果歌礼制药依照化学药常见改进方式就前药、衍生结构开展研究以及申报专利时，可能就超出了其被许可实施的范围。相比较之下，凯因科技通过专利权转让方式引进可洛派韦，能够充分掌握和行使权利，后续通过分案申请获得了更大的专利保护范围，在技术改进上拥有充足和自由的施展空间，一定程度上体现了授权引进与实施许可相比的优势。当然，实施许可方式作为一种开放式的合作方式，双方可以通过合同约定的方式更加自由地开展合作和分配利益，许可双方或许能够通过协商的方式去解决相关事宜，完全自主研发的专利不会遇到此种问题，而引进专利可能存在，应提前做好预期和相应的准备工作。

此外，国外原研企业还拥有该药物在中国以外地区的专利权，从这 3 种药物核心专利之后的多件申请情况可以看出，原专利权人可能会围绕化合物核心专利从制剂、联用用途等方面进行专利布局，同时在相同研究领域的其他制药公司也是“虎视眈眈”，围绕核心化合物提交制剂、联用用途等方面的专利申请进行“围追堵截”，虽然它们的出发点往往是基于对各自已经受保护药物的范围作进一步扩展，即将自有药物与新出现的相同治疗领域的药物进一步联合应用，但这些申请能够构成中国制药企业后续申请专利时的现有技术，客观上阻挡了新药专利权人自己对药物联用提交申请的行为，更可能成为在中国境内改进、实施技术时需要绕开的障碍。比如对于可洛派韦而言，尽管凯因科技进行了化合物盐酸盐和晶型的研究，但 ATEA 公司在涉及自有药物与可洛派韦的联用用途的专利申请中公开更多种类的可洛派韦盐及晶型，并要求保护晶型及其用途，已经不是一件简单的外围专利了，凯因科技对化合物晶型的后续研究必然受到影响。从这一角度而言，引进方在获得专利权后，应当提高敏感度，掌握和及时关注原专利权人和业内同行的研发动态，并且应该尽快开展自己的改进研究，从各个方向牢牢守卫自己的专利范围。从这 3 种药物的现有专利布局来看，它们开发时间均较短，专利申请数量也较少，还存在相当大的专利布局空间，尤其是拉维达韦、可洛派韦在药物联合应用、疾病具体分型/基因型方面应用的全球专利申请方面几乎空白。由于该类药物直接作用于病毒，在直接抗丙肝病毒药物本身研究热度尚未褪尽的前提下，基于当前全球抗击新冠疫情形势，此类药物更加受到关注，有关达诺瑞韦、拉维达韦、可洛派韦的多方面药理研究或可能的临床应用都在持续深入，用途方面的专利布局空缺更是引进药物企业基于现有研究基础应当尽快填补的。

2016 年，我国化学药品新注册分类改革方案中，药品监管部门将新药定义由原来的“中国新”转变为“全球新”，大力促进我国医药企业加快自主创新的步伐。而新药研发过程中需要大量的资金和时间成本，通过授权引进模式获得已有良好临床效果的药物的专利权并在约定的市场区域内开展临床研究和申报上市，一方面可以使原专利权人的研发风险被分担，另一方面降低了现专利权人的前期研发成本和技术门槛，快速获得能够享受政策红利的新产品，从而使原专利权人和现专利权人实现双赢。从达诺瑞韦、可洛派韦和拉维达韦上市过程来看，引进品种确实可以凭借全新的结构和良好的治疗价值享受新药优先审批程序，达到引进后快速上市的效果，体现了授权引进药物作为新型药物创新模式速度快、成功率高的显著优点。但企业在选择引进时，也需要充分重视和透彻了解已获得的相关专利范围，掌握和关注同行业特别是同领域企业相关研究进展，积极对现有研究基础进行消化、吸收和再创新，尽早计划后续布局的策略，完善专利布局，构建自有知识产权的堡垒。

（执笔：曹寅秋）

17 艾拉莫德

——跟随、创新到领先，专利布局
赢得“平行世界”之争

编者按 艾拉莫德在中国先于日本被批准用于治疗类风湿性关节炎，作为国内原研企业，先声药业在艾拉莫德的研发上市过程中从跟随模仿到自主创新，再到领先上市，充分利用平行竞争对手日本富山化学的专利漏洞进行契合国内药品注册政策和技术发展规律的专利布局，初步赢得了艾拉莫德药物上市这场看似处于“平行世界”中的新药竞争的胜利。

➢ 国内外同期开展研究的抗风湿新药

艾拉莫德（Iguratimod），化学名为 N－（3－甲酰胺基－4－氧－6－苯氧基－4H－1－苯并吡喃－7－基）－甲烷磺酰胺（见图 17－1），是一类新型的改善病情抗风湿药，临床上用于治疗类风湿性关节炎（Rheumatoid Arthritis，RA）。研究表明，艾拉莫德能够有效抑制炎症因子分泌和免疫应答，且能抑制基质金属蛋白酶的表达和滑膜成纤维细胞增殖，同时具有抑制滑膜炎症反应、减少骨破坏的作用，针对 RA 的治疗体现出显著的有效性和较好的安全性。❶

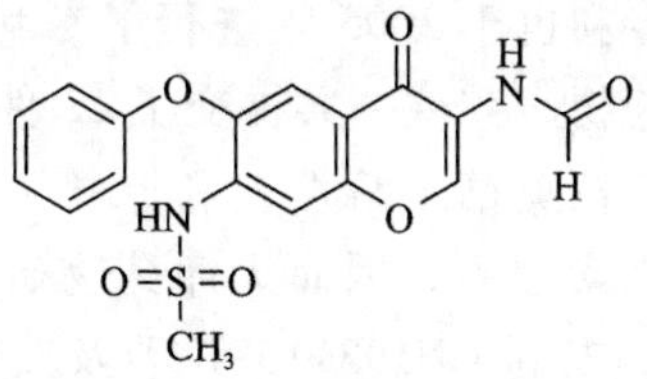

图 17－1 艾拉莫德化学结构式

在中国，艾拉莫德由江苏先声药业和天津药物研究院合作研发，历时 12 年完成晶型、药物制剂、药物质量以及临床前和临床研究，于 2011 年 8 月获得新药证书及

❶ 高晶月，刘维．艾拉莫德治疗类风湿关节炎的研究进展［J］．风湿病与关节炎，2017，6（3）：69－72，76.

药品注册批文，商品名为艾得辛，是全球第一个上市的艾拉莫德制剂。[1] 在国外，艾拉莫德由日本富山化学（已被富士胶片控股株式会社收购）和卫材制药联合研发，自1988年发现艾拉莫德化合物的抗炎特性起，历经24年的研究于2012年6月被日本厚生劳动省批准上市用于RA的治疗，上市药物的商品名为Kolbet（富山化学）和Careram（卫材制药）。

➢ 国内外技术研发和专利布局平行竞争

目前涉及艾拉莫德的全球专利申请共168件，重点申请人包括富山化学、先声药业（已合并天津药物研究院的专利申请）、常州佳德医药和江苏正大清江等。其中，日本原研企业富山化学以22件的申请量占据第一位，主要涉及化合物、合成工艺、晶型、适应证、制剂和联合用药等细分技术领域；而国内原研企业先声药业及其合作者拥有12件专利或专利申请，涉及晶型、制剂、药物质量和联合用药等细分技术领域。常州佳德医药和江苏正大清江则在合成工艺、制剂和晶型方面有少量专利或专利申请（小于5件），意味着上述两家企业可能已经开始从仿制药的角度进行尝试。作为已有上市产品的原研企业——先声药业和富山化学，其在相对独立的国内外的平行研发过程中，逐步探索出了不同的专利布局之路。

先声药业：深耕制剂专利

国内有关艾拉莫德的研究由天津药物研究院于1999年率先开始，2003年申报临床研究，2004年3月获得临床批件。[2] 此时，为配合临床研究，天津药物研究院对艾拉莫德的制剂进行了研究并开发出艾拉莫德的普通片剂。在对应的专利CN100387231C中涉及艾拉莫德片剂及其制备方法，采用原料药带水研磨的湿式造料方式（将艾拉莫德加入研磨干燥后再加入辅料）改良片剂的生产工艺，克服了原料药粉碎后强烈带电的缺陷，具有良好的溶出度和生物利用度；所述片剂的辅料有微晶纤维素、羧甲基淀粉钠、十二烷基磺酸钠和硬脂酸镁。天津药物研究院于2004年开始与先声药业合作，该项专利也于2005年进行了专利权转让。先声药业作为国内原研企业，与其合作者天津药物研究院一共提交了12件中国专利申请。

随着临床试验的开展，艾拉莫德水溶性差和原料强静电的缺陷逐渐被发现可能是制约药物最终上市的关键因素之一，因而天津药物研究院和先声药业在艾拉莫德晶型方面做出了大量的研究。专利CN1931159B涉及艾拉莫德微粉化结晶性粉末的制备，其将艾拉莫德原料药溶于二甲基甲酰胺后加水析晶，这种方法改善了药物的水溶性和水分散性，提高了生物利用度、缩短了起效时间；该专利的说明书中还涉及口服固体速释制剂，其辅料包括交联羧甲基纤维素钠、十二烷基硫酸钠、乳糖和

---

[1] 药智网．国产化药1类新药市场表现点评［EB/OL］．（2017-08-16）［2018-10-25］．https://news.yaozh.com/archive/20473.html.

[2] 我国自主知识产权抗风湿新药艾得辛全球首发上市［EB/OL］．（2012-01-12）［2018-10-25］．http://www.ebiotrade.com/newsf/2012-1/2012111215303376.htm.

微晶纤维素。随后的专利 CN1944420B 及其分案申请 CN101885717B、CN101885718B 和 CN101891726B 则涉及不同溶剂化的艾拉莫德结晶。这些专利技术，尤其是 CN1944420B 及其分案申请为艾拉莫德上市前的药物质量研究奠定了坚实的基础。

与此同时，在 2004 ~2008 年开展的Ⅱ期和Ⅲ期临床试验中，研究人员不仅证实了艾拉莫德治疗 RA 的有效性，同时也发现了氨基转移酶升高和胃肠刺激等导致部分患者顺应性不佳的副作用。❶❷ 为了减轻上述副作用，先声药业和天津药物研究院试图通过缓释制剂的途径来解决问题。例如专利 CN101095671B 涉及艾拉莫德双层控释片，速释层为艾拉莫德微粉、乳糖、微晶纤维素、交联羧甲基纤维素钠、十二烷基硫酸钠、聚维酮 K30 和硬脂酸镁，缓释层为艾拉莫德微粉、乳糖、微晶纤维素、HPMC - K4M、聚维酮 K30 和硬脂酸镁，目的在于降低肠胃刺激、降低血药浓度波动、减少用药次数，使血药浓度平稳、药物作用持久，降低毒副作用、提高用药安全性；专利 CN101564382A 则涉及艾拉莫德渗透泵控缓释制剂。不过，这两项专利技术中前者因未缴年费而失效，后者则因被驳回而失效。

Ⅲ期临床试验结束后，先声药业于 2008 年 4 月向国家食品药品监督管理局提出化药 1.1 类新药申请，并于 2011 年 8 月获得艾拉莫德原料药和艾拉莫德片的新药证书和注册批件。在此过程中，先声药业对药品质量继续投入研究，并在专利 CN101486702B 中保护了艾拉莫德类似物及其分离方法，类似物为 N - 甲基 - N - [3 - （甲酰胺基）- 4 - 氧 - 6 - 苯氧基 - 4H - 1 - 苯并吡喃 - 7 - 基] 甲烷磺酰胺，可作为对照品来控制艾拉莫德原料药的纯度。但是，上述内容记载在国家药品监督管理局发布的艾拉莫德原料药标准 YBH02792011 中。

国家食品药品监督管理局药品审评中心于 2012 年发布的艾拉莫德片审评结论中提到由于在临床试验研究中存在不足之处，因而在上市后还需进一步探索和研究其长期用药安全性和与其他药物相互作用。因此，艾得辛上市之后，除了进行艾拉莫德作用特征的研究❸和Ⅳ期临床试验外，先声药业还针对药物毒副作用问题进一步进行研究，开发了艾拉莫德缓释多元组合物（CN103211770A）和艾拉莫德缓释微丸（CN106806353A），以期尽可能低成本地实现 12 ~24 小时缓释和更低的局部药物浓度，从而提高用药安全性；而专利申请 CN107456454A 则涉及包含羟氯喹和艾拉莫德的组合物，其中硫酸羟氯喹与艾拉莫德联用治疗关节炎有协同效果，且肝功能得到改善。

---

❶ LU L J, TENG J L, BAO C D, et al. Safety and efficacy of T - 614 in the treatment of patients with active rheumatoid arthritis: a double blind, randomized, placebo - controlled and multicenter trial [J]. Chinese Medical Journal, 2008, 121 (7): 615 - 619.

❷ LU L J, BAO C D, DAI M, et al. Multicenter, randomized, double - blind, controlled trial of treatment of active of treatment of active rheumatoid arthritis with T - 614 compared with methotrexate [J]. Arthritis & Rheumatism, 2009, 61 (7): 979 - 987.

❸ LUO Q, SUN Y, LIU W, et al. A novel disease - modifying antirheumatic drug, iguratimod, ameliorates murine arthritis by blocking IL - 17 signaling, distinct from methotrexate and leflunomide [J]. The Journal of Immunology, 2013, 191 (10): 4969 - 4978.

富山化学：拓展应用，布局联合用药

富山化学作为艾拉莫德化合物的发现者，也是原研药物 Kolbet 的开发者之一，在全球范围内一共申请了 22 件专利，其中 8 件向日本以外的国家和地区布局。

艾拉莫德化合物由富山化学首次发现并于 1988 年申请了专利 JPH0249778A，在该专利的说明书中艾拉莫德对应化合物 99，实施例 26 中记载了由 3 - 氨基 - 7 - 甲磺酰氨基 - 6 - 苯氧基 - 4H - 1 - 苯并吡喃 - 4 - 酮合成艾拉莫德的方法，并在处方例 2 ~ 4 中记载了包含 25mg、50mg 和 100mg 剂量的艾拉莫德片剂，辅料为乳糖、微晶纤维素、羟丙基纤维素、羧甲基纤维素钙、硬脂酸镁和滑石。该专利中记载的适应证为炎症、发热、止痛和风湿疾病，但未明确针对 RA 的治疗。与此同时，文献报道也表明在富山化学于 20 世纪 90 年代初期进行的药理学研究中，艾拉莫德在急性、慢性炎症中均体现出抗炎和止痛效果，且该化合物体现出选择性 COX - 2 抑制剂的特性，[1] 富山化学随即联合卫材制药进行临床研究。在艾拉莫德的早期研究阶段，富山化学主要在化合物的适应证、合成方法和作用机理几个方向进行基础的专利布局。其中，JPH04342527A 涉及骨质疏松的治疗和预防，JPH05178745A 涉及艾拉莫德作为 IL - 1β 和 IL - 6 的抑制剂而用于胶原病、自发性溃疡性结肠炎、慢性活动性肝炎、血管球性肾炎、变形性关节炎、痛风、自身免疫性溶血性贫血、动脉粥样硬化、银屑病和特异性皮炎等疾病的治疗和预防，JPH06128155A 涉及肾炎的治疗；JPH0597840A 和 JPH05125072A 主要涉及艾拉莫德制备方法的改进；JPH08157361A 同样涉及炎症的治疗，发现艾拉莫德具有抑制 COX - 2 和前列腺素 E2 生成的作用，但对 COX - 1 没有影响。

经过早期的探索，富山化学和卫材制药明确了研发艾拉莫德的主要应用方向为 RA，并于 1992 年在Ⅱ期临床之前的试点试验中首次对艾拉莫德针对 RA 的治疗效果进行了评估。[2][3] 针对上述重大技术节点，富山化学于 1994 年申请的专利 WO1994023714A1 首次涉及了艾拉莫德用于治疗 RA，该专利在日本、欧洲和美国等国家和地区均获得授权，但未进入中国。在随后于 1998 ~ 2002 年进行的 2 项第一阶段Ⅲ期临床试验中，艾拉莫德用于治疗 RA 的有效性和安全性得以验证。艾拉莫德的 ACR20 应答率显著优于安慰剂组而不劣于另一种 DMARD 药物——柳氮磺胺吡啶，[4] 在长期治疗过程会出现皮炎、上腹痛、丙氨酸转氨酶升高和天冬氨酸转氨酶升高的

---

[1] TANAKA K. Iguratimod (T - 614): a novel disease - modifying anti - rheumatic drug [J]. Rheumatology Reports, 2009, 1 (1): 11 - 15.

[2] TANAKA K, YAMAGUCHI T, HARA M. Iguratimod for the treatment of rheumatoid arthritis in Japan [J]. Expert Review of Clinical Immunology, 2015, 11 (5): 565 - 573.

[3] 富山化学工業株式会社，エーザイ株式会社．コルベット錠 25mg/ケアラム錠 25mgに関する資料 [EB/OL]. [2018 - 10 - 25]. http: //www. pmda. go. jp/drugs/2012/P201200067/index. html.

[4] HARA M, ABE T, SUGAWARA S, et al. Efficacy and safety of iguratimod compared with placebo and salazosulfapyridine in active rheumatoid arthritis: a controlled, multicenter, double - blind, parallel - group study [J]. Modern Rheumatology, 2007, 17 (1): 1 - 9.

副作用，但被认定为在严密监测副作用的前提下可用于 RA 的长期治疗。❶ 在此期间，可能受到正向临床结果的激励，富山化学申请了专利 JP2001240540A 和 JP2003171375A；JP2001240540A 涉及艾拉莫德片剂的制备方法，将水加入艾拉莫德、结晶纤维素和羧甲基纤维素钙的混合物中，造粒机中混合后加入羟丙基纤维素，造粒并干燥后加入结晶纤维素、ECG505 和硬脂酸镁压片并包衣；JP2003171375A 则涉及艾拉莫德的合成方法。与此同时，富山化学仍在扩大适应证范围的方向继续努力，JPH11193231A 和 JP2001055331A 均以艾拉莫德 NF－κB 活性抑制能力为基础分别用于治疗病毒疾病和过敏性皮炎，JP2004075677A 则在艾拉莫德用于治疗骨损伤、促进骨再生的研发方向布局。

富山化学和卫材制药于 2003 年正式向日本厚生劳动省提出新药申请，但在 6 年之后的 2009 年临时撤回了该申请。在 2009 年 3 月由富山化学和卫材制药发布的联合声明中表示：与日本药品和医疗器械代理处（PMDA）的讨论和近期 RA 治疗方案的变化使公司决定进行获取艾拉莫德作为标准治疗方案的添加治疗（add－on therapy）时有效性和安全性数据的补充研究。❷ 在此期间，富山化学持续对艾拉莫德进行专利布局：WO2004080991A1 涉及艾拉莫德的新晶型，将艾拉莫德 γ 晶型加入甲苯中搅拌，随后过滤并干燥获得艾拉莫德的 β 晶型，其在高湿度环境下具有良好的稳定性；WO2005094788A1 涉及艾拉莫德等微溶药物的细颗粒悬浮液制剂的制备方法；JP2007224021A 涉及用于治疗 RA 的快速崩解片。

在 2009 年 8 月至 2011 年 2 月进行的第二阶段Ⅲ期临床试验中，富山化学和卫材制药发现，艾拉莫德与甲氨蝶呤（Methotrexate，MTX）合用的 ACR20、ACR50 和 ACR70 应答率要显著优于安慰剂与甲氨蝶呤合用的对照组，而整体副作用水平在可控范围之内。❸❹ 2011 年重新提交新药申请后，于 2012 年正式被日本厚生劳动省批准用于 RA 的治疗，其商品名为 Kolbet（富山化学）和 Careram（卫材制药）。在此期间，富山化学申请了重要专利 WO2013031831A1，其涉及艾拉莫德用作免疫抑制剂的副作用（骨髓毒性或肝细胞损害）减轻剂，主要是艾拉莫德与甲氨蝶呤或泼尼松龙合用用于处置类风湿性关节炎等自身免疫疾病；其中国同族公开号为 CN103826624A，这也是富山化学首件有关艾拉莫德的中国专利申请。由于富山化学试图保护包含艾拉莫德与甲氨蝶呤或泼尼松龙的组合，因而主要以不具备创造性为由在中国被驳回，后进入复审程序。

---

❶ HARA M，ABE T，SUGAWARA S，et al. Long－term safety of iguratimod in patients with rheumatoid arthritis [J]. Modern Rheumatology，2007，17 (1)：10－16.

❷ Toyama Chemical Co.，Ltd.，Eisai Co.，Ltd.. Toyama chemical and Eisai decide to conduct additional study for anti－rheumatic drug T－614 [EB/OL]. (2009－03－24) [2018－10－25]. https：//www.eisai.com/news/news200908.html.

❸ ISHIGURO N，YAMAMOTO K，KATAYAMA K，et al. Concomitant iguratimod therapy in patients with active rheumatoid arthritis despite stable doses of methotrexate：a randomized，double－blind，placebo－controlled trial [J]. Modern Rheumatology，2013，23 (3)：430－439.

❹ TANAKA K，YAMAGUCHI T，HARA M. Iguratimod for the treatment of rheumatoid arthritis in Japan [J]. Expert Review of Clinical Immunology，2015，11 (5)：565－573.

Kolbet上市后，有关艾拉莫德治疗RA的研究进一步深入，研究者在艾拉莫德与其他药物合用、药物作用机理和长期用药安全性方面继续努力，而其与甲氨蝶呤的合用被认为是治疗RA的关键疗法之一。实际上，尽管长期用药安全性尚未被确认，艾拉莫德已被2014版日本类风湿性关节炎诊治指南收录。[1] 与此同时，富山化学在艾拉莫德新适应证和治疗RA方面继续发力WO2015008827A1涉及包括艾拉莫德在内的苯并吡喃衍生物作为巨噬细胞游走抑制因子抑制剂而被用于处理神经性疼痛和治疗多发性硬化症（其中国同族已授权），WO2015122524A1则涉及艾拉莫德用于治疗和预防脑内淀粉样蛋白-β蓄积病；针对RA治疗，JP2016102082A涉及艾拉莫德与金制剂合用治疗RA等关节炎疾病，而WO2017126648A1涉及艾拉莫德治疗包括非甾体类抗炎药（NSAIDs）无效RA疼痛等疼痛症状时设置停药期，从而减轻或避免副作用，试图在给药方式方面进行突破。

➢ 主动式专利布局为先声药业赢得先机，实现首发上市

尽管富山化学的技术储备优于先声药业，但先声药业仍在较短的研究时间内确立了全球首发的地位，并在中国先发上市。从临床前研究阶段、临床研究阶段和上市后阶段分别对先声药业和富山化学进行分析（见图17-2和图17-3），可以发现2家企业专利策略上的区别以及其对于新药上市进程的影响，从而剖析先声药业获得成功的深层次原因。

第一阶段为临床前研究阶段。从1988年发明艾拉莫德化合物至1992年首次就艾拉莫德针对RA的治疗效果进行评估，4年的临床前研究（未包括申请化合物专利之前的研究）中规中矩，并未出现重大波折。而先声药业的合作者天津药物研究院从1999年立项开始，至2003年申请制剂专利同样花了4年的时间进行临床前研究，考虑到富山化学和卫材制药于2002年完成了第一阶段的Ⅲ期临床，可以推测天津药物研究院对日本同行的研究进行了持续和深入的追踪。实际上，制剂专利CN100387231C中将艾拉莫德原料药带水研磨的湿式造料方式的片剂生产工艺与日本专利JP2001240540A中的湿式造料方式具有一定的技术关联性，不过后者与化合物专利JPH0249778A以及制备方法专利JPH0597840A、JPH05125072A均未进入中国。可以看出，在临床前研究阶段，富山化学优势巨大，先声药业尚处于追踪研究的阶段，并捕捉到了关键专利未进入中国的机会。

[1] TANAKA K, YAMAGUCHI T, HARA M. Iguratimod for the treatment of rheumatoid arthritis in Japan [J]. Expert Review of Clinical Immunology, 2015, 11 (5): 565-573.

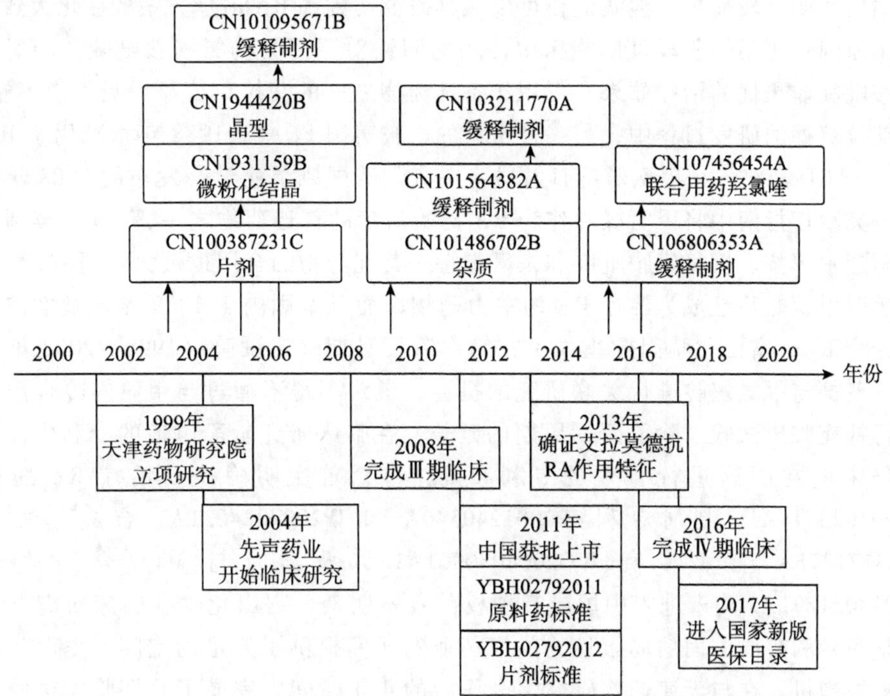

图 17－2 先声药业的研发过程和专利布局

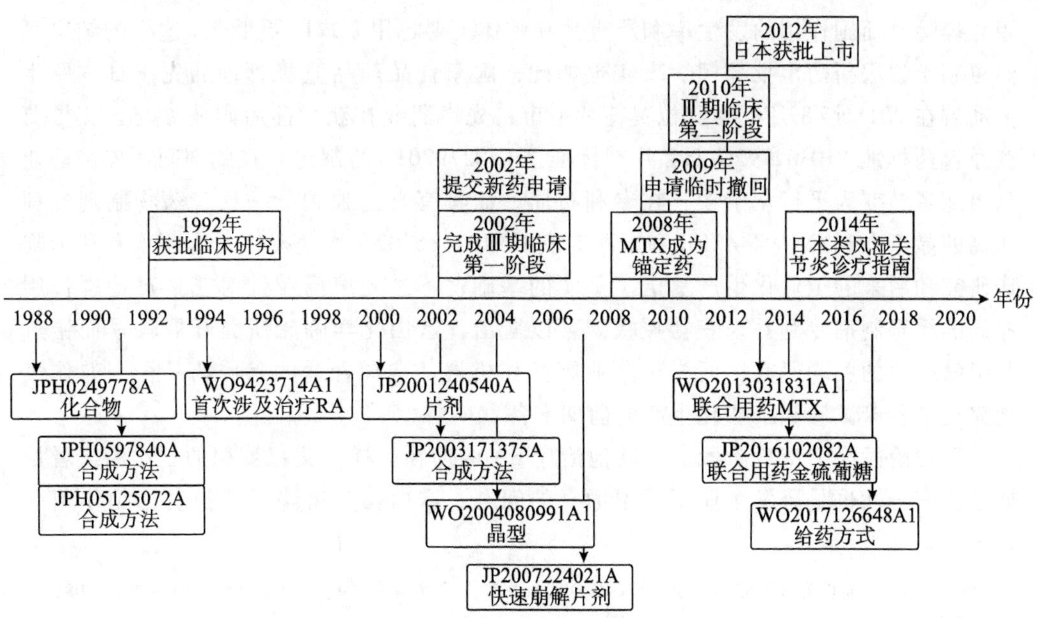

图 17－3 富山化学的研发过程和专利布局

第二阶段为临床研究阶段。在此阶段，富山化学的新药研发历程出现曲折，在首次申请新药 6 年之后的 2009 年临时撤回了申请。尽管富山化学和卫材制药有关撤回申请的声明比较简单，但我们仍可以从其研究历程和RA治疗方案的变化大致回溯分析出原因：①第一阶段Ⅲ期临床中使用的阳性对照药为柳氮磺胺吡啶，相对于柳氮磺胺吡啶非更优的治疗效果，仅用作备选药物之一的艾拉莫德显得吸引力不够大；②在艾拉莫德的研发过程中，另一种常见的、被美国FDA于1988年批准用于RA治疗的DMARD药物——甲氨蝶呤日益成为主流，美国风湿病学会发布的2008年类风湿关节炎治疗指南中将甲氨蝶呤作为RA初始治疗的首选药物之一，[1] 其与英利昔单抗、阿达木单抗、柳氮磺胺吡啶和来氟米特等其他药物的合用也被大量研究；[2] 种种迹象表明甲氨蝶呤已成为治疗RA的主力药物，而日本国内于1999年才批准该药物用于治疗RA，富山化学因此丧失了在第一阶段Ⅲ期临床试验（1998～2002年）中将艾拉莫德与甲氨蝶呤进行关联研究的机会，最终不得不通过与甲氨蝶呤合用的方式进行补充临床试验。除了研发周期的延长，在临床研究阶段申请的专利中，富山化学仍未能在中国进行有效的专利布局，包括首次明确涉及治疗RA的专利WO1994023714A1、制剂专利JP2001240540A和JP2007224021A、合成方法专利JP2003171375A、晶型专利WO2004080991A1以及涉及与MTX合用的专利WO2013031831A1均未进入中国或者授权前景不明朗。富山化学在临床研究上的重大调整和专利布局方面的局限性为先声药业的研发提供了充足的空间，先声药业也紧紧把握契机，在与天津药物研究院合作后的4年时间内完成了Ⅲ期临床试验。值得一提的是，在Ⅲ期临床研究过程中，与富山化学不同的是，先声药业将已成为治疗RA锚定药的甲氨蝶呤作为阳性对照药，证实了艾拉莫德治疗RA的有效性不劣于甲氨蝶呤、而副作用的发生率和严重性在整体上要比甲氨蝶呤更低[3]，这样的结果显然更利于说服新药审批部门。事实也如此，国家食品药品监督管理局先于日本厚生劳动省在2011年8月批准艾拉莫德片上市，先声药业在获批前后则还参与了艾拉莫德原料药标准YBH02792011和片剂标准YBH02792012的制定。在此期间，先声药业从追随者转变为平行竞争者，在专利布局方面具有自己独到的一面，药物制剂专利布局的晶型专利CN1944420B和杂质专利CN101486702B均获授权，这两项专利为临床研究和后来的工业化生产奠定了坚实的基础；不过先声药业针对艾拉莫德副作用布局的缓释制剂专利并未获得授权。可以看出，富山化学临床研究开展较早而错过与甲氨蝶呤的关联研究，而先声药业则抓住机遇，选择合适的参照药品，一鼓作气地完成了临床试验和工业化生产的前期准备。

第三阶段为上市后阶段。与其他治疗RA的药物一样，艾拉莫德的副作用或者长期用药安全性也是研发企业不得不面对的问题。富山化学将降低艾拉莫德副作用和

---

[1] 张卓莉．简析美国风湿病学会2008年类风湿关节炎治疗指南［J］．中华风湿病学杂志，2008，12（9）：651－653.

[2] TANAKA K, YAMAGUCHI T, HARA M. Iguratimod for the treatment of rheumatoid arthritis in Japan［J］. Expert Review of Clinical Immunology, 2015, 11（5）：565－573.

[3] LU L J, BAO C D, DAI M, et al. Multicenter, randomized, double－blind, controlled trial of treatment of active of treatment of active rheumatoid arthritis with T－614 compared with methotrexate［J］. Arthritis & Rheumatism, 2009, 61（7）：979－987.

提高长期用药安全性寄希望于药物合用（JP2016102082A）和特殊的给药方式（WO2017126648A1）；而先声药业则在药物合用（CN107456454A）和缓释制剂（CN103211770A、CN106806353A）上继续发力。与此同时，在富山化学和卫材制药及其合作者的努力下，艾拉莫德被列入2014版日本类风湿关节炎诊疗指南；而先声药业则凭借国内病患数量的优势和与国内医院的良好合作关系，于2013年确证了艾拉莫德治疗RA的作用特征并于2016年顺利完成了Ⅳ期临床试验。略显遗憾的是，先声药业并无向海外布局的意图，而富山化学自早期在美国、欧洲和南非进行临床试验至2015年向土耳其和北非国家拓展，从未放弃抢占海外市场的行为。❶❷❸

从表面上看，艾拉莫德在中国先于日本上市的主要原因在于富山化学的临床试验启动较早而错过了与甲氨蝶呤进行关联研究的机会，但先声药业能够取得全球首发的成功也并非简单的经验复制或运气使然。实际上，无论是前期的化合物研究、临床过程中选择甲氨蝶呤作为阳性对照，还是在上市后集中研究提高长期用药安全性，都显示出先声药业在充分调研的基础上对艾拉莫德赋予的极大信心和决心。与之对应的，原料处理工艺、化合物晶型、药物制剂和联合用药等关键专利的布局如同基石一般支撑着整个药物研发，并为最终药物上市后的长期收益构筑了一定强度的专利壁垒。反观富山化学，不仅临床试验因不可控因素出现延误，而且在专利布局过程中并未重点关注有着巨大市场前景的中国，除去专利制度变革因素外仍在各个关键技术节点频频“哑火”，甚至到艾拉莫德在日本上市之后才有第一件中国专利申请。与此同时，从富山化学的专利技术来看，都是在发现问题之后或常规药物专利的被动式布局，这也与先声药业发起药物杂质这类与药物上市行为直接关联的主动式专利布局形成鲜明对比。总体看来，先声药业（包括其合作者天津药物研究院）在药物研发过程中从跟随模仿到自主创新，再到领先上市，充分利用平行竞争对手的专利漏洞进行契合国内药品注册政策和技术发展规律的专利布局，初步赢得了艾拉莫德药物上市这场看似处于“平行世界”中竞争的胜利。

➢ 思考与启示

尽管名为“先声”，先声药业这家年轻的中国制药企业却在彼时国内药物整体研究水平不高、研究发起时间落后国外研究者近10年的情况下颇为戏剧性地体现出后发优势，在与其日本同行富山化学几无交集的平行竞争中暂时取得了领先地位。一个新药的研发最后能否走向成功受各种因素影响并且有一定的偶然性，但考虑到新

❶ LU LJ, BAO CD, DAI M, et al. Multicenter, randomized, double - blind, controlld trial of treatment of active of treatment of active rheumatoid arthritis with T - 614 compared with methotrexate [J]. Arthritis & Rheumatism, 2009, 61 (7): 979 - 987.

❷ 富山化学工業株式会社，エーザイ株式会社．コルベット錠 25mg/ケアラム錠 25mgに関する資料 [EB/OL]. [2018 - 10 - 25]. http://www.pmda.go.jp/drugs/2012/P201200067/index.html.

❸ DEBNATH B. Toyama Chemical signs agreement with TR - Pharm on iguratimod [EB/OL]. (2015 - 10 - 15) [2018 - 10 - 25]. https://www.medindia.net/news/toyama - chemical - signs - agreement - with - tr - pharm - on - iguratimod - 154540 - 1.htm.

药研发高风险的特点，先声药业针对艾拉莫德的研发和专利布局过程中仍有许多值得国内企业借鉴和思考的地方。一方面，技术追踪尤其是国内企业做好新药研发的基础，不仅是针对同行业竞争者或领先者的技术追踪，细分药物和药理领域的科研动态、专利撰写的新模式同样是值得关注的内容，比如先声药业及时关注到艾拉莫德临床研究进程中甲氨蝶呤成为锚定药的技术变化，以及采用药物杂质的方式来对药物化合物原料进行保护等。另一方面，除了化合物本身外，关键的技术节点如合成方法、晶型、适应证、药物质量和制剂等均应配合药物研发和临床研究进行合理且具有前瞻性的专利布局，尤其是在国外竞争者尚未关注到国内研究进展的时候，及时补空、完善专利布局从而占据技术先机显得十分重要。此外，在专利布局费用远低于药物上市审批费用的前提下，提前进行海外专利布局是谋求潜在市场长期收益与法律保护的高性价比之选。艾拉莫德的成功案例也为研究者拓宽了思路，以期在竞争日益激烈的新药研发行业把握机遇，不仅能在国内市场站稳脚跟，更能在世界范围内的竞争中进入海外市场。

（执笔：胡敬东）

生物药篇

生物药导读

随着国家政策层面的不断支持，国内本土制药企业的崛起以及一大批海外归国人才的加入，整个生物医药产业的世界格局正在被中国创新主体撬动，经过十余年的发展，中国生物药逐步完成从仿制到创新的转型。

在生物药篇，笔者精选了19种创新药品种编写成12个故事，贴合国内生物药发展历程和时间趋势，从技术创新到专利的创造、保护和运用的角度，对这些生物药在技术研发、临床研究以及上市过程中的专利行为进行梳理，期望能够准确描绘出国内生物药的技术、专利和药品的三位一体的发展故事。

2010年，国内医药企业对生物药的研发尚在起步中，企业创新能力较薄弱、创新空间较低，相对于安进、罗氏等国外医药企业的原研药专利布局，国内医药企业多在原研药基础上对细分领域如纯化技术、制剂、培养、发酵等进行技术改进。例如第18个故事讲述化疗保护用药长效重组人粒细胞集落刺激因子药物的故事，该药物通过改善制剂剂型和辅料成分微调，以及纯化方法的改进，改变了该类新药被国外少数医药企业长期垄断的局面。此外，这一时期，疫苗作为生物药的主要研发方面，也基本以方法改进为主，例如第19个故事讲述了预防脊髓灰质炎病毒感染的脊髓灰质炎灭活疫苗，制药企业对培养方法、纯化方法等技术进行了全方位的布局，找准了技术改进的方向，通过布局方法专利为脊髓灰质炎灭活疫苗的上市保驾护航。

还有一部分国内企业依靠专利技术转移获得创新源动力。例如第20个故事涉及的治疗病毒性丙型肝炎的聚乙二醇干扰素 $\alpha-2b$ 注射液以独占许可的方式获得非自主创新技术聚乙二醇核心专利的实施权，在一定程度上保证了专利产品的排他性。第21个涉及治疗癌症的EGFR人源化单抗尼妥珠单抗的故事，制药企业则通过专利转让获取单抗技术，并在此基础上继续通过自主创新走出了“引进—消化—吸收—再创新”的技术创新之路。

2011年之后，国内出现多家生物药创新企业，传统化学药和中药企业如恒瑞、天士力等也陆续布局生物药研发。经过几年的潜心研发，生物创新药从2014年开始爆发式涌现。例如第22个故事涉及治疗慢性乙型肝炎的重组细胞因子基因衍生蛋白乐复能，借助蛋白筛选技术进行基因突变，凭借其全新的序列设计以及优异的效果在多个国家获得了专利授权。第23个故事涉及以治疗老年性黄斑变性的抗血管内皮生长因子融合蛋白康柏西普为代表的重组蛋白药物，是国内企业在国外原研药阿柏西普基础上进行了创仿结合的结构创新，不仅提高了药物活性，还通过专利规避，实现了在同类竞品中的突围。可见在这个阶段，国内生物药的创新也不再满足于外围专利的改进，已经开展了产品源头的顶层设计，实现了彻底的专利壁垒突破。

在产学研合作方面，第 24 个故事涉及预防戊肝的疫苗益可宁通过大学或研究机构与企业联合开发，以专利实施许可、专利转让的方式，从实验室走向临床和市场，并利用自身平台技术的优势，吸引国际合作，成为多种疫苗开发的引领者。疫苗虽然是依赖政策因素程度最高的生物创新药，但专利在研发和上市中的作用也功不可没，第 25 个和第 26 个故事涉及埃博拉病毒疫苗和手足口灭活疫苗的研制机构也凭借疫苗创制方面的专利技术积累，顺应政策导向并基于自身特点，多效并举推进新药创制，同时在 2020 年新冠肺炎疫苗研发的紧急状态下，利用疫苗研发专利技术快速切入，并借助专利优先审查制度，缩短关键专利技术审查周期，使得高价值专利快速授权。

2018 年后，中国生物药新药研发加快速度，国内创新主体的专利布局和申请撰写能力也不断提高。第 27 个故事讲述的聚乙二醇洛塞那肽孚来美是全球第一个 PEG 化的长效 GLP－1 类降糖药物，多肽序列突变和 PEG 修饰两大助力使其打破了国外企业独占长效降糖药物市场的局面，化合物核心专利则通过多个突变蛋白效果验证获得了较大的保护范围。

而作为生物药的主力军，抗体药物的表现更是出类拔萃。第 28 个故事讲述的 HER2 抗体药物，是国内抗体药物研发崛起的代表之一。面对原研药治疗乳腺癌的明星药物赫赛汀专利布局的金城汤池，国内创新主体潜心研究，从抗体结构修饰、制备工艺优化、信号肽、连接键优化、新表位研究等角度进行了多方布局，同时利用国内外专利法律和审查实践的差异，抓住原研药核心专利布局的瑕疵进行了多角度无效宣告。在各方创新主体共同努力下，原研药严密的专利布局被打破，国内陆续出现了赫赛汀的替代产品如赛普汀、汉曲优，极大地解决了国内对抗肿瘤抗体药的用药需求。

而第 29 个故事讲述了肿瘤免疫治疗领域的 4 个国产 PD－1 抗体，也在差异化明显，竞争白热化的研发环境下陆续上市，在结构创新专利、专利授权范围以及克服副反应的联合用药专利方面频频发力。国产 PD－1 抗体通过结构创新使得核心专利站稳脚跟，标志着国内抗体类生物药已经搭上了国际列车。在保持国内企业抗体结构改进专利布局优势的基础上，进一步发展抗体研发的平台技术，跨越专利壁垒，提高抗体药物市场估值和专利价值是国内企业下一步的攻关重点和难点。

总体来说，虽然目前国内已上市的生物类创新药在数量上并未超过化学药，但是就发展趋势而言，生物药领域是最易出现重磅药物的领域，也是当前全球名副其实的畅销药物领域。国内生物药行业发展方兴未艾，新的生物医药企业不断涌现，基因编辑和细胞工程等新生物技术带来的革命性改变，为生物医药产业的长足发展带来了新动能。然而相对于化学药，生物药结构复杂，工艺开发流程复杂，研发投入时间长、资金巨大，对研发过程中涉及可专利技术以及核心研发成果未能进行有效的专利保护，将使得国内创新主体付出的努力和心血付之东流。同时，国内创新主体和跨国企业同台竞技，生物创新药研发上市经验较少，专利技术挖掘和布局经验还不够丰富，国内创新主体依然在学习中进步。因此，对于国内创新主体而言，模仿和照搬国外企业的专利策略已不能满足当前生物药专利布局的需要。国内创新主体不仅要拥有可持续发展、能够形成具有较好效果的新产品的技术，还需要前瞻性地对技术进行可专利转化，对自身技术进行深度考量，探究技术与专利的平衡，从而实现技术专利价值的最大转化。

（执笔：王璟）

18　长效重组人粒细胞集落刺激因子津优力

——细分技术精进突破专利技术壁垒

编者按 聚乙二醇化重组人粒细胞刺激因子注射液（商品名为津优力）是国内首个长效重组人粒细胞集落刺激因子（rhG - CSF）药物，该药物的注射剂型以其精细改进的辅料配方，打破了安进公司长效增加粒细胞药物培非格司亭剂型和专有注射设备的专利垄断，实现了普通玻璃瓶的稳定储存。该药物的上市不仅改变了该类新药被国外少数企业长期垄断的局面，同时显著降低了成本，减轻了国内患者的负担。

国家Ⅰ类新药聚乙二醇化重组人粒细胞刺激因子注射液（商品名为津优力），是我国自主研发的首个长效重组人粒细胞集落刺激因子（rhG - CSF）药物，适应证为非髓性恶性肿瘤患者接受抗肿瘤药物治疗后，在可能发生有临床意义发热性中性粒细胞减少性骨髓抑制时，使用本品以降低发热性中性粒细胞减少引起的感染发生率。与未经聚乙二醇化修饰的 rhG - CSF 相比，聚乙二醇化 rhG - CSF 药物具有半衰期长、注射便利性和患者顺应性高等优势，并且该药物剂型不必依赖专用注射笔进行储存，大大降低了使用成本。津优力由石药集团百克（山东）生物制药有限公司开发，享有包括药物组合物、剂型、制备方法在内的多项专利权，该药物于 2012 年在我国获批上市，打破了国外医药企业长期垄断我国长效 G - CSF 市场、药品价格居高不下的局面。

➢ 粒细胞集落刺激因子（G - CSF）药物市场竞争激烈，长效 G - CSF 津优力国内首发

化疗是目前主流的癌症治疗手段。而化疗药物的副作用之一就是导致血液循环中的白细胞减少，进而引起感染、发热等严重的临床并发症，因此临床上特别重视化疗期间白细胞降低的情况，市场对升高白细胞的药物需求量也潜力巨大。

1991 年 2 月 20 日，安进公司（Amgen）研发的全球首个人粒细胞集落刺激因子（G - CSF）药物非格司亭（Filgrastim），商品名为 Neupogen，通过美国 FDA 批准上市，上市第二年全球年销售额达到 5.4 亿美元，之后连续 10 年销售额逐年攀升，于 2001 年达到销售额最高峰 15.3 亿美元。非格司亭虽然能够有效治疗中性粒细胞减少

症，但其属于短效药物，药物在体内半衰期短，需要每天注射并密切监测血常规，使用相对不便。为了克服这一缺点，安进公司开发出长效药物培非格司亭（Pegfilgrastim），商品名为Neulasta，通过对G－CSF进行聚乙二醇修饰，大大延长了药物在体内的半衰期。与短效药物非格司亭相比，培非格司亭在一个化疗周期内只需要注射一次，并检测一次血常规，在保证疗效的同时大大提高了医生和患者的使用便利性和顺应性。❶ 该药物在2002年获得美国FDA的上市批准，一上市便受到市场的青睐，销售势头迅速超过短效药物非格司亭，2003年全年的销售额达到13亿美元。欧洲和美国从2003年开始已经进入长效G－CSF时代。❷

在国内市场，麒麟鲲鹏（中国）生物药业有限公司率先引进了重组人粒细胞刺激因子产品惠尔血，由于安进公司涉及非格司亭的基本多肽的专利在国内处于失效状态，因此国内多家企业都开发了非格司亭的仿制药物，国内市场竞争异常激烈。依据国家药品监管部门数据，2018年国内短效G－CSF市场约有20家医药生产企业，共计79个规格产品，其中，进口产品10个（涉及2家国外医药企业）。❸❹ 而长效药方面，直到2012年，石药集团百克（济南）生物制药有限公司（以下简称“石药集团”）生产的聚乙二醇化rhG－CSF（商品名为津优力）作为国内首个长效rhG－GSF药物正式上市。根据国内22个城市样本医院数据，津优力2012年销售额为20万元，2013年销售额为401万元，2014年销售额为1257万元，国内销售额逐年上升❷。和短效重组人粒细胞刺激因子首款仿制药上市后多家企业蜂拥上市不同的是，继2012年津优力上市后，仅有2家企业生产的长效PEG修饰的重组人粒细胞刺激因子仿制药上市，包括2015年齐鲁制药有限公司（以下简称“齐鲁制药”）上市的新瑞白和2018年恒瑞医药上市的艾多。安进公司和国内3家公司推出的长效rhG－CSF药物的上市时间和价格对比见表18－1，可见该领域存在一定的技术壁垒，准入门槛不低，国内上市药物价格明显低于Neulasta。

表18－1 Neulasta与国内上市药物基本情况对比❺

商品名	所属公司	上市时间	剂型	价格
Neulasta	安进公司	2002年	注射剂（0.6ml/6mg）	5500美元
津优力	石药集团	2012年	注射剂（1ml/3mg）	1980元人民币
新瑞白	齐鲁制药	2015年	注射剂（1ml/3mg）	1708元人民币
艾多	恒瑞医药	2018年	注射剂（0.6ml/6mg）	6800元人民币

❶ 郭雯，马秋娟．重磅生物药专利解密［M］．北京：知识产权出版社，2019.

❷ 徐轩．G－CSF步入长效化时代［N］．医药经济报，2015－12－31（4）.

❸ 莫红楠，石远凯，孙燕．重组人粒细胞集落刺激因子在肿瘤化疗中应用20年回顾［J］．中国新药杂志，2013，22（17）：2027－2032.

❹ 重磅产品才上市一个半月，恒瑞医药就因宣传推广被指侵权［EB/OL］．（2018－09－07）［2019－11－04］．http：//k.sina.com.cn/article_2272376423_8771b66701900c78c.html.

❺ 药品价格参考药品价格315网［EB/OL］．［2020－11－30］．https：//www.315jiage.cn.

➢ PEG修饰的人粒细胞集落刺激因子技术壁垒高、技术垄断明显

从图18－1可以看出，国外PEG修饰的CSF技术起步很早，并在2001年出现一个小高峰，而国内研发起步较晚，2000年才开始逐步有专利申请。无论是国内还是全球，该领域相关专利申请量都在2006年达到了顶峰，随后申请量逐渐下降，在国内2017年又出现一个申请小高峰。纵观全球和国内相关专利申请量的几次高峰，都与畅销药物的上市时间相互对应，可见，畅销药物的上市刺激着该领域相关技术的研发增多。尽管如此，该细分领域全球相关专利的总申请量有几百项，说明该领域技术壁垒较高。

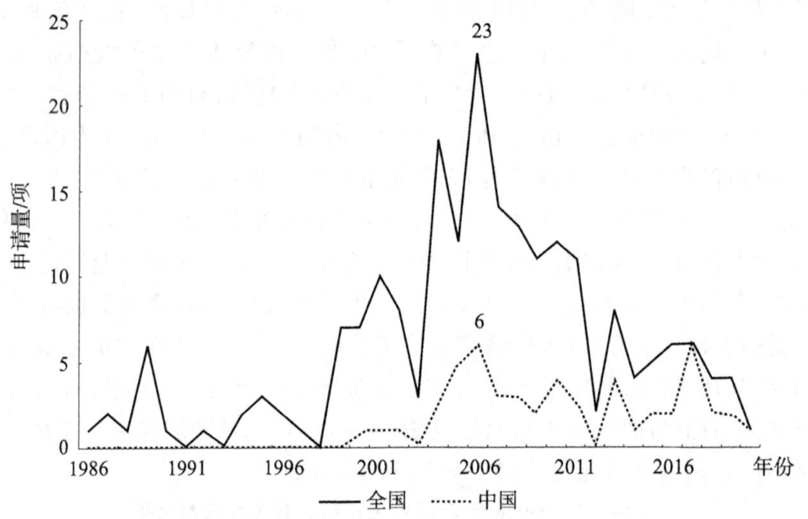

图18－1　PEG修饰的人粒细胞集落刺激因子相关专利申请趋势

从图18－2可以看出，马克西根公司和安进公司是该领域全球的主要申请人，国内则以杭州九源基因工程有限公司（以下简称“杭州九源”）、石药集团、恒瑞医药和中国科学院过程工程研究所为主要申请人。从专利数量上来看，国内申请人的申请量低于国外申请人，可见该技术被国外少数申请人垄断的现象较为明显。

从表18－2和表18－3可见，安进公司除了对核心多肽及其制备方法进行了专利布局，还对药物联用、黏膜给药制剂、分子结构改进、PEG修饰、给药方式、给药装置等方面进行了周密的专利布局。而国内上市药品所在医药企业为绕开原研企业的专利封锁，都是在如注射给药制剂、纯化方法、制备方法等细分领域进行专利布局，通过对细分领域的研究，在制剂成分的微调、纯化条件和步骤的优化等方面对原研药进行了精细的改进，通过大量的对比试验证据证实其相对于已有药物在制剂的纯度、稳定性、安全性、活性等方面取得了更优的技术效果，从而获得专利授权，打破原研企业设置的专利壁垒。

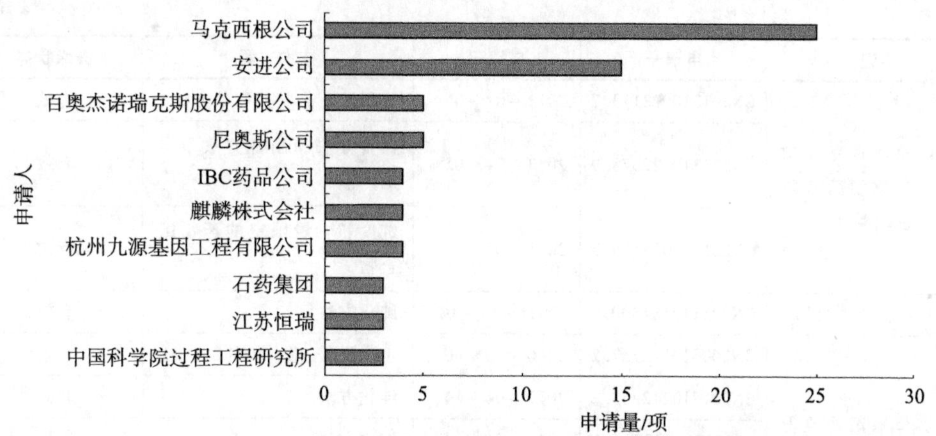

图 18－2 PEG 修饰的人粒细胞集落刺激因子相关专利申请人排名

表 18－2 安进公司在华相关专利申请状况

公开/公告号	申请日	技术主题	法律状态
CN1020924C	1986－08－23	生产 G－CSF 的方法	失效
CN1053117C	1991－10－17	药物联用	失效
CN1066192A	1992－03－14	肺部给药	驳回
CN1495197B	1994－01－25	G－CSF 分子结构改进	失效
CN1118572C	1994－01－25	制备 G－CSF 类似物的方法	失效
CN1970571B	1994－01－25	G－CSF 分子结构改进	失效
CN1206982C	1994－09－29	磷脂复合物	失效
CN1071760C	1995－02－08	PEG 化 G－CSF	失效
CN101381409B	1995－02－08	PEG 化 G－CSF	失效
CN1241548C	1996－03－28	磷脂复合物	失效
CN1263472A	1998－05－18	缓释药物组合物	驳回
CN1180839C	1999－07－01	黏膜给药粉末制剂	失效
CN1158068C	1999－12－20	缓释药物组合物	失效
CN1376164A	2000－01－19	PEG 化 G－CSF	驳回
CN103025369B	2011－06－07	药物递送装置	有效

表 18－3 国内上市药品相关专利的申请状况

申请人	申请号	申请日	技术主题	法律状态
山东格兰百克生物制药有限公司	CN200510042587.3	2005－03－25	聚乙二醇修饰蛋白质 α－氨基的方法	失效

续表

申请人	申请号	申请日	技术主题	法律状态
石药集团百克（山东）生物制药有限公司石药集团	CN201310022113.7	2013－01－05	注射液产品及其制备方法	有效
	CN201310022078.9	2013－01－05	制备方法和制备方法限定的产品	有效
	CN201510033535.3	2015－01－23	纯度和含量限定的药物组合物	有效
齐鲁制药有限公司	CN201110184390.9	2011－07－01	纯化方法	有效
江苏恒瑞医药股份有限公司	CN200610142737.2	2006－10－30	水溶性聚合物修饰的G－CSF	有效
	CN201710242953.2	2017－04－14	纯化方法	有效
	CN201710242772.X	2017－04－14	纯化方法	有效
	CN201710343246.2	2017－05－16	制备方法	有效
	CN201910055931.4	2019－01－22	制备方法	在审中

➢ 津优力：细分技术精进，突破专利技术壁垒

图 18－3 给出了 rhG－CSF 相关上市药物的专利布局和研发进程。表 18－4 对各上市药物进行了具体介绍。

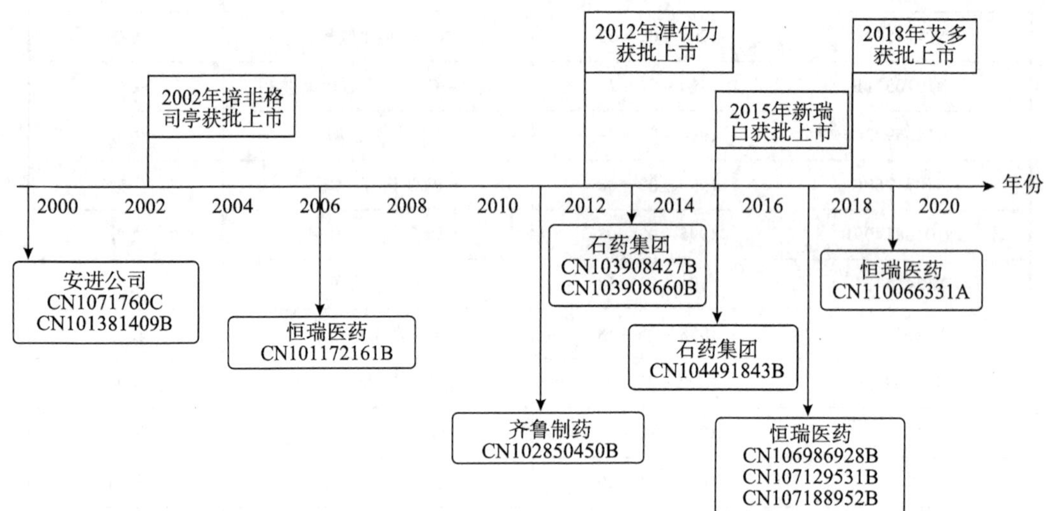

图 18－3 rhG－CSF 相关上市药物核心专利与药物研发过程对比

石药集团成立于 1997 年 8 月 21 日，作为曾经的原料药大厂，面对国际医药行业的激烈竞争，石药集团开始向创新药研发转型，立志要将原料药做精做好，把创新

药做大做强。❶

因此，石药集团成立伊始，其科研团队广泛征求权威专家意见，参考了大量国际临床试验研究数据，并结合对国内患者使用 rhG－CSF 的临床经验，启动了长效 rhG－CSF 相关研究课题。❷ 由于安进公司非格司亭在中国的专利处于无效状态，石药集团及时把握住这个时机，率先上市了自己的首仿药物津优力，独占了国内的长效 rhG－CSF 市场。津优力上市初期时并未进行专利申请，随着销售额的迅速增长，为了保护自有知识产权同时阻击其他竞争者的进入，石药集团针对其产品的注射液和制备方法申请了 3 项专利。专利 CN103908427B 涉及注射液制剂。该专利着眼于安进公司培非格司亭有预充式注射器成本高、临床用药顺应性差的缺点，如果将安进公司生产的培非格司亭放入平价的玻璃瓶或塑料瓶中储存，则注射剂不稳定，出现蛋白沉淀，活性降低。而石药集团正是针对该技术缺陷，从实际出发优化了注射剂的辅料成分和含量，获得在玻璃瓶或塑料瓶中储存稳定的注射制剂，得到专利授权。石药集团还根据国家知识产权局 2012 年颁布并实施的《发明专利申请优先审查管理办法》，通过加速专利审查进程，使该核心专利仅用了一年时间（2014 年）就获得了授权。

表 18－4　培非格司亭与津优力成分对比

培非格司亭		津优力	
0.6ml 预充式注射器		玻璃瓶或塑料瓶 1ml 装量	
PEG－rhG－CSF	6mg	PEG－rhG－CSF	3mg
醋酸	0.35mg	醋酸钠	1.36mg
山梨醇	30mg	山梨醇	50mg
吐温 20	0.02mg	吐温 80	0.04mg
钠	0.02mg	—	—
pH	4.0	pH	3.5～4.5

石药集团的专利 CN103908660B 是针对提高 rhG－CSF 的 N－末端单聚乙二醇化的专一性及药品纯度。以安进公司的专利 CN1139932A 中的药物制剂和制备方法为对照，石药集团的专利采用离子交换色谱法层析和分子筛结合的方式将 N－末端单聚乙二醇化 rhG－CSF 的纯度从 70% 升到 95% 以上，并显著降低申请原料中的主要杂质 di－mPEG20000－rhG－CSF 的含量。同样该专利在申请时也采取了加快审查的策略，该核心专利于 2014 年获得授权，并被评为第十九届中国专利奖金奖。

石药集团的专利 CN104491843B 改进了专利 CN1663962A“重组人粒细胞集落刺激因子及其化学修饰物的一步纯化工艺”的纯化技术，在获得高纯度药品的基础上，提高了产品的药物活性。通过对药物的纯度和杂质的量控制工艺进一步摸索调整，

❶ 姜玲．W 公司发展战略研究［D］．南京：南京农业大学，2017．

❷ 石药上市长效重组人粒细胞集落刺激因子津优力［EB/OL］．（2012－03－18）［2019－11－04］．https：//health.sohu.com/20120318/n338087828.shtml.

发现在 N - 末端 mono - mPEG - rhG - CSF 纯度为 95% ~98% 并含有 rhG - CSF、di - mPEG - rhG - CSF 及 mPEG 的前提下，该药物组合物的药效要优于 N - 末端 mono - mPEG - rhG - CSF 纯度大于 98%，但不含有 di - mPEG - rhG - CSF 的组合物，使药物的生物学活性从 4.0×10^{7}IU/mg 上升到 9.0×10^{7}IU/mg 以上。

从石药集团的 3 件专利的技术分析可见，在安进公司已经对原研药进行了比较周密的专利布局的情况下，石药集团立足我国临床用药需求，如降低成本、提高活性，从药物制剂配方和纯化方法微调等方面进行了非常细致的研究和改进，虽然改进点小，但在提供充足的实验数据证明其相对于现有技术的药品具有更优异的技术效果的情况下，快速获得专利权，为优先占有广大国内市场赢得了宝贵时间。

➢ 新瑞白、艾多：专利技术各有所长

2015 年，齐鲁制药的长效 rhG - CSF 新瑞白上市，该药物是继津优力之后第二个上市的长效 rhG - CSF。然而，齐鲁制药针对聚乙二醇化的重组人粒细胞集落刺激因子的专利申请仅有 CN102850450B。该专利于 2014 年获得授权，保护了聚乙二醇化的重组人粒细胞集落刺激因子的纯化方法，降低了终产品中内毒素含量。可见齐鲁制药也是采用了细节改善的策略，在细微之处寻找技术突破口，寻求专利授权。

另一竞争者恒瑞医药在 2006 年就开始了长效 G - CSF 的专利布局，是上市公司最早进行专利布局的。但是其药物艾多由于 2015 年的临床自查，在 2016 年撤回上市申请，并最终在 2018 年 7 月正式上市。其首件专利 CN101172161B 不同于其他 2 家公司针对纯化工艺的改进，而是改进了聚乙二醇修饰的方法，在聚乙二醇和 G - CSF 之间引入连接基团，首先实现了在蛋白的 N 末端反应的专一性；其次由于连接基团中巯基的存在，通过控制反应体系的 pH，确保了具有高专一性的迈克尔加成反应的进行；同时，由于连接基团的存在，为在体内由偶联物释放 G - CSF 提供了前提条件。2017 年，在其自研药物艾多上市之前，又集中申请了 2 件涉及纯化方法的专利和 2 件涉及制备方法的专利，为新产品的上市保驾护航。专利 CN106986928B、CN107129531B 对 PEG 化修饰的产物首先经过澄清过滤处理，提高置换装置和层析介质的使用寿命；其次在柱层析纯化前进行缓冲液置换，降低样品电导率，保证目标蛋白能够结合离子交换层析柱，经过一步柱层析纯化即可获得纯度大于 98%，比活性范围在（8.6 ± 3.4）$\times 10^{7}$IU/mg 蛋白药液的技术效果。专利 CN107188952B 首先通过对复性液调节 pH 至酸性，使大量大肠杆菌细胞蛋白沉淀，简单有效地实现了杂蛋白与目的蛋白的分离，减轻了后续层析工艺的压力；其次通过使用复合配基的阳离子交换填料，高载量、高流速处理大体积样品，对复性液的复杂缓冲体系适用性强，大大缩短工艺时间。专利申请 CN110066331A 改进了重组大肠杆菌高密度表达培养基，优化了发酵条件，使重组大肠杆菌得率高，目的蛋白表达量提高。可见，恒瑞医药不仅关注制备工艺和纯化工艺的改进，而且重视对核心修饰技术的改进。

两家企业在石药集团推出长效 rhG - CSF 津优力之后，均找到了各自的发力点，精进技术细节改进，并分别突破了原有的技术壁垒，拿到相关专利授权，成功上市

了自己的产品，在国内巨大的长效 rhG－CSF 市场中争取到一席之位。

➢ 思考与启示

自 1991 年安进公司研发的全球首个 G－CSF 药物非格司亭上市以来，重组人粒细胞集落刺激因子被广泛应用于抗癌治疗后降低发热性中性粒细胞减少。随着 2002 年安进公司的升级药物长效 G－CSF 培非格司亭的上市，欧洲和美国率先进入长效 G－CSF 时代。但是由于技术壁垒高，专利技术被安进公司等巨头垄断，我国 rhG－CSF 产业大多集中在短效 rhG－CSF 上。直到 2012 年，石药集团经过十几年的技术积累，立足我国应用需求，通过对辅料配方和制备纯化工艺的精细改进，获得了 3 项核心技术专利授权，并成功上市了我国首个长效 rhG－CSF 津优力，打破了国外公司对长效 rhG－CSF 的垄断，率先占领了国内市场。随后，齐鲁制药的新瑞白、恒瑞医药的艾多分别上市，二者均通过细致的研发和精准、精细的改进，实现技术壁垒的突破，获得专利权，并成功上市。

相比安进公司的原研药专利布局而言，国内上述的长效 rhG－CSF 多采取针对细分领域如纯化技术、制剂配方、制备方法等进行技术改进的方式，在生产成本、提纯纯度、稳定性、安全性等方面进行改良，通过详细的技术数据对比，获得专利权，并占领国内市场。在国内市场的空白期，先进入市场便具有巨大的销售优势。而针对细分领域的细致研究相对于从核心技术改进更容易入手，石药集团本着有效并可及的原则，通过改善制剂的辅料成分微调，以及纯化方法的改进，使该药物的生产、运输成本大大降低，不仅突破了国外专利的技术壁垒，获得专利权的保护，而且其产品的价格也比国外同类产品低 1/3，顺利打通仿制药“一快、二好、三廉”三大关键节点，满足国内广大肿瘤患者对高端创新药的临床需求，同时也获得了丰厚的收益回报。对于技术壁垒高、技术垄断明显的技术领域，这种“找准点、发对力”的改进或突破技术壁垒的方式值得国内医药企业借鉴。

（执笔：黄磊、毛舒燕，两位作者对本文贡献等同）

19 脊髓灰质炎灭活疫苗埃必维

——全面优化技术细节，方法专利为脊髓灰质炎灭活疫苗保驾护航

编者按 2015 年，国家食品药品监管总局批准了全球首个 Sabin 株脊髓灰质炎灭活疫苗（商品名为埃必维）的生产注册申请。该疫苗对我国彻底消灭脊髓灰质炎发挥至关重要的作用。在专利申请策略方面，中国医学科学院医学生物学研究所从生产 Sabin 株灭活疫苗的方法入手，对 Sabin 株病毒的培养方法、纯化和灭活方法、安全性和免疫原性评价方法、抗原检测方法等技术进行了全方位的布局，申请了一系列方法发明专利，探索出了一条完全自主的符合自身特点的发展之路。

脊髓灰质炎是由脊髓灰质炎病毒（Poliovirus）引起的一种急性传染病，多见于儿童，因此该病也被称为小儿麻痹症，该病毒常侵犯中枢神经系统，会对脊髓前角运动神经细胞造成永久损害，出现肢体松弛性麻痹，导致终身残疾。美国前总统富兰克林·罗斯福也是脊髓灰质炎患者，1921 年夏天，他在一次游泳后染上了脊髓灰质炎，最终造成了下肢瘫痪。1938 年，罗斯福在美国建立了小儿麻痹症全国基金会，在该基金会的支持下，美国的乔纳斯·索尔克（Jonas Salk）医生于 1953 年研制出利用野生脊髓炎病毒株生产的灭活疫苗（IPV），制备疫苗的野生病毒株被称为 Salk 株；同样在该基金会的支持下，在 20 世纪 50 年代，美国辛辛那提大学的阿尔伯特·沙宾（Albert Sabin）利用减毒的脊髓灰质炎病毒制备了口服脊髓灰质炎减毒活疫苗（OPV），减毒的病毒株被称 Sabin 株。OPV 的优点是接种方便、接种量小，可引起机体的继发性免疫，免疫效果好；IPV 的优点是便于保存、运输，副作用小。然而，由于制备 IPV 的是野生型脊髓灰质炎病毒，有释放到环境中的风险，生产和质量控制要求较高，直接导致了制备成本较高，发展中国家以及一些低收入国家负担不起，因此，世界上使用较多的是接种方便、成本低，适合大规模接种的 OPV。

中国医学科学院医学生物学研究所（以下简称“昆明所”）研发的 Sabin 株脊髓灰质炎灭活疫苗，商品名为埃必维，其是通过将脊髓灰质炎病毒Ⅰ型、Ⅱ型 Sabin 株和Ⅲ型 Pfizer 株（Ⅲ型 Sabin 纯化株）分别接种于微载体培养的 Vero 细胞，培养后收获病毒液，经浓缩、纯化和甲醛灭活后制成的三价液体疫苗。该药物规格为每瓶 0.5ml，每 1 次人用剂量 0.5ml，含脊髓灰质炎病毒抗原量Ⅰ型 30DU、Ⅱ型 32DU、

Ⅲ型45DU,❶ 是全球首个Sabin株脊髓灰质炎灭活疫苗单苗。

截至2019年10月，在我国获批上市的脊髓灰质炎灭活疫苗，除了昆明所生产的埃必维之外，还有法国赛诺菲巴斯德Salk株灭活疫苗和北京生物制品研究所有限责任公司（以下简称“北生研”）生产的Sabin株脊髓灰质炎灭活疫苗。

➢ Sabin株脊髓灰质炎灭活疫苗市场缺口巨大

2015年之前，我国注射用IPV完全依赖于进口，昆明所开发的Sabin株脊髓灰质炎灭活疫苗的获批一举打破了我国没有国产IPV疫苗的历史，图19-1显示了2010~2019年我国IPV批签发量。

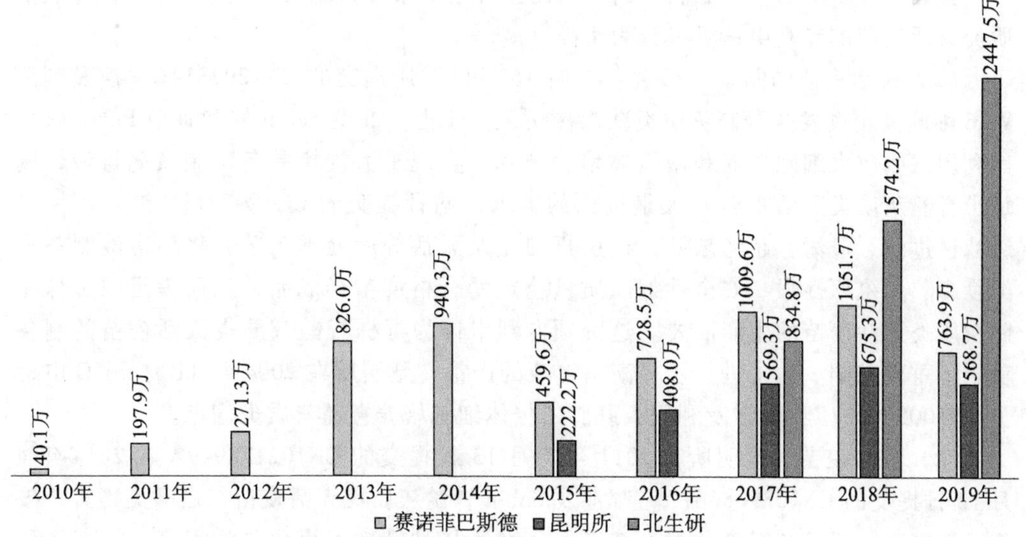

图19-1 2010~2019年我国IPV批签发量

注：签发量单位为剂。

昆明所2017~2019年的批签发量，除了在2018年为675.3万剂，其余两年稳定在568.7万剂，北生研生产的sIPV自2017年8月被批准上市以来，批签发量逐年增加，2019年达到了2447.5万剂。❷ 根据2013年WHO批准的《全球消灭脊髓灰质炎最后阶段战略计划（2013—2018）》的最终要求，我国在2020年后全面接种IPV（4剂/人份），以每年新生人口1500万人测算，我国IPV年需求量将达到6000万支，将是2019年批签发量的近2倍。截至2019年12月，国内除了上述3种上市的IPV外，北京科兴生物制品有限公司（以下简称“北京科兴”）、武汉生物制品研究所

❶ Sabin株脊髓灰质炎灭活疫苗（Vero结胞）[EB/OL]. [2019-12-05]. http://www.imbcams.ac.cn/Item/15164.aspx.

❷ 中国医学科学院医学生物学研究所Sabin株脊髓灰质炎灭活疫苗二期项目开工奠基[EB/OL]. (2016-09-20) [2019-12-05]. http://www.imbcams.ac.cn/Item/16577.aspx.

(以下简称“武汉所”)、北京民海生物科技有限公司(以下简称“北京民海”)也都在进行 Sabin 株 IPV 的相关研发，并且都已获得优先审评资格，随着相关疫苗的获批上市，我国实现全面接种 IPV 只是时间问题。

目前，发展中国家有数以亿计的儿童依赖 OPV 进行免疫，为他们提供经济、安全、有效的 IPV，将直接决定在世界范围内根除脊髓灰质炎的目标的实现。这为我国医药企业生产的 Sabin 株 IPV 进入世界市场提供了契机，随着国内接种需求的满足，国内企业可以走出国门，为全人类消灭脊髓灰质炎做出应有的贡献。

➢ 昆明所 Sabin 株脊髓灰质炎灭活疫苗埃必维专利布局全面

如表 19-1 所示，从专利申请涉及的技术主题来看，昆明所围绕 Sabin 株脊髓灰质炎灭活疫苗的专利申请可以分为 4 类。

(1) 灭活疫苗的制备。2004 年 9 月 16 日昆明所提交的 CN1297314C，涉及利用 Vero 细胞高密度发酵脊髓灰质炎减毒株病毒（Ⅰ型、Ⅱ型 Sabin 株和Ⅲ型 Pfizer 株），其利用三级放大细胞培养和微载体培养技术，实现了大规模制备细胞及病毒液，满足了脊髓灰质炎灭活疫苗对大量抗原的需求；同日提交的 CN1297313C 涉及利用三级滤柱过滤、澄清，超滤浓缩，柱层析纯化及灭活等后处理工艺，将病毒液制备成纯度高、免疫原性强、安全性好、质量稳定的合格疫苗半成品，从而满足减毒株脊髓灰质炎灭活疫苗的生产需要。这两项专利申请为毒株脊髓灰质炎灭活疫苗的制备奠定了重要基础。为了进一步提高病毒液的产量，昆明所在 2004 年 11 月 26 日申请了 CN100500827C，其涉及利用人胚肺二倍体细胞培养脊髓灰质炎病毒。

(2) 联合疫苗。昆明所在 2011 年 5 月 13 日提交的 CN102178949A 和 2014 年 4 月 18 日提交的 CN103908667A，都涉及 Sabin 脊髓灰质炎灭活疫苗与白喉类毒素、破伤风类毒素、百日咳毒素的联合疫苗，以减少接种针次，简化免疫程序，提高接种效率。

(3) 灭活疫苗的有效性评价。2014 年 4 月 9 日提交的 CN103877596A 涉及将猪作为评价皮内注射脊髓灰质炎灭活疫苗有效性的动物模型，可研究优化抗原用量。

(4) 灭活疫苗抗原检测。2018 年 1 月 13 日昆明所提交了 CN108241058A、CN108287237A、CN108303533A、CN108387726A、CN108387725A 5 件申请，都涉及利用酶联免疫吸附实验测定脊髓灰质炎病毒抗原的方法，可用于灭活疫苗生产中抗原的定性和定量检测。

专利申请从权利要求上可以分为两种：产品专利和方法专利。然而，由于生产 Sabin 株脊髓灰质炎灭活疫苗的毒株属于已知毒株，并且现有技术中有野生毒株的灭活疫苗，因此从产品方面申请专利保护 Sabin 株脊髓灰质炎灭活疫苗，授权概率较小。昆明所以 Sabin 株脊髓灰质炎灭活疫苗的制备方法为突破点，对 Sabin 株病毒的培养方法、纯化和灭活方法、安全性和免疫原性评价方法、抗原检测方法等技术进行了全方位的布局，虽然不如产品专利那样可以直接保护疫苗产品，但是也可以从一定程度上提高竞争产品的准入门槛。对于疫苗产品来说，如果其中的抗原成分是已经被现有技术公开的，可以尝试从疫苗的制备方法，比如病原体的培养、纯化、灭活、检测等方面进行布局。另外，也可以尝试通过改变疫苗产品的辅料、佐剂等方面入手，通过改进疫苗的组成来对疫苗产品进行更直接的保护。

表 19－1　昆明所围绕 Sabin 株脊髓灰质炎灭活疫苗的专利申请

序号	公开号	申请日	专利主题	申请人	法律状态
1	CN1297314C	2004－09－16	减毒脊髓灰质炎灭活疫苗的 Vero 细胞高密度发酵方法	中国医学科学院医学生物学研究所	有效
2	CN1297313C	2004－09－16	减毒脊髓灰质炎灭活疫苗的浓缩、纯化及灭活	中国医学科学院医学生物学研究所	有效
3	CN100500827C	2004－11－26	人胚肺二倍体细胞培养脊髓灰质炎病毒	中国医学科学院医学生物学研究所	有效
4	CN102178949A	2011－05－13	含有 Sabin 株脊髓灰质炎灭活病毒疫苗的联合疫苗，白喉类毒素、破伤风类毒素、百日咳毒素等	中国医学科学院医学生物学研究所	驳回
5	CN103877596B	2014－04－09	以猪为动物模型，评价脊髓灰质炎灭活疫苗的皮内免疫途径的安全性和免疫原性	中国医学科学院医学生物学研究所	有效
6	CN103908667A	2014－04－18	含有 Sabin 株脊髓灰质炎灭活病毒疫苗的联合疫苗，白喉类毒素、破伤风类毒素、百日咳毒素等	中国医学科学院医学生物学研究所	驳回
7	CN108241058A	2018－01－13	检测脊髓灰质炎病毒Ⅲ型 D 抗原的方法	中国医学科学院医学生物学研究所	在审中
8	CN108287237A	2018－01－13	检测脊髓灰质炎病毒Ⅱ型 D 抗原的方法	中国医学科学院医学生物学研究所	驳回
9	CN108303533A	2018－01－13	检测脊髓灰质炎病毒Ⅰ型 D 抗原的方法	中国医学科学院医学生物学研究所	在审中
10	CN108387726A	2018－01－13	联合检测脊髓灰质炎病毒Ⅰ型、Ⅱ型、Ⅲ型 D 抗原的方法	中国医学科学院医学生物学研究所	在审中
11	CN108387725A	2018－01－13	检测脊髓灰质炎病毒Ⅰ型、Ⅱ型、Ⅲ型 D 抗原的方法	中国医学科学院医学生物学研究所	在审中

➢　抗原量的提高是 IPV 疫苗生产亟待解决的技术问题

荷兰国家公共卫生及环境研究院（RIVM）在 20 世纪 50 年代开始开发 Salk－IPV 制备技术，并在 20 世纪 60 年代开始采用微载体技术培养细胞生产脊髓灰质炎病毒并成功制备了 Salk－IPV，该项技术被无偿转让给葛兰素史克、赛诺菲巴斯德等公司使用。在 2008 年，WHO 与荷兰 Intravacc 公司（其前身为 RIVM）合作开发基于

Sabin 株的脊髓灰质炎灭活疫苗，并在 2011～2012 年进行了Ⅰ/Ⅱa 期临床试验，结果显示在成人和婴儿中可以安全有效地诱导免疫反应。❶ Intravacc 公司开发的 Sabin 株脊髓灰质炎灭活疫苗制备技术即是对 Salk－IPV 制备技术进行了优化，同样采用了微载体培养法。❷ 国内的北京科兴和北京民海两家企业分别引进了 Intravacc 公司开发的生产 Sabin－IPV 的技术。

20 世纪 70 年代，日本小儿麻痹研究所（JPRI）在日本开展了利用 Sabin 株制备脊髓灰质炎灭活疫苗的研究。其同样采用微载体发酵法培养 Vero 细胞生产制备 Sabin 株，进行了生物安全性和有效性试验，并在 2001 年向日本监管机构提交了上市申请，但是基于药品临床试验管理规范的要求，于 2005 年撤回了该申请。然而，JPRI 研究的制备技术并没有从此销声匿迹，2002 年日本的疫苗制备厂商开始开发包含 Sabin 株灭活疫苗的四联疫苗（还包含白喉、破伤风、百日咳抗原）。2012 年日本化学及血清疗法研究所（Kaketsuken）和大阪大学微生物病研究所（Biken）完成了四联疫苗的临床试验，并向日本药品监管机构提交了上市申请，这两个研究机构使用的 Sabin 株灭活疫苗都是由 JPRI 提供的，日本于 2012 年 11 月批准了含有 Sabin 株脊髓灰质炎灭活疫苗的四联疫苗的上市申请。❸

综上所述可以看出，微载体培养技术被广泛用于脊髓灰质炎灭活疫苗的制备，其原因是在制备 Sabin 株脊髓灰质炎灭活疫苗时，使用的甲醛灭活剂导致 Sabin 病毒的保护性抗原不稳定，产生的灭活疫苗的免疫原性不及 Salk 株灭活疫苗，对于Ⅱ型和Ⅲ型尤其需要更多的 Sabin 株抗原才能诱导类似的免疫水平。制备 IPV 的病毒数量要远远超出 OPV 的病毒数量，解决上述问题的一种重要的方法是增加抗原数量，然而 Sabin 株产量相对于野生型病毒本来就很低，❹ 如果采用传统的病毒培养方法势必要扩大生产规模，而生产规模的扩大将大大增加疫苗的生产成本，对于 IPV 的普及来说将造成不可忽视的障碍。因此需要优化 Sabin 株的培养方法提高病毒的产量，获得足够的抗原量以达到有效诱导免疫反应的水平。

➢ 昆明所生产方法的改进致力于提高抗原量

对昆明所专利进行梳理，可以发现昆明所找准了技术改进方向，也明确了 IPV 疫苗生产中亟待解决的技术问题就是如何提高抗原量以达到有效诱导免疫反应的水平。昆明所也是中国第一粒脊髓灰质炎减毒活疫苗糖丸的诞生地，然而使脊髓灰质

---

❶ OKAYASU H，SEIN C，HAMIDI A，et al. Development of inactivated poliovirus vaccine from Sabin strains：A progress report［J］. Biologicals，2016，44（6）：581－587.

❷ BAKKER W A M，THOMASSEN Y E，OEVER A G，et al. Inactivated polio vaccine development for technology transfer using attenuated Sabin poliovirus strains to shift from Salk－IPV to Sabin－IPV［J］. Vaccine，2011（29）：7188－7196.

❸ SHIMIZU H. Development and introduction of inactivated poliovirus vaccines derived from Sabin strains in Japan［J］. Vaccine，2016：34（16）：1975－85.

❹ CHUMAKOV K，EHRENFELD E. New Generation of Inactivated Poliovirus Vaccines for Universal Immunization After Eradication of Poliomyelitis［J］. Clin Infect Dis.，2008，47（12）：1587－1592.

炎糖丸疫苗脱胎换骨成为免疫效果更佳、安全性更高的注射用脊髓灰质炎灭活疫苗并非一日之功，埃必维研发历程与专利布局如图 19－2 所示。

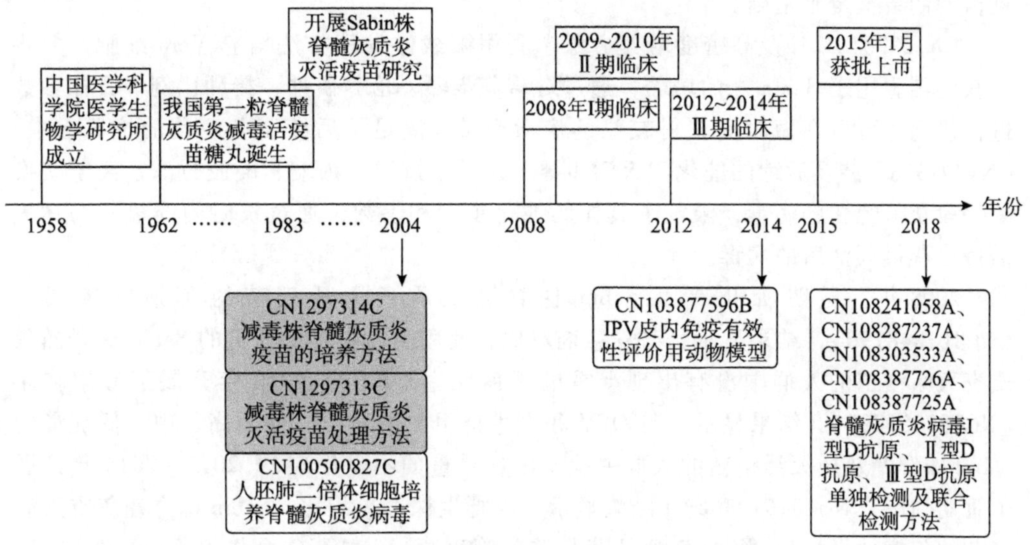

图 19－2　埃必维研发历程与专利布局

20 世纪 50 年代初，国内部分省市爆发了脊髓灰质炎疫情。在这个严峻情况下，1958 年 8 月，国家在昆明成立中国医学科学院医学生物研究所，其主要任务就是研制、生产脊髓灰质炎疫苗。❶ 科研人员根据我国国情，选择了口服脊髓灰质炎减毒活疫苗作为发展方向。1962 年，中国第一粒脊髓灰质炎减毒活疫苗糖丸在昆明所诞生，这颗糖丸有效控制了国内脊髓灰质炎疫情，发病率逐年下降。50 余年来生产了 60 多亿剂脊髓灰质炎疫苗，让我国 100 多万儿童避免了脊髓灰质炎病毒的感染。2000 年 10 月，我国被 WHO 认证为无本土脊髓灰质炎野病毒的国家。

虽然脊髓灰质炎减毒活疫苗为消灭脊髓灰质炎病毒发挥了巨大作用，但是由于病毒是活的，其安全问题一直备受关注，虽然概率很小，但是也有可能引起疫苗相关麻痹型脊髓灰质炎（Vaccine associated paralytic poliomyelitis，VAPP）和产出循环性疫苗衍生脊髓灰质炎病毒（Circulating vaccine－derived polioviruses，cVDPVs）。❷ 因此，需要使用脊髓灰质炎灭活疫苗才能最终实现彻底消灭脊髓灰质炎的发生。

为了制备更安全的灭活疫苗，昆明所的科研人员早在 1983 就开始进行脊髓灰质炎灭活疫苗的研究，为了避免野生病毒株带来的风险，决定采用生产减毒活疫苗的 Sabin 株制备灭活疫苗。经过 20 多年的努力，昆明所在 2004 年 9 月 16 日提交了两件发明专利申请，分别涉及减毒株脊髓灰质炎疫苗的培养方法（CN1297314C，授权日

❶ 中国医学科学院医学生物研究所累计向全国提供 60 亿剂次脊灰疫苗［EB/OL］.（2019－09－04）［2019－08－07］. http：//www. yn. xinhuanet. com/marketing/2017/2019－09/04/c_138364627. htm.

❷ Global eradication of wild poliovirus type 2 declared［EB/OL］.（2015－09－02）［2019－08－07］. http：//polioeradication. org/news－post/global－eradication－of－wild－poliovirus－type－2－declared.

为2007年1月31日）和减毒株脊髓灰质炎灭活疫苗后处理方法（CN1297313C，授权日为2007年1月31日），解决了毒株的高密度培养、纯化和灭活等问题，为灭活疫苗的制备奠定了基础。

CN1297314C涉及高密度培养方法，利用微载体发酵方法培养Vero细胞，并将收获的细胞用于Sabin株的培养，通过对培养步骤、培养条件、接种比例等具体参数进行优化，可以在短时间获得较高的病毒产量，满足了后续制备疫苗的抗原需求。CN1297313C涉及后续的纯化和灭活步骤，采用了过滤、浓缩、凝胶过滤、离子交换等手段获得纯化的病毒，限定了具体的纯化步骤和参数，通过长时间的福尔马林灭活最终获得灭活后的病毒。

2008年，昆明所开展了Sabin株脊髓灰质炎灭活疫苗的Ⅰ期临床试验（NCT01048190），结果显示，与安慰剂对比，使用高、中、低剂量的Sabin株脊髓灰质炎灭活疫苗的人群中没有出现严重的不良反应；2009～2010年开展了Ⅱ期临床（NCT01056705），结果显示，与OPV和野生株IPV的对比，使用高、中、低剂量的Sabin株脊髓灰质灭活疫苗的人群中没有出现严重的不良反应；❶ 2012～2014年开展了Ⅲ期临床（NCT01510366），结果显示，与野生株IPV相比，Sabin株脊髓灰质灭活疫苗的免疫效果相似。❷ 国家食品药品监督管理总局与WHO合作组织国内外专家，通过特殊审批程序对Sabin株脊髓灰质炎灭活疫苗进行审评，在2015年1月14日公布批准了该疫苗的上市注册申请，其是全球首个获批的Sabin株脊髓灰质炎灭活疫苗，它的上市对我国以及世界彻底根除脊髓灰质炎发挥至关重要的作用。

虽然微载体培养技术是已知的，但是将其进行具体的应用还需进一步优化，昆明所在2004年提交的专利申请中详细公开了采用微载体培养技术培养细胞生产脊髓灰质炎病毒的步骤和参数，发展出了适合自身特点的培养方法，并以此奠定了Sabin株脊髓灰质炎灭活疫苗的基础。从昆明所的研发方向可以看出，对已知技术的具体改进也是重要的研发方向，即使是微小的改进，比如方法参数或步骤等，但是只要可以证明其促进了整个技术获得预料不到的技术效果，也是具有授权前景的。

➢ 思考与启示

WHO在《全球消灭脊髓灰质炎最后阶段战略计划（2013—2018）》中要求使用OPV的国家，在2015年10月后需要在常规免疫程序中引入至少一剂IPV。我国政府急需国产IPV以满足国内对IPV的巨大需求，昆明所开发的Sabin株灭活疫苗由于其良好的临床试验结果正好适应了国家战略需求，在“十二五”期间，得到了国家“863”计划和“重大新药创制”科技重大专项的支持，通过特殊的审评机制，加速

❶ Institute of Medical Biology, Chinese Institute of Medical Biology, Chinese Academy of Medical Sciences. Sabin - IPV Development IPV Development in IMB, CAMS, China in IMB, CAMS, China [EB/OL]. [2019 - 08 - 10]. https: //www. who. int/immunization_standards/vaccine_quality/11_liq_sabin_ipv_devt. pdf.

❷ GUOYANG L, RONGCHENG L, CHANGGUI L, et al. Phase 3 Trial of a Sabin Strain - Based Inactivated Poliovirus Vaccine [J]. The Journal of Infectious Diseases, 2016, 214 (11): 1728 - 1734.

了上市进程，成为全球首个 Sabin 株脊髓灰质炎灭活疫苗，为我国履行国际责任和 IPV 接种计划的顺利实施提供了安全保障。

在专利申请方面，昆明所围绕埃必维申请了 9 件发明专利，其主要涉及培养方法、纯化和灭活方法、安全性和免疫原性评价方法、抗原检测方法等，对产品的制备工艺形成了比较全面的保护。从昆明所对埃必维的专利布局可以看出，昆明所以产品的制备方法为研发方向，通过对具体步骤和参数的优化，形成了一套拥有自主知识产权的制备方法，为埃必维的上市奠定了基础。这也说明，对于研发主体来说，根据自身特点，对已知方法进行具体的改进，提高产品的生产效率或者降低生产成本等也是一种行之有效的研发思路。

（执笔：陈彦闯、靳春鹏，两位作者对本文贡献等同）

20 聚乙二醇干扰素派格宾

——老药新改抢回市场，独占许可能否走得更远？

编者按 国家Ⅰ类新药聚乙二醇干扰素α-2b注射液（YPEG-IFN-α2b注射液，商品名为派格宾）是我国第一个聚乙二醇修饰的长效重组人干扰素药物，YPEG修饰技术是其与竞争药物之间的关键技术差异点之一。以独占许可的方式获得非自主创新技术YPEG核心专利的实施权，在一定程度上保证了派格宾的排他性，但也意味着在生产活动中将受到专利实施范围的制约。

国家Ⅰ类新药聚乙二醇干扰素α-2b注射液（商品名为派格宾，Pegberon）是我国自主研发的首个聚乙二醇（PEG）修饰重组人干扰素药物，与未经PEG修饰的普通干扰素相比，聚乙二醇化干扰素药物具有半衰期延长、免疫原性降低等优势。派格宾由厦门特宝生物工程股份有限公司（以下简称“厦门特宝”）开发，于2016年在我国获批上市，进而打破了国外医药企业长期垄断我国长效干扰素药物市场的局面。派格宾被批准的临床适应证为慢性乙肝和慢性丙肝的成年患者。在分子结构上，派格宾是由分子量为40kD的Y型分支结构PEG（YPEG，两分支通过N连接）修饰于人干扰素α-2b的第134位赖氨酸侧链ε氨基上形成，与同类长效干扰素竞争药物派罗欣（Pegasys）、佩乐能（PEG-INTRON）相比，具有一定的独特性。

➢ 已上市的长效干扰素药物结构差异明显

干扰素（interferon，IFN）是真核细胞受病毒感染或其他抗原刺激后产生的一类小分子蛋白质，具有广谱抗病毒、抑制细胞增殖、免疫调节及抗肿瘤作用。自第一个重组干扰素药物甘乐能（INTRON A，先灵葆雅公司研发，已被默沙东公司收购）于1986年上市（被美国FDA批准用于治疗慢性乙肝）以来，重组干扰素已被广泛应用于多种疾病的治疗，如乙肝、丙肝和艾滋病（HIV）等病毒感染，多发性硬化症、关节炎和哮喘等炎性反应异常性疾病，以及骨髓瘤、淋巴瘤、肝癌和肺癌等肿瘤。在新冠病毒肺炎的治疗中，重组干扰素再次受到人们的瞩目。由国家卫生健康委员会发布的《新型冠状病毒感染的肺炎治疗方案（试行第三版）》中就给出了α-

干扰素雾化吸入的抗病毒治疗方案。❶ 目前，重组干扰素是仅次于重组人胰岛素的全球第二大重组蛋白药物。

根据化学、免疫学和生物学性质的不同，干扰素被分为α、β、γ和ε4类，其中干扰素α由受病毒感染的白细胞分泌产生。根据氨基酸序列差异，人干扰素α又被划分为不同的亚族、亚型，不同亚型的生物活性略有差别。❷ 我国属于病毒性肝炎的流行地区，因此，以乙肝、丙肝为主要适应证的重组人干扰素α-2a、α-2b亚型产品是我国干扰素药物市场上的主流产品。

普通干扰素在体内半衰期较短，为了维持一定的治疗浓度，一般需要短间隔给药（每周注射3次），并且由于普通干扰素的免疫原性较强，抗体的生成也会使疗效显著降低。近年来，聚乙二醇修饰技术的发展为解决上述技术问题提供了可能。PEG修饰的干扰素药代半衰期延长，可将给药间隔延长至每周1次，患者的用药顺应性也得到显著改善。同时，PEG的保护作用避免了干扰素与免疫细胞的直接接触，从而降低了因免疫原性所产生的不良作用。

目前，我国国内重组蛋白药物产业大多停留在普通的短效技术上，国内的长效重组蛋白药物市场主要被国外医药企业所垄断。罗氏公司的派罗欣和先灵葆雅公司（已被默沙东公司收购）的佩乐能是在我国上市的两种长效干扰素药物。2016年厦门特宝的国家Ⅰ类新药派格宾获批上市，才打破了国外医药企业长期垄断长效干扰素药物市场的局面。截至2020年7月，在我国获批用于乙肝、丙肝治疗的长效干扰素仍然只有派罗欣、佩乐能和派格宾3种药品。

派格宾、派罗欣与佩乐能均为PEG修饰的重组人IFN-α2型干扰素注射液，主要差别在于三者的PEG结构不同（见表20-1）。最早上市的派罗欣采用U型PEG修饰，紧随其后的佩乐能采用线性PEG修饰，而最晚上市的派格宾采用40kD的Y型分支结构PEG修饰于人干扰素α-2b的第134位赖氨酸侧链ε氨基上形成。此外，在PEG分子量、PEG修饰位点、表达系统、获批适应证等方面，三者也存在不同之处（见表20-2），在价格方面，派格宾具有一定优势。

表20-1 中国上市的3种长效干扰素对比

商品名	结构式	公司	上市时间
派罗欣/Pegasys（UPEG-IFN-α2a）	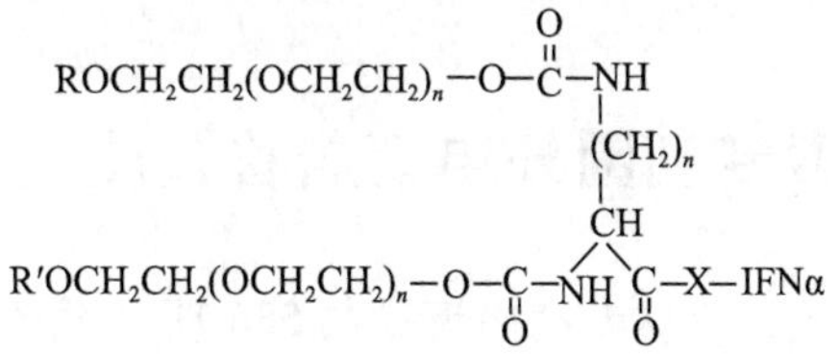 $ROCH_2CH_2(OCH_2CH_2)_n{-}O{-}C(=O){-}NH{-}(CH_2)_n{-}CH$ $R'OCH_2CH_2(OCH_2CH_2)_n{-}O{-}C(=O){-}NH{-}CH{-}C(=O){-}X{-}IFN\alpha$	罗氏	2003年

❶ 国家卫生健康委员会办公厅．新型冠状病毒感染的肺炎诊疗方案（试行第三版）[EB/OL].（2020-01-22）[2020-07-17]. http://www.nhc.gov.cn/yzygj/s7653p/202001/f492c9153ea9437bb587ce2ffcbee1fa/files/39e7578d85964dbe81117736dd789d8f.pdf.

❷ 黎沙，冯虹，田小兰，等．人干扰素的作用原理与应用[J]．生物学通报，2015，50（3）：19-21.

续表

商品名	结构式	公司	上市时间
佩乐能/PEG－INTRON（线性 PEG－IFN－α2b）	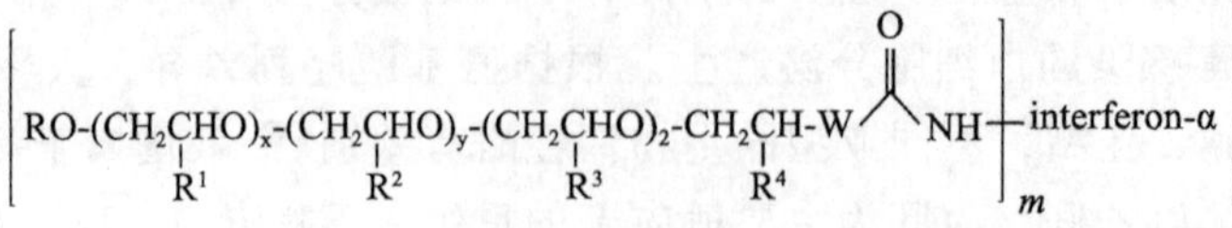 $\left[\mathrm{RO\text{-}(CH_2\underset{R^1}{C}HO)_x\text{-}(CH_2\underset{R^2}{C}HO)_y\text{-}(CH_2\underset{R^3}{C}HO)_2\text{-}CH_2\underset{R^4}{C}H\text{-}W\text{-}\overset{O}{\overset{\Vert}{C}}\text{-}NH}\right]_m\mathrm{-interferon\text{-}\alpha}$	先灵葆雅（已被默沙东收购）	2004 年
派格宾/Pegberon（YPEG－IFN－α2b）	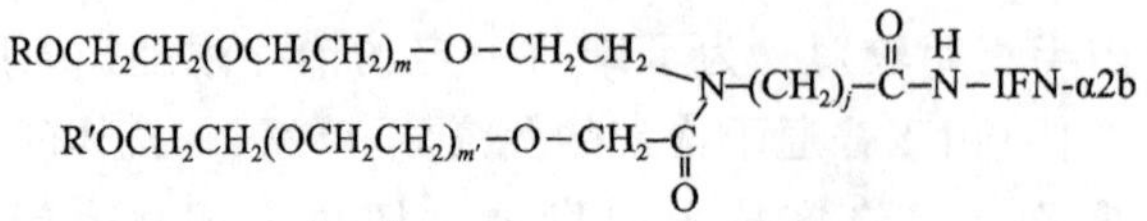 $\mathrm{ROCH_2CH_2(OCH_2CH_2)_m\text{-}O\text{-}CH_2CH_2}$ 与 $\mathrm{R'OCH_2CH_2(OCH_2CH_2)_{m'}\text{-}O\text{-}CH_2\text{-}\overset{O}{\overset{\Vert}{C}}}$ 连接于 $\mathrm{N\text{-}(CH_2)_j\text{-}\overset{O}{\overset{\Vert}{C}}\text{-}\overset{H}{N}\text{-}IFN\text{-}\alpha 2b}$	厦门特宝	2016 年

表 20－2 派格宾、派罗欣、佩乐能的其他差别

商品名	派格宾	派罗欣	佩乐能
PEG 分子量	40kD	40kD	12kD
PEG 连接位点	74%左右 Lys134	Lys31、Lys121、Lys134、Lys131 等	His34、C1
表达系统	酵母	大肠杆菌	大肠杆菌
半衰期	与派罗欣相似	60～80h	48h
剂型	注射液	注射液	注射剂（冻干粉末及溶液）
给药频率/剂量	1 次/周，180μg/周	1 次/周，180μg/周	按体重计（65kg 以下 40μg/周、65kg 以上 50μg/周）
活性（以派罗欣计）	2～3 倍	1 倍	25 倍
适应证	成年人慢性乙肝/丙肝	成年人慢性乙肝/丙肝	成年人 HBeAg 阳性慢性乙肝/丙肝（EMA/FDA 只批准了 HCV）
价格/元	849 元	180μg/1300 元 135μg/963 元	100μg/1331 元 80μg/1122 元 50μg/783 元

➢ PEG 修饰干扰素专利国外申请居首，厦门特宝国内第一

在 PEG 修饰干扰素领域，全球专利申请量共 586 项（截至 2020 年 7 月），其中，中国专利申请共 148 项。全球专利申请早在 2000 年左右便出现了申请量高峰，2000 年的年申请量达到 44 项；2000 年之后，全球申请量出现下降，且近 5 年来全球专利申请量下降明显，不排除近期申请还未公开的因素。在国内申请中，最高申请量年份出现在 2012 年，全年申请量为 23 项，其他年份均较为平稳。从申请量数据来看，以 PEG 修饰干扰素为主题提出的专利申请在我国并不十分活跃。

PEG 修饰干扰素领域涉及的申请人较多。排名第一位的是默沙东公司（包括已

被其收购的先灵葆雅公司的专利申请)，共有专利申请63项；第二位为罗氏公司，共有专利申请49项；目标药物申请人厦门特宝排在第五位，共有专利申请9项，包括以其子公司厦门伯赛基因转录技术有限公司（以下简称“伯赛基因”）作为申请人的专利申请。可见，在PEG修饰干扰素领域，默沙东公司和罗氏公司的专利申请量远超厦门特宝。但厦门特宝所拥有的专利申请数量在国内创新主体中仍然位居榜首。

➢ 三大竞争产品专利申请各有千秋

比较国内市场上三大竞争产品——罗氏公司的派罗欣、默沙东公司的佩乐能和厦门特宝的派格宾的专利申请情况，罗氏公司就派罗欣相关PEG修饰干扰素的主题提出专利申请最早，但整体申请趋势较为平缓，未出现明显的申请量高峰。默沙东公司围绕佩乐能相关PEG修饰干扰素的主题提出的专利申请数最多，并且提出时间相对集中。在1998~2001年，默沙东公司就提出了44项专利申请，申请高峰出现在2000年，为23项，远超同期竞争者。与竞争者相比，厦门特宝仅在2007年提出2项、2010年提出1项，相对而言数量较少、时间较晚。

对罗氏公司的相关专利申请进行梳理（见表20-3）发现，早在1992年，罗氏公司就率先围绕PEG修饰干扰素的主题提出了专利申请（CN1088936A族)，该专利主要涉及1000~10000Da的线性PEG修饰的干扰素。1997年，罗氏公司首次就UPEG修饰的IFNα-2a提交了专利申请（CN1167777A)，为药品派罗欣的核心专利族。2003年，罗氏公司就UPEG-IFN-α2a的位置异构体，即不同位点的UPEG修饰，进行了专利布局（CN1711109A)。1999~2011年，罗氏公司分别就UPEG-IFN-α2a的联合用药（联合利巴韦林、霉酚酸酯、威罗菲尼）提交了专利申请。此外，罗氏公司还分别于2010年和2012年提出了2项关于SNP位点rs13979860、rs12148487用于评价丙肝三重疗法（IFN+利巴韦林+HCV蛋白酶抑制剂）应答的专利申请。2015年，罗氏公司就UPEG-IFN-α2a稳定化水溶液制剂提出了申请(WO2016046101A1)。可以看出，作为跨国医药企业中的老牌巨头，罗氏公司对于派罗欣的专利布局非常周密。从PEG修饰IFN的结构本身出发，到位置异构体、联合用药、诊断标记物、药物制剂等方面，不断延伸保护广度、延长保护期限。从申请日来看，罗氏公司就UPEG-IFN-α2a技术提出的最新专利的申请日也在2015年。随着以索非布韦为代表的直接抗病毒药物的兴起，干扰素类药物在慢性丙肝治疗领域的优势逐渐消失，罗氏公司也不再将其作为抗肝病毒药物的研究重点，而是将研究方向转向了直接抗病毒药物。

表20-3 派罗欣专利申请布局

申请日	主题
1993-08	1000~10000Da线性PEG修饰的IFN
1997-05	UPEG-IFN-α2a

续表

申请日	主题
1999 - 05	UPEG - IFN - α2a 联合利巴韦林用于慢性 HCV
2000 - 08	UPEG - IFN - α2a 联合霉酚酸酯
2003 - 11	UPEG - IFN - α2a 位置异构体，优选 Lys31、Lys134
2008 - 02	UPEG - IFN - α2a 联合利巴韦林用于慢性 HBV
2010 - 11	rs13979860 用于评估 HCV 对三重疗法（IFN + 利巴韦林 + HCV 蛋白酶抑制剂）的应答
2011 - 12	UPEG - IFN - α2a 联合威罗菲尼用于黑色素瘤、结直肠癌、甲状腺癌
2012 - 11	rs12148487 用于诊断 HCV 对三重疗法（IFN + 利巴韦林 + HCV 蛋白酶抑制剂）的应答
2015 - 09	UPEG - IFN - α2a 稳定化水溶液制剂

1997 年，先灵葆雅公司提出了一项专利申请，要求保护 PEG12000 - IFN - α2b 在治疗病毒感染中的用途，即佩乐能相关核心专利（US5908621A）。1999 年和 2005 年，先灵葆雅公司就包含 PEG12000 - IFN - α2b 的稳定化制剂提出了专利申请（CN1295484A、US2006051320A1）。2000 年，罗氏公司分别就 PEG12000 - IFN - α2b 在 HIV、黑色素瘤、肾细胞癌、CML 方面的治疗用途提出了专利申请。此外，2007 年，先灵葆雅公司还就 PEG12000 - IFN - α2b 锌配合物晶型提出了专利申请。可见，佩乐能相关专利数量最多，技术主题主要涉及 PEG12000 - IFN - α2b 结构本身、稳定化制剂、适应证拓展和新晶型组合物等方面（见表 20 - 4）。

表 20 - 4　佩乐能专利申请布局

申请日	主题
1997 - 04	PEG12000 - IFN - α2b 核心专利
1999 - 03	包含 PEG12000 - IFN - α2b 的稳定化制剂
2000 - 03	用于 HIV - 1
2000 - 04	用于黑色素瘤
	用于 RCC
	用于 CML
2000 - 10	用于 HCV
2005 - 08	稳定化制剂
2007 - 10	IFN - α2b 与 Zn 结晶组合物，缓释吸入剂

厦门特宝对于 YPEG 修饰的 IFN - α2b 提出的专利申请，均以伯赛基因作为申请人（见表 20 - 5）。涉及 YPEG - IFN - α2b 的专利族共两项，其中，2007 年提出的专利 WO2009030066A1 即为派格宾核心专利，该专利族在中国、欧洲、美国、日本、韩国、加拿大、澳大利亚、俄罗斯、印度和南非均获得授权。2010 年，厦门特宝就 YPEG - IFN - α2b 的发酵后处理工艺提出了一项中国专利申请，并获得授权。

表 20－5 派格宾专利申请布局

专利族	公开号	公告号	技术主题	申请日
WO2009030066A1	CN101636414A	CN101636414B	YPEG 修饰的 IFN－α2b	2007－09－04
	EP2186830A1	EP2186830B1		2007－09－04
	US2011158943A1	US8597635B2		2007－09－04
	JP2010538022A	JP5325884B2		2007－09－04
	KR20100082774A	KR101502645B1		2007－09－04
	CA2698173A1	CA2698173C		2007－09－04
	AU2007358605A1	AU2007358605B2		2007－09－04
	ZA201001556A	ZA201001556B		2010－03－03
	RU2010106430A	RU2485134C2		2007－09－04
	IN201000391P3	IN270701B		2010－03－02
	AT548382T			2007－09－04
	BRPI0721984A2			2007－09－04
	DK2186830T3			2007－09－04
	ES2382124T3			2007－09－04
	MX2010002557A			2007－09－04
	PT2186830E			2007－09－04
CN101974084A	CN101974084A	CN101974084B	酵母重组 IFN－α2b 的发酵后处理工艺	2010－09－21

此外，厦门特宝以伯赛基因为申请人于 2007 年就 YPEG－IFN－α2a 提出了一项专利申请，即 WO2009030065A1。从厦门特宝的专利布局看，除已经上市的派格宾，厦门特宝围绕 YPEG－IFN－α2a、YPEG－G－CSF、YPEG－生长激素也都有相关申请，但围绕每个药物的申请也仅限于一项专利族。从专利布局角度来看，厦门特宝已将派格宾采用的 YPEG 修饰技术用到了其他在研长效细胞因子药物当中（见表 20－6）。

表 20－6 厦门特宝在研的其他 YPEG 修饰药物的专利申请布局

专利族	公开号	公告号	技术主题	申请日
WO2009030065A1	CN101636411A	CN101636411B	YPEG 修饰的 IFN－α2a	2007－09－04
	EP2196475A1	EP2196475B1		2007－09－04
	KR20100063108A	KR101483814B1		2010－03－03
	US2010239532A1	US8597634B2		2007－09－04
	ZA201001555A	ZA201001555B		2007－09－04
	CA2698396A1	CA2698396C		2007－09－04
	BRPI0721988A2			2007－09－04
	PT2196475E			2007－09－04
	DK2196475T3			2007－09－04
	ES2386575T3			2007－09－04

续表

专利族	公开号	公告号	技术主题	申请日
WO2009086656A1	CN101627056A	CN101627056B	YPEG 修饰的 G - CSF	2007 - 12 - 29
	EP2236521A1			2007 - 12 - 29
	US2011280826A1	US8530417B2		2007 - 12 - 29
	AU2007363326A1	AU2007363326B2		2007 - 12 - 29
	CA2710841A1	CA2710841C		2007 - 12 - 29
	JP2011507913A			2007 - 12 - 29
	BRPI0722341A2			2007 - 12 - 29
WO2009121210A1	CN101809038A	CN101809038B	YPEG 修饰的生长激素	2008 - 04 - 03
	US2011028388A1	US9840546B2		2008 - 04 - 03
	JP2011516429A	JP5458416B2		2008 - 04 - 03
	AU2008353850A1	AU2008353850B2		2008 - 04 - 03
	CA2720306A1	CA2720306C		2008 - 04 - 03
	EP2272875A1	EP2272875B1		2008 - 04 - 03
	KR20110014564A	KR101521674B1		2008 - 04 - 03
	DK2272875T3			2008 - 04 - 03
	ES2453946T3			2008 - 04 - 03
	PL2272875T3			2008 - 04 - 03
	RU2010136327A	RU2488598C2		2008 - 04 - 03
	MX2010010953A	MX318277B		2008 - 04 - 03

虽然干扰素是全球第二大重组蛋白药物，但长效干扰素在整个干扰素市场中的所占份额并不高，主要原因在于长效干扰素的价格普遍高于普通干扰素，出于经济方面的因素，部分患者放弃长效干扰素而选择需要频繁给药的普通短效药物。在适应证方面，由于以索非布韦为代表的直接抗病毒药物在慢性丙肝治疗领域的出色表现，干扰素类药物已不再是慢性丙肝的主要治疗手段和药物研发热点，目前，干扰素药物的主要临床适应证集中在慢性乙肝的治疗以及作为广谱抗病毒药物的应用。

但在慢性乙肝治疗领域，长效干扰素的用药市场地位也并非一家独大。抗乙肝病毒治疗药物主要包括核苷（酸）类药物和干扰素。由于核苷（酸）类药物为口服用药且单价较低，目前在我国慢性乙肝抗病毒用药市场中，聚乙二醇修饰的长效干扰素所占市场份额显著低于核苷（酸）类药物。然而，核苷（酸）类药物仅以控制病毒复制水平为主要治疗目标，为了实现更高的治疗终点，干扰素仍然是慢性乙肝治疗中不可或缺的重要角色。随着《慢性乙型肝炎防治指南（2019 年版）》已将临床治愈，即停止治疗后仍保持 HBsAg 阴性、HBV - DNA 检测不到、肝脏生物化学指标正常、肝脏组织病变改善，作为慢性乙肝治疗的核心治疗目标，[1] 聚乙二醇修饰的长效干扰素在慢性乙肝抗病毒用药市场上的前景仍是值得期待的。

在长效干扰素细分市场中，目前我国获批上市的长效干扰素药物仅有厦门特宝的派格宾、罗氏公司的派罗欣和默沙东公司的佩乐能。由于派罗欣、佩乐能上市时间较早，目前派格宾所占市场份额较少，市场竞争激烈。但派格宾销售份额逐年上升的趋势也十分抢眼。同时，考虑到药品价格及医保政策的影响，派格宾仍有较大潜力与进口药物形成有利的竞争局面。

➢ 派格宾老药新改，依赖 YPEG 专利独占许可

厦门特宝是一家主要从事重组蛋白质及其长效修饰药物研发、生产及销售的创新型生物医药企业，以免疫相关细胞因子药物为主要研发方向。2007 年 9 月 4 日，厦门特宝子公司伯赛基因提交了一项 PCT 申请 WO2009030066A1，该申请发明点在于以 Y 型分支结构 PEG 连接于 IFN－α2b 的第 134 位赖氨酸的侧链 ε 氨基，得到 YPEG 修饰的 IFN－α2b，与现有 UPEG－IFN－α2a（派罗欣）相比活性提高 1 ~ 2 倍。

与先前的线性 PEG、UPEG 修饰技术相比，派格宾的最大特色是用于修饰的 PEG 分子为 Y 型 PEG，即两个 PEG 分支通过 N 相互连接。其所采用的 YPEG 分子量为 40kD，与派罗欣所采用的 UPEG 分子量相当，也具有大致相同的半衰期。佩乐能所采用的线性 PEG 分子量仅为 12kD，其半衰期与前两者相比要短。但大分子量 PEG 也会造成蛋白质生物活性部分下降的问题，这种情况在 PEG 修饰的胰岛素、G－CSF、IL－2、IL－6、CD4－IgG 中均有发现。然而，派格宾的核心专利 WO2009030066A1 通过对 PEG 结构的改造和以 Lys134 位点为主要修饰位点的选择性修饰，使经 40kD YPEG 修饰的 IFN 相较于采用相同分子量 UPEG 修饰的 IFN 分子保留了更高的生物活性。可见，派格宾的 YPEG 修饰技术为其带来了显著的竞争优势。

根据美国临床试验数据库数据显示，2010 年 7 月，厦门特宝正式启动 YPEG－IFN－α2b 用于治疗慢性乙肝（NCT01143662）、慢性丙肝（NCT01140997）的Ⅱ期临床试验。2012 年 4 月，厦门特宝启动 YPEG－IFN－α2b 用于治疗慢性丙肝的Ⅲ期临床试验（NCT001581398）。2013 年 3 月，厦门特宝启动 YPEG－IFN－α2b 用于治疗慢性乙肝的Ⅲ期临床试验（NCT01760122）。2014 年 6 月，厦门特宝启动 YPEG－IFN－α2b 联合 GM－CSF 用于治疗慢性乙肝的Ⅱ期临床试验（NCT02332473）。在Ⅲ期临床试验中，厦门特宝均以派罗欣为对照药物，结果表明，派格宾的长期用药 HBeAg 血清学转化率高于对照药物，安全性与对照药物相当，中和抗体产生率显著低于对照药物[2]（即免疫原性低于对照药物）。因此，临床数据也显示出派格宾在长

[1] 王富贵，王福生，庄辉，等．慢性乙型肝炎防治指南（2019 年版）[J]．临床肝胆病杂志，2019，35（12）：2648－2669.

[2] WEIDONG Z，DARU L，XIADJIN L，et al. Immunogenicity of branched polyethylene glycol modified interferon alpha [J]. Immunopharmacology and Immunotoxicology，2018，40（1）：35－42.

期疗效、用药安全性等方面的优势。

派格宾能够在竞争产品在先占据市场10年的不利局面下，仍然获得一定市场份额，并保持逐年上升的势头，YPEG修饰是其关键技术因素之一。然而，YPEG修饰技术并不是厦门特宝所自有，涉及YPEG的基础专利CN1243779C的专利权人为北京键凯科技有限公司和天津键凯科技有限公司。据查，北京键凯科技股份有限公司、天津键凯科技有限公司（以下合称“键凯公司”）分别于2005年和2016年与厦门特宝子公司伯赛基因签订《专利实施许可合同》以及《专利实施许可合同之补充协议》，以独占许可方式许可伯赛基因使用其专利“具有Y形分支的亲水性聚合物衍生物、其制备方法、与药物分子的结合物以及包含该结合物的药物组合物”（中国专利CN1243779C）及基于PCT申请在欧洲（EP1496076B1）、日本（JP4272537B2）和美国（US8003089B2）的专利授权。厦门特宝及其子公司伯赛基因获许实施范围为将上述专利应用于rhG－CSF、rhEPO、rhGH、rhIFN－α（2a，2b）、IFN－r1b等5个聚乙二醇修饰蛋白质药物。❶

键凯公司主要从事医用药用聚乙二醇及其活性衍生物的研发、生产和销售，拥有多项聚乙二醇合成及聚乙二醇化技术专利（60项授权发明专利、48项在审发明专利），基于此向下游客户提供聚乙二醇产品及医药应用创新技术服务。此外，键凯公司也在向下游研发拓展，其自主研发的抗肿瘤Ⅰ类新药聚乙二醇伊立替康已进入Ⅰ期临床。❷

键凯公司向伯赛基因许可的专利CN1243779C共有21项权利要求，包括独立权利要求9项，保护的主题分别涉及“Y形分支的亲水性聚合物衍生物”“Y形分支的聚乙二醇衍生物”“制备聚乙二醇衍生物的方法”“衍生物通过其端基F与药物分子所形成的结合物”“衍生物通过其端基F与其他聚合物所形成的共聚物”以及“药物组合物”。该专利公开了Y形分支的聚乙二醇衍生物的合成路线、Y形分支的聚乙二醇衍生物的基团活化方法以及Y形分支的聚乙二醇衍生物与多种生物活性大分子和小分子（干扰素－α、干扰素－β、紫杉醇、喜树碱、华蟾酥毒基、东莨菪内酯、甘草次酸）结合物的制备方法，特别是公开了与派格宾紧密相关的Y形分支的聚乙二醇－NHS衍生物与干扰素α－结合物的制备路线（见图20－1）。

《专利法》第12条规定：任何单位或者个人实施他人专利的，应当与专利权人订立实施许可合同，向专利权人支付专利使用费。被许可人无权允许合同规定以外的任何单位或者个人实施该专利。这表示任何单位或个人想实施他人专利，都应当获得专利权人的许可。专利实施许可在本质上是一种利益的交换，专利权人通过将实施其专利的权利授予被许可人，放弃了部分或全部专利法所赋予的实施其专利的

❶ 厦门特宝生物工程股份有限公司．首次公开发行股票并在科创板上市招股说明书（申报稿）［EB/OL］．（2019－03－27）［2019－12－23］．http：//static. sse. com. cn/stock/information/c/201903/217a0b8bc16146eb9ffae9ccf1d284d8. pdf.

❷ 北京键凯科技股份有限公司．首次公开发行股票并在科创板上市招股说明书（申报稿）［EB/OL］．（2019－10－24）［2019－12－23］．http：//static. sse. com. cn/stock/information/c/201911/aca1fd3293c6485caf40a538963f88f7. pdf.

独占排他权利，同时换取得到被许可人所支付的专利使用费。专利实施许可类似于有形财产的出租，但是专利实施许可与有形财产的出租又有很大的区别：有形财产在同一时刻只能出租给一个承租人，而专利权可以在同一时刻许可若干人实施。❶ 这就意味着，即便被许可人通过专利实施许可获得了实施该专利的权利，也不能排除专利权人将同一专利的实施权利再次许可给第三方，除非专利权人（即许可人）与被许可人在双方订立的专利实施许可合同中另有约定，例如独占许可。

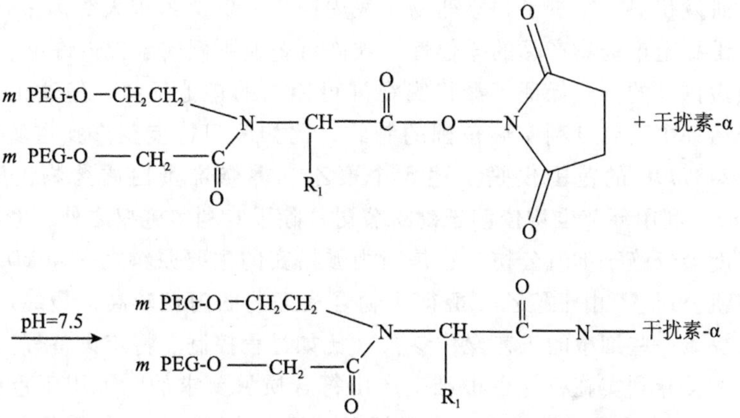

图 20-1 YPEG 衍生物与干扰素 α-结合物的制备路线

键凯公司与伯赛基因之间就 CN1243779C 的专利实施许可即为独占实施许可。独占许可是指在一定时间内，在专利权有效地域范围内，专利权人只许可一个被许可人实施其专利权，而且专利权人自己也不得实施该专利。独占许可保证了厦门特宝对该专利实施权的独占性，即在 CN1243779C 专利权时间、地域范围内，厦门特宝可以享有该专利在 rhG-CSF、rhEPO、rhGH、rhIFN-α（2a，2b）、IFN-r1b 等 5 个聚乙二醇修饰蛋白质药物中的实施独占权，即便是专利权人键凯公司自己也不得实施，当然，在合同期间键凯公司也不得将该专利的实施权许可给任何其他的单位或者个人。独占许可的方式在一定程度上保证了厦门特宝专利产品即派格宾在技术上的排他性，即在专利有效期间，不会出现 YPEG 修饰的同类重组蛋白竞争药物。

除独占许可之外，专利实施许可的类型还包括排他许可、普通许可、交叉许可和分许可。其中，排他许可是专利权人只许可一个被许可人实施其专利，但专利权人自己有权实施该专利；普通许可是专利权人许可他人实施其专利，同时保留许可第三人实施该专利权的权利；交叉许可是指两个专利权人互相许可对方实施自己的专利；分许可则是基于基本许可，被许可人依照与专利权人的约定，再许可第三人实施同一专利。可见，不同的专利实施许可类型规定了专利权人、被许可人不同的权利范围，独占许可最严格地赋予了被许可人独占实施该专利的权利，从专利实施角度上排除了被许可人之外的任何单位或个人（包括专利权人自身）实施该专利的可能，这是其他专利实施许可类型所不能保证的。因此，厦门特宝以独占许可方式

❶ 国家知识产权局条法司．新专利法详解［M］．北京：知识产权出版社，2001：81.

获得 YPEG 核心专利 CN1243779C 在 IFN－α2b 中的实施权，在一定程度上保证了自身产品 YPEG－IFN－α2b，即派格宾的排他性。

专利许可（License－in）的业务模式在生物制药领域是一种较为主流的创新获取方式。比如派罗欣和佩乐能的 PEG 修饰技术就分别来源于 Nektar（原 Shearwater 公司）和 Enzon 等专业 PEG 修饰技术公司的专利许可。❶❷ 这种以专利许可为特点的药物创新模式，不仅推动了基础技术专利向产业化发展的进程，也充分发挥了创新企业各自的研发优势，减少了独立药物研发周期长、资金需求大等因素带来的风险。当然，为了维护上市药物产品的排他性，被许可企业更倾向于独占许可。

虽然独占许可的方式保证了派格宾在许可期内的排他优势，但这也意味着厦门特宝在生产活动中受到专利实施范围的制约，比如厦门特宝获许独占实施 YPEG 核心专利 CN1243779C 的范围仅是上述 5 个聚乙二醇修饰蛋白质药物，厦门特宝在 YPEG 的生产、利用环节也均依赖于键凯公司。除了专利实施权之外，派格宾的生产也在一定程度上依赖于键凯公司，这是因为派格宾的主要原料之一 40kD YPEG 的供应商也为键凯公司。❸ 由于聚乙二醇衍生物合成工艺的门槛较高，最终产品的性质、质量可能取决于一些细微的工艺操作参数（比如过程控制、特定设备等），即便厦门特宝获得了相关专利实施权，也很难生产出符合质量要求的、可用于重组蛋白药物修饰的 40kD YPEG 产品，因而必须向掌握 YPEG 合成核心技术的键凯公司购买这一关键原料。相关信息也有披露厦门特宝本身并不掌握聚乙二醇衍生物的制备方法。❹ 依据两者的许可合同，在键凯公司专利保护期内，包括厦门特宝在内的其他主体均无权自行生产受专利权保护的该聚乙二醇衍生物。

当然，仅依赖键凯公司提供的 YPEG 修饰技术，厦门特宝是不足以获得 YPEG－IFN－α2b 的临床成功，更不足以令派格宾获批上市。从 YPEG 出发，修饰位点和修饰比例的选择、修饰工艺的放大、修饰后产物的分离和纯化，都是影响 YPEG－IFN－α2b 产品性能的重要技术因素。比如，派格宾核心专利 WO2009030066A1 就公开了 YPEG 连接于 IFN－α2b 的第 134 位赖氨酸的侧链 ε 氨基位置非常关键，该专利族在多个国家或地区获得的专利保护范围都体现了这一重要技术特征。另一项专利申请（CN101974084A）则就 YPEG－IFN－α2b 的发酵后处理工艺进行了保护，从而构成了派格宾相对完整的专利保护体系。

---

❶ BARNARD D L. Pegasys (Hoffmann－La Roche) [J]. Current opinion in investigational drugs, 2001, 2 (11): 1530－1538.

❷ MARINO A D, BOWMAN D M, SYLVESIER D J. The Patent Landscape of Nanomedicines [J], Medical Research Archives, 2017, 5 (9): 1－8.

❸ 厦门特宝生物工程股份有限公司．首次公开发行股票并在科创板上市招股说明书（申报稿）［EB/OL］.（2019－03－27）［2019－12－23］. http://static.sse.com.cn/stock/information/c/201903/217a0b8bc16146eb9ffae9ccf1d284d8.pdf.

❹ 北京键凯科技股份有限公司．首次公开发行股票并在科创板上市招股说明书［EB/OL］.（2019－03－27）［2019－12－23］. http://static.sse.com.cn/stock/information/c/201911/aca1fd3293c6485caf40a538963f88f7.pdf.

➢ 思考与启示

重组干扰素已被广泛应用于包括病毒感染、炎症反应异常性疾病、肿瘤等在内的多种疾病的治疗。在新冠病毒肺炎的治疗中，重组干扰素再次受到人们的瞩目。我国重组蛋白药物产业大多停留在普通的短效药物技术上，由厦门特宝开发的派格宾为我国首个聚乙二醇修饰长效干扰素药物，它的上市打破了国外医药企业长期垄断我国长效干扰素药物市场的局面。

从专利布局来看，厦门特宝围绕 YPEG 修饰 IFN - α2b 提出的专利申请共 2 项，在多个国家或地区都已获得授权，但仍存在申请数量少、提出时间晚、技术主题相对单一的情况，与竞争对手申请数量多、布局时间早，在联合用药、位置异构体、诊断标记物、稳定化制剂、新晶型等技术主题全面布局相比，存在一定竞争劣势。这表明我国创新主体的专利布局意识和水平均有待于进一步的提高。

与较先入市的国外医药企业生产的聚乙二醇修饰的长效干扰素派罗欣、佩乐能相比，派格宾的主要特点在于其采用的聚乙二醇结构不同。YPEG 修饰技术使派格宾在保持更长半衰期的前提下，提供了更高的干扰素生物活性，从而在竞争对手在先占据市场 10 年的不利局面下仍为派格宾赢得了显著的竞争优势，市场前景值得期待。

派格宾的 YPEG 修饰技术来自于键凯公司所拥有的 CN1243779C 专利独占许可。厦门特宝以独占许可的方式获得 YPEG 核心专利 CN1243779C 及基于 PCT 申请在欧洲、日本和美国的专利授权在 rhG - CSF、rhEPO、rhGH、rhIFN - α（2a，2b）、IFN - r1b 等 5 个聚乙二醇修饰蛋白质药物中的独占实施权，在一定程度上保证了自身专利产品派格宾在技术上的排他性，但这也意味着厦门特宝在生产活动中受到专利实施范围的制约。从派格宾的专利保护现状，我们可以得出这样的结论，自主创新是获得药品上市成功的最大保证。当必须依赖非自主创新技术时，应当尽可能采用独占许可的方式获得非自主创新专利技术的实施权。保护和鼓励发明创新是专利制度的立法初衷，合理利用专利保护为创新型企业保驾护航。

（执笔：杨佳倩）

21 尼妥珠单抗泰欣生

——专利技术转移获高起点技术，自主创新驱动可持续发展

编者按 尼妥珠单抗注射液（商品名为泰欣生），是以 EGFR 为靶点的人源化单抗药物。作为国家Ⅰ类新药，该药物的上市填补了我国单克隆抗体药物领域的空白。百泰生物通过国际合作技术转移获高起点技术，并在此基础上通过自主创新走出了“引进—消化—吸收—再创新”的技术创新之路。

尼妥珠单抗（Nimotuzumab）注射液（商品名为泰欣生），是中国百泰生物药业有限公司（以下简称“百泰生物”）和古巴分子免疫中心联合开发的以表皮生长因子受体（EGFR）为靶点的人源化单克隆抗体药物，也是我国第一个人源化单克隆抗体药物，作为国家Ⅰ类新药，于 2008 年在中国批准上市。适应证为用于与放疗联合治疗 EGFR 表达阳性的Ⅲ/Ⅳ期鼻咽癌。该抗体人源化程度高达 95%，具有治疗特异性、生物利用度高和不良反应小等特点，在全球同类产品中居于领先水平。

➢ EGFR 靶向药物竞争激烈，尼妥珠单抗填补我国人源化单克隆抗体领域的空白

EGFR 具有酪氨酸激酶活性，一旦与表皮生长因子（EGF）组合即可启动细胞核内的有关基因，从而促进细胞分裂增殖。在多种肿瘤中，如胃癌、乳腺癌、膀胱癌和头颈部鳞癌中，EGFR 表达较高，已成为较成熟的、治疗多种肿瘤的有效靶点。

目前，已上市的以 EGFR 为靶点的靶向药物共有 13 种，包括小分子抑制剂类药物和大分子生物类靶向药物。其中，小分子抑制剂类药物共有 9 种：吉非替尼（Gefitinib）、厄洛替尼（Erlotinib）、拉帕替尼（Lapatinib）、凡德他尼（Vandetanib）、埃克替尼（Icotinib）、阿法替尼（Afatinib）、奥希替尼（Osimertinib）、奥莫替尼（Olmutinib）、布加替尼（Brigatinib）。大分子生物类靶向药物均为 EGFR 单克隆抗体，有西妥昔单抗（Cetuximab）、尼妥珠单抗（Nimotuzumab）、帕尼单抗（Panitumumab）和耐昔妥珠单抗（Necitumumab）（见表 21－1）。

表 21-1　目前获批上市的靶向 EGFR 的单克隆抗体药物

序号	上市年份	活性成分	商品名	研发公司	适应证	中国是否上市
1	2004 年	Cetuximab 西妥昔单抗	爱必妥	英克隆（礼来）、百时美施贵宝、默克	结肠直肠癌、转移性结直肠癌、头颈癌	是（2006 年）
2	2006 年	Panitumumab 帕尼单抗	Vectibix	安进	转移性结直肠癌	否
3	2008 年	Nimotuzumab 尼妥珠单抗	泰欣生	古巴分子免疫中心、百泰生物	头颈癌	是（2008 年）
4	2015 年	Necitumumab 耐昔妥珠单抗	Portrazza	礼来	转移性鳞状非小细胞肺癌	否

西妥昔单抗，商品名为爱必妥，是英克隆公司和百时美施贵宝的原研药，针对 EGFR的 IgG1 人鼠嵌合单克隆抗体。2004 年，经美国 FDA 批准在美国上市，用于治疗转移性结肠直肠癌、头颈癌，2006 年进入中国。该单抗的中国专利于 2017 年到期，目前国内已经有多家医药企业拿到了西妥昔单抗生物类似药的临床批件。

帕尼单抗，商品名为 Vectibix，由美国安进公司运用 Abgenix 公司的 XenoMouse 技术研发而成，是完全人源化的 IgG2 单克隆抗体。该药降低了人体出现免疫应答的概率，提高了安全性，于 2006 年在美国获批上市，适用于 EGFR 表达的转移性结直肠癌，用于氟尿嘧啶、奥沙利铂和伊立替康联合化疗后的转移性结直肠癌，以及与 FOLFOX 化疗方案联用治疗转移性结直肠癌。该药还未在中国审批上市。

耐昔妥珠单抗，商品名为 Portrazza，是一种重组人源性 IgG1 单克隆抗体，由美国礼来制药公司研发。2015 年，美国 FDA 批准耐昔妥珠单抗与吉他西滨、顺铂联合一线治疗转移性鳞状非小细胞肺癌，不适用于非鳞癌非小细胞肺癌。该药还未在中国审批上市。

尼妥珠单抗最初由古巴分子免疫中心研发，是针对 EGFR 的人源化 IgG1 mAb，其人源化程度高达 95% 以上，仅含有约 5% 的小鼠抗体序列。尼妥珠单抗具有治疗特异性强、生物利用度高和不良反应小等特点，在全球同类产品中居领先水平。该药物是百泰生物和古巴分子免疫中心联合开发的全球第一个以 EGFR 为靶点的人源化单抗药物，国家Ⅰ类新药，于 2008 年在中国批准上市，上市之初填补了国内哺乳动物细胞大规模培养生产蛋白药品领域的空白，也填补了国内治疗性人源化单克隆抗体领域的空白。尼妥珠单抗显示出对于治疗头颈部肿瘤、鼻咽癌、胰腺癌、乳腺癌、神经胶质瘤、非小细胞肺癌等多种癌症有较好的效果，在一定程度上，延长了患者的生存周期。基于尼妥珠单抗的治疗效果，其于 2009 年 3 月被美国国家综合癌症网络（NCCN）肿瘤学临床实践指南收录。[1] 2013 年，尼妥珠单抗核心产品的中国

[1] 百泰生物．泰欣生［EB/OL］．［2020-04-23］．http：//www.biotechplc.com/products_detail/productId=21.html.

专利权由古巴分子免疫中心转为百泰生物和古巴分子免疫中心共享。2017 年，尼妥珠单抗通过药价谈判进入医保目录，从 3680 元/瓶降至 1700 元/瓶，从而推动了销售收入的高速增长。2019 年，尼妥珠单抗注射液继续进入医保谈判目录，销售额突破 12 亿元，预计接下来该产品的销售额将继续增长。❶

➢ 尼妥珠单抗：典型抗体药物专利布局

百泰生物成立于 2000 年，是中国与古巴合作经营的高新技术企业。该公司以研发和生产治疗恶性肿瘤的单克隆抗体和治疗性疫苗为主营方向，研发品种涵盖了肿瘤、类风湿关节炎、银屑病、心血管病等疾病。百泰生物和古巴分子免疫学中心针对尼妥珠单抗的专利申请体现出典型的抗体药物专利布局。

产品专利

产品核心专利为 CN1054609C。授权文本涉及单克隆抗体，限定了抗原结合位点可变区序列 VKR3、VHR3；CDR 序列；轻链框架区 FR 序列；含有单克隆抗体的药物组合物；以及含有单克隆抗体的诊断试剂。该专利申请于 2000 年在中国授权，原始权利人为古巴分子免疫中心，2013 年专利权转为百泰生物和古巴分子免疫中心共享。该专利同族在欧洲、美国、日本均得到授权。该专利的中国专利权于 2015 年 11 月 17 日终止。

在核心专利 CN1054609C 专利权终止后的很长一段时间内，均未出现尼妥珠单抗原研单位对其产品改进的专利申请。直至 2018 年，古巴分子免疫中心才就其进一步研发的尼妥珠单抗的变体及其衍生片段，提交了专利申请 CN111417654A。该申请中，通过丝状噬菌体展示文库，筛选出 13 种尼妥珠单抗变体片段，在重链可变区的 CDR1 和 CDR2 中具有突变，提供了以更高的亲和力（3～4 倍）识别人 EGFR 的新型片段和 mAb，可以通过比尼妥珠单抗更高的效率识别具有中等 EGFR 表达的细胞系。该申请目前处于公开待审阶段。

2020 年，百泰生物在尼妥珠单抗的基础上通过构建噬菌体突变库筛淘，以及去除岩藻糖基化技术，得到一个具有更高亲和力、更高抗体依赖细胞介导的细胞毒性作用（ADCC）杀伤活性的抗 EGFR 抗体或其抗原结合片段，并提交了专利申请 CN111875704A。该专利申请技术提出一种改进的 EGFR 抗体序列，其仅在重链可变区第 37 位氨基酸产生突变，该突变位点不属于互补决定区（CDR），且仅发生一个位点的突变，但亲和力比尼妥珠单抗提高 10 倍。并且该专利申请技术进一步通过去除岩藻糖基化技术增强抗体的 ADCC 活性。该专利申请目前处于公开待审阶段。

抗体大规模生产的相关方法

2003 年，古巴分子免疫中心还围绕生产抗体的方法进行了专利布局，其中包括

---

❶ 抗肿瘤注射剂新 10 亿品种诞生医保谈判刺激暴涨［EB/OL］.（2020-06-25）［2020-07-23］. https：//baijiahao. baidu. com/s？ id = 1670434510874875690&wfr = spider&for = pc.

CN1714147B，其授权权利要求涉及一种获取适应在无血清和蛋白质的培养基中生长的哺乳动物细胞系的方法；以及所述方法在获得适应无血清和蛋白质的培养基中生长的哺乳动物细胞系中的应用，其中涉及尼妥珠单抗的生产。该专利于2009年在中国授权，2018年，中国专利权转为古巴分子免疫中心与百泰生物共享，目前处于有效状态。该专利在欧洲、日本、韩国的同族专利获得授权，在美国同族专利被驳回后放弃。

2014年，百泰生物和古巴分子免疫中心还联合申请专利CN104152415B，涉及获得高产稳定表达重组抗体的骨髓瘤细胞株的方法及在工业规模中生产治疗抗体的应用，其中涉及使用生产尼妥珠单抗的骨髓瘤。目前，该案处于授权有效状态。

百泰生物还针对抗EGFR单克隆抗体的生物学活性测定方法申请了相关专利CN103792200B。上述两项发明并未在其他国家和地区申请专利。

不同适应证

2011年底，百泰生物还围绕核心产品尼妥珠单抗申请了该单抗在制备针对不同适应证药物中的应用的相关专利。CN102397543A涉及尼妥珠单克隆抗体用于治疗胃癌的用途；CN102397544A涉及尼妥珠单克隆抗体用于治疗非小细胞肺癌的用途；CN102441164A涉及尼妥珠单克隆抗体用于治疗结直肠癌的用途；CN102441165A涉及尼妥珠单克隆抗体用于治疗食管癌的用途；CN102441166A涉及尼妥珠单克隆抗体用于治疗头颈部肿瘤的用途。但上述申请均未获得授权，处于撤回或驳回失效状态。

尼妥珠单抗与其他药物联合用药

2007年，古巴分子免疫中心申请了专利CN101678099A，涉及尼妥珠单抗和一种或多种Ⅰ型干扰素的治疗组合物。但由于现有技术已经公开了尼妥珠单抗，以及抗EGFR抗体与干扰素的联合应用，该案不具备创造性被驳回。虽然申请人向国家知识产权局专利局复审和无效审理部提出了复审请求，但复审和无效审理部仍然作出了维持驳回的决定。

2012年，古巴分子免疫中心就尼妥珠单抗和针对NeuGcGM3神经节苷脂的疫苗的组合物申请了专利CN103998098B。目前，该专利处于有效状态，授权范围包括药物组合物，其包含：尼妥珠单抗和针对NeuGcGM3神经节苷脂的疫苗，所述疫苗选自具有NeuGcGM3/VSSP作为活性成分的疫苗和具有佐以氧化铝的雷妥莫单抗的抗独特型疫苗，以及相应的试剂盒。该专利申请在美、欧、日、韩等同族专利均得到授权，保护范围基本相同。

2014年，百泰生物和古巴分子免疫中心联合申请了专利CN104530237B，其中涉及了结合HER1细胞外区域D4的全人源单抗和尼妥珠单抗联合应用制备治疗EGFR过表达恶性疾病的药物。该专利在中国处于有效状态，但并没有在其他国家和地区申请专利。

表21－2和表21－3分别列出了百泰生物和古巴分子免疫中心所申请的相关专利的具体情况。在表21－2中，CN104152415B、CN104530237B为百泰生物和古巴分子免疫中心共同申请，CN111875704A为百泰生物董事长白先宏个人申请。

表 21-2　百泰生物有关尼妥珠单抗的申请

序号	公开号	申请日	涉及主题	法律状态	同族以及状态
1	CN102262155B	2011-04-12	EGFR 活性测定方法	有效	无
2	CN102397544A	2011-11-25	尼妥珠用于治疗非小细胞肺癌的用途	驳回	无
3	CN102397543A	2011-11-25	尼妥珠用于治疗胃癌的用途	视撤	无
4	CN102441166A	2011-11-25	尼妥珠用于治疗头颈部肿瘤的用途	视撤	无
5	CN102441165A	2011-11-25	尼妥珠用于治疗食管癌的用途	驳回	无
6	CN102441164A	2011-11-25	尼妥珠用于治疗结直肠癌的用途	视撤	无
7	CN103792200B	2014-02-25	抗体的活性测定方法	有效	无
8	CN104152415B	2014-08-13	适用于发酵生产的高稳定表达细胞株的方法	有效	无
9	CN104530237B	2014-12-31	抗 HER1 的抗体与尼妥珠单抗联用	有效	无
10	CN111875704A	2020-06-23	尼妥珠单抗变体	待审	无

表 21-3　古巴分子免疫中心有关尼妥珠单抗的申请

序号	公开号	申请日	涉及主题	法律状态	同族以及状态
1	CN1054609C	1995-11-17	尼妥珠单抗产品	失效	美国、日本、欧洲授权
2	CN1714147B	2003-10-22	无血清和蛋白质的培养基中生长的哺乳动物细胞系的方法	有效	欧洲、日本、韩国授权
3	CN101678099A	2007-09-27	尼妥珠单抗与 I 型（α/β）干扰素（IFN）的组合物、试剂盒	驳回	无
4	CN103998098B	2012-12-04	抗体与针对 NeuGcGM3 神经节苷脂的化合物的组合物，制药用途	有效	美国、欧洲、日本、韩国授权
5	CN111417654A	2018-11-20	尼妥珠单抗变体	待审	无

百泰生物和古巴分子免疫中心有关尼妥珠单抗的专利布局如图 21-1 所示。可以看出，有关尼妥珠单抗的专利布局是药物领域中非常经典的专利布局，以其核心产品专利为核心专利，在此基础上发展出若干延伸性专利，涉及相关生产方法、不同适应证的制药用途以及与其他药物的联合用药，以上这些方面也均是抗体药物领域专利布局的主要方面。通过延伸性专利维护企业对该技术的控制和市场竞争优势，是药物创新主体常用的一种专利保护策略。

由上述分析可以看出，百泰生物和古巴分子免疫中心针对尼妥珠单抗的专利申请紧密围绕自身技术或产品并对其进行了多角度的保护。一般而言，在专利申请布局策略上，创新主体的相关专利技术往往是逐步推进的，通过不同专利内容上的延续性，形成牢固的专利壁垒，从而保证原研单位具有该先进技术的控制权和市场竞争力。虽然，有关尼妥珠单抗的核心产品专利早在 1995 年就提交了专利申请，但百泰公司仍有意识地逐步拓展了尼妥珠单克隆抗体延伸领域的专利布局。例如，针对如何获得灌流发酵生产工艺中的高产稳定表达尼妥珠单抗的细胞株的方法进行了保护。所获得的稳定生产尼妥珠单抗的细胞株在不同的工业规模、不同发酵时间的条件下，保持自身的生长性能、高表达特性和表达产物的一致性，适用于不同工业规模下生产治疗性抗体。此外，百泰生物和古巴分子免疫中心共同享有获取适应在无血清和蛋白质的培养基中生长的哺乳动物细胞系的方法的专利权。该专利技术使表达尼妥珠单抗的骨髓瘤 NSO 细胞系可以在无血清和蛋白质的培养基中至少稳定生长 40 代，从而适用于大规模、低成本生产治疗性抗体。

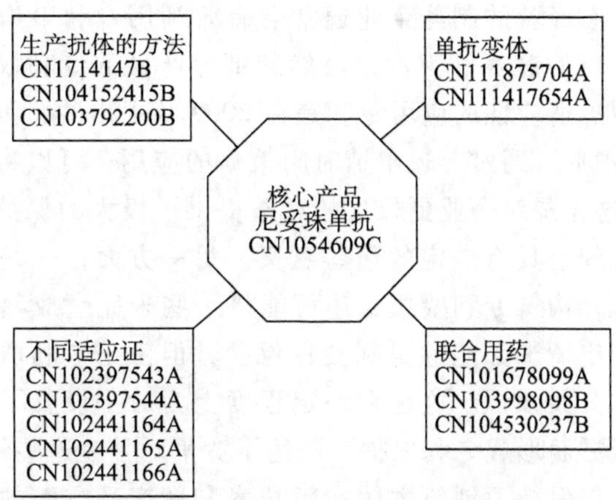

图 21－1　百泰生物和古巴分子免疫中心有关尼妥珠单抗的专利布局

单克隆抗体的生物学活性测定作为重组生物制品质量控制的重要评价参数，关系到单克隆抗体的治疗效果。百泰生物还就尼妥珠抗体生物学活性测定方法进行改进及保护，采用了不同的检测细胞 H292 以及改用 CCK－8 染色液，使检测结果更稳定，质量更可控。在抗体药物领域，经实验室研发出核心抗体产品之后，为了将抗体药物大规模地应用于临床治疗，无疑需要进行抗体药物的工业化生产，因此抗体药物大规模生产的工艺体系也是创新主体的重要技术核心之一。抗体药物大规模生产过程中，涉及多个技术环节，如细胞株的筛选、培养基的制备、大规模培养发酵方法、抗体的纯化、抗体灌装、抗体的检测等。

从上述百泰生物有关抗体生产的专利布局来看，其专利申请仅涉及抗体药物大规模生产过程中的一小部分。而实际上，从已公开专利数据库中的大数据分析可知，目前涉及抗体药物大规模生产工艺的专利申请量相对较少。[1] 抗体药物的大规模生产方法作为一项平台技术，不仅可以用于抗体生产，还可以广泛用于生物医药领域多种生物制品的生产。但对于生产发酵方法等专利，一旦发生侵权纠纷，专利权人很难进行取证。另外，抗体药物大规模生产工艺与药物生产成本密切相关，关系到企业的核心利益。因此，大多数创新主体均会选择将抗体药物大规模生产工艺中的核心部分作为商业秘密进行保护。制药企业需要结合自身技术内容和发展计划，合理

[1] 杨铁军．产业专利分析报告（第 28 册）：抗体药物［M］．北京：知识产权出版社，2014．

运用专利和商业秘密保护相结合，达到企业利益最大化。

对核心药物的新用途及不同适应证的应用专利申请，也是对核心产品专利权的有效延伸。百泰生物针对尼妥珠单抗在胃癌、非小细胞肺癌、结直肠癌、食管癌、头颈部肿瘤适应证方面提交了专利申请，上述肿瘤类型均是临床常见的 EGFR 相关的恶性实体肿瘤。但是，由于涉及不同适应证的制药用途的专利申请时间，距离其核心产品公开时间跨度过长，相关应用已经开展了临床研究并被公开，从而导致这一延伸领域未得到有效专利保护。一方面，对于高度依赖专利保护的抗体药物领域，在专利布局策略上，有经验的制药企业通常会有效利用专利申请时间延长药物的专利保护期。以基因泰克的赫赛汀为例，虽然其部分产品的专利权会在 2014 年到期，但是由于赫赛汀对胃癌适应证的应用专利是在 2009 年提出的，因此授权后，该应用专利享有 20 年的保护期。通过上述申请时间策略的应用，可以将赫赛汀的应用保护期延长至 2029 年。这无疑对企业更长远的利益提供了极大的保护，对国内制药企业在专利布局的申请时间上具有一定的借鉴意义。另一方面，一些制药企业为了抢占专利先申请制的先机，构筑专利壁垒，还可能将一些未完全成熟的技术或应用申请专利。虽然这些专利申请未必能够得到授权保护，但由于专利申请的公开，上述技术领域也相应地变成公共知识。这也在一定程度上为对手设置了障碍，防止竞争对手在相关适应证领域方面形成专利保护，制约了竞争对手在这些领域的发展。

这样的策略，不仅保持了创新主体在新技术和新产品方面的竞争优势，使自己在一定时间内占有技术控制权，也为自己的核心产品在其他适应证方面的临床研究及上市审批赢得了宝贵的时间。退一步来讲，即使现有技术已经公开了核心产品的适应证用途，这也不意味着创新主体就束手无策。以基因泰克对赫赛汀的专利布局为例，在现有技术中已有将赫赛汀抗体应用到乳腺癌治疗的技术启示的情况下，基因泰克通过对“优选效果”的应用技术方案进行保护，包括初始剂量、继续给药剂量、给药目标血清浓度等多个技术特征进行了限定，从而有效地从权利要求的范围内排除了现有技术，达到了延长药物应用专利期限的目的。

对核心产品进行改进，获得更优的治疗效果，也是制药企业研发和保护的重点方向。2020 年，在尼妥珠单抗核心产品专利已经到期的情况下，百泰生物进一步对其核心产品进行改进，通过突变库筛选和去除岩藻糖基化技术，以获得亲和性更优、更高 ADCC 杀伤活性的单克隆抗体。这也表明了企业下一步可能研发的重点方向。另外，如核心药物新剂型的改良、核心药物与其他药物的偶联、核心药物组合物的开发等，也是制药企业研发、改进及专利布局的重要方面。包括尼妥珠抗体注射液在内的早期抗体药物，大部分是通过静脉注射实施的。而 2007 年后，皮下或肌内注射液逐渐发展成抗体药物的主要给药途径之一。皮下和肌内注射剂对药物制剂的药物浓度、稳定性等均有较高要求。例如，罗氏就针对多种抗体药物的皮下注射剂进行研究并申请了专利保护。基于皮下注射剂相较于静脉注射液在临床给药上更简化，因此，新剂型的改进也能使老药获得“新生”。此外，基因泰克就赫赛汀的抗体偶联物也进行了大量专利布局，为其上市药物提供更为全面的专利保护。以上方面均是国内制药企业进行专利布局可借鉴的地方。自尼妥珠单抗上市以来，百泰生物仅有 1

项专利申请涉及尼妥珠单抗产品性能上的优化，也未见制剂剂型方面改进的专利申请。究其原因，一方面，可能是由于尼妥珠单抗在研发之初起点较高，为人源化单抗，且产品较为成熟，相对同类产品该产品不良反应较小，却能达到同样的抗肿瘤效果。因此，原研者不再继续投入大量的人力、物力和财力对该产品或剂型进行进一步优化。另一方面，由于同期上市的同类单抗产品较少，在药物市场竞争初期，企业将重心放在如何抢占更多的市场。而随着尼妥珠单抗在市场上逐步站稳，这时再进一步研发效果更优的产品，也是企业稳步发展的一种策略。

➢ 国际合作方式促进专利技术转移

百泰生物，是中国和古巴两国政府《中古生物医药合作框架协议》中最大的合作项目。[1] 尼妥珠单抗的成功，受益于国际合作所带来的专利技术转移。基于尼妥珠单抗专利技术转移的案例，本节将进一步探讨在专利技术转移中的几个关键因素，如选择技术转移对象、选择技术转移方式以及政府政策的影响。

选择技术转移对象

在专利技术转移中，选择具有稳定专利授权的、具有市场开发价值的前沿性技术是制药企业首要考虑因素。抗体药物自20世纪90年代以来，经过短短十几年的发展，实现了爆发式的增长，由于抗体药物市场潜力巨大，成为国际各大制药企业的必争之地。在抗体药物发展的过程中，根据人源化程度不同，先后经历了鼠源抗体药物、人源化抗体药物和全人抗体药物。而当时，中国的肿瘤抗体药物市场主要被跨国制药企业巨头研发的进口药物所垄断，而国内针对肿瘤抗体药物的研发相对落后，创新能力不足，特别是产业化开发，如大规模抗体药物生产技术相对落后。而生物药物的研发，通常依赖先进的技术，大量资金投入，较长的研发周期。在这种情况下，国内企业若仅依靠自身的力量从药物研发做起，难度很大。而通过专利技术转移，快速实现专利技术成果产业化，占领生物药物高端市场，无疑是当时国内制药企业发展的捷径。根据上述专利分析可知，早在20世纪90年代，古巴分子免疫中心就已经在多个国家和地区获得人源化单克隆抗体技术的相关专利授权。因此，百泰生物选择具有市场潜力的、先进的专利技术，通过专利技术转移及合作研发产业化，是非常明智的选择。

选择专利技术转移方式

在专利技术转移中，存在多种模式，如合作开发、专利权转让、专利许可、企业并购等。

合作开发，意味着相关产品权益由合作方共有，双方均为利益持有人。

专利权转让，是专利权人将其享有的专利权转让与其他的当事人。百泰生物是

[1] 陈莉莉．成果转化才能造福［J］．中国科技奖励，2010（3）：49－51．

基于政府之间的合作开发新药的成功范例，古巴分子免疫中心将尼妥珠单抗中国专利的全部利益转让为与百泰生物共享。百泰生物则借助古巴在单克隆人源化抗体方面的研究优势和先进技术，通过合作开发了我国第一个人源化抗体药物，并成功实现了产业化，填补中国在大规模哺乳动物细胞培养抗体药物生产领域的空白。

许可是常见的专利技术转移的途径，有利于规模较小的创新医药企业的扩大发展和市场占有。根据企业在专利技术转移中的主体地位不同，许可又可分为许可引进和对外许可（如古巴分子免疫中心于2003年将尼妥珠单抗的欧洲权利许可Oncoscience AG，2005年将其韩国权利许可Kuhnil Pharmaceutical Co. Ltd.，2006年将其日本权利许可Daiichi Sankyo，并将其亚洲和非洲某些国家的权利许可Innogene Kalbotech Pte. Ltd.。此外，其他许可证持有人还包括印度Biocon生物制药有限公司等❶）。而随着国内医药技术的发展，对外许可案例也不断涌现。如信达生物制药与美国礼来制药达成战略联盟，将其自主研发的PD-1单抗的海外市场许可礼来制药。随后，双方进一步达成合作开发、生产和销售3个以PD-1单抗为基础的新型双特异性肿瘤免疫治疗抗体的协议，礼来制药将在中国以外区域行使其开发、生产和销售以上肿瘤治疗抗体的权利，信达生物将获得礼来制药总金额超过10亿美元的里程碑付款。❷

企业并购也是医药领域中专利技术转移的重要方式。药品专利权驱动了制药企业的大量并购。许多跨国制药公司面临专利悬崖，一旦专利权到期，仿制药大量上市，将会引起销售额的大幅下滑。许多跨国制药巨头通过企业并购，获得新的药品专利权，丰富药品管线，利用已有市场提高药品销售的市场份额，从而保证跨国医药企业持续垄断市场。如2019年，百时美施贵宝以950亿美元并购新基制药，礼来制药以80亿美元并购生物制药公司Loxo Oncology，武田制药以620亿美元并购罕见病制药公司夏尔，以及罗氏以48亿美元并购基因治疗研发公司Spark等。

政府政策

百泰生物参与科技部与古巴医药科技合作项目，成功地将古巴的人源化抗体项目落地中国，实现了人源化单抗药物规模化生产。由此可见，政府间合作为顺利实施创新技术转移和产业化保驾护航。随着当今技术创新全球化趋势，能否具备完善的技术转移机制、快速地将创新技术产业化，成为衡量国家经济是否可持续发展的重要指标。美国等发达国家将创新技术向产业转化视为提升国家竞争力的重要手段，因此非常重视技术转移政策法规的建设。例如，美国出台了包括拜杜法案、斯蒂文森-威德勒技术创新法案在内的多部技术转移法案和政策，并且随社会经济形势发展，每几年就进行修订。而技术转移的核心就是知识产权的创造、保护和运用。

目前，我国第四次修改后的《专利法》于2021年6月1日正式实施，其明确了单位对职务发明创造的处置权，引入专利开放许可制度内容，以促进专利实施和运

❶ WIKIPEDIA. Nimotuzumab [EB/OL]. [2020-04-23]. https://en.wikipedia.org/wiki/Nimotuzumab.

❷ 信达生物制药官网. 信达生物与美国礼来制药达成新的合作——共同开发创新抗体新增合作产品的里程碑付款金额逾10亿美元 [EB/OL]. (2015-10-12) [2020-04-23]. https://innoventbio.com/#/news/70.

用。这些法律法规的完善，调动了创新主体的积极性，有助于创新主体快速将创新技术转化为实实在在的生产力。因此，对于那些研发能力较弱的医药企业，可以考虑以技术转移的形式将高校或科研机构创新技术引入产业，或通过加强产学研合作，以市场需求引导高校或科研机构进行技术创新。

➢ 走好“引进—消化—吸收—再创新”的技术创新之路

根据上文核心专利的介绍可知，百泰生物享有专利权的尼妥珠单抗的产品专利权已到期。目前，百泰生物所掌握的涉及尼妥珠单抗的核心专利还包括无血清和蛋白质的培养基中获得哺乳动物细胞系的方法，以及获得高产稳定表达尼妥珠单抗的骨髓瘤细胞的方法，其中后者是百泰生物在引进尼妥珠单抗的基础上与古巴分子免疫中心共同研发并申请的专利。在研发尼妥珠单抗的过程中，百泰生物实现了当时我国最大规模的也是第一条灌流哺乳动物细胞培养系统，开发了我国第一个抗体人源化技术平台。在此基础上，经过十多年持续努力，百泰生物在抗体产业化领域已形成完备的核心技术体系，包括连续灌流培养技术、高密度哺乳动物细胞悬浮培养技术、公斤级抗体纯化制备技术、抗体药物质量研究和控制技术、抗体药物制剂和无菌灌封技术，以及抗体中试研究技术等。

多年来，百泰生物以尼妥珠单抗为代表的抗体药物生产稳定，质量优异，在我国肿瘤临床治疗中获得广泛应用。除研发尼妥珠单抗之外，百泰生物依赖已建立的技术平台，进一步研发了多个抗体和融合蛋白。其中，癌症治疗用重组人表皮生长因子（EGF）偶联疫苗（受理号 CXSL0600058）和人源化抗 CD6 单抗注射液（受理号 CXSL1000022）以新药申请类型提交药品审评部门审评并已发批件。可以看出，抗体大规模生产工艺可能才是百泰生物的核心技术，而对于这类技术的保护，可能更依赖于商业秘密进行保护，而非专利保护。表 21-4 列出了百泰生物开发的其他产品的重要专利申请情况。

表 21-4 百泰生物其他产品的重要专利申请

序号	公开号	申请日	涉及主题	专利权人	法律状态	同族以及状态
1	CN101475640B	2009-01-19	EGF 疫苗	百泰生物、精益泰翔、东方百泰、古巴分子免疫中心	有效	无
2	CN101633698B	2009-08-26	FcεRIα/IgG2 免疫融合蛋白	百泰生物、精益泰翔	有效	无
3	CN101870735B	2010-06-02	高糖基化促红细胞生成素免疫融合蛋白	百泰生物、精益泰翔	有效	无
4	CN102559636B	2011-12-30	抗 CD6 抗体融合蛋白及其制备方法	百泰生物	有效	无

续表

序号	公开号	申请日	涉及主题	专利权人	法律状态	同族以及状态
5	CN102676569A	2012-05-08	新型噬菌粒展示载体pCANTAB5M	百泰生物	驳回	无
6	CN102732974B	2012-07-16	噬菌体抗体库的构建方法及应用此库筛选到的抗CD6抗体	百泰生物	有效	无
7	CN103525868B	2013-10-17	哺乳动物细胞高效表达载体的构建及应用	百泰生物	有效	无
8	CN104497141B	2014-12-31	抗人CD6分子的治疗性抗体	百泰生物、古巴分子免疫中心	有效	无
9	CN104651314B	2015-02-14	获得高产稳定表达细胞克隆的方法及由此获得的抗NeuGcGM3抗体	百泰生物、古巴分子免疫中心	有效	21同族
10	CN104673754B	2015-02-14	重组骨髓瘤细胞克隆的筛选方法及由此获得的CD6 T1h抗体	百泰生物、古巴分子免疫中心	有效	无
11	CN110982791A	2019-12-26	分泌AXL抗体的杂交瘤细胞的制备筛选方法	百泰生物	待审	无

尽管在尼妥珠单抗产品专利过期，且没有有效的适应证制药用途专利保护的情况下，尼妥珠单抗原研药遭到生物类似药的竞争的可能性大大增加，但目前看来，并未有国内企业针对尼妥珠单抗生物类似药提出申请。经过药智数据库查询，百泰生物已经在国内开展了众多的尼妥珠单抗临床实验。这些临床数据的累积，为百泰生物今后提出尼妥珠单抗其他适应证的上市审批提供了相应的数据基础。

在再创新的道路上，百泰生物的第一大股东北京东方百泰生物科技有限公司（以下简称“东方百泰”）进一步在肿瘤类、糖尿病类、自身免疫疾病类等方面展开了近20项的研发管线布局并提交了20余项专利申请，如Exendin-4融合蛋白治疗糖尿病长效药物（CN101891823B）、VEGFR2全人源单克隆抗体（CN103333247B、CN106674349B）、抗PD-1全人源抗体（CN105061597B）、抗PCSK9K单克隆抗体（CN106749670B、CN107698679B、CN107698680B）等。同时，展开了更为全面的专利布局，延伸出制剂注射剂型（如CN109394681B、CN110623921B、CN110840830B、CN110974958B、CN1118480217A）、抗体偶联药物（ADC）（如CN104910277B）、抗体纯化方法（如CN 109678969B）等方面的专利申请。其中，7项专利申请在国外申请了同族专利，说明该企业对其产品的海外专利布局也十分重视。

➢ 思考与启示

尼妥珠单抗是我国首个上市的单克隆抗体药物，也是我国制药企业在国际合作的基础上，通过自身努力将人源化抗体创新技术大规模产业化的优秀成果。虽然，尼妥珠单抗的最初原研单位是古巴分子免疫中心，但在 20 世纪 90 年代，抗体药物在国内还处于初步发展的时候，百泰生物就准确找到了药物创新的方向，认识到了单克隆抗体药物今后巨大的市场潜力，紧紧抓住国际合作的机遇，充分利用政府政策的优势，专注于人源化单克隆抗体的开发和产业化。

百泰生物经过自身的技术创新，掌握了人源化抗体制备及产业化的核心技术体系。在短短十几年间，百泰生物成为国内单克隆抗体的研发和生产的龙头企业。但百泰生物并未仅仅局限于引进的先进技术，而是走出了一条“引进—消化—吸收—再创新”的技术创新之路。

在专利布局方面，百泰生物对尼妥珠单抗的专利申请布局虽然呈现出经典的抗体药物专利布局，但是有效专利较少，保护范围也与创新技术或产品较为接近，专利布局也不够全面，缺乏成熟的专利申请策略。这可能由于在 21 世纪初期，国内医药企业并未有意识围绕核心产品进行专利布局，不能深刻认识构建专利壁垒的重要性。然而，从近几年的专利申请布局中可以看出，百泰生物除了针对核心产品抗体申请专利，还对抗体的纯化方法、注射剂剂型等方面申请专利，拓宽产品的专利布局，体现出百泰生物在研发方向和专利布局上更加系统和全面。

百泰生物的发展之路，也为国内医药企业的发展提供了借鉴。在科技快速发展的今天，医药企业应当准确把握药物创新方向，了解行业内的整体情况、产品潜在市场和技术发展方向。必要时，应当加强专利信息的挖掘和利用，通过分析跨国医药企业的专利布局，了解研发热点，为自身的发展缩短路径，寻求向上突破的机会。另外，医药企业要灵活运用技术转移与自主创新，使技术转移和自主创新成为驱动企业快速发展的左膀右臂，应根据自身具体情况，合理选择技术转移方式，如合作开发、专利权转让、专利许可、企业并购等方式，加速医药企业发展，抢占高端市场。近年来，随着我国科技实力的不断增强，我国知识产权相关法律、法规、政策不断完善，政府建立了多种技术转移服务平台，激励措施不断推出，这些都为医药企业的创新发展提供了一个良好的营商环境。同时，医药企业仍要重视自主创新，将引进的先进技术通过消化、吸收，在高起点上推进自主创新，积极融入全球的创新网络，占据主动位势。

在抗体药物的开发过程中，知识产权保护起着极为重要的作用。医药企业采用合理的专利组合布局和运用恰当的专利申请策略，是对其创新产品和技术，及企业利益的重要保障。基于核心专利，优化撰写方式，在专利权稳定的范围内力求争取更优的保护范围。而对于抗体药物的制备方法、生产工艺，医药企业可基于方法、工艺的他人可掌握性，侵权判定难易程度，在专利保护和技术秘密之间权衡，选择适当的保护方式。医药企业还应当努力开发核心药物的新用途、联合用药等方面，开拓适应证应用范围，构建数量合理的外围专利，形成有效的专利防护网。对于核心产品或技术，要重视和加强海外专利布局，以期增强国际市场竞争力。在专利申请策略上，医药企业应根据自身研发进度，选择合理的专利申请策略，选择合适的申请时间及公开时间，一方面使其享有的核心产品及其应用的专利权得到有效延伸，企业利益得到深远的保护，另一方面也为竞争对手设置有效的专利壁垒。

（执笔：郝佳、张颖，两位作者对本文贡献等同）

22 人重组干扰素样蛋白乐复能

——核心专利全面进军海外，广谱优效重组干扰素获首命名，值得期待

编者按 乐复能是一种借助DNA shuffling技术重组并筛选得到的人重组干扰素样蛋白，由于其序列与已知的常规干扰素序列之间差异显著，国家药典委员会为其专门命名。借助其显著不同的结构差异，乐复能的核心专利全面进军海外，同时在世界多个国家和地区均获得专利授权。

人类干扰素（HuIFN）最早由艾萨克斯（Isaacs）和林登曼（Lindenmann）在1957年发现，是一类多效细胞因子，具有广谱生物学活性，主要包括抗病毒、抗增殖、免疫调节作用等，至今已经被广泛研究和应用，人们对其认识也随之不断发展和更新。HuIFN主要分为三类，❶ 其中Ⅰ类型最为广泛，包含6个亚型，即IFN－α，IFN－β，IFN－τ，IFN－ω，IFN－ε和IFN－κ；Ⅱ类干扰素为IFN－γ；Ⅲ类干扰素为新近发现的拥有干扰素性质的一类细胞因子，如IL－28A，IL28B，IL－29等。

在干扰素家族中，IFN－α是最早被用于临床应用的干扰素类型之一，利用DNA重组技术生产的HuIFN－α是首个由美国FDA批准上市的用于治疗白血病的生物制剂。而IFN－α对于其他类型血液肿瘤如低级别淋巴瘤（Low－grade Lymphomas）、慢性粒细胞白血病（CML）、多发性骨髓瘤（Multiple MyeLoma），实体肿瘤如转移性肾癌，以及病毒如乙型肝炎、丙型肝炎病毒和人类乳头瘤病毒的临床治疗效果也相继得到证实。❷ 尽管HuIFN在多种疾病的治疗过程中发挥重要作用，然而天然干扰素表现出的人体副作用、半衰期短、活性尚不满足治疗需求等诸多缺陷限制了其进一步的临床应用，迫切需要发展新型干扰素以适应不同的治疗需求。现有的制备并筛选新型干扰素以改善其活性的方法主要包括❸制备IFN杂合体、定点诱变、通过DNA重排技术构建HuIFN改组文库等。

乐复能（Novaferon）是利用DNA改组技术获得的新型人重组干扰素样蛋白，由

---

❶ 赵鑫．重组人干扰素α－2b的新型制备方法及其长效制剂研究［D］．长春：吉林大学，2016.

❷ MASCI P，BUKOWSKI R M，PATTEN P A.，et al. New and modified interferon alfas：preclinical and clinical data［J］. Curr Oncol Rep，2003，5（2）：108－113.

❸ BRIDEAU－ANDERSEN A D，HUANG X J，SUN S C，et al. Directed evolution of gene－shuffled IFN－molecules with activity profiles tailored for treatment of chronic viral diseases［J］. PNAS，2007，104（20）：8269－8274.

杰华生物技术公司（Genova Inc.，以下简称“杰华生物”）技术团队研发并生产，于2018年4月在我国正式获批上市的国家1类生物新药，用于治疗慢性乙型肝炎，通用名称为重组细胞因子基因衍生蛋白注射液。乐复能本质上属于一种重组干扰素蛋白，其序列是基于HuIFN－α基因，依托于分子定向进化理论，利用DNA Shuffling技术制备并筛选获得，根据CN101432428A说明书中的记载，其与HuIFN－α2b的氨基酸序列的同源性约为81%，低于已知的重组非天然干扰素IFN－αcon－1（与HuIFN－α2b具有89%的氨基酸同源性）。由于乐复能的蛋白质结构与已知的常规干扰素序列之间的差异显著（见图22－1，引用CN101432428A说明书附图），故无法在业已存在的干扰素系列中命名，国家药典委员会专门为其提出一种新的命名，即“重组细胞因子基因衍生蛋白”，这也是迄今为止世界范围内的首次命名。

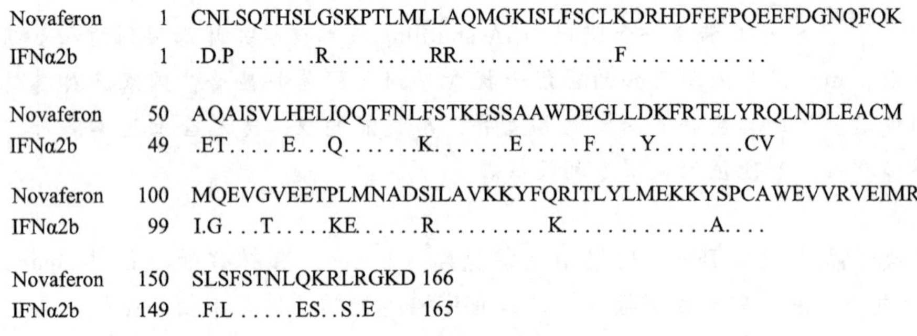

图22－1 乐复能与干扰素IFN－α2b的序列比对

➢ DNA shuffling技术里程碑式的进展——乐复能

DNA Shuffling技术最早由美国科学家施德默尔（Willem P. C. Stemmer）❶于1994年提出，是一项体外人工进化模式，❷通过将具有同源特征的基因序列随机片段化，在聚合酶链式反应（PCR）的复性过程中，各小片段互为模板，同源基因相互错配延伸，由此基因片段产生杂交，多次重复上述过程后获得全长杂交基因，再借助定向筛选手段获得具有预期性状的新基因（见图22－2）。

这项技术被形象地比喻为借自然之手为基因洗牌的“分子育种”技术，Stemmer本人也凭借该项技术在2011年获得了美国工程学界最高奖项之一的查尔斯·斯塔克·德拉普尔奖（Charles Stark Draper Prize）。至今，DNA shuffling技术在生物工程领域已经得到了广泛的应用❸，包括对多种酶、细胞因子、目的蛋白性能的改进，病毒载体、抗原、启动子的改造等。

---

❶ STEMMER WILLEM P C. Stemmer. Rapid evolution of a protein in vitro by DNA shuffling [J]. Nature, 1994, 370 (6488): 324－325.

❷ 王波．H5亚型流感病毒不同抗原群HA基因优势抗原位点筛选研究［D］．北京：中国农业科学院，2020.

❸ 刘建奎，巍春华，黄春芳，等．利用DNA Shuffling技术构建重组PRRSV ORF5基因［J］．生物工程学报，2018，34（6）：888－896.

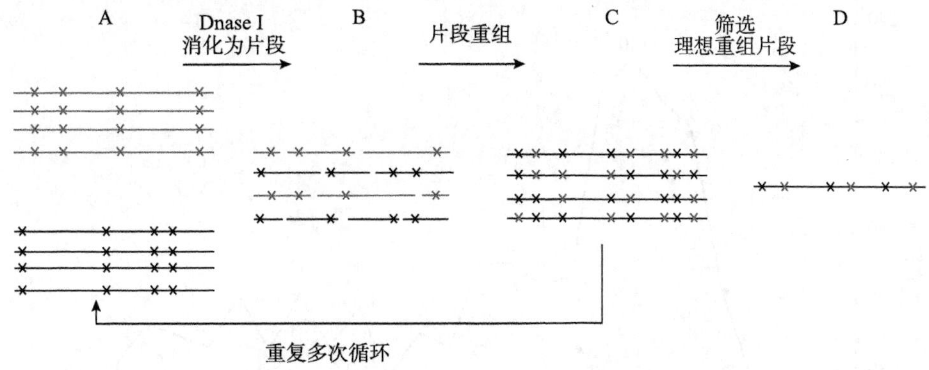

图 22-2 DNA shuffling 原理示意图❶

通过对涉及 DNA shuffling 技术的全球专利申请进行检索，共查询到 2887 件申请，经过深度分析后获得 1566 项专利族，对全球以及中国的专利申请趋势进行了分析（见图 22-3）。从全球专利申请总量和时间分布来看，DNA shuffling 技术已经得到了广泛的应用，然而其申请量的高峰出现在 2000~2003 年，2004 年申请量出现明显下降，此后至 2019 年全球的申请量保持在一个较低的平稳水平，预示着该项技术在生物工程领域的应用达到了瓶颈期。而对于国内在该领域的专利申请情况，在 1996~2004 年都处于一个较为沉寂的状态，自 2005 年开始有小幅攀升，2017~2018 年申请量达到峰值，可以看出 DNA shuffling 技术在国内的兴起和应用对比全球发展趋势呈现一定的滞后状态，而该项技术在国内的兴起或许与乐复能的上市直接相关。

进一步地，通过对 DNA shuffling 技术筛选重组干扰素的 46 项专利同族进行申请人分析（见图 22-4），结果显示马克西根公司（MAXYGEN INC）、诺瓦根控股公司（NOVAGEN HOLDING CORPORATION）、埃洛齐纳公司（ALLOZYNE INC）以及 Willem P. C. Stemmer 分别位列前四位。而最值得关注的是由 Stemmer 参与创立的该领域的领跑企业马克西根公司，不难理解，作为 DNA shuffling 技术的发明人，Stemmer 及其参与创立的马克西根公司都对该项技术在生物新药研发中的应用抱有巨大的热忱。第二位的诺瓦根控股公司是乐复能发明人之一的刘龙斌在创业早期创立的公司。

通过检索马克西根公司利用 DNA Shuffling 技术进行生物活性改进的相关专利申请，经过深度分析获得 115 项专利族，除涉及 DNA Shuffling 技术的专利申请外，这些专利申请的技术分支囊括了酶、疫苗抗原、病毒基因组、病毒载体、抗体和包括干扰素（如 US2004002474A1）在内的细胞因子的改良等，申请时间从 1994 年跨越至 2012 年，申请高峰期处于 1998~2002 年。从马克西根公司的专利申请技术分支的分析中可以看到作为一项平台技术，DNA Shuffling 技术适用于生物工程领域的众多

❶ 刘建奎，巍春华，黄春芳，等. 利用 DNA Shuffling 技术构建重组 PRRSV ORF5 基因 [J]. 生物工程学报，2018，34 (6)：888-896.

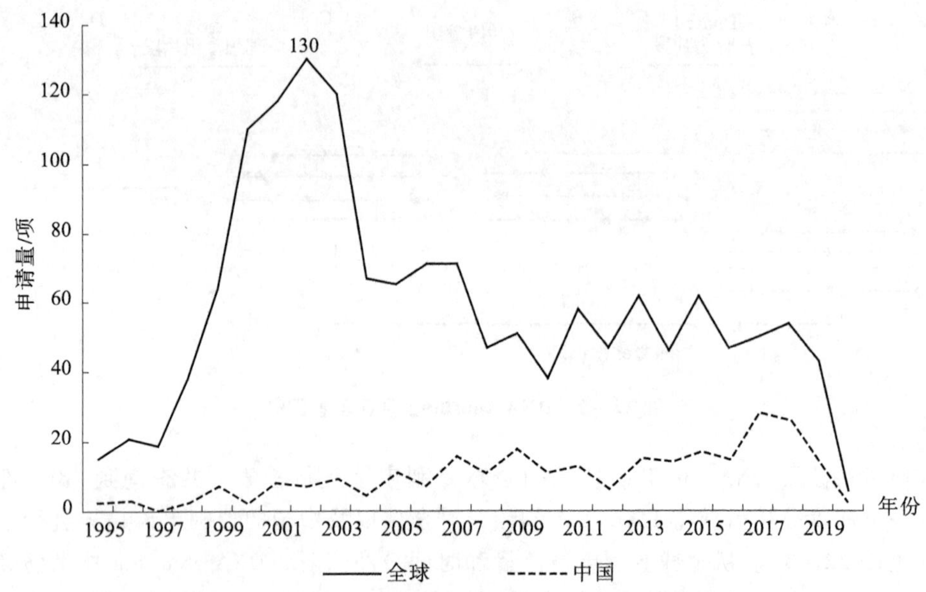

图 22－3　DNA shuffling 技术专利申请量趋势分析

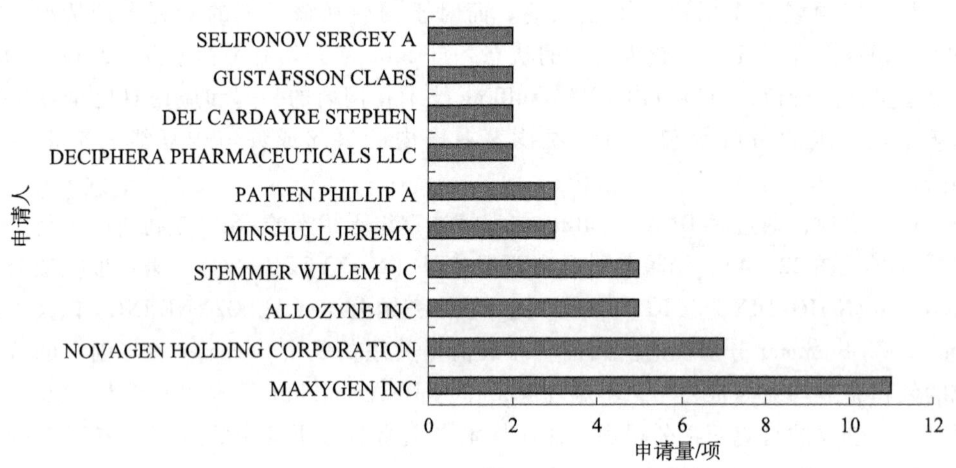

图 22－4　DNA shuffling 技术专利申请人排名分析

方面，该公司的研发历程、专利布局能够为国内的医药领域创新主体提供相关的借鉴，同时也为乐复能的成功研发提供了研究基础和参考思路。

➢　乐复能的专利布局以及授权情况

通过乐复能的申请人/发明人杰华生物、诺瓦根控股公司、刘龙斌进行全面检索，经过深入分析得到利用 DNA shuffling 技术筛选重组干扰素相关的专利，经过简单同族合并后，得到 3 项专利族，另外还检索到关于乐复能包装盒（箱）的外观设计专利，相关专利如表 22－1 所示。

与乐复能相关的核心专利族 US20080312148A1/US7625555B2（最早优先权日为 2007 年 6 月 18 日）中同族专利申请量最大，根据 Incopat 数据库中的标识，其同族专利数量达到 49 件，进入了美国、日本、欧洲、韩国、俄罗斯、加拿大等多个国家和地区，并在美国、中国、欧洲、日本等多个国家和地区获得专利授权。

表 22-1　乐复能相关专利申请情况

序号	公开号	最早优先权日/申请日	涉及主题	申请人/专利权人	法律状态	同族专利
1	US20080312148A1	2007-06-18	SEQ ID NO：2 所示蛋白；SEQ ID NO：1 所示核酸；以及在抗癌/病毒的（制药）用途	Novagen Holding Corporation	授权	US7625555B2 JP2016117753A IN253210A1 RU2009104749A DK2078082T3 EP2078082B1 IL196673A WO2008154719A1 EP2078082A4 EP2078082A1 US8425895B2 MX2009001366A CN101432428B CN101432428A KR1020100033468A ES2524251T3 AU2007355415A1 CA2692358C DK2465935T3 PT2078082E EP2465935A2 PL2078082T3 EP2465935A3 CN103483443A CN102250918A IN350MUMNP2012A ES2586398T3 US20100303759A1 KR1020130027043A US10538565B2 US20190077843A1 US20130189226A1 US9234022B2 US20170015723A1 US9982028B2 US20100129904A1 US7868151B2

续表

序号	公开号	最早优先权日/申请日	涉及主题	申请人/专利权人	法律状态	同族专利
2	CN101475636A	2009-01-19	干扰素样核酸以及蛋白序列（SEQ ID NO.1-10）涉及新筛选获得的5条新序列，及其制备抗病毒及抗癌药物中的用途	杰华生物技术（北京）有限公司	授权	CN101475636B
3	CN101948844A	2010-01-27	干扰素类似物的制备方法	杰华生物技术（北京）有限公司	授权	CN101948844B
4	CN305910812S CN305841873S CN305841874S	2019-11-22	外观设计专利：（重组细胞因子基因衍生蛋白注射液）的包装盒和包装箱	杰华生物技术（青岛）有限公司	授权	CN305910812S CN305841873S CN305841874S

该项核心技术不仅拥有庞大的专利族，经统计，乐复能在美国的同族专利全部授权，进入欧洲和日本的专利也有多件被授权。针对不同的国家和地区，申请人也采取了不同的申请策略，在进入美国的专利申请中，申请人以产品、治疗用途、制药用途为技术主线分别进行多件专利申请；而在我国以及进入欧洲、日本的专利申请中则较为全面地在单一专利申请中囊括了蛋白、核酸、组合物以及制药用途多类型的保护，专利申请数量相对较少。

从权利要求的类型方面分析，对于产品权利要求，总的来看，美国专利商标局（USTPO）、欧洲专利局（EPO）对于该类型权利要求的把握尺度相似，对于以“特定同源性+功能性限定”的蛋白或核酸序列均予以授权；而日本特许厅（JPO）授权的案件中，除前述限定方式外，有些授权专利还进一步增加了保守性替换的限定方式。

对于用途权利要求，针对治疗疾病或制药用途的限定中，USTPO、EPO以及JPO三局对于抗病毒（制药）用途均未要求限定到具体的病毒种类；对于抗肿瘤（制药）用途，也同样未要求对具体的癌症类型作出明确限定，即均给予了较为宽泛的专利保护。

可以看出，尽管不同国家或地区的专利审查尺度存在一定差异，乐复能在USTPO、EPO以及JPO三局的授权专利中都获得了满意的保护范围，从各局审查意见通知书以及申请人的答辩陈述中可以明确，上述结果归因于在乐复能之前，现有技术中鲜有新的重组干扰素类似物在抗病毒以及抗肿瘤活性方面实现双重活性均明显提高的报道，因此从根本上说，较宽的授权范围很大程度上依赖于说明书中记载的实验效果。根据乐复能核心专利说明书的记载，乐复能抗水疱性口炎病毒（VSV）的活性达到HuIFN－α2b 的约 12.5 倍；对于包括黑色素瘤细胞、结直肠腺癌细胞、肝细胞癌细胞（Hepatoma）、肝癌细胞、淋巴瘤细胞、前列腺癌细胞、胃腺癌细胞、食管癌细胞、肺癌细胞、子宫颈腺癌细胞、子宫颈癌细胞在内的 23 种肿瘤细胞系均表现出不同程度的抑制作用，特别是针对 Daudi 细胞系（伯基特淋巴瘤细胞），乐复能对细胞增殖的抑制活性达到 HuIFN－α2b 的 400 倍；在不同类型人肿瘤异种移植的动物模型实验中，即包括对于前列腺癌、肝癌、黑色素瘤、结肠癌、白血病在内的多种肿瘤模型中，实验证实了低、中、高剂量的乐复能表现出比同等剂量的 HuIFN－α2b 更强的抗肿瘤活性，且较之 5－FU 对于正常细胞和生理功能具有更小的影响。

除上述核心专利外，杰华生物通过 DNA shuffling 技术又相继筛选得到新的重组干扰素样蛋白，并进行了相关的专利保护（CN101475636B），该在后申请中的序列 SEQ ID NO.6－10 所示的重组干扰素样蛋白序列均不同于核心专利 US7625555B2 中的序列 2，由此能够看出杰华生物在新型干扰素研发道路上付出的持续努力。随后，杰华生物又申请了关于干扰素类似物制备方法的专利申请，并获得授权（CN101948844B）；2019 年，随着乐复能的成功上市，关于重组细胞因子基因衍生蛋白注射液的包装盒和包装箱的外观设计专利也相继布局成功。纵观 2007～2019 年的专利布局之路，可以看到以乐复能为代表的干扰素衍生序列的专利保护在日趋完善。

➢ 临床试验数据分析以及乐复能的上市之路

（1）临床试验数据分析

药物的临床试验是确定药物安全性和有效性必不可少的步骤，是新药上市前的重要环节。在 ClinicalTrials 数据库中对乐复能相关的主要临床试验数据进行检索和分析，检索日期截至 2021 年 1 月，乐复能相关的临床试验主要针对抗肿瘤和抗病毒两类，抗肿瘤功能相关的临床试验针对的适应证包括转移性结直肠、神经内分泌肿瘤、肝癌、乳腺癌，其中最早开展的临床试验 NCT01386242（针对转移性结直肠）已经完成了Ⅱ期试验，且对于不同的癌症类型包括了单独用药以及与其他化学药或生物药联合用药的治疗方案；在抗病毒方面，雾化乐复能采用吸入疗法治疗新冠病毒肺炎患者的临床试验进展迅速，如 NCT04669015 和 NCT04708158，均已经进入Ⅲ期临床试验，目前处于尚未招募状态。相关临床试验注册信息如表 22－2 所示。

表 22－2　乐复能相关临床试验注册信息汇总

注册号	疾病	公布时间	临床阶段（状态）	主办方	治疗方案
NCT01386242	转移性结直肠癌（Metastatic Colorectal Cancer）	2011－07－01	Phase Ⅱ（完成）	中国人民解放军第 307 医院，北京，中国	单独使用
NCT02068131	转移性结直肠癌（Metastatic Colorectal Cancer）	2014－02－21	Phase Ⅱ（未知）	中国人民解放军第 307 医院，北京，中国	与 Xeloda 联用

续表

注册号	疾病	公布时间	临床阶段（状态）	主办方	治疗方案
NCT02455596	神经内分泌肿瘤（Neuroendocrine Tumors）	2015-05-28	Phase Ⅱ（未知）	中国人民解放军第307医院，北京，中国	单独使用
NCT04380545	肝癌	2020-05-08	Phase Ⅰ、Ⅱ（尚未招募）	安德森癌症中心，休斯敦市，美国	与 Fluorouracil 和 Nivolumab 联用
NCT04418219	乳腺癌	2020-06-05	Phase Ⅰ、Ⅱ（尚未招募）	SidneyKimmel 癌症中心，费城，美国	多药联用
NCT04669015	COVID-19，中至重度入院患者	2020-12-16	Phase Ⅲ（尚未招募）	杰华生物	单独使用，吸入治疗
NCT04708158	COVID-19	2021-01-13	Phase Ⅲ（尚未招募）	杰华生物	单独使用，吸入治疗

可以看出，虽然乐复能作为我国上市药物批准的唯一适应证是治疗慢性乙型肝炎，然而杰华生物对将该药物助推为抗肿瘤药物始终进行着尝试和努力。根据乐复能核心专利申请（US7625555B2）说明书实施例中的相关记载，在体外细胞水平实验中，乐复能对于包括黑色素瘤细胞、结直肠腺癌细胞、肝细胞癌细胞（Hepatoma）、肝癌细胞、淋巴瘤细胞、前列腺癌细胞、胃腺癌细胞、食管癌细胞、肺癌细胞、子宫颈腺癌细胞、子宫颈癌细胞在内的23种肿瘤细胞系均表现出不同程度的抑制作用，特别是针对Daudi细胞系（伯基特淋巴瘤细胞），乐复能对细胞增殖的抑制活性达到HuIFN-α2b的400倍；在荷瘤动物模型实验中，对于前列腺癌、肝癌、黑色素瘤、结肠癌、淋巴细胞白血病在内的多种肿瘤模型中，不同剂量的乐复能均亦表现出比同等剂量的HuIFN-α2b更强的抗肿瘤活性，且显示较小的副作用。上述实验结果为乐复能作为潜在抗肿瘤药物提供了扎实的前期研究基础。此外，从临床试验NCT04380545和NCT04418219的实施单位信息可以看出，乐复能潜在的抗肿瘤活性也引发了美国著名癌症研究中心，即安德森癌症中心以及Sidney Kimmel癌症中心的关注，对于上述试验进展以及最终结果仍然需要时间的验证。

（2）恰逢其时——乐复能上市之路

乐复能的生产企业为杰华生物技术（青岛）有限公司，公司的创始人是以刘龙斌为代表的华人留学生团队。乐复能的成功研发让杰华生物一时间收获了众多荣誉：其中，乐复能治疗慢性乙型肝炎、恶性肿瘤的临床研究，先后被列入国家“十一五”和“十二五”重大新药创制科技重大专项，2018年4月，乐复能获国家药品监督管理局颁发的1.1类生物新药证书（国药证字S20180001，国药准字S20180002），于同年5月上市销售，并于2020年1月1日正式进入国家医保报销目录。

尽管乐复能自诞生以来拥有众多光环，然而其药物审批过程却一波三折，争议的焦点在于：作为治疗慢性乙型肝炎药物批准上市的乐复能仅获得了肿瘤适应证的临床批件（临床试验批件号2009L05468）。2018 年 5 月，国家药品监督管理局药品审评中心（CDE）网站上发布的《重组细胞因子基因衍生蛋白注射液（CXSS1300013）申请上市技术审评报告》中，详细记载了乐复能在药物审评审批中的具体实施细节，最终CDE 根据专家会议形成了评价共识，给予乐复能有条件批准上市的决定，同时要求申请人在新药上市 5 年内进一步完善药学和临床方面的研究工作，如果更大规模临床试验结果不支持现有临床结论，可能导致撤销本品种批准文号。

可以看出，乐复能在不利条件下获准上市得益于我国政府以及相关药品审批部门对于国内自主研发新药的大力支持和正向激励。2015 年，国务院发布《关于改革药品医疗器械审评审批制度的意见》（国发〔2015〕44 号），提出优化创新药的审评审批程序、鼓励以临床价值为导向的药物创新。为了激发国内医药企业创新主体研发热情，同时满足患者的治病及用药需求，满足药物的可及性，近年来我国相继出台了一系列新药审评审批的优化政策，药物评审政策更加灵活，药物评审体系也在逐渐完善。目前，我国新药上市加快审评审批政策包括特别审批、特殊审批、优先审评以及有条件批准 4 种类型。

加快新药审评审批的制度最早起源于美国 20 世纪 80 年代，目前，在美国、欧盟以及我国的新药上市加快审评审批的政策中都规定了❶“有条件批准”类型，该政策类型主要适用于治疗严重疾病，且药物与现有疗法相比具有明显优势，但是在科学数据链完整度方面存在不足的新药，仍需要在上市之后继续开展临床试验或安全性试验，进一步提交有效性或安全性数据，否则将会面临药物撤市。可以说，乐复能的药物审批过程是我国在药物审评政策改革中的尝试和探索，为进一步完善国内的新药审评审批机制积累了经验，同时也为今后的新药研发及上市策略提供了参考和借鉴。

➢ 新冠病毒肺炎疫情下的佳讯

自 2007 年乐复能的核心专利申请之初到多项抗肿瘤、抗病毒临床试验的开展，乐复能已经逐渐显示出广谱的抗肿瘤以及抗病毒潜力。2020 年新冠病毒肺炎疫情对全球造成了巨大冲击，抗新冠病毒肺炎药物以及疫苗的研发也备受关注。在疫情肆虐的急迫形势下，杰华生物基于乐复能作为一种重组干扰素具备广谱抗病毒的潜在优势，积极开展了一系列乐复能对抗新型冠状病毒的相关研究，包括体外的实验室细胞模型抗病毒试验以及临床试验，其中临床试验由中南大学湘雅二医院联合长沙市第一医院以及中国疾病预防控制中心病毒病预防控制所共同完成，相关研究成果于 2020 年 4 月在医学预印本平台 medRxiv 发表❷，题名为“新型蛋白质药物乐复能，

❶ 任晓星，史录文．中美欧新药上市加快审评审批政策研究［J］．中国新药杂志，2020，29（9）：961－971．

❷ ZHENG F，ZHOU Y，ZHOU Z，et al. A Novel Protein Drug，Novaferon，as the Potential Antiviral Drug for COVID－19［J］．medRxiv，2020．

一种潜在的治疗新冠肺炎抗病毒药物”，随后进一步的研究成果又于国际专业期刊 *International Journal of Infectious Diseases* 上正式发表❶，上述论文中的研究结果显示了乐复能在体外以及体内实验中均表现出对于新冠病毒的抑制作用，其抑制活性显著高于瑞德西韦，以上研究成果也为抗新型冠状病毒药物的研发提供了新的思路。此外，乐复能作为治疗感染新型冠状病毒患者药物的临床试验 NCT04669015 和 NCT04708158，已经进入Ⅲ期阶段（见表 22－2），试验结果值得期待。

纵观乐复能从研发到上市的整个过程，乐复能核心技术在 2007 年申请专利，在 2009 年 5 月获得了肿瘤适应证的临床批件，迈出了作为成药进军市场的关键一步，而后续申请人又相继在 2009～2010 年对筛选到的其他重组干扰素序列以及重组干扰素的制备方法申请专利保护，专利布局进一步完善。2013 年 7 月，杰华生物提交乐复能新药审批申请，并借由“重大新药创制”科技重大专项加快审批通道，最终在 2018 年 4 月获批上市。新冠病毒肺炎疫情下，乐复能在抗 COVID－19 方面传来佳讯，进一步佐证了乐复能的广谱抗病毒活性。结合乐复能的专利申请情况以及新药获批上市等相关信息，将其整个流程的技术路线汇总如图 22－5 所示。

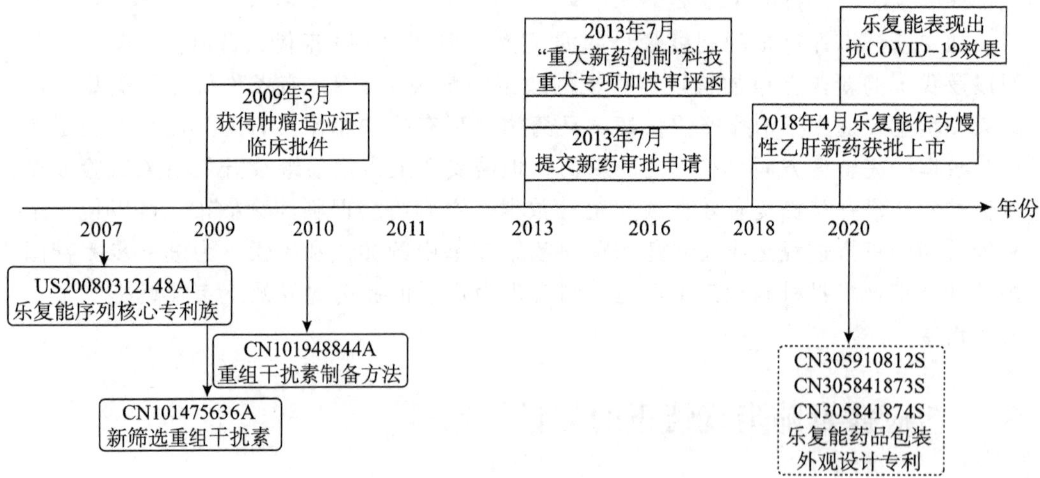

图 22－5　乐复能技术发展路线与专利布局

➢ 思考与启示

乐复能作为一种全新序列的重组干扰素样蛋白，是我国医药创新主体杰华生物在 DNA shuffling 技术的基础上研发成功并具有完全自主知识产权的蛋白质新药，其在我国的上市也为众多乙肝患者带来了新的希望。乐复能的核心专利全面进军海外，且在世界范围内多个国家和地区获得授权。可以预见的是，上述专利布局将为乐复

❶ ZHENG F，ZHOU Y，ZHOU Z，et al. SARS－CoV－2 clearance in COVID－19 patients with Novaferon treatment：A randomized，open－label，parallel－group trial［J］. International Journal of Infectious Diseases. 2020，99：84－91.

能在市场上的正常运行保驾护航，而其获得的相对宽泛的专利保护范围无疑为其竞争对手设置了更高的门槛。纵观杰华生物历年的专利申请量来看，其始终保持着较为平稳的专利申请量以及较高的授权率，此外，公司在专利申请类型方面也逐步走向多样化，从早期较为单一的药物产品以及用途的保护，逐步扩展到药物制备方法的保护和药品包装的外观设计保护等，体现了杰华生物自主知识产权意识的日趋成熟。

乐复能在药物审批过程中乘上了我国政府大力扶持和鼓励创新型医药企业的东风，药品审批相关部门在注重创新药物本质的基础上，对于审评形式采取了相对宽松的政策，使其在不利形势下有条件地获准上市，这无疑是对我国创新型制药企业的极大激励。当然，乐复能在药品审批程序中的瑕疵也反映了药物研发过程中药物疗效的极大不确定性，乐复能研发团队或许在研发初期更多关注收益尤为丰厚的抗肿瘤药物领域，忽视了其他可能适应证的及时研究，以至于在一定程度上延滞了乐复能的上市之路，这也为今后的医药创新主体在研发和上市策略上提供了借鉴和参考。

随着国内药物研发企业技术实力的提升以及药品审批环境的改善，创新逐步成了国内药品市场的核心驱动力，中国医药行业迎来自主创新的收获期，而乐复能无疑是其中的典型代表。作为一种新型重组干扰素样蛋白，乐复能拥有广阔的药用前景，新冠肺炎疫情下有关乐复能抗病毒的捷报又为其成为潜在的广谱抗病毒药物增添了浓墨重彩的一笔。无论如何，即便拥有绚烂的光环也需要持续付出脚踏实地的努力，药物本身最终仍要依赖坚实、可靠的疗效为其代言，未来可期，让我们拭目以待。

（执笔：徐丹、马骞，两位作者对本文贡献等同）

23 康柏西普

——仿创结合，结构创新是药物开发源动力

编者按 康柏西普是我国首个获得 WHO 国际通用名的原创Ⅰ类生物新药，是国内创新主体在现有药物结构的基础上进行创新，通过仿创结合获得的亲和力提高、稳定性增加的融合蛋白药物，不但绕开了竞争产品的专利壁垒，还进行了后续周密的专利布局，走出了差异化创新发展道路。药物结构创新是药物开发的源动力，也是形成较为全面的专利布局的制高点。

康柏西普（Conbercept，商品名为朗沐）是一种抗血管内皮生长因子（anti－VEGF）的融合蛋白，专利持有人为成都康弘生物科技有限公司（以下简称“康弘生物”），目前已被纳入国家医保目录。适合用于治疗老年性黄斑变性（湿性）、息肉状脉络膜血管病变、糖尿病视网膜病变、视网膜静脉阻塞、新生血管性青光眼以及其他一些眼内新生血管性疾病。

➢ VEGF 靶向类药物专利申请竞争激烈

自 20 世纪 90 年代，对血管内皮生长因子（Vascular Endothelial Growth Factor，VEGF）靶向类药物的研究开始兴起，早期的专利申请包括基因泰克公司于 1992 年提出的 WO9410202A1，涉及一种鼠源的 VEGF 单抗。经过近十年的漫长研发和摸索，VEGF 抗体的结构日益成熟，逐渐由鼠源抗体转向更为安全和稳定的人源抗体，申请量在 2000 年后呈爆发性增长态势，此后一直保持较为稳定的申请量（2018 年后的申请量由于公开时间的原因未被完全统计）。2004 年，基因泰克公司的贝伐单抗经美国 FDA 批准上市。随后，部分人源化的雷珠单抗于 2006 年在美国批准上市。2011 年，全人源化的重组融合蛋白阿柏西普在美国获批。2013 年，全人源化的重组融合蛋白康柏西普在中国批准上市，目前还没有获得美国和欧洲的批准。

目前，申请量前五位的申请人分别是基因泰克公司（已被罗氏收购）、瑞泽恩制药公司、罗氏制药公司、诺华制药公司以及免疫医疗制药公司。基因泰克公司作为 VEGF 抗体技术的初代申请人，近 30 年来一直致力于该领域的研究，通过对最早的 VEGF 单抗进行不断改进，最终筛选获得了高亲和力的人源化单克隆抗体——贝伐单抗和雷珠单抗。申请量第二位的瑞泽恩制药公司于 2000 年提交了 PCT 申请

WO0075319A1，要求保护阿柏西普的核心结构，并围绕该专利进行了严密的专利布局。瑞泽恩制药公司与拜耳于2006年签订了关于阿柏西普的合作协议，由拜耳提供研发费用并负责阿柏西普的美国境外销售。

在全球范围内，美国和日本是药物专利布局的首选之地，中国作为后起之秀名列第三。分析其原因，可能在于美国既是该类药物的主要研发地，拥有基因泰克、瑞泽恩、诺华等国际大型制药企业；又是新药开发的主要竞争地区。而日本则是老龄化比较严重的国家，是VEGF靶向类药物的重要研发地和市场。此外，随着自主知识产权意识日益增强，国内企业对该类药物的研发愈加重视，积极投入资金和人才，也是国内申请量增加的原因之一。

在我国，VEGF抑制剂类药物的专利申请趋势与全球趋势类似，也经历了20世纪90年代起步、2000年后迅速发展的过程。目前，除了罗氏、诺华、瑞泽恩这几家外资企业，康弘药业是申请量最大的国内制药公司，其后依次是山东省生物技术研究中心（以下简称“生物技术研究中心”）、珠海亿胜生物制药有限公司（以下简称“珠海亿胜”）和中国人民解放军军事医学科学院基础医学研究所（以下简称“军科院基础医学研究所”）。其中，生物技术研究中心和军科院基础医学研究所属于基础研究型院所，珠海亿胜是由香港亿胜生物制药有限公司投资控股的外商独资企业，主要研发和生产创伤修复类药品。该公司的主打产品贝复舒滴眼液及眼用凝胶的主要成分是重组牛碱性成纤维细胞生长因子，在2015年申请了9项专利，均涉及抗VEGF抗体结构、制备方法和用途，并全部获得授权。目前，珠海亿胜还没有VEGF抑制剂类药物上市。

➢ 康柏西普竞品众多，结构决定其疗效优势

以康柏西普为有效成分的康柏西普眼用注射液（以下简称“康柏西普”）是我国首个获得WHO国际通用名的原创Ⅰ类生物新药，也是我国首个直接进入美国Ⅲ期临床的创新药。康柏西普的上市，填补了国产该类眼底黄斑变性治疗药物的市场空白，打破了高价进口药对中国眼科市场的垄断。2016年3月，康柏西普眼用注射液被评为“最具临床价值创新药”；2017年12月，康柏西普的核心专利CN1304427C荣获中国专利奖金奖；2018年12月9日，“国家一类新药康柏西普眼用注射液的研制”项目荣获我国工业领域的最高奖项——第五届中国工业大奖。

康柏西普的适应证——年龄相关性黄斑变性（AMD）是由黄斑下血管过度增生引起的一种慢性退行性眼病，临床上分为干性（80%～90%）和湿性两大类。其中湿性年龄相关性黄斑变性（wAMD）病程发展迅速，其严重程度远超干性，湿性年龄相关性黄斑变性是老年人致盲的首要疾病之一。10%的年龄相关性黄斑变性为湿性，但其引起的失明却占到90%。[1]

---

[1] 深度解析湿性老年性黄斑变性治疗现状和未来（一）[EB/OL]（2016-04-17）[2020-06-30]. http://www.sohu.com/a/69778145_184627.

康柏西普所针对的靶标——VEGF 信号通路广泛参与了生理性和病理性的血管新生，VEGF 与内皮细胞表达的受体结合——VEGF 受体 1（FLT1）和 VEGF 受体 2（KDR）。FLT1 和 KDR 是高度相关的跨膜酪氨酸激酶，它们利用自身的外结构域结合 VEGF，激活其细胞域内的酪氨酸激酶活性并启动细胞内信号传导。当 VEGF 结合到内皮细胞的 VEGFR 胞外区的 Lg 结构域后，能够引起 VEGFR 胞内激酶区特定酪氨酸残基的交叉磷酸化而活化，进而启动一系列下游生化级联反应，从而激活靶基因的表达。阻断 VEGF 信号最有效的方法之一是利用诱饵受体阻止 VEGF 与其正常受体结合。抗 VEGF 类药物通过抑制 VEGF，阻断病变新生血管的生长并阻止血管渗漏和封闭脉络膜血管；其不会对脉络膜和神经视网膜造成伤害，还可选择性阻塞新生血管，有效避免暗点的形成，最终实现有效治疗湿性年龄相关性黄斑变性等眼底新生血管病的目的。相对传统方法，抗 VEGF 类药物拥有更确切的疗效，提升视力效果明显，病情复发率降低，是现阶段全球公认的治疗湿性年龄相关性黄斑变性的药物。❶

VEGF 包含多个蛋白，其中 VEGF - A 是目前研究最清楚，也是最主要的靶点，通过特异性结合 VEGFR2 介导了大部分体内生理学和病理学过程。抗 VEGF 的第一代药物是诺华公司雷珠单抗（商品名为诺适得，Lucentis）和基因泰克（现已被罗氏收购）的贝伐单抗（商品名为阿瓦斯汀，Avastin），它们均是重组人源化 VEGF 单克隆抗体，其中雷珠单抗是贝伐单抗的 Fab 片段，能更紧密地结合 VEGF - A。

抗 VEGF 的第二代药物是瑞泽恩与拜耳合作开发的阿柏西普和我国康弘生物的康柏西普，此类药物是一种融合蛋白，可以与 VEGF 竞争性结合 VEGFR，抑制 VEGF 产生作用，从而控制眼内新生血管生产、减轻眼内炎症反应和黄斑水肿，作用比第一代的抗 VEGF 药物更强。

从结构上看，阿柏西普与康柏西普的活性成分都是抗体 - 受体融合蛋白，贝伐单抗是全长单克隆抗体，雷珠单抗则是抗体片段 IgG1 - Fab。阿柏西普由人 VEGFR1 中的免疫球蛋白样区域 2、VEGFR2 中的免疫球蛋白样区域 3 与人的免疫球蛋白 Fc 融合而成；康柏西普的核心区域由人 VEGFR1 中的免疫球蛋白样区域 2、VEGFR2 中的免疫球蛋白样区域 3 和 4 与人的免疫球蛋白 Fc 片段经融合而成（见图 23 - 1）。

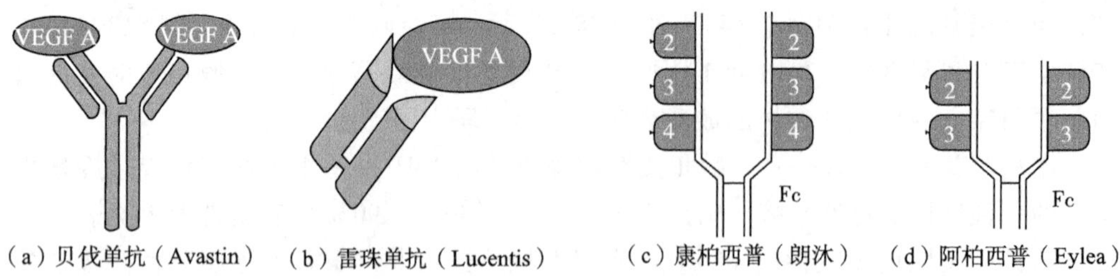

（a）贝伐单抗（Avastin）（b）雷珠单抗（Lucentis）（c）康柏西普（朗沐）（d）阿柏西普（Eylea）

图 23 - 1　贝伐单抗、雷珠单抗、康柏西普与阿柏西普的结构式

❶ 2018 年全球及中国 AMD 用药行业市场现状、市场空间预测及竞争格局分析 [EB/OL].（2019 - 12 - 16）[2020 - 06 - 30]. https://www.chyxx.com/industry/201912/818361.html.

雷珠单抗的高度特异性使其只能与 VEGF 的一个亚型 VEGF - A 结合，而不表现出对 VEGF - B 和胎盘生长因子（PlGF）的亲和力。此外，雷珠单抗是由杂交瘤细胞技术生产的，抗体部分氨基酸组成和序列是鼠源性的，而非全人源化蛋白，因此引发免疫反应的概率更大。而阿柏西普和康柏西普是全人源化的融合蛋白，能结合 VEGF - A、VEGF - B、PIGF，作用靶点更多，疗效更持久。与天然受体或单抗相比，康柏西普亲和力高，能更紧密地结合 VEGF，可阻断 VEGF - A、VEGF - B 和 PIGF，完全穿透视网膜。与阿柏西普相比，康柏西普还含有 KDR - Ig 样结构域 4，有助于稳定嵌合受体蛋白的二聚体，增加溶解度。

由此可见，康柏西普在结构上与其他同类药物有所不同，是在同类药物结构基础上的创新。与抗体类药物相比，康柏西普避免了由于非人源化所带来的不必要的免疫反应；与结构最相近的阿柏西普相比，康柏西普的亲和力更强，治疗效果更持久，更具优势。

➢ 康柏西普专利布局较完善

康弘生物着眼于国际市场，在产品开发早期就对专利进行了较为完善的布局（见表 23 - 1 和图 23 - 2）。康弘生物于 2005 年 6 月 6 日提交了涉及康弘生物针对康柏西普的第一件专利申请 CN1706867A 以及 PCT 申请 WO2005121176A1，要求保护康柏西普的核心结构 FP3。目前，康弘生物针对康柏西普已经在 22 个国家和地区进行了布局，大部分已获得授权。

核心专利 CN1706867A 同时要求保护 FP1 ~ FP6 共 6 种融合蛋白，其中，FP3 是康柏西普的有效成分。康弘生物的这种撰写方式在一定程度上达到了隐藏核心技术、迷惑竞争对手的目的，但 2009 年该专利被提出无效宣告申请，请求人宁维（个人）提供了 3 篇新的对比文件，包括外文期刊文献、中国专利申请和美国发明专利，针对所有的权利要求提出了无效宣告请求。最终，该专利申请被部分无效，保护范围修改为 FP3 及其相关产品和应用。康弘生物经此一役，有惊无险地保留了自己的核心产品，使康柏西普能够顺利上市。

随后，康弘生物又于 2006 年提出了 CN1915427A 以及 PCT 申请 WO2007112675A1，要求保护 FP3 在治疗年龄相关黄斑变性、糖尿病视网膜病变、糖尿病性黄斑水肿、视网膜血管阻塞中的应用，将药品专利的布局范围由产品本身扩展到制药用途，并进入了 8 个国家和地区。随后，康弘生物以 FP3 为基础提出了多件专利申请，内容涉及组合物、制药用途等方面。

2015 年，康弘生物提出了专利申请 CN104804097A 以及 PCT 申请 WO2015110067A1，该专利申请目前已经进入了 17 个国家和地区。该专利要求保护与之前的产品类似的融合蛋白，其序列与 FP3 有 2 ~ 3 个氨基酸的差异，热稳定性和活性得到了提高。适应证范围包括年龄相关性黄斑变性、糖尿病视网膜病变、脉络膜视网膜病变或肿瘤引起的眼部疾病。

截至 2020 年 10 月 31 日，未见康弘药业关于该类药物的专利申请公布。

如表 23－1 和图 23－2 所示，康弘生物围绕康柏西普的结构和功能作了较为全面的布局。其中涉及核心技术的 3 项专利，包括核心产品的结构、核心产品在年龄相关黄斑变性等方面的制药用途以及对于核心产品结构的改进技术均提出了 PCT 申请，已经进入了包括美国、日本、英国等在内的多个国家和地区，并且多数已经获得授权。围绕着核心产品 FP3，康弘生物要求保护包含 FP3 的组合物，以及 FP3 及其组合物在视网膜病变、类风湿性关节炎、红斑狼疮、脓毒症等方面的应用。对于 FP3 本身的结构，康弘生物不断对其进行调整优化，在近几年提出了对 FP3 结构的改进。例如 CN104804097B，在 FP3 原序列的基础上有 2～3 个氨基酸的差异，获得了热稳定性和活性提高的融合蛋白 KH01、KH02 、KH03、KH04。并且，对新一代 FP3 结构进一步就年龄相关性黄斑变性、糖尿病视网膜病变、脉络膜视网膜病变或肿瘤引起的眼部疾病等方面的制药用途进行了保护。

表 23－1　康柏西普相关专利申请汇总

公开（公告）号	最早优先权日	法律状态	涉及主题	同族以及状态
CN1304427C	2005－06－06	授权	由 FLT－1 和 KDR 的片段以及免疫球蛋白 Fc 片段经融合得到的 6 种具有阻断血管内皮细胞生长因子生物作用，抑制血管新生的融合蛋白，包括 FP1～FP6。其中 FP3 是康柏西普的有效成分，是由 FLT－1 的第 2 免疫球蛋白样区域和 KDR 的第 3～4 免疫球蛋白样区域与人免疫球蛋白 Fc 片段融合而成的蛋白。（因被部分无效，最后只保留了涉及 FP3 的保护方案）	US20100215655A1、KR100897379B1、EP1767546B1、JP4680997B2、US7750138B2 等 22 个国家和地区
CN100502945C	2006－03－31	授权	FP3 在年龄相关黄斑变性、糖尿病视网膜病变、糖尿病性黄斑水肿（DME）、视网膜血管阻塞方面的制药用途	US8216575B2、KR1020090010030A、EP2000483A2、JP2009531036A 等 8 个国家和地区
CN100567325C	2006－03－31	授权	FP7 或 FP8，及其在年龄相关性黄斑变性、糖尿病视网膜病变、糖尿病黄斑瘤腺体以及由新生血管生长而引发的治疗失败如激光凝固体，手术视网膜移植中的制药用途	无
CN101279092B	2007－04－02	授权	FP3 或 FP7 治疗类风湿性关节炎或红斑狼疮中的应用，还包括与地塞米松联用治疗支气管哮喘的应用	无

续表

公开（公告）号	最早优先权日	法律状态	涉及主题	同族以及状态
CN101721699B	2008-10-13	授权	FP3 在治疗重症脓毒症和脓毒症休克中的应用	无
CN102580085B	2008-10-13	授权	FP3 及其药物制剂在治疗重症脓毒症和脓毒症休克中的应用	无
CN102233132B	2010-04-28	授权	FP3 在治疗结膜炎中的应用	无
CN102380096B	2010-08-31	授权	含有 FP3 的药物组合物，用于治疗年龄相关性黄斑变性	无
CN103816115B	2010-08-31	授权	含有 FP3 的药物组合物，用于治疗年龄相关性黄斑变性	无
CN102443565B	2010-09-30	授权	培养用于表达 FP3 的 CHO 细胞的培养基	无
CN102311502B	2011-07-07	授权	由 PDGF 和 VEGF 受体的不同片段与人免疫蛋白 Fc 构成的融合蛋白，能够同时抑制 PDGF 和 VEGF，以及其在治疗肿瘤或脉络膜新生血管引起的疾病中的应用	无
CN104341489A	2013-07-29	复审阶段	源于胎盘生长因子 PIGF 的新的抑制新生血管的多肽 CP911	无
CN104341486B	2013-07-29	授权	源于胎盘生长因子 PIGF 的新的抑制新生血管的多肽 CP912	无
CN103212075B	2013-01-19	授权	康柏西普滴眼液产品，及其在治疗角膜移植术后新生血管、角膜新生血管、眼表新生血管或翼状胬肉的任一种或其并发症中的应用	无
CN106188294B	2015-12-15	授权	以康柏西普为抗原免疫小鼠制备的单克隆抗体	无
CN107115294B	2012-01-19	授权	康柏西普滴眼液产品，及其在治疗角膜移植术后新生血管、角膜新生血管、眼表新生血管或翼状胬肉的任一种或其并发症中的应用	无
CN104804097B	2015-01-23	授权	在原序列的基础上有 2~3 个氨基酸的差异，获得了热稳定性和活性提高的融合蛋白 KH02，及其在年龄相关性黄斑变性、糖尿病视网膜病变、脉络膜视网膜病变或肿瘤引起的眼部疾病等方面的制药用途	EP3098241B1、JP6071099B1、KR101789501B1、US9657084B2 等 17 个国家和地区

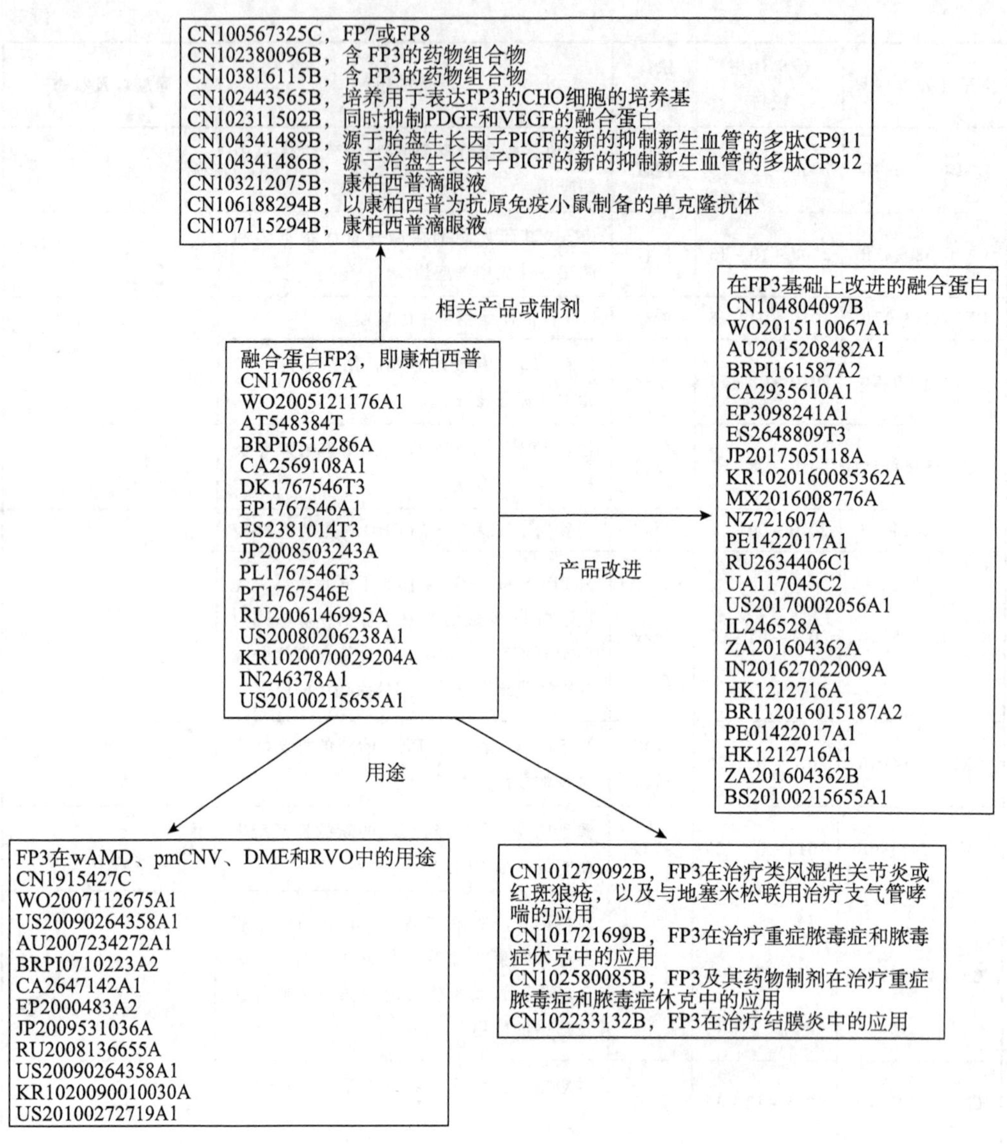

图 23－2 康柏西普专利布局

可见康弘生物围绕核心专利的布局，铸造了一个较为全面的专利壁垒，更使核心专利的有效期得以延长，属于国内制药企业在专利布局方面的先行者。但康弘生物对核心产品的用途专利申请并没有进入太多国家，对于用途保护的布局相对薄弱，其布局策略与跨国制药巨头相比还是略显不足。

➢ 立足自主知识产权，搭载“一带一路”倡议政策，走国际化路线

中国医药企业的研发、生产和市场化的能力正在加速发展，更多地参与国际化

分工合作，加快走向国际的步伐。在以往的国际医药市场，中国企业多处在价值链最低端的原料药和仿制药市场，利润非常微薄。近年来，这种现象正在发生改变，康柏西普就是一个正在走向国际化的例子。

如前面所提到的，康柏西普在很多国家都进行了专利布局（见表 23－1）。可以看出，康弘生物一早就有走国际化路线的战略布局，为自己铺好了路，做好了规划。纵观康柏西普核心专利的布局，康弘生物不止在美国、欧洲、日本等国家和地区进行了布局，还进入了俄罗斯、乌克兰、波兰等国家。

康弘生物对于康柏西普不仅专利布局到位，其临床试验也有序进行。2016 年 10 月，美国 FDA 免除康柏西普在美国市场的Ⅰ期和Ⅱ期临床试验，直接获得美国 FDA 批准，在美国开展湿性年龄相关性黄斑变性Ⅲ期临床试验，刷新了国产创新药在国外开展临床试验最快时间的纪录。2018 年 5 月 20 日，康弘生物宣布正式启动在美国开展康柏西普玻璃体腔眼用注射液临床试验项目，将进行康柏西普与阿柏西普的“头对头”（head to head）Ⅲ期临床研究，拟招募 2280 例患者。该临床试验包括两项全球多中心、双盲、随机、多剂量Ⅲ期临床研究，旨在进行康柏西普与阿柏西普用于新生血管性年龄相关性黄斑变性患者的“头对头”比较研究，每项研究将入组 1140 例患者，截至 2019 年 12 月，康弘生物已经启动了康柏西普在全球 30 多个国家和地区的 300 多家研究中心开展的Ⅲ期临床研究。

专利布局到位、临床试验紧密开展，除了这些常规战略，康弘生物还紧跟国家政策导向。2020 年 6 月，康柏西普眼用注射液获得了蒙古国卫生部签发的《药品注册证书》，治疗适应证是湿性年龄相关性黄斑变性。而康柏西普之所以能够在蒙古国顺利获批，缘于康弘生物乘上了“一带一路”倡议的东风。

蒙古国位于亚洲中部，被中国与俄罗斯包围，是仅次于哈萨克斯坦的世界第二大内陆国家，是“一带一路”倡议北线的重要支点。蒙古国要求有 3 个发达国家获批上市的注册证书，该药品才可以在蒙古国上市。然而，康柏西普临床疗效更好、更低注射频次的特点，以及荣获的“中国工业大奖”等，使蒙古国对康柏西普的质量、疗效、安全性、创新性等极大地增强了信心，从而特批康柏西普上市。这是康柏西普国际化进程中的重要一步，标志着该产品获得了蒙古国医药市场的准入资格，是我国 1.1 类生物新药搭载“一带一路”倡议成功“出海”的首个案例。

总的来说，康弘生物对康柏西普规划的国际化道路是非常具有前瞻性的，在全球的专利布局也比较广泛，已经在多个国家开展临床试验，稳扎稳打。通过搭载“一带一路”倡议而加快国际化进程，“产品未动，专利先行”，我国创新主体在进入沿线国家之前，应做好准备工作，提前进行专利布局，以免后续产生不必要的纷争。

➢ 康柏西普突围阿柏西普，走出差异化路径

如前所述，康柏西普、阿柏西普和雷珠单抗是目前我国 AMD 市场的三大主要药物，占据了市场份额的 99% 以上。其中，康柏西普与阿柏西普结构最相近，下面对

二者专利申请和适应证获批情况进行对比（见图 23 -3）。

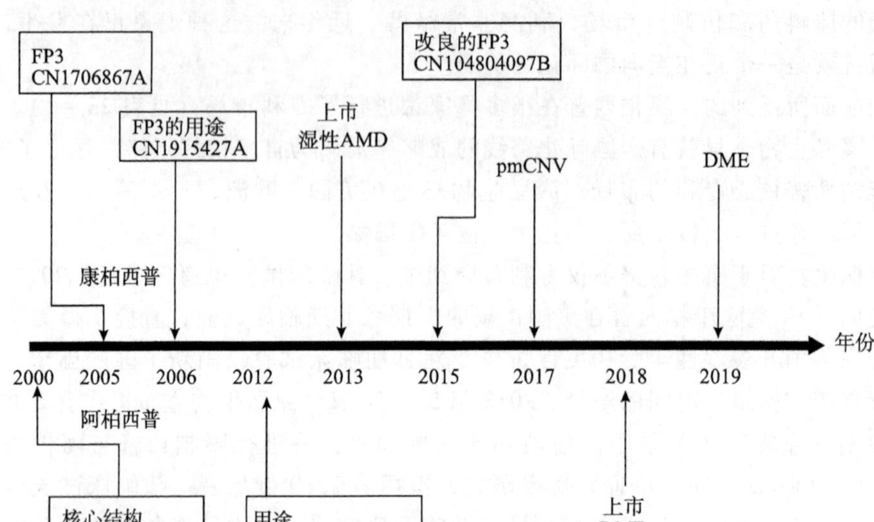

图 23 -3　康柏西普与阿柏西普的核心专利申请及适应证获批对比

在中国，康柏西普的核心结构专利（CN1706867A，授权公告号 CN1304427C）于 2005 年提出申请，阿柏西普核心结构专利（WO0075319A1）则于 2000 年提出，其同族专利 CN1816566A 于 2004 年进入中国。尽管国外公司的专利在前，康柏西普仍然通过结构创新绕开阿柏西普的核心专利，并进行后续一系列用途、制剂等外围专利的申请，同时抓住了国内临床试验的先机和本土企业的优势，比阿柏西普早 5 年上市，这黄金的 5 年对于药物的销售以及市场拓展是非常有利的。那么康柏西普在结构上是如何绕开阿柏西普的呢？

分析 WO0075319A1 的相关权利要求以及说明书实施例可知，该专利以及同族专利涉及的融合蛋白包含 VEGFR1 中的免疫球蛋白样区域 2 和 VEGFR2 中的免疫球蛋白样区域 3。康柏西普的核心结构中增加了 VEGFR2 的 D4 结构域（见图 23 -1），不仅能够绕开阿柏西普的专利，而且在效果上更具优势。

VEGFR2 的 D4 结构域被证明是与受体结合必不可少的。[1] D4 结构域不参与配体结合，但对配体结合的 VEGFR 的结构分析表明，该结构域可能与配体结合的受体的特定同型相互作用，稳定受体二聚体以及以刚性方式将 VEGF 锁定于受体。D4 结构域含有酸性氨基酸，降低了等电点，增加抗体的溶解度，并可能延长其循环时间。在康柏西普的核心专利 CN1304427C 中，说明书实施例记载了含有 D4 结构域的 FP3 相较于不含 D4 的 FP1 对肿瘤的抑制性更强。康柏西普通过该核心专利有力地对产品结构进行了保护。

---

[1] YU D C, LEE J S, YOO J Y, et al. Soluble Vascular Endothelial Growth Factor Decoy Receptor FP3 Exerts Potent Antiangiogenic Effects [J]. Molecular Therapy the tournal of the American Society of Gene Therapy, 2012, 20 (5): 938 -947.

此外，事实上，康柏西普的核心专利 CN1304427C 一共进行了 6 个融合蛋白的构建（见图 23-4）：

a. FP1，由 FLT-1 的第 2 免疫球蛋白样区域和 KDR 的第 3 免疫球蛋白样区域融合而成的蛋白 FLTd2-KDRd3-Fc；

b. FP2，由 KDR 的第 1 免疫球蛋白样区域、FLT-1 的第 2 免疫球蛋白样区域和 KDR 的第 3 免疫球蛋白样区域融合而成的蛋白 KDRd1-FLTd2-KDRd3-Fc；

c. FP3，由 FLT-1 的第 2 免疫球蛋白样区域和 KDR 的第 3~4 免疫球蛋白样区域融合而成的蛋白 FLTd2-KDRd3，4-Fc；

d. FP4，由 FLT-1 的第 2 免疫球蛋白样区域，KDR 的第 3 免疫球蛋白样区域和 FLT-1 的第 4 免疫球蛋白样区域融合而成的蛋白：FLTd2-KDRd3-FLTd4-Fc；

e. FP5，由 FLT-1 的第 2 免疫球蛋白样区域和 KDR 的第 3~5 免疫球蛋白样区域融合而成的蛋白 FLTd2-KDRd3,4,5-Fc；

f. FP6，由 FLT-1 的第 2 免疫球蛋白样区域，KDR 的第 3 免疫球蛋白样区域和 FLT-1 的第 4~5 免疫球蛋白样区域融合而成的蛋白 FLTd2-KDRd3-FLTd4,5-Fc。

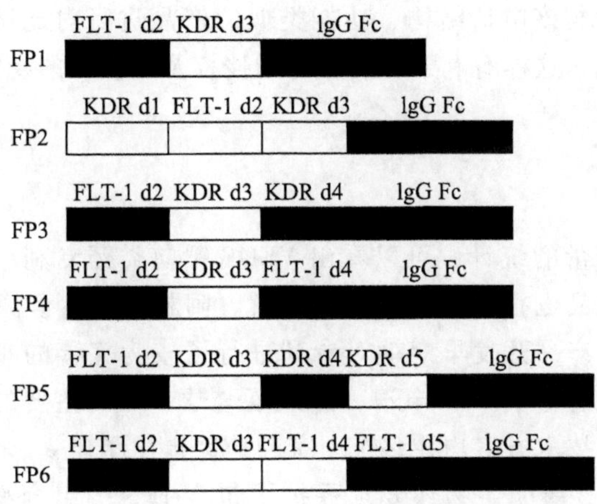

图 23-4 CN1304427C 6 种融合蛋白的结构组成

可以看出，在研发初期，企业对于融合蛋白的结构进行了大量的尝试和筛选，这一发明的关键在于根据 FLT-1 和 KDR 的结构设计构建了一系列由不同的 FLT-1 片段、KDR 片段和人免疫球蛋白 Fc 相融合而成的融合蛋白质，再用 VEGF 结合试验等方法筛选对 VEGF 具有最大亲和性的融合蛋白质，从而得到最优的 VEGF 阻断剂。

其中，FP1（即阿柏西普的结构），FP2 融合蛋白中增加了来自 KDR 的第 1 免疫球蛋白样区域（KDRd1）的氨基酸序列，这些序列可以增加与 VEGF 相结合的位点，从而提高对 VEGF 的亲和力。FP3（即康柏西普的结构）和 FP4 融合蛋白中增加了 FLT-1 或 KDR 的 FLTd4 或 KDRd4 免疫球蛋白样区域的序列。FP5 和 FP6 是在 FP1 的基础上增加了 FLT-1 或 KDR 的第 4 和第 5 免疫球蛋白样区域（FLT-1d4,5 和 KDRd4,5）。这些新增的序列将有利于融合蛋白之间的偶联，从而进一步形成有利于和 VEGF 相结合的空间结构，增加与 VEGF 结合的亲和力。

CN1304427C 的说明书验证了 6 种融合蛋白与 VEGF 结合的试验结果，结果表明这 6 种融合蛋白都与 VEGF 具有很高的亲和力。但是，比较而言，FP3 与 VEGF 的结合能力最大，其半数最大结合浓度比 FP1 低约 5 倍。FP5 与 VEGF 的结合能力比 FP3 稍弱。这一结果说明 KDR 的第 4 免疫球蛋白样区域的氨基酸序列可增进融合蛋白对 VEGF 的阻断能力。融合蛋白 FP2 ~ FP6 的抑制能力均比 FP1 强。说明书还验证了 6 种蛋白均能对脐带静脉血管内皮细胞（HUVEC）的生长产生抑制，而 FP3 的抑制作用最明显。通过小鼠体内抗肿瘤效果的实验，证明 FP3 能够有效抑制人前列腺癌 PC－3 肿瘤的生长。为了证明 FP3 的优异效果，将 FP1 与 FP3 进行了抑制小鼠神经胶质瘤 C6 肿瘤生长的比较研究，与 FP1 相比，FP3 具有更好的肿瘤抑制作用。

可见，核心专利 CN1304427C 的实施例对 FP1 与 FP3 进行了技术效果的对比。鉴于二者结构的相似性，以及均属于 VEGF 的融合蛋白，说明书中对阿柏西普与康柏西普的核心结构的效果进行了比较，其实验效果强有力地支撑了 FP3 核心产品权利的有效稳定。

由此可见，创新主体在申请专利时，应尽量充分地记载化合物的实验数据，尤其是要在现有技术中与该申请结构、功能类似的产品进行对比试验，证明该申请的产品具有更好的特性，这样有利于专利申请的授权及专利权的稳定。

➢ 思考与启示

通过对专利申请量的统计，可以看出 VEGF 靶向类药专利申请竞争激烈，而康柏西普的同类竞争药品也很多，包括雷珠单抗、阿柏西普等。康柏西普的研发企业着眼于国际市场，在产品开发早期就对专利进行了较为完善的布局，对核心产品的保护首次提出申请就进行了 PCT 申请，进入了全球十几个主要的国家和地区。涉及核心技术的 3 项专利技术方案均在多个国家和地区提出了申请，多数申请已被授权。围绕着核心产品 FP3，康弘生物还要求保护了包含 FP3 的组合物等产品，以及 FP3 及其组合物在视网膜病变、类风湿性关节炎、红斑狼疮、脓毒症等方面的应用。同时还继续对 FP3 结构进行进一步的改进，使其稳定性和活性得到更有效的提高，由此看来，康柏西普 2.0 也可能会在不久的将来面世。

康弘生物对于康柏西普的国际化路线分两步走。一方面，通过全球多中心临床试验准备拓展欧美发达国家市场；另一方面，对“一带一路”沿线国家的市场做创新模式的开拓。蒙古国获批只是成功迈出的第一步。“一带一路”沿线有很多发展中国家，加快中国创新药的上市，不仅能够为当地患者贡献“中国方案”，帮助他们获得健康，也可以促进国内制药企业的创新和发展，具有巨大的社会价值和积极的经济价值。

虽然竞争对手实力强劲，康柏西普的研发企业通过结构创新，增加了 VEGFR－2 的 D4 结构域，不仅能够绕开阿柏西普的专利，而且在效果上更具优势。结构创新决定其疗效优势，也是药物开发的源动力。基于其创新的结构，康柏西普形成了较为全面的专利布局，如果康柏西普没有对结构进行改进，也就没有后续的组合物、用途等30多项专利的布局。尽管有阿柏西普这个强劲的对手，以及国内多家新崛起的生物制药公司的竞争，康柏西普基于自身疗效和价格优势，以及广泛的专利布局，仍然有希望杀出重围，成为新一代全球化的重磅炸弹药物。

（执笔：蔺娜、钟辉，两位作者对本文贡献等同）

24 戊肝疫苗益可宁

——政产学研结合典范，专利技术领先吸引国际合作

编者按 作为中国自主研发的全球首款预防性戊肝病毒疫苗益可宁，从立项之初到最后成功上市，走出了一条独具特色的发展道路。在专利申请和布局、政产学研结合、研发生产平台工艺等方面上的经验都能够为国内的医药企业提供借鉴。在平台工艺上，益可宁研发企业利用自主研发的大肠杆菌原核表达系统的优势，吸引国际合作，成为多种疫苗开发的引领者。

益可宁（英文商品名为 Hecolin）是由厦门万泰沧海生物技术有限公司（以下简称“厦门万泰”）自主研发的全球首款预防性戊型肝炎（以下简称“戊肝”）病毒疫苗。2011 年 12 月，益可宁获得新药证书。2012 年 10 月，益可宁获批上市销售。

➢ 十四年磨一剑的修行

在已知的肝炎中，戊肝按照名称顺序排名最后，因为其发现得最晚。在 1989 年之前一直被称作非甲非乙型肝炎。戊肝是一种由戊肝病毒感染造成的急性传染性肝病，至少有 4 个分型，即基因 1 型、2 型、3 型和 4 型。基因 1 型和 2 型仅见于人类，基因 3 型和 4 型在猪、啮齿类、非人灵长类动物、马、牛、羊、鸡等动物中传播，但不会导致这些动物发病，偶尔会造成人类感染。戊肝感染通常具有自限性，2 ~ 6 周就可自愈。潜伏期从发生暴露后的 2 周到 10 周不等，平均 5 ~ 6 周。感染者从发病前几天到发病后 3 ~ 4 周排出病毒。少数患者会发展成重型肝炎（急性肝衰竭），可导致部分患者死亡。[1][2]

尽管戊肝发现得最晚，但危害性远高于最早发现的甲肝，病死率为 1% ~ 4%，是甲肝的 10 倍。而且戊肝对育龄妇女、慢性肝病患者、老年人和婴幼儿等危害性更大。孕妇感染戊肝可通过母婴垂直传播，引起新生儿戊肝或死亡，感染戊肝的孕妇 1/3 出现重型肝炎，死亡率高达 20%。乙肝、慢性肝炎、脂肪肝、酒精肝及肝硬化等慢性肝病患者 44% ~ 83% 有重叠感染戊肝的风险，感染后死亡率高达 75%。根据 WHO 统计，全球每年估计有 2000 万人感染戊肝病毒，其中有 330 万人会出现戊肝

---

[1] 王乃刚，尹华发．戊型肝炎的研究进展［J］．中华疾病控制杂志，2010，14（9）：951 - 958.

[2] 黄晓丽．被忽视的肝炎：戊型肝炎［J］．肝博士，2019（3）：43 - 44.

症状。2015年戊肝大约导致4.4万人死亡，占病毒性肝炎死亡率的3.3%。[1]

戊肝病毒主要通过粪-口途径传播。病毒由感染者的粪便排出，经肠道进入人体。常见途径是通过被污染的水源传播，多发生在暴雨或洪水过后。戊肝已见于世界各地，常发生于东亚和南亚，最常发生在缺乏基本的饮用水供给、环境卫生和医疗服务的低收入和中等收入国家。戊肝在这些地区的发生形式为疾病疫情和散发病例。如果饮水供给系统遭到粪便污染，有可能殃及数百人至数千人。有些疫情会出现在社会动荡或人道主义紧急状况的地区，例如在环境卫生和安全供水特别困难的交战区、难民营等地。[2]

2011年12月，由中国自主研发的全球首款预防性戊肝病毒疫苗益可宁获得新药证书。从抗原筛选、临床前研究到完成Ⅰ期、Ⅱ期、Ⅲ期临床试验，历时11年的时间。2012年10月，益可宁获批上市销售。益可宁的规格是预充式注射器，0.5mL/支，其中含有重组戊肝病毒抗原30μg。2013年1月，戊肝病毒疫苗被评选为“2012年中国高等学校十大科技进展”。[3]

除了在国内上市之外，益可宁也很快进入国际医药领域的视野中。WHO将戊肝疫苗列入2013~2014年的疫苗预认证（Vaccine Prequalification）优先级清单中。这意味着戊肝疫苗可以通过向WHO申请预认证考核，获得联合国儿童基金会(UNICEF)、全球疫苗免疫联盟（GAVI)、泛美卫生组织（PAHO）等国际组织的采购订单，向各种受疫情威胁的国家和地区供应疫苗。2016年，厦门万泰开始为益可宁走向国际化进行尝试。2016年9月，厦门万泰和国际疫苗研究所合作打造为全球供应戊肝疫苗的项目。作为迈向国际化的第一步，国际疫苗研究所和IGH（Innovations for Global Health）公司（该公司由来自制药和疫苗行业或卫生部门的专家组成的咨询公司）要对厦门万泰的益可宁是否符合WHO预认证标准进行评估，比尔及梅琳达·盖茨基金会（盖茨基金会）还为此提供资金支持。2016年11月，国际疫苗研究所的专家组来到厦门万泰开展戊肝疫苗WHO预认证评估。

此后，益可宁国际化的道路上不断树立起新的里程碑。2017年5月，益可宁在孟加拉国启动首个海外的临床试验，开始受试者入组及疫苗接种工作。2019年1月，美国国立卫生研究院（NIH）发出通知，益可宁向美国FDA提交的新药临床试验申请（IND）已经生效。2020年10月，益可宁获得巴基斯坦药品监督管理局（DRAP）的上市批准。巴基斯坦成为国外首个上市益可宁的国家。

➤ 戊肝疫苗的关键技术：抗原蛋白专利已获权

在Incopat数据库中，检索与厦门大学、厦门万泰、养生堂公司、北京万泰的戊型肝炎相关的技术内容，共获得15件专利，检索截止日期为2020年7月17日。通

---

[1] 吴俊文，刘胜姿，李烨，等．戊型肝炎病毒研究新进展［J］．生命科学研究，2011，15（2）：184－188.

[2] 郑亚，李亚飞，姚星姝，等．戊型肝炎疫苗临床研究进展［J］．病毒学报，2018，34（6）：951－958.

[3] 黄歆．十四年磨一剑 戊肝疫苗零突破［J］．中国战略新兴产业，2016，(13)：62－63.

过进一步精读和筛选，保留其中6个相关度最高的结果。表24-1显示了厦门万泰的戊肝疫苗相关专利。这6项专利族的发明点均为“戊肝病毒抗原肽或病毒样颗粒”。第1项专利族涉及戊肝病毒抗原分子，为戊肝疫苗的核心专利，其在中国的授权专利为CN1195774C，在美国的授权专利为US7204989B1，在欧洲的授权专利为EP1461357B1，在日本的授权专利为JP4641695B2。

中国授权专利CN1195774C的授权文本共有23项权利要求，主要涉及抗原蛋白、编码的核酸、表达载体、宿主细胞、抗原蛋白制备方法、中和抗体、抗体制备方法、疫苗组合物、诊断检测试剂盒等技术主题。其中独立权利要求1、5、7、11、14~16如下：

1. 一种纯化和分离的肽pE2，具有由SEQ ID NO：2确定的氨基酸序列。

5. 一种纯化和分离的核酸分子，具有编码权利要求1所述的pE2肽的DNA序列。

7. 一种含有权利要求4或5的核酸分子的载体，其特征在于一旦将载体导入一种合适的宿主细胞，其能够表达核酸分子。

11. 一种用权利要求8~10所述的任何一种载体转化的宿主细胞。

14. 一种纯化的抗体，其由如权利要求1所述的任何一种pE2肽刺激产生。

15. 一种用于针对戊型肝炎病毒感染的免疫个体的疫苗组合物，包括如权利要求1所述的任何一种pE2肽，以及一种药理学上可接受的载体。

16. 一种用于检测抗戊型肝炎病毒（HEV）抗体的诊断检测试剂盒，包括权利要求1所述的肽pE2；一种指示剂，其能够检测一种带有pE2肽的免疫复合物（抗原-抗体）。

美国授权专利US7204989B1的授权文本共有15项权利要求，主要涉及抗原蛋白、疫苗组合物、免疫方法、诊断检测方法、诊断检测试剂盒等技术主题。

欧洲授权专利EP1461357B1的授权文本共有31项权利要求，主要涉及抗原蛋白、编码的核酸、表达载体、宿主细胞、抗原蛋白制备方法、中和抗体、抗体制备方法、疫苗组合物、样品检测方法、诊断检测试剂盒等技术主题。

日本授权专利JP4641695B2的授权文本共有32项权利要求，主要涉及抗原蛋白、编码的核酸、表达载体、宿主细胞、抗原蛋白制备方法、抗体制备方法、疫苗组合物、样品检测方法、诊断检测试剂盒等技术主题。

对比中国、美国、欧洲、日本这4个国家或地区的授权专利，其权利要求1的保护范围差别不大，均涉及戊肝病毒上所分离的特殊的抗原蛋白pE2。美国、欧洲的授权专利中还涉及pE2的同源二聚体。

研制疫苗的关键点是要找到免疫优势蛋白/多肽表位，即抗原蛋白的发现。第1项专利族中的发明点正是经大肠杆菌表达并纯化出的高活性pORF2蛋白。厦门万泰成功利用了大肠杆菌原核表达平台表达出活性相对较好的pORF2蛋白，尤其是能够实现pORF2蛋白的同源二聚体，并获得了大量的单克隆抗体，确定了戊肝疫苗的核心成分。

中国、欧洲的授权专利中还保护结合抗原蛋白pE2的抗体。该抗体的限定没有

表 24－1 厦门万泰的戊肝疫苗相关专利

序号	标题	公开号	公开日	申请号	申请日	法律状态	授权公告日	同族专利进入国家或地区
1	新的 HEV 抗原肽及方法	CN1391579A	2003－01－15	CN00813582.7	2000－09－28	授权	2005－04－06	美国、加拿大、欧洲、日本、韩国、澳大利亚、印度、巴西、墨西哥
2	用于预防、诊断及治疗戊型肝炎病毒的多肽，及它们作为诊断试剂和疫苗	CN1345775A	2002－04－24	CN00130634.0	2000－09－30	驳回	—	美国、欧洲、日本、韩国、澳大利亚、印度、巴西、墨西哥
3	一种可诱使颗粒化的多肽及其用途	CN102816216A	2012－12－12	CN201110154637.2	2011－06－08	授权	2015－07－01	—
4	戊型肝炎病毒的病毒样颗粒的组装机制及其制备方法	CN102321591A	2012－01－18	CN201110234805.9	2011－08－17	授权	2016－06－15	—
5	包含白喉毒素无毒突变体 CRM197 或其片段的融合蛋白	CN102807621A	2012－12－05	CN201210181392.7	2012－06－01	授权	2016－04－13	美国、欧洲、澳大利亚、墨西哥、巴西、印度、韩国、日本、南非
6	用于制备戊型肝炎病毒样颗粒的蛋白质和方法	CN104211784A	2014－12－17	CN201310218823.7	2013－06－04	授权	2018－05－22	—

采用物质组成/结构的限定方式（抗体的结构主要是其氨基酸序列），而是以结合抗原蛋白的限定方式。这种功能性的限定会使上述权利要求的保护范围更加宽泛。凡是能够结合抗原蛋白 pE2 的抗体都有可能落入该权利要求的保护范围之内。这样可以在一定程度上阻止竞争者在上述优势抗原蛋白 pE2 的基础上进一步开发相关的抗体药物。

➢ 益可宁专利布局循序渐进，专利围栏逐步加强

以时间轴为基础，图 24－1 显示了益可宁的研发历程与其核心专利之间的对照。1998 年戊肝疫苗的研究项目在厦门大学启动。当发现和分离戊肝病毒上特殊的抗原蛋白 pE2 后，随即提出专利申请。也就是首个戊肝病毒抗原肽的核心专利 CN1391579A。该专利的申请时机比较合适，在发现突破性的研究成果之后，使用专利尽快锁定和固化研究成果。因为在同一时期，全球疫苗行业巨头葛兰素史克已经研制出重组戊肝疫苗并且正在进行临床试验。第一时间内提出专利申请的做法可以在戊肝疫苗领域内尽快确定自己的权利范围，阻止竞争对手涉足自己的技术分支之中。

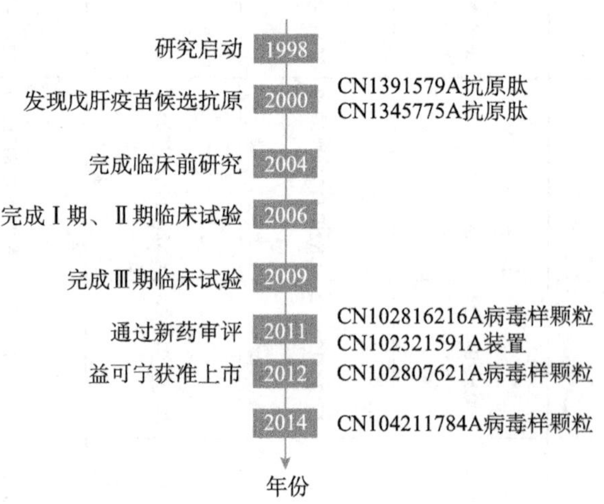

图 24－1　益可宁的研发历程与其核心专利之间的对照

益可宁的研发历程中，存在近 10 年的专利申请空白期，且产品研发的专利布局角度较为单一，在横向和纵向、广度和深度上分布稍显不足，使专利保护的壁垒略有薄弱。如能进一步针对包括疫苗联用、佐剂平台等进行相关专利保护，可以持续增强益可宁核心专利的专利控制力，尽管这样的做法可能与这个领域缺少强有力的竞争对手密切相关，因为在这一时期，葛兰素史克逐渐停止了对重组戊肝疫苗的进一步研发。专利申请的保护策略并非一成不变，根据行业的发展形势和自身的特色地位可以随时调整专利布局的方式，以实现自身的利益最大化。

益可宁在上市前后的 4 年中陆续提出几项相关的专利申请。这些专利仍然围绕着“戊肝病毒抗原肽或病毒样颗粒”的主题，目的显然是给益可宁拓展专利保护强

度。在药物上市前后，专利无效或专利侵权之战总会如影随形，或是一触即发，或是悄然酝酿。厦门万泰为益可宁做好专利防御，未雨绸缪，属于明智之举。

➢ 政产学研结合的典范

1998 年，厦门大学启动对戊肝领域的研究。2000 年，养生堂药业有限公司（以下简称“养生堂”）向课题组提供资助，校企开始联合研制具有自主知识产权的戊肝疫苗。2005 年，国家传染病诊断试剂与疫苗工程技术研究中心（厦门大学）批准成立，戊肝疫苗的临床研究被列入“十一五”期间国家“863”计划重大项目中。2007 年，戊肝疫苗在江苏完成Ⅲ期临床试验，约 12 万名志愿者参与，是当时全球规模最大的疫苗Ⅲ期临床研究。戊肝疫苗的研发过程中，研究人员先后在《柳叶刀》等国际知名学术刊物发表学术论文数十篇，并多次在国际学术及疫苗产业会议上作报告。在国家“863”计划的有效带动下，在科技部、教育部、卫生部、国家食品药品监督管理局和福建省、厦门市有关部门的长期支持下，14 年来，地方政府、企业累计投入研发资金近 5 亿元，校企双方约有 200 余名科研人员参与到疫苗的研制。❶

图 24－2 显示了厦门万泰的发展历程。厦门万泰的母公司是北京万泰生物药业股份有限公司（以下简称“北京万泰”），北京万泰的母公司是养生堂。养生堂成立于 1993 年 10 月，公司经营范围包括药品、食品、保健品、医用营养品等。北京万泰成立于 1991 年，主要从事生物诊断试剂与疫苗研发及生产。厦门大学研发戊肝疫苗的科研力量主要来自夏宁邵团队。

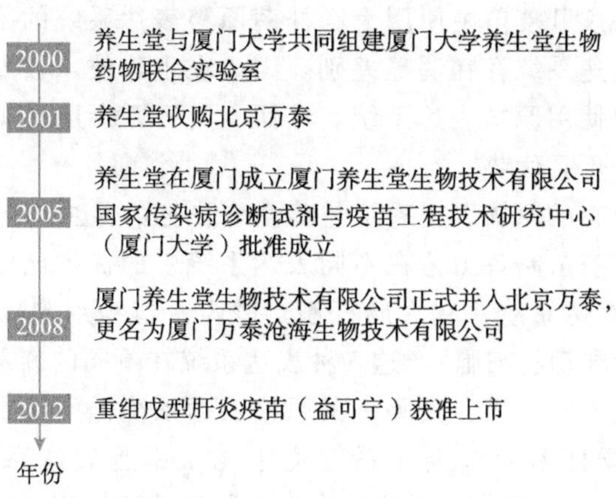

图 24－2　厦门万泰的发展历程

1999 年，养生堂开始寻找生物医药项目进行风险投资，提出了一个很特别的条件：不一定非得教授带领的团队，但是，干事的人一定要有理想、有热情。在当时，养生堂与厦门大学的合作在外界看来真的是风险投资，一支看上去无比青涩的团队

---

❶ 世界首支戊肝疫苗获准上市，由我校和养生堂万泰公司联合研制［EB/OL］.（2012－01－12）［2021－02－06］. https：//sph. xmu. edu. cn/2012/0112/c12232a56105/page. htm.

无法确定能否带来投资回报。夏宁邵坦言：我们起步比别人晚，条件不如人，我们没有别的办法，只有比别人更辛苦。正是这一句话让养生堂下定投资决心。2000 年，养生堂和厦门大学正式签约，共同组建厦门大学养生堂生物药物联合实验室。

20 年之后，再来回顾这次风险投资，无疑是一次成功的案例。同时，也抛出一个长期以来的问题：产学研结合，如何结合？从戊肝疫苗益可宁这个案例可以发现两个关键因素：人才团队和研究耐力。在人才方面，不唯学历，只唯能力。夏宁邵团队曾从事丁肝、丙肝研究，获得湖南省科技进步二等奖；曾研制出我国第三代艾滋病快速诊断试剂盒，获得国家科技进步二等奖。在研究耐力方面，校企合作，等待成果要有耐性。生物行业是一个典型的高投入、高风险、高回报、长周期的产业。一个新药从立项开始到成功上市至少需要 10 年的时间。企业如果选择投资生物产业，就要有足够的耐心，静待花开。

➢ 关键技术领先吸引国际合作

在养生堂与厦门大学合作研发戊肝疫苗的同一时期，美国国立卫生研究院与葛兰素史克已经率先研制出重组戊肝疫苗，并于 2000～2004 年在尼泊尔部队士兵身上进行了Ⅱ期临床试验取得初步成功。就在全球相关领域都聚焦于此之时，拥有戊肝疫苗知识产权的葛兰素史克却戛然而止。有业内人士认为，葛兰素史克出于对商业价值的考虑停止了进一步的临床试验，因为其所采用的昆虫细胞表达系统成本高昂。❶

厦门万泰在制备戊肝疫苗中使用大肠杆菌原核表达系统的平台工艺，其与葛兰素史克的昆虫细胞表达系统存在明显差别。因为在生物技术领域的传统认知中，疫苗的制备一般不可以使用原核表达系统。然而，厦门万泰用事实证明了原核表达系统相比真核表达系统更具优势。

下面比较厦门万泰的原核表达系统与葛兰素史克的昆虫细胞表达系统之间的特点。图 24－3 显示了疫苗制备工艺在不同表达系统中的优劣比较，列举了生物医药领域中常见的 5 种表达系统，有大肠杆菌、酵母、植物细胞、杆状病毒（昆虫细胞）、CHO 细胞（哺乳动物细胞）。这 5 种表达系统在不同的衡量维度上有着不同的优势和劣势。在工艺成本方面，大肠杆菌原核表达系统低于昆虫细胞表达系统。在发酵速度方面，大肠杆菌原核表达系统优于昆虫细胞表达系统。在病毒样颗粒（VLP）组装方面，昆虫细胞表达系统要优于大肠杆菌原核表达系统。然而，厦门万泰自主研发的原核表达系统解决了蛋白表达后组装的问题，能够实现戊肝病毒抗原 pORF2 蛋白的同源二聚体，并保证其具备良好的生物学活性，所以，厦门万泰的大肠杆菌原核表达系统在多个方面更具备竞争优势。

---

❶ 王婉如，高雪峰，杨军，等．戊肝疫苗临床研究的新进展［J］．中国生物制品学杂志，2020，33（4）：470－475.

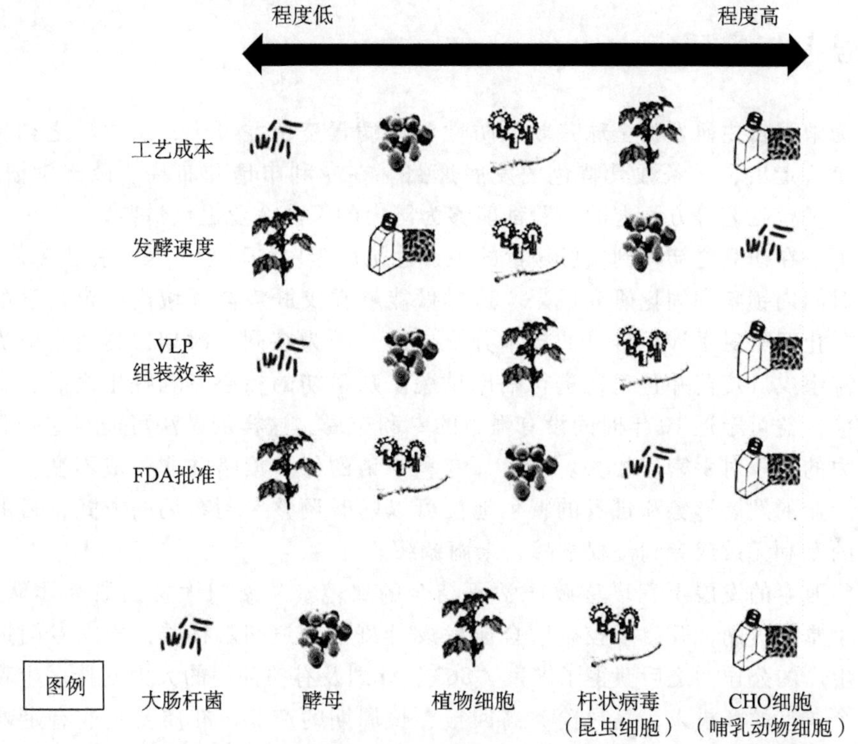

图 24－3　疫苗制备工艺在不同表达系统中的优劣比较❶

2019 年 9 月，厦门万泰与在戊肝疫苗市场存在竞争关系的葛兰素史克签署一项合作协议，双方将基于厦门万泰的创新抗原技术与葛兰素史克的佐剂系统联合研发新一代的人乳头瘤病毒（HPV）疫苗。而这样的合作并不是一次性的。2020 年 4 月，厦门万泰与葛兰素史克再次开展研究合作，以评估厦门万泰开发的重组蛋白 2019 冠状病毒候选疫苗（COVID－19 XWG－03）。葛兰素史克将向厦门万泰提供预防疾病大流行的疫苗佐剂系统，用于该疫苗的临床前评估。❷

除了葛兰素史克外，另一家疫苗巨头赛诺菲也被吸引而至。2020 年 7 月，厦门万泰与赛诺菲签订关于新型轮状病毒候选疫苗技术许可协议，该疫苗可在动物体内诱导出针对多种血清型轮状病毒的高滴度广谱保护抗体。这项协议授予赛诺菲在全球开发、制造和商业化这种疫苗技术的权利。同时，厦门万泰有权在中国开发轮状病毒疫苗。该协议还包含预付款、开发里程碑付款和许可费等内容。可见，厦门万泰手握其自主研发的大肠杆菌原核表达系统的平台工艺，其先进程度吸引了国际巨头的合作。

---

❶ 杨铁军．产业专利分析报告（第 36 册）：抗肿瘤药物［M］．北京：知识产权出版社，2015.

❷ 养生堂厦门万泰联合厦门大学与葛兰素史克合作研发 2019 冠状病毒疫苗［EB/OL］．（2020－04－03）［2021－02－06］．http：//www.innovax.cn/news_view.aspx？newsCateid＝18&cateid＝18&NewsId＝986.

➢ 思考与启示

作为中国自主研发的全球首款预防性戊肝病毒疫苗益可宁，从立项之初到最后成功上市，走出了一条独具特色的发展道路。在专利申请和布局、政产学研结合、研发生产平台工艺等方面上的经验都能够为国内的医药企业提供借鉴。

益可宁在研究之初得到戊肝病毒的关键性抗原蛋白 pE2 后，很快提出专利申请，在第一时间内锁定和固化研究成果。这样做能够在戊肝疫苗领域内确定自己的权利范围，阻止竞争对手涉足自己的技术分支之中。因为在同一时期，葛兰素史克已经研制出重组戊肝疫苗并且正在进行临床试验。从最初的核心专利提出之后，直到疫苗上市前，益可宁近 10 年时间没有强力的专利布局。这样的做法可能与这个领域缺少强有力的竞争对手密切相关。可见，专利申请的保护策略并非一成不变，创新主体根据行业的发展形势和自身的特色地位可以随时调整专利布局的方式，目的是应对潜在的专利无效或专利侵权之战，未雨绸缪。

厦门万泰的发展历程堪称政产学研结合的典范。从厦门大学的研究团队开始，得到养生堂的资助，开启了校企联合研发戊肝疫苗的道路。接着，成立专门进行疫苗研发生产的公司。之后获得了国家“863”计划及有关部门的大力支持。生物行业作为一个典型的高投入、高风险、高回报、长周期的产业，亦需要企业有足够的耐心和投资的决心。

全球疫苗行业巨头葛兰素史克曾经率先研制出重组戊肝疫苗，但是后来停止该项目。反而，厦门万泰的戊肝疫苗益可宁率先上市。其中可能包括厦门万泰所使用大肠杆菌原核表达系统的平台工艺比葛兰素史克的昆虫细胞表达系统更具优势的原因。大肠杆菌原核表达系统在工艺成本、发酵速度上均优于昆虫细胞表达系统。虽然昆虫细胞表达系统在 VLP 组装方面要优于大肠杆菌原核表达系统，但是厦门万泰自主研发的原核表达系统解决了蛋白表达后组装的问题。相比之下，厦门万泰自主研发的大肠杆菌原核表达系统已经在工艺成本、发酵速度、VLP 组装多个方面更具备竞争优势，这也为厦门万泰在后面与葛兰素史克开展合作，赢得了有力的谈判筹码。2019 年和 2020 年，厦门万泰与葛兰素史克前后两次签署合作协议，要联合开发新一代的人乳头瘤病毒疫苗和冠状病毒疫苗。除此之外，2020 年 7 月，赛诺菲也与厦门万泰签订关于新型轮状病毒候选疫苗的技术许可协议。可见，只有手中掌握先进的技术，才能吸引国际巨头的合作。

（执笔：冯晓亮）

25 重组埃博拉病毒病疫苗

——专利技术厚积薄发，铸强国家生物安全之盾

编者按 2014年西非爆发的埃博拉病毒疫情，因其高传染性和致死率，引起全球震动。军科院陈薇团队和康希诺生物合作共同推出的重组埃博拉病毒病（腺病毒载体）疫苗使我国成为全球第二个有能力提供可使用埃博拉疫苗的国家。该疫苗不仅在国内具有完全自主知识产权，还在全球主要国家进行了布局。该疫苗的问世彰显了我国强大的公共卫生防控能力，对全面提高我国生物安全治理能力具有重要的战略意义。

重组埃博拉病毒病疫苗（腺病毒载体）Ad5 - EBOV 是我国研发并拥有完全自主知识产权的Ⅰ类新药，由中国人民解放军军事医学科学院生物工程研究所（以下简称"军科院生物工程研究所"）和天津康希诺生物技术有限公司（以下简称"康希诺生物"）联合研发，于2017年被批准上市，使我国成为全球第2个有能力提供可使用埃博拉疫苗的国家。该疫苗使用了高效稳定的 AdMax 腺病毒系统，负载了经过优化的 Zaire 型埃博拉病毒 Makona 株 GP 蛋白的核苷酸分子，转染细胞中的表达水平明显增高，在短时间内即能够诱导机体产生强烈的细胞及体液免疫反应，其冻干剂型还具有在2～8℃条件下稳定储存的特点，相对于液体制剂而言，具有一定的使用便利性。

➢ 埃博拉病毒病疫苗全球专利申请概况

埃博拉病毒（Ebola virus，EBOV）是丝状病毒科单股负链 RNA 病毒，有囊膜，表面有8～10nm长的纤突。纯病毒粒子由一个螺旋形核糖核壳复合体构成，含有负链线性 RNA 分子、核蛋白（NP）、病毒结构蛋白（VP35、VP40）、糖蛋白（GP）、额外病毒结构蛋白（VP30、VP24）和 RNA 依赖的 RNA 聚合酶（L）。[1] 该病毒爆发于苏丹南部和刚果（金）的埃博拉河地区，能够引起人类和灵长类动物产生致命的

[1] 李宁，陈彦闯，廖文勇．埃博拉病毒检测与防治技术在中国的专利申请状况分析［J］．现代生物医学进展，2016，16（27）：5390－5393．

病毒性出血热，致死率高达 50% ~90%，属于烈性传染病毒，生物安全等级为 4 级。❶

该病毒自 1976 年首次爆发以来，疫情在非洲地区多次再发，造成数以万计的人员死亡和重大经济损失。但由于非洲地区科研力量薄弱，美国、加拿大、俄罗斯、中国等国家纷纷参与到埃博拉病毒病疫苗研制中。

（1）埃博拉疫苗病毒病专利申请与疫情爆发明显相关

如图 25 -1 所示，结合全球博拉病毒病爆发情况可以看出，埃博拉病毒自 1976 年首次爆发以来，由于该病发病稀少，发病区域局限，发病地区较为贫困落后，因此该病毒的疫苗研发速度较为缓慢，早期的疫苗主要为技术工艺较为简单的灭活疫苗。而在 2000 ~2002 年，乌干达、加蓬和刚果共和国又爆发了一轮较大规模的埃博拉病毒感染疫情，死亡人数近 400 人，引起国际社会的重视，因此在该阶段内，埃博拉病毒病疫苗的专利申请出现一个小高峰；随后 2007 ~2008 年均有小规模的疫情爆发，但死亡人数都不超过 100。直到 2014 年，多个西非国家爆发了大规模的埃博拉疫情，死亡人数剧增，使其演变成为一次国际卫生突发事件，多国国家科研单位、军队科研机构积极参与到疫苗的研发中来，2015 ~2016 年形成第二次专利申请高峰。可见，埃博拉病毒病疫苗相关专利申请的申请量和疫情的爆发以及爆发程度密切相关，2014 年的疫情大爆发引起了国际社会的高度重视，为了避免企业因为缺少经济价值而放弃研发，各国从国家层面积极投入资金，推进该疫苗的研发进程。

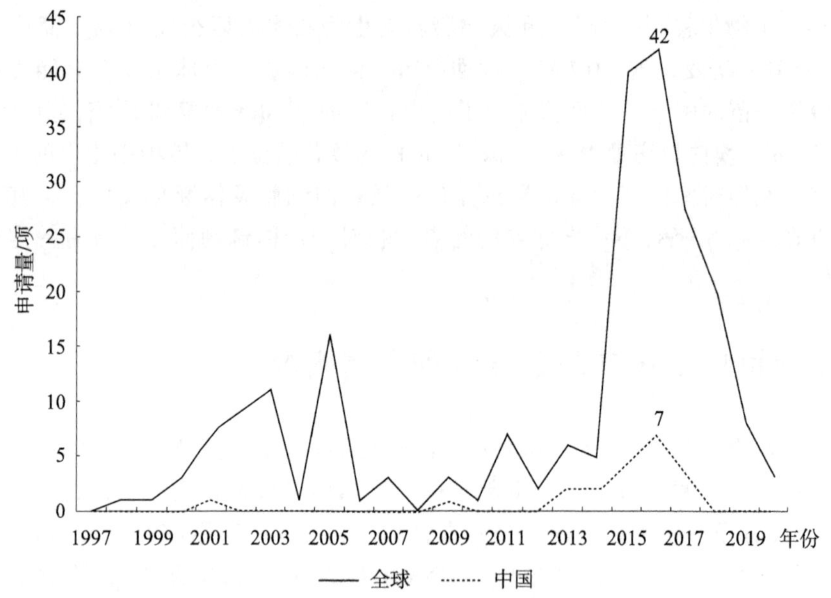

图 25 -1 埃博拉病毒病疫苗相关专利申请趋势

❶ 王雨潇，李靖欣，王杨，等. 埃博拉疫苗临床试验研究进展［J］. 传染病信息，2017，30（2）：82 -85.

（2）埃博拉病毒病疫苗专利集中在欧美，我国参与度提升

从图 25 - 2 可以看出，埃博拉病毒病疫苗研究的主要申请人集中在欧洲和美国，并且以大型制药公司和国家科研单位为主，这与埃博拉病毒病疫苗研究需要高级别安全实验室以及高投入低产出有关。其中，巴伐利亚北欧是一家全球领先的工业生物技术公司，长期专注于新型疫苗的开发，其针对埃博拉病毒病疫苗的专利申请主要集中在使用重组修饰的安卡拉牛痘病毒（MVA）为载体的丝状病毒疫苗以及组合物。儿童医院医疗中心是美国的医疗及科研机构，其专利申请主要集中在基于病毒样颗粒（VLP）的单价或二价埃博拉病毒病疫苗。再生元制药公司也是美国的大型制药公司，其专利申请主要集中于抗埃博拉病毒的人抗体或特异性结合埃博拉病毒糖蛋白的单克隆抗体。詹森疫苗预防是强生旗下的大型制药公司，其专利申请集中在诱导针对线状病毒感染的保护性免疫方法和组合物，主要采用腺病毒载体来携带抗原蛋白。并且詹森疫苗预防多件专利申请是与巴伐利亚北欧共同申请的。S. 巴瓦利是美国陆军传染病医学研究所首席科学官，其专利申请主要集中在病毒样颗粒及其作为泛病毒疫苗的应用。可见欧洲和美国在埃博拉疫苗的研发技术方面主要集中在单克隆抗体药物、病毒载体疫苗和病毒样颗粒疫苗三大领域，并且各大企业和科研单位之间多采取联合研发的策略。

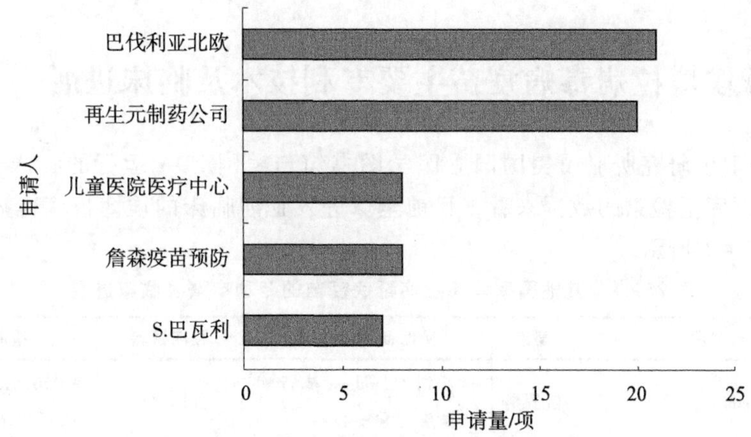

图 25 - 2　埃博拉病毒病疫苗相关专利主要申请人❶

如图 25 - 3 所示，埃博拉病毒病疫苗的专利申请人分布以美欧中为主，美国、欧洲、中国、加拿大的申请量占了全球申请量的 3/4，这与各国的科研实力以及参与国际公共事件的能力相关，并不与爆发地相关，这也体现了埃博拉病毒病疫苗研发作为全球公共卫生安全事件的特殊之处。我国专利申请占比 14%，与欧洲并列第二，体现了我国参与国际事件的积极性和技术实力。军科院、中科院、清华大学等重量

❶ 注：巴伐利亚北欧：BAVARIAN NORDIC AS；再生元制药公司：REGENERON PHARMACEUTICALS INC；儿童医院医疗中心：CHILDREN'S HOSPITAL MEDICAL CENTER；詹森疫苗预防：JANSSEN VACCINES PREVENTION B V；S. 巴瓦利：BAVARI SINA（美国陆军传染病医学研究所首席科学官）。

级申请人以其各自的技术优势，从单克隆抗体、病毒载体疫苗、病毒颗粒等技术领域出发，鼎力铸强防范埃博拉病毒的国家生物安全之盾。

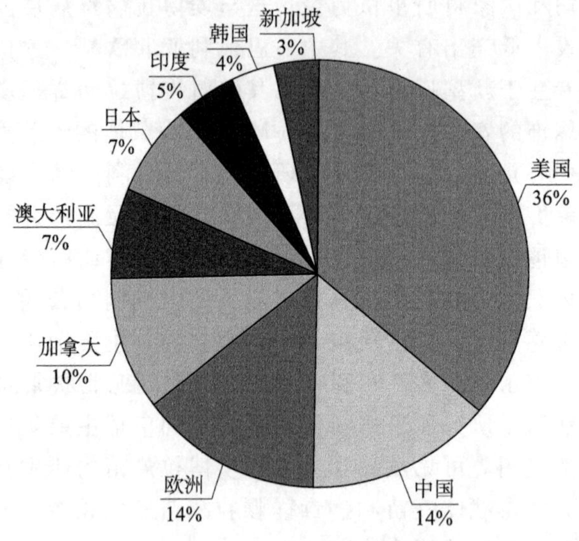

图 25－3　埃博拉病毒病疫苗申请人区域分布

➢ 全球埃博拉病毒病疫苗主要专利技术及临床进展

从美国卫生研究所下属美国国立医学图书馆与美国 FDA 运行的临床试验 ClinicalTrials 数据库上检索的数据来看，目前全球进入Ⅲ期临床的埃博拉病毒病疫苗有 4 种，如表 25－1 所示。

表 25－1　其他国家埃博拉病毒病疫苗的专利申请及临床进展

疫苗名称	国家	赞助商和合作者	临床试验	核心专利
GamEvac－Combi	俄罗斯	俄罗斯 Gamaleya 流行病与微生物学中心	Ⅲ期完成	WO2016159823A1 RU2578160C1
rVSVΔG－ZEBOV－GP (ERVEBO)	美国	美国默克公司	Ⅲ期完成	WO2004011488A2
Ad26－ZEBOV& MVA－BNFilo	荷兰	詹森（杨森）疫苗与预防公司	Ⅲ期完成	WO2016036955A1 WO2018185732A1
cAd3－EBOZ	美国	葛兰素史克	Ⅱ期完成	WO2011130627A2

（1）GamEvac－Combi

GamEvac－Combi 是俄罗斯 Gamaleya 国家流行病学和微生物学研究中心成功研制出的埃博拉病毒病疫苗，能够使接种者产生长期免疫力，且无严重副作用，但该疫苗需要在－20℃冷冻保存。该疫苗在 2016 年 1 月 13 日在俄罗斯获批上市，是全球首个被获批上市的埃博拉病毒病疫苗。其核心专利于 2015 年 3 月 31 日在俄罗斯联邦知识产权局申请，公开号为 RU2578160C1，该专利涉及一种免疫生物制剂，包含插入埃博拉病毒修饰 GP 基因的人腺病毒血清型 5（Ad5）和插入埃博拉病毒修饰 GP 基因的水疱性口腔炎病毒（VSV）的免疫生物制剂，或包含两种基于水疱性口腔炎病毒（VSV）的免疫生物制剂。该专利的国际公开号为 WO2016159823A1。

（2）rVSVΔG－ZEBOV－GP

rVSVΔG－ZEBOV－GP 是最初由加拿大公共卫生局国家微生物实验室研制的埃博拉病毒病疫苗，后授权给美国默克公司。该疫苗于 2019 年底，在欧洲和美国分别获批上市。其核心专利是最早优先权日为 2002 年 7 月 26 日的国际申请 WO2004011488A2，该专利保护一种水疱性口腔炎病毒（VSV）颗粒，包含插入 VSV 病毒基因组的外源糖蛋白，并在实施例中具体验证了将埃博拉病毒的 GP 蛋白基因插入 VSV 病毒基因组中替换掉糖蛋白基因制备的埃博拉病毒病疫苗具有良好的动物保护性，该项专利进入了欧洲、美国、加拿大、澳大利亚等国家和地区，在欧洲和美国获得授权（EP1527087B1、US8012489B2），但未进入中国。

（3）Ad26－ZEBOV& MVA－BNFilo

巴伐利亚北欧公司与詹森疫苗及预防私人有限公司研发，并授权给强生公司的疫苗 Ad26－ZEBOV& MVA－BNFilo，其核心专利为 WO2016036955A1，该专利涉及一种疫苗组合包括①包含腺病毒载体的第一组合物，所述腺病毒载体包括编码第一丝状病毒亚型抗原蛋白的核酸和载体；以及②第二组合物，其包含经修饰的安卡拉痘苗（MVA）载体，该载体包含编码至少两种丝状病毒亚型的抗原蛋白的核酸以及载体，其中一种组合物为引发组合物，另一种组合物为促进组合物。实施例记载了 Ad26－ZEBOV 和 MVA－BN－Filo 的组合具有保护效果。该专利进入了欧洲、美国、加拿大、墨西哥、澳大利亚、中国、日本、韩国，并在欧洲、美国、日本、澳大利亚获得授权（EP3188753B1、US10561721B2、JP6462861B2、AU2015311852B2）。巴伐利亚北欧公司与詹森疫苗及预防私人有限公司还在 2018 年申请了一件涉及免疫增强方案的专利 WO2018185732A1。

（4）cAd3－EBOZ

cAd3－EBOZ 是由美国国立卫生研究院（NIH）下属的国家过敏与传染病研究院与葛兰素史克联合研发的基于黑猩猩的腺病毒载体的疫苗，虽然 ClinicalTrials 尚无其Ⅲ期临床数据，但是该疫苗在Ⅱ期临床上表现出非常良好的免疫效果和安全性。其核心专利为 WO2011130627A2，涉及黑猩猩衣壳蛋白的腺病毒载体 chAd3 和 chAd63，该载体转入埃博拉病毒的 GP 蛋白基因，制备成腺病毒载体疫苗。该项专利进入美国和欧洲，并分别获得授权（US10584355B2、US9526777B2、EP2560680B1），但未进入中国。

由上可见，在全球范围内对埃博拉病毒病疫苗的研发进展较快的国家主要集中在美国、俄罗斯、加拿大、荷兰，因为该疫苗研发需要的高投入、高风险和低产出，所以该领域的研究主要由国家科研单位主导，后期大型制药企业加入的方式进行。研发方向主要包括腺病毒载体埃博拉疫苗（非复制型载体）、疱疹病毒载体埃博拉病毒病疫苗（复制型载体）等。

➢ 我国埃博拉病毒病疫苗及中和抗体专利申请现状

经检索发现，国内针对埃博拉病毒病疫苗的研究主体主要集中在隶属国家或军队的科研单位，这与埃博拉病毒的高危性有关，其中，中国人民解放军军事医学科学院（军科院）共申请了4件专利，清华大学6件，中国科学院上海巴斯德研究所2件，中国科学院武汉病毒研究所1件。

军科院针对埃博拉病毒病疫苗的相关专利申请包括CN103864904A涉及基于埃博拉病毒包膜蛋白的抗原片段、截短体；CN105483140A涉及以人复制缺陷腺病毒为载体的埃博拉病毒病疫苗；CN106868025A涉及用酵母制备了三聚体埃博拉病毒糖蛋白突变体的方法；CN107034225A涉及制备了埃博拉病毒糖蛋白与基质蛋白融合突变体。可见，军科院针对埃博拉病毒病疫苗的研究主要集中在对有效抗原的研究以及腺病毒载体疫苗的研究。除了针对埃博拉病毒病疫苗方面的研究，军科院还申请了一系列具有治疗效果的中和抗体方面的专利，如CN104829710A涉及一种抗埃博拉病毒的免疫球蛋白及其制备方法；CN111138526A、CN111138529A涉及针对埃博拉病毒糖蛋白GP2亚基的单克隆抗体；CN111138527A、CN111138530A、CN111138531A涉及针对埃博拉病毒糖蛋白GP1亚基的单克隆抗体；CN107033242A涉及人源的针对埃博拉糖蛋白GP的单克隆抗体；CN111138528A涉及针对埃博拉病毒糖蛋白聚糖帽的单克隆抗体。

清华大学针对埃博拉病毒的相关药物的专利申请主要来自清华大学医学院张林琦团队，该团队一直专注于艾滋病等人类重大病毒性传染病的致病机理及病毒与免疫系统的相互作用研究，研发抗病毒药物、抗体和疫苗。其针对埃博拉病毒药物的专利申请主要为中和抗体，包括CN105542002A涉及单克隆抗体Q206、CN105601737A涉及单克隆抗体Q411、CN105622750A涉及单克隆抗体Q314；另外还与中山大学肿瘤防治中心合作研发了3个中和埃博拉病毒的单克隆抗体，专利申请为CN111548411A、CN111574621A、CN111690056A。

中国科学院上海巴斯德研究所针对埃博拉病毒病疫苗的相关专利申请包括①病毒载体疫苗，如CN107753941A涉及基于黑猩猩腺病毒载体的埃博拉病毒病疫苗；②病毒样颗粒疫苗：CN102676461A涉及一种利用果蝇细胞生产病毒样颗粒的方法及应用。可见，中国科学院上海巴斯德研究所针对埃博拉病毒病疫苗的专利申请除了腺病毒载体疫苗，还包括病毒样颗粒疫苗，丰富了埃博拉病毒病疫苗的种类，体现了其自身独特的技术优势。另外，在埃博拉病毒病治疗药物研究方面，该研究所在治疗性抗体、小分子抑制剂、筛物模型等方面都有相关专利申请布局，技术相对全面。

中国科学院武汉病毒研究所是专业从事病毒学基础研究及相关技术创新的综合性研究机构，拥有我国唯一的生物安全最高等级（P4）生物实验室。其针对埃博拉病毒病疫苗的专利申请为：CN105441395A涉及一种表达埃博拉病毒GP蛋白的重组黄热病毒的制备方法及应用，该专利利用黄热病毒17D作为病毒骨架构建表达埃博拉病毒GP蛋白的重组病毒，为表达埃博拉病毒蛋白的重组病毒构建和疫苗研究提供了不同的方向。除了疫苗以外，武汉病毒研究所也针对抗埃博拉病毒的中和抗体以及检测用抗体、抗原进行了多项专利申请，如 CN106188286A 涉及一种中和埃博拉病毒的纳米抗体；CN108191973A 涉及一种靶向埃博拉病毒囊膜蛋白的高亲和力单域抗体；CN108342348A 涉及一种制备埃博拉病毒核蛋白抗原的基因工程菌；CN110669793A 涉及制备慢病毒颗粒包装 EBOVRNA 作为 EBOV 核酸检测阳性参考品的方法等。可见，武汉病毒研究所在埃博拉病毒检测用抗原和抗体方面专利布局较多，在埃博拉病毒病疫苗专利布局方面，独辟蹊径地使用了重组黄热病毒作为载体的技术方案，体现了其创新能力。

从上述我国创新主体的埃博拉病毒病疫苗相关专利申请的技术分析可见，我国科研主体对埃博拉病毒病疫苗的研究主要针对单克隆抗体研究和少量的病毒载体疫苗研究，技术丰富度有待进一步加强。尽管还未有上市产品出现，但这些关键技术的布局和知识产权的布局同样对铸强我国防御埃博拉病毒的安全之盾起到非常关键的作用。

➢ 国产埃博拉病毒病疫苗 Ad5－EBOV 的研发历程与核心专利布局

从图 25－4 可见，早在 2004 年军科院生物工程研究所就开始关注到了埃博拉病毒这个致死率极高的病毒。2006 年，军科院获得国家“863”计划的支持。2014 年，西非埃博拉疫情大爆发时，军科院已经对埃博拉病毒疫苗研究了 10 年，同年 12 月获得了军队特需药品临床试验批件。2015 年 1 月国家食品药品监督管理总局受理该疫苗的临床试验申请，于 2015 年 2 月颁发临床试验批件。在经历了欧美国家法律团队组成的知识产权审查关、塞拉利昂的伦理审查关和 WHO 的技术审查关的三重考验，2015 年 8 月军科院获得临床试验批件。2016 年顺利完成了Ⅰ期和Ⅱ期临床试验以及免疫持久性试验样品检测。2017 年 4 月该疫苗正式申报生产注册，同年 5 月中国食品药品检定研究院完成了疫苗的注册检验，10 月 19 日，国家食品药品监督管理总局正式批准“重组埃博拉病毒病疫苗（腺病毒载体）”的新药注册申请，同时下发新药证书和药品批准文号。[1]

从上述研发到上市的时间分布可以发现，相对于其他药物的临床及上市进程，该疫苗的审批速度大大加快。2017 年 10 月，国务院出台《关于深化审评审批制度改革鼓励药品医疗器械创新的意见》，其中除了大力改革临床试验管理政策外，在上市审评审批政策上，增加了加快临床急需药品医疗器械审评审批，特别规定了“对国家科技重大专项和国家重点研发计划支持以及由国家临床医学研究中心开展临床试验并经中心管理部门认可的新药和创新医疗器械，给予优先审评审批”。[2] 军科院成

---

[1] 超乎想象！中国埃博拉病毒病疫苗研发团队的 13 年［EB/OL］.（2017－12－07）［2020－08－24］. https：//tech. sina. com. cn/roll/2017－12－07/doc－ifypnyqi1530254. shtml.

[2] 中国政府网．中共中央办公厅 国务院办公厅印发《关于深化审评审批制度改革鼓励药品医疗器械创新的意见》［EB/OL］.［2020－08－24］. http：//www. gov. cn/zhengce/2017－10/08/content_5230105. htm.

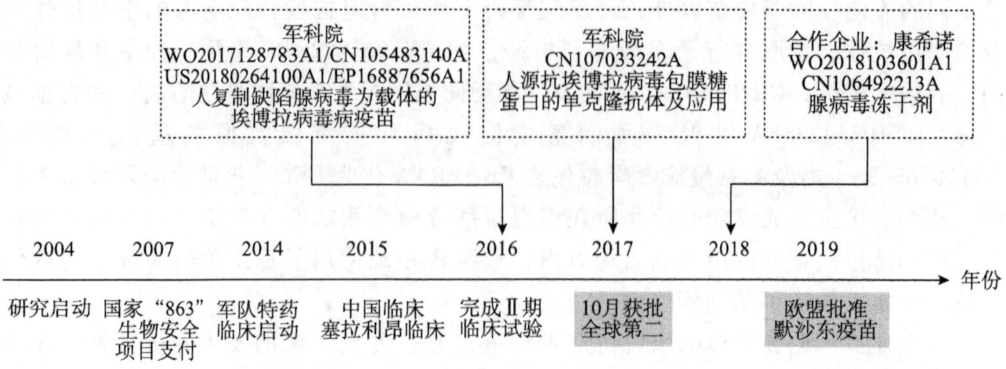

图 25－4　军科院埃博拉病毒病疫苗 Ad5－EBOV 研发到上市的重要事件时间轴

为该项政策的首批受益者。另外，为了保证疫苗的生产安全有效，军科院积极与专注于疫苗生产的康希诺生物合作，快速落实疫苗的制备生产。还联合加拿大国家微生物学实验室开展合作研究，利用其 P4 实验室进行疫苗评价。

在专利申请方面，埃博拉病毒病疫苗 Ad5－EBOV 共有 2 项相关专利，其中康希诺生物申请了一项专利（见表 25－2）。军科院申请的 CN105483140A，涉及一种以人复制缺陷腺病毒为载体的埃博拉病毒病疫苗，已于 2019 年获得授权。授权的权利要求包括经过密码子优化的埃博拉病毒 GP 蛋白的核苷酸分子；包含上述核苷酸分子的载体；表达上述核酸分子的人复制缺陷重组腺病毒；人复制缺陷重组腺病毒在制备疫苗中的应用及制备方法。该专利使用了出毒更快、高效稳定的 AdMax 腺病毒系统，负载了可以高效正确表达的经过优化的 Zaire 型埃博拉病毒 Makona 株 GP 蛋白的核苷酸分子，实现了在转染细胞中的表达水平明显增高，短时间内诱导机体产生强烈的细胞及体液免疫反应的良好技术效果。该项专利同时也提交了国际申请（WO2017128783A1），进入了美国和欧洲，公开号分别为 US20180264100A1、EP3342865A1，其中 US20180264100A1 已获得 USPTO 的授权，授权公告号为 US10172932B2，其授权范围与中国专利的授权范围一致，EP3342865A1 为 EPO 在审，从专利内容来看，专利 CN105483140A 即为 Ad5－EBOV 的核心专利。

表 25－2　陈薇院士团队及合作企业康希诺生物的专利申请概况

序号	公开号	申请日/优先权日	申请人	发明名称	法律状态
1	WO2017128783A1	2016－01－31	中国人民解放军军事医学科学院生物工程研究所	一种以人复制缺陷腺病毒为载体的埃博拉病毒病疫苗	
	CN105483140A				授权有效
	US20180264100A1				授权有效
	EP16887656A1				在审
2	CN106492213A	2016－12－05	天津康希诺生物技术有限公司	一种腺病毒冷冻干燥添加剂及腺病毒冻干剂	驳回
	WO2018103601A1				

第二项专利为康希诺生物申请的 CN106492213A，涉及一种腺病毒冷冻干燥添加

剂及其制备方法和应用；一种腺病毒冻干制剂及其制备方法。该专利针对现有技术中埃博拉病毒病疫苗需要在 -80℃条件下存储和运输，而在地处热带且冷链不健全的西非使用极为不便的技术问题对疫苗的剂型进行改进。通过特定的配方实现了重组埃博拉病毒病疫苗制品在 2 ~ 8℃条件下稳定储存 1 年的技术效果。尽管该专利申请并未获得专利权，但是该技术本身使 Ad5 - EBOV 相对于其他液体疫苗而言在高温地区的运输和使用具备一定的便利性。该技术也提交了国际申请（WO2018103601A1），目前并未进入除中国以外的其他国家和地区。

军科院生物工程研究所长期从事生物防御新型疫苗和生物新药的研究，并且非常重视知识产权的保护，自 2003 年以来已有 44 件专利申请，其中已授权专利 22 项，占总申请量的 50%。研究方向主要为流行性病毒病的预防和治疗。在长期对各种流行性病毒疫苗研发的技术积淀下，该团队在 2003 年的 SARS 疫情中，研发的预防生物新药“重组人干扰素”表现突出；在 2017 年以全球第二的速度上市了有效的埃博拉病毒病疫苗 Ad5 - EBOV。其专利布局不仅局限于国内专利申请，还进行了国际专利布局，体现该科研团队的国际视野以及走出国门的信心。正是由于该团队长期在腺病毒载体疫苗领域的深耕细作，在 2019 年爆发的新冠肺炎疫情中，军科院也是一马当先，5 个月从申请拿到专利授权，7 个月疫苗进入临床Ⅲ期，尽显中国速度。该团队能够在如此短的时间内完成新冠病毒疫苗的研发、专利审批，并进入临床Ⅲ期试验也得益于 2004 ~ 2017 年对抗埃博拉病毒病的疫苗研发、专利审批和临床审批的经验。

➢ 思考与启示

自 2014 年埃博拉病毒疫情转变为国际卫生突发事件以来，全球主要国家都以类似“军备竞赛”的紧迫性积极部署抗埃博拉病毒病疫苗的研发和产品的上市。尽管我国的抗埃博拉疫苗专利申请在申请时间和申请量上不占优势，但是以军科院生物工程研究所为代表的中国力量，凭借其长期的技术积累，以及政—企—研的通力合作，推出了拥有完全自主知识产权的抗埃博拉病毒病疫苗产品。该产品的上市，不仅体现了我国在烈性传染病疫苗领域的研发能力，更体现了我国公共卫生防控能力，对国家生物安全具有重要的战略意义。

尽管目前为止，埃博拉病毒疫情仅在非洲大陆爆发，但是作为一个人口大国，应时刻将“总体国家安全观”放在重要的位置上。在国家层面，从资金投入支持到审批政策的改革和大力配合；在国际合作方面，积极与加拿大 P4 实验室、非洲国家合作推进临床试验进展；在生产端积极与国内企业康希诺生物合作推进疫苗制剂的生产；最终促成了我国首个、全球第二个抗埃博拉病毒病疫苗的上市，具有里程碑式的战略意义。

在取得了如此重大成果的同时，我们也看到，除了军科院、中国科学院的几个研究院所以外，针对这种烈性且目前并不在国内流行的病毒病，其他单位或企业的研究非常有限，而对比美国的专利申请状况，美国默克、葛兰素史克、强生等跨国制药企业都积极参与到埃博拉病毒病疫苗的产品研发中。不仅如此，目前我国埃博拉病毒病疫苗研发主要集中在灭活疫苗、减毒疫苗和腺病毒载体疫苗，其他形式的载体疫苗、复制子疫苗、DNA 疫苗、RNA 疫苗、亚单位疫苗，病毒样颗粒、复制缺陷型病毒等类型涉足不多，反映出我国在这类疫苗的科研技术战略储备还远远不够。国家应当从战略储备的角度，在政策和资金上持续支持此类科研单位的研发工作，以进一步提高我国应对突发紧急卫生事件的能力。

（执笔：毛舒燕）

26 肠道病毒 EV71 灭活疫苗

——借助政策东风，专利开发各具特色

编者按 2008年手足口病爆发，不同规制的3家单位积极响应国家应急疫苗开发的号召，开展了手足口病灭活疫苗的研发。在促进疫苗优先上市的道路上，民营企业北京科兴展示出更为积极的姿态，通过受让股东公司的专利技术而快速切入该领域，并在后续研发中采用多面开花的策略，为疫苗上市做好全面准备；科研单位昆明所依托其上级科研单位雄厚的研发实力和深厚的疫苗开发经验，以人源细胞基质作为疫苗生产的特色，走出一条疫苗创新的新路径；武汉所汇聚多方技术力量集中攻坚，以不求多但求精的态度完成了疫苗研制。这3家单位的疫苗创制之路反映了在重大传染性疾病爆发时，不同类型的创新主体勇于迎难而上，多效并举推进新药创制的不同思路。这对于当前新冠肺炎疫情背景下，各类企事业单位参与新药开发具有一定借鉴意义。

EV71灭活疫苗是针对手足病的主要病原体肠道病毒71型制备的病毒灭活疫苗，用于保护6个月至5岁的婴幼儿免于手足口病的风险。截至2016年底，有3家机构提供的EV71灭活疫苗通过了药监部门审批，获得了市场准入的权利，分别为中国医学科学院医学生物学研究所（以下简称“昆明所”）的宜维福、北京科兴生物制品有限公司（以下简称“北京科兴”）的益尔来福，以及武汉生物制品研究所有限责任公司（以下简称“武汉所”）的武生依维乐。

➢ EV71灭活疫苗研发、上市政策依赖程度高

手足口病（Hand, foot, and mouth disease, HFMD）是由肠道病毒引起的传染性疾病，多发于5岁以下婴幼儿。其中以柯萨奇病毒（Cox Asckievirus）16型（Cox 16）和肠道病毒71型（EV71）导致的疾病最常见。通过对全国2008～2015年HFMD实验室诊断研究发现，EV71、CV－A16和其他肠道病毒阳性比例分别为44%、25%和31%；轻症、重症和死亡病例等不同严重程度病例中EV71构成比分别为40%、74%和93%，这表明EV71是引起重症和死亡病例的最主要病因。[1]

---

[1] 中国疾病预防控制中心．肠道病毒71型灭活疫苗使用技术指南［J］．中国病毒病杂志，2016，6（4）：241－247.

EV71 为单股正链 RNA 病毒，基因组全长约 7400 个碱基，仅包含一个开放阅读框，编码的多聚蛋白经水解剪切后可产生病毒的 4 个结构蛋白（VP1 ~ VP4）。基于 VP1 区核苷酸序列的差异，可将 EV71 分为 A、B、C、D、E、F 和 G 7 个基因型，其中 A 基因型只有 1 个成员，即 EV71 的原型株——BrCr 株；B 和 C 基因型进一步分为 B0 ~ B7 和 C1 ~ C6 基因亚型。❶ EV71 在全球的流行呈现时空分布差异，其中，B 基因型和 C 基因型分布较广。自 1997 年以来，B 基因型主要分布地区包括德国、澳大利亚、日本、新加坡、马来西亚、泰国、文莱等；C 基因型主要分布地区包括美国、英国、荷兰、奥地利、德国等欧美国家，以及中国、澳大利亚、韩国、日本、马来西亚、泰国、越南等。C4 基因亚型为我国自 1997 年以来 EV71 流行的优势基因型，其又可进一步分为 C4a 和 C4b 分支。研究显示 2007 年以后，C4a 完全取代 C4b 成为引起我国较多重症和死亡 HFMD 病例的绝对优势亚型。因此，我国的 EV71 疫苗研发也是以 C4a 分支病毒株为基础的。由于该病主要爆发于东南亚地区，除我国台湾地区和新加坡外，世界上其他地区和国家对手足口病疫苗的开发缺少动力，因而此类疫苗长期处于空白状态。从而使我国疫苗开发初期，可供借鉴的经验严重不足，存在较大的研发难度。

2008 年安徽省阜阳市手足口病爆发，国家紧急启动科技支撑计划应急项目以及“十一五科技重大专项”展开对手足口病（EV71 型）疫苗的研制。昆明所、北京科兴、武汉所 3 家单位纷纷加入疫苗研发的队伍，各自分离了有效的 EV71 生产用病毒株，并围绕该病毒株灭活疫苗的生产展开研究，各具特色地完成了灭活疫苗的制备和验证工作，并在研发过程中，将研究成果形成不同方式的专利布局，为后续 3 个 HFMD 防治类新药的上市打下了坚实基础。在这 3 个新药的研发和上市过程中，国家和各级地方政府给予了诸多政策支撑和资金扶持（见图 26 - 1），这也在很大程度上促进了疫苗研究成果快速投入生产。截至 2017 年，3 家单位的 EV71 灭活疫苗作为我国具有自主知识产权的 I 类新药均已成功上市，在企业获益的同时也填补了国内民众亟需重大传染病防疫生物制品的空白（见表 26 - 1）。

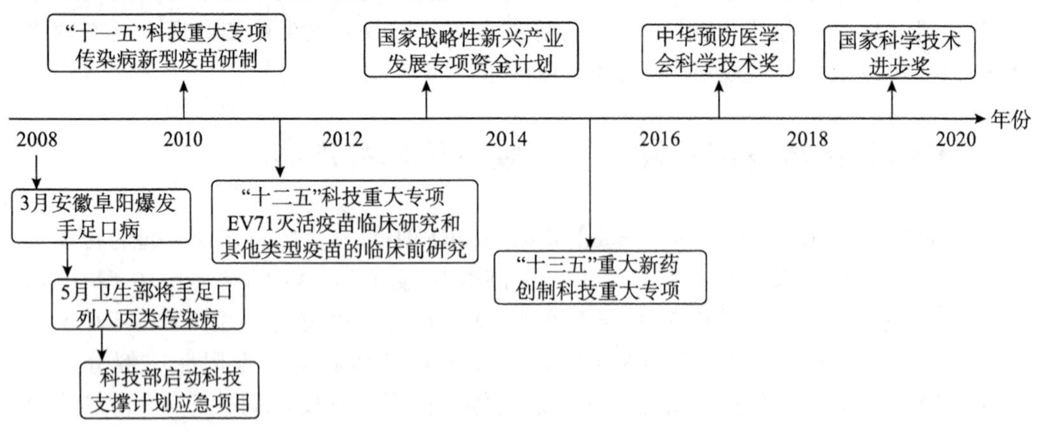

图 26 - 1　EV71 灭活疫苗研发上市相关的政策资金支持

❶ 刘志芳，桂娟娟，华启航，等. 人肠道病毒 71 型与手足口病的分子流行病学及其分子进化［J］. 遗传，2015，37（5）：426 - 435.

表 26－1　3 家 EV71 灭活疫苗药品审批信息

商品名	宜维福	益尔来福	武生依维乐
产品名称	肠道病毒 71 型灭活疫苗（人二倍体细胞）	肠道病毒 71 型灭活疫苗（Vero 细胞）	肠道病毒 71 型灭活疫苗（Vero 细胞）
英文名称	Enterovirus Type 71 Vaccine, Inactivated (Human Diploid cell)	Enterovirus Type71 Vaccine (Vero Cell), Inactivated	Enterovirus 71 Vaccine (Vero Cell), Inactivated
生产单位	中国医学科学院医学生物学研究所	北京科兴生物制品有限公司	武汉生物制品研究所有限责任公司
产品类别	生物制品	生物制品	生物制品
剂型	注射剂	注射剂	注射剂
规格	每瓶（支）0.5ml，每人次剂量为0.5ml，含肠道病毒 71 型灭活疫苗中和抗体效价不低于 3.0EU	每瓶（支）0.5ml，每人次剂量为0.5ml，含肠道病毒 71 型灭活疫苗中和抗体效价不低于 3.0EU	每瓶 0.5ml，每人次用剂量为 0.5ml，含肠道病毒 71 型灭活疫苗效价不低于 3.0EU
批准文号	国药准字 S20150016	国药准字 S20150017	国药准字 S20160008
批准日期	2015－12－03	2015－12－30	2016－12－13

注：相关信息来源于国家药品监督管理局。

2020 年，在新冠病毒肺炎疫情爆发伊始，科技部就开展了“公共安全风险防控与应急技术装备”重点专项“2019－nCoV 灭活疫苗”项目的紧急立项，多部委联合给予疫苗研发各项支持。对于疫苗研发方面，国家知识产权局、国家市场监督管理总局、国家药品监督管理局联合发布了支持复工复产十条，其中包括建立行政许可应急绿色通道，对涉及防治新冠肺炎的专利申请、商标注册，依请求予以优先审查办理。支持企业开展知识产权质押融资，建立知识产权质押登记绿色通道，支持企业快速融资和续贷，缓解资金困难。对疫情防控所需药品的注册申请，在确保安全性和有效性的基础上，加快审评审批。❶ 这些政策无疑为新一轮疫苗的研发和项目申报提供了指引。笔者通过回顾 3 项 EV71 灭活疫苗重大新药的创制过程，分析其在专利技术布局上的思路和上市途径，以期为疫苗研发行业的参与者提供借鉴和参考。

➢　EV71 疫苗专利申请反映国家政策导向，药品上市专利先行

在 Incopat 数据库中，对手足口病疫苗全球和我国国内的专利申请进行了检索和分析，检索截止时间为 2020 年 10 月 15 日。如图 26－2 所示，手足口病疫苗主题在全球的专利申请量与我国专利申请量大致相仿，这表明我国申请人是该领域的研发

---

❶　国家市场监督管理总局．市场监管总局 国家药监局 国家知识产权局支持复工复产十条［EB/OL］．(2020－02－15)［2020－02－19］．http：//gkml. samr. gov. cn/nsjg/zhghs/202002/t20200215_311667. html.

主力，并且从一定程度上而言，我国科研人员对手足口病疫苗的研发状态处于世界较为领先的地位。从历年申请量趋势上看，总体而言，该领域的专利申请量呈波浪形变化，特别是在2008年之后申请量有了显著提升。其中全球最早的专利申请出现于2000年，其申请人是HEIKKI H，申请的主题是一种预防Ⅰ型糖尿病和非脊髓灰质炎肠病毒的口服脊髓灰质炎疫苗（WO0100236A1）。我国国内该主题最早的专利申请出现于2002年，其申请人是中国台湾的“中央研究院”，该专利申请的主题涉及一种适用于制备EV71型肠病毒疫苗的病毒株。随后，在2008年我国出现了该领域的第二件专利申请，即昆明所提交的EV71疫苗株的分离（CN101402944A）。从2009～2013年，该领域的专利申请量出现先增长后平缓的变化，在经历了2014年申请量的短暂下降之后，2015年恢复到下降前水平并在2016年有了小幅度攀升，但在2017～2018年又出现了一个快速降低的过程，此后，2019年的专利申请量又恢复到2015年的水平。这种申请量的变化一定程度上反映了国家政策导向和资金扶持对科技创新的驱动力。

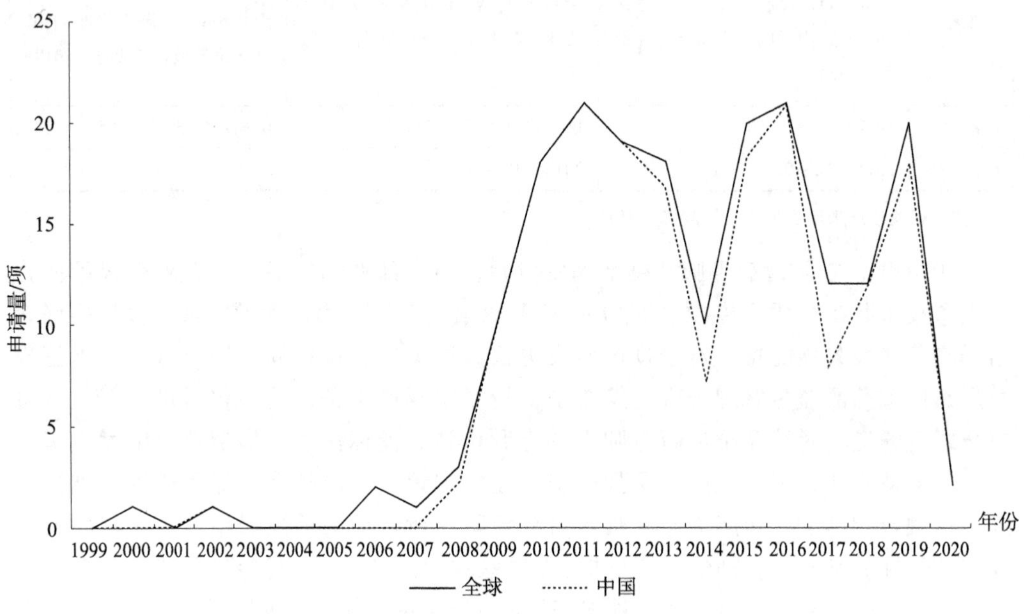

图26－2　手足口病疫苗全球和中国专利申请趋势

对该领域内我国排名前十的专利申请人分析可知（见图26－3），上述3家EV71灭活疫苗重大新药的生产者均位列其中。其中，北京科兴主要通过自行或以其子公司（北京科兴中维生物技术有限公司）的名义进行专利申请，以及通过专利受让方式拥有的手足口病疫苗相关专利申请最多，为17项。申请量排名第二的申请人是中国科学院上海巴斯德研究所，其拥有手足口病疫苗相关的专利申请10件。昆明所与军事医学科学院微生物流行病研究所的专利申请量并列第三，均为7项。武汉病毒研究所的专利申请量位于申请人前十名的最后一名，与北京民海生物科技有限公司、财团法人卫生研究院、东莞市儿童医院并列，总申请量为4件。该申请量排名在一定程度上表明，北京科兴在专利申请布局方面更加积极。

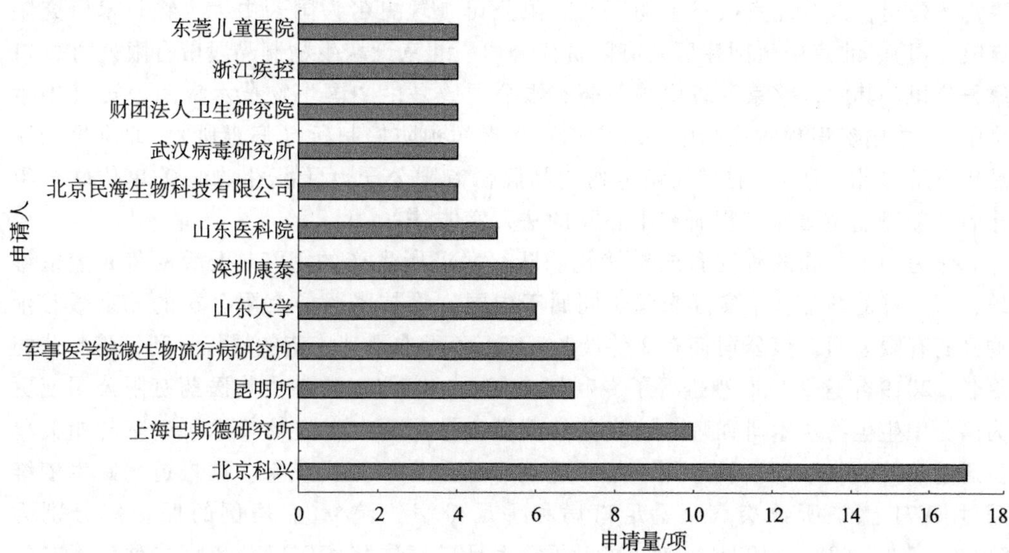

图 26－3　手足口病疫苗专利申请人前十位排名

➢ 科研单位与高新技术企业在疫苗开发方面各具优势

昆明所是我国进行疫苗生产的传统科研单位，是我国儿童所需接种Ⅰ类疫苗中口服脊髓灰质炎减毒疫苗和甲型肝炎疫苗的主要生产基地。

昆明所自 2008 年开始 EV71 灭活疫苗的研发，在对 EV71 病原生物学特性及其感染机理的研究基础上，从病毒分离着手，全面研究了 EV71 在人二倍体细胞上的适应传代以及免疫原性、安全性及遗传学特性。通过上万例受试者的临床试验结果显示，该疫苗安全性较好，对 EV71 引起的手足口病的保护率可达 97.3%。[1]

北京科兴曾推出了我国第一支甲型肝炎灭活疫苗孩尔来福，第一支甲型乙型肝炎联合疫苗倍尔来福，首支不含防腐剂的流感病毒裂解疫苗安尔来福，全球第一支甲型 H1N1 流感疫苗盼尔来福以及肠道病毒 71 型灭活疫苗益尔来福。2003～2004 年，与中国医学科学院医学实验动物研究所、中国疾病预防控制中心病毒病预防控制所共同承担国家“863”计划——“SARS 灭活疫苗的研制”项目，研制出全球第一支 SARS 病毒灭活疫苗（完成Ⅰ期临床研究）。自 2008 年以来，北京科兴组织科研力量对 EV71 病毒灭活疫苗研究投入，在中国疾病预防控制中心及中国药品生物制品检定所的协助下，在疫苗用毒种的选育、疫苗生产检定工艺研究及疫苗评价动物模型等关键技术方面取得了成功。

武汉所创建于 1950 年，现隶属于中国医药集团有限公司旗下的中国生物技术股

---

[1] 刘志学．我国率先研发的手足口病疫苗即将上市［J］．中国医药导报，2015，12（36）：170－171.

份有限公司。中国生物技术股份有限公司下辖北京、武汉等6个生物制品研究所有限责任公司，以及北京微谷生物医药有限公司（现更名为国药中生生物技术研究院有限公司）、北京中生国建医药有限责任公司、北京天坛生物制品股份有限公司等11家子公司。其中，北京微谷生物医药有限公司曾是由中国生物技术集团公司（中生集团）、中国疾病预防控制中心（CDC）病毒病预防控制所（病毒所）、北京生物制品研究所（北生所）、北京天坛生物制品股份有限公司（天坛生物）等单位联合组建的“新型疫苗国家工程研究中心”的法人实体。[1]

作为一个共同的研发和成果转化团队，武汉所生产的EV71灭活疫苗武生依维乐，所依赖的核心技术实际来源于同属于中国生物技术股份有限公司的北京微谷生物医药有限公司。该公司拥有2件涉及EV71病毒株及其疫苗的授权专利，随着公司更名，2019年这2件专利进行了专利权人变更，由北京微谷生物医药有限公司变更为国药中生生物技术研究院。该疫苗的面世，是国药中生生物技术研究院与相关单位通过“产、学、研、检、用、管”密切合作取得的重要成果。据报道，武生依维乐对EV71感染所致疾病、手足口病和手足口病住院/重症病例的保护率分别为81.85%、90.93%、100%，对EV71所致手足口病住院病例以及免疫接种后第二年对EV71所致手足口病保护率均高达100%。[2]

➢ EV71灭活疫苗市场销售呈三足鼎立态势

截至2019年12月底，我国EV71疫苗市场呈现北京科兴、武汉所、昆明所三足鼎立态势。其中，北京科兴与昆明所的EV71疫苗于2016年上市，武汉所疫苗于2017年上市。据国家药品监督管理局的公开数据显示，目前市场上的EV71疫苗均为本土产品，即由北京科兴、武汉所、昆明所掌握。

从3家单位自2016年以来签发疫苗数量看，2016年我国EV71疫苗批签发量共875万支，北京科兴与昆明所批签发量旗鼓相当，均超过400万批；2017年我国EV71疫苗批签发量共1492万支，昆明所的市场份额较上年有较大增幅，其批签发量增幅近一倍，而北京科兴批签发份额则压缩了近四成；新加入的武汉所，其批签发量达到414万。2018年我国EV71疫苗批签发量有了大幅提升，共计3005万支。其中，北京科兴全年疫苗批签发量接近1400万支，昆明所的批签放量将近1200万支，而武汉所批签发量与上一年相差不大。2019年我国EV71疫苗批签发量共1885万支，其中昆明所、武汉所和北京科兴分别占51.13%、28.75%和20.12%。纵观这几年的数据可以看出，抛开产能限制和公司经营状况的影响因素外，最早进行专利布局的昆明所和拥有最多专利权的北京科兴，在上市进程中更易率先抢占市场。

---

[1] 新型疫苗国家工程研究中心（北京微谷生物医药有限公司）成立［J］. 中华微生物学和免疫学杂志，2005，25（10）：818.

[2] 李秀玲，鲁卫卫，张中洋，等. 肠道病毒71型灭活疫苗（Vero细胞）的研制策略［J］. 中国病毒病杂志，2018，8（6）：445－450.

➢ 3 种 EV71 灭活疫苗专利开发各具特色

为探索 3 家疫苗创制单位在技术开发方面各自的特点，进一步获取了昆明所、北京科兴和武汉所 3 家单位的发明专利申请，如表 26－2～表 26－4 所示。并分别对 3 家单位专利申请年份分布（见图 26－4）和主题类型分布（见图 26－5）进行了分析。

表 26－2　昆明所手足口病疫苗相关专利申请

序号	公开号	申请日	涉及主题	申请人/专利权人	法律状态
1	CN101402944B	2008－11－17	保藏编号为 CGMCC No. 2701 的 EV－71 灭活疫苗的毒种；人用 EV－71 灭活疫苗，采用 KMB－17 细胞制备	中国医学科学院医学生物学研究所	授权有效
2	CN101655495B	2009－09－15	ELISA 检测 EV71 病毒检测	中国医学科学院医学生物学研究所	授权有效
3	CN106220738A	2016－07－31	肠道病毒 EV71 中和抗原表位与人诺如病毒 P 结构域嵌合蛋白	中国医学科学院医学生物学研究所	在审未决
4	CN108853490A	2018－06－25	包含灭活的 EV71 抗原、灭活的 CA16 抗原和灭活的 HAV 抗原的联合疫苗	中国医学科学院医学生物学研究所	在审未决
5	CN109536460A	2018－12－07	保藏号为 CGMCC No. 16218 的柯萨奇病毒 A 组 10 型病毒毒种及其灭活疫苗	中国医学科学院医学生物学研究所	在审未决
6	CN109609467A	2018－12－07	保藏号为 CGMCC No. 16217 柯萨奇病毒 A 组 6 型病毒毒种及其灭活疫苗	中国医学科学院医学生物学研究所	在审未决
7	CN109602899A	2018－11－01	一种增强病毒抗原免疫原性的皮内注射技术及在手足口病疫苗研究中的应用，所述人用二价手足口病疫苗由肠道病毒 71 型和柯萨奇病毒 A 组 16 型制备得到	中国医学科学院医学生物学研究所；艾美康淮生物制药（江苏）有限公司	在审未决

表 26-3　北京科兴手足口病疫苗相关专利申请

序号	公开号	申请日	涉及主题	申请人/专利权人	法律状态	同族
1	CN101575593B	2009-06-03	EV71 的 B 型和 C 型以及 Cox-A16 保藏病毒株，其 CGMCC No. 分别为：3061、3062、3063，其可在 Vero 和人胚肺二倍体细胞上生产灭活疫苗	唐山怡安生物工程有限公司/北京科兴生物制品有限公司	授权有效	WO2010139193A1
2	CN101609097B	2009-04-29	针对 EV71A、B、C 型 EV71 的广谱中和抗体 HD6，其由保藏号为 CGMCC No. 2937 的杂交瘤细胞产生，及其制备的 ELISA 试剂盒	唐山怡安生物工程有限公司/北京科兴生物制品有限公司	授权有效	无
3	CN101717754B	2009-12-30	EV71C4 基因型的保藏号为 CGMCC No. 3544 的病毒株、疫苗，具有滴度稳定、免疫原性强、免疫剂量小的特点；以病毒株为免疫原制备抗体或杂交瘤细胞或抗血清的方法和制备的抗血清	北京科兴生物制品有限公司	授权有效	无
4	CN102210858B	2011-05-18	肠道病毒 71 型与甲型肝炎联合疫苗，该联合疫苗还包括铝佐剂；肠道病毒 71 型灭活病毒的抗原含量为 25～1600U/ml；灭活甲型肝炎病毒的抗原含量为 25～2000u/ml	北京科兴生物制品有限公司	授权有效	无
5	CN102409028B	2011-11-03	保藏号为 CGMCC No. 5330 的 EV71 病毒单克隆抗体杂交瘤细胞株，其能分泌中和 EV71 病毒 A、B、C 三种基因型的可特异性结合 EV71 病毒的单克隆抗体 A9	北京科兴生物制品有限公司	授权有效	无
6	CN103387958B	2013-08-16	人胚肺成纤维细胞 SV-7，其保藏编号为 CGMCC No. 6956，其可用于 EV71 等病毒的培养	北京科兴中维生物技术有限公司	授权有效	无
7	CN103386126B	2013-06-25	多价免疫原性组合物，其含有：灭活的 EV71 抗原和/或灭活的 CA16 抗原；灭活的脊髓灰质炎病毒抗原	北京科兴生物制品有限公司	授权有效	无

续表

序号	公开号	申请日	涉及主题	申请人/专利权人	法律状态	同族
8	CN103394082B	2013-06-25	主要在于包含灭活的甲肝抗原和灭活的脊髓灰质炎病毒的免疫原性组合物，其中进一步包含 EV71 疫苗	北京科兴生物制品有限公司	授权有效	无
9	CN103834617B	2012-11-20	保藏号为 CGMCC No. 6601 的人肠道病毒 71 型 C4 亚型致死病毒株 SD095 及其制备的疫苗；病毒株 SD095 制备的抗体、抗体的诊断试剂盒	北京科兴生物制品有限公司	授权有效	无
10	CN103830748B	2012-11-23	灭活疫苗中 CA16 抗原免疫原性的检测方法，将含 CA16 抗原的灭活疫苗免疫大鼠，通过测定大鼠血清的中和抗体效价来检测 CA16 病毒灭活疫苗免疫原性	北京科兴生物制品有限公司	授权有效	无
11	CN105963692A	2016-06-23	含有灭活的 EV71 抗原、灭活的 CA16 抗原和灭活的 CA10 抗原，以及通过人二倍体细胞培养的病毒	北京科兴生物制品有限公司	在审未决	无
12	CN105999256A	2016-06-23	含有灭活的 EV71 抗原、灭活的 CA16 抗原和灭活的 CB3 抗原，采用人二倍体细胞基质培养病毒	北京科兴生物制品有限公司	在审未决	无
13	CN106075423A	2016-06-23	灭活的保藏号为 CGMCC No. 3544 的 EV71 病毒株、保藏号为 CGMCC No. 5371 的 CA16 病毒株和保藏号为 CGMCC No. 12294 的 CA6 病毒株的疫苗；采用人二倍体细胞基质培养病毒抗原	北京科兴生物制品有限公司	在审未决	无
14	CN110938141A	2019-12-27	一种能与柯萨奇病毒 A6 型空心病毒反应的单克隆抗体；其可用于检测 CA6 病毒或诊断手足口	北京科兴生物制品有限公司	在审未决	无
15	CN110938140A	2019-12-27	一种能与柯萨奇病毒 A10 型空心病毒反应的单克隆抗体及检测试剂盒	北京科兴生物制品有限公司	在审未决	无

续表

序号	公开号	申请日	涉及主题	申请人/专利权人	法律状态	同族
16	CN110981955A	2019-12-27	一种能与柯萨奇病毒A10型空心病毒反应的单克隆抗体及检测试剂盒	北京科兴生物制品有限公司	在审未决	无
17	CN111018971A	2019-12-27	一种能与柯萨奇病毒A6型空心病毒反应的单克隆抗体；所述抗体可用于检测CA6病毒或诊断手足口	北京科兴生物制品有限公司	在审未决	无

表26-4　武汉病毒研究所手足口病疫苗相关专利申请

序号	公开号	申请日	涉及主题	申请人/专利权人	法律状态
1	CN103160474B	2011-12-14	保藏号为EV71疫苗的毒株，含有该灭活毒株的疫苗，毒株或疫苗的制药用途；以及动物模型的制备方法	北京微谷生物医药有限公司/国药中生生物技术研究院有限公司	有效；2019-08-20变更专利权人
2	CN103160475B	2011-12-14	保藏号为CGMCC No.5540 EV71疫苗的毒株，含有该灭活毒株的疫苗，毒株或疫苗的制药用途；以及动物模型的制备方法	北京微谷生物医药有限公司/国药中生生物技术研究院有限公司	有效；2019-08-16变更专利权人
3	CN104099301B	2013-04-03	提供了柯萨奇病毒A16型病毒株，及其用于制备疫苗的方法和用途	北京微谷生物医药有限公司；北京生物制品研究所有限责任公司	授权有效
4	CN111411086A	2020-02-17	一种能够有效感染大日龄幼鼠的柯萨奇A组5型病毒株，可用于评价治疗手足口病疫苗的保护效果	武汉生物制品研究所有限责任公司	在审未决

结合上表26-2~表26-4以及图26-4可知，昆明所虽然进行专利申请最早，但其布局思路呈单一线性展开，且与科研思路相一致，2008年开始EV71疫苗生产毒株的分离和疫苗制备，随后进行了EV71病毒株的检测验证、EV71病毒结构分析，至2018年开始手足口病多联疫苗的开发和疫苗接种途径的改进。与此相反，北京科兴虽然未能抢占专利申请的先机，但多元化布局思路明显，其研发基础来源于股东之一的唐山怡安生物工程有限公司的两件涉及手足口病病毒株和抗体的专利申请，北京科兴通过专利权受让方式获得了其专利申请权；随后2011年即开始布局EV71联合疫苗，并持续开发了多株新的手足口病病毒株，以及围绕手足口病病毒检测抗体进行了试剂盒等专利申请。此外，北京科兴还分离了疫苗生产用人二倍体细胞，

并以其为疫苗基质研制了具有广谱手足口病防治效果的联合疫苗。与这两家情况不同，武汉所在疫苗创制过程中，其自身并未申请太多专利。其疫苗产品的核心专利来源于 2011 年以北京微谷生物医药有限公司为申请人申请的两件涉及 EV71 病毒株的专利。

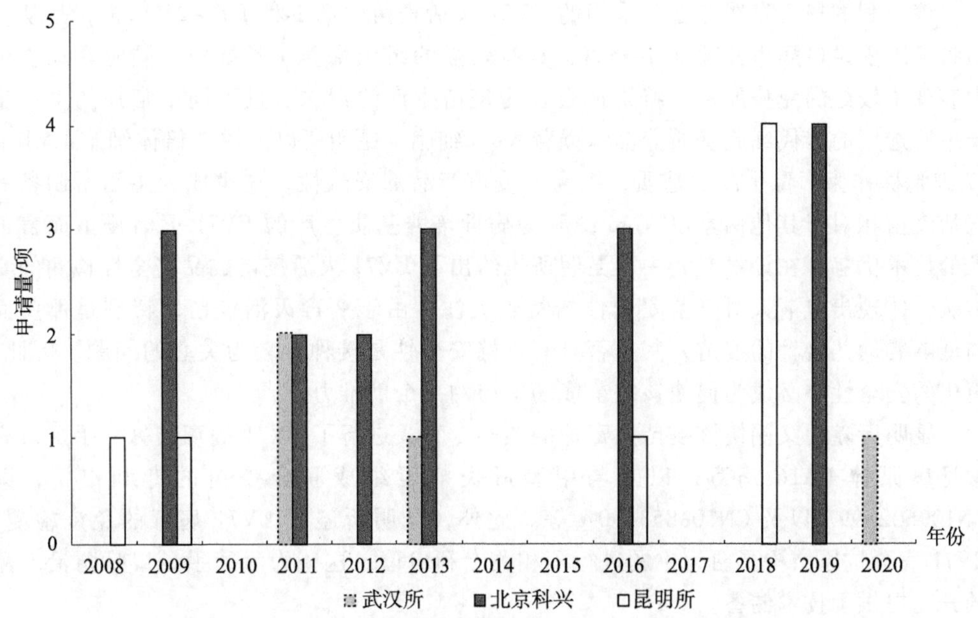

图 26－4　手足口病疫苗 3 位申请人专利申请量年份分布

除申请量存在差异外，3 家 EV71 灭活疫苗的创制者在所申请的专利类型上也有不同的考虑。如图 26－5 所示，与北京科兴和昆明所不同，武汉所的专利申请主题类型也相对单一，除病毒株本身外，其未进行任何 EV71 病毒株的外围专利申请。

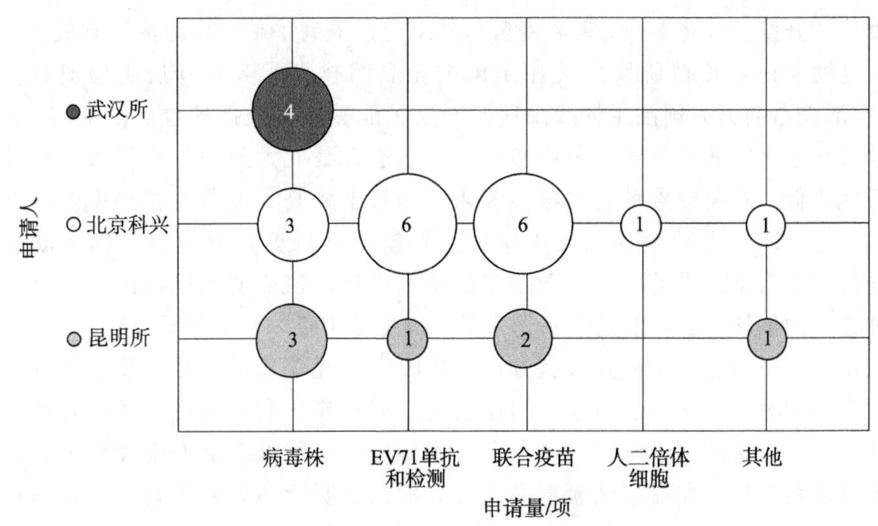

图 26－5　手足口病疫苗 3 位申请人专利申请主题分布

注：图中数字表示申请量，单位为项。

（1）昆明所：人源二倍体细胞培养毒株，在疫苗安全性上独树一帜

昆明所的核心专利为CN101402944B，该专利于2010年12月22日获得授权。其授权的权利要求书中保护了用于制备灭活疫苗且已在中国普通微生物菌种保藏管理中心（CGMCC）保藏的EV71病毒株，以及由其制备的人用EV71灭活疫苗。

该专利的核心发明点在于采用的EV71灭活疫苗生产毒种FY-23病毒，是从安徽省阜阳手足口病患儿唾液中分离，具有较强的组织培养生长能力，同时在动物体内表现了较好的免疫原性，特别适合作为疫苗生产的毒株。且不同于常规的疫苗生产中所选用的传代细胞基质非洲绿猴肾Vero细胞，昆明所以人源二倍体细胞KMB-17细胞株作为病毒生产的基质，提高了疫苗产品的安全性，这也成为昆明所制备的灭活疫苗相对于其他两家以Vero细胞为病毒培养基质生产的EV71灭活疫苗而言最大的技术优势。在该篇专利中，昆明所也给出了EV71灭活疫苗成品安全性检测的实施例，体现出申请人对疫苗安全性的特别关注。由于病毒灭活疫苗，特别是那些面向低龄婴幼儿接种的疫苗，其是否具有良好安全性是接种者较为关心的问题。因此，更优的安全性势必成为促使该疫苗成功上市的一个助推力。

昆明所随后又围绕该疫苗病毒株的核心专利，进行了EV71病毒与另一手足口病常见病原体CA16病毒，以及与甲型肝炎病毒组成联合疫苗的专利申请，即CN109602899A以及CN108853490A等。此外，昆明所还以EV71病毒的免疫检测，EV71病毒抗原结构蛋白为主题进行了相关专利申请，这些为后续手足口病防治产品的开发提供了技术储备。

由此可以看出，在手足口病灭活疫苗创制过程中，从疫苗生产细胞基质的选择到疫苗检测试验的设计，昆明所都以疫苗安全性为优先考虑要素，稳扎稳打地开展工作。在手足口病疫苗专利布局方面，其也采用了技术研发与专利保护同时进行的思路：在研发伊始就将疫苗制备最核心的部分，即手足口病疫苗生产毒株和其制备疫苗的产品与方法申请了专利保护。此后，再针对手足口病的其他病原体CA16进行灭活疫苗的开发，并将EV71灭活疫苗与其组合以提高手足口病防治的有效性。与此同时，昆明所还在疫苗研发中关注了同类竞品的技术优势并开展类似研究。例如EV71灭活疫苗的另一创制主体武汉所，开发了能提供两个接种位点的EV71灭活疫苗，除可在常规的儿童上臂三角肌接种外，还能在婴儿大腿前外侧接种。这种新的接种方式降低了对免疫接种者的年龄要求，间接上提高了疫苗的接种率。或许是基于类似考虑，2018年昆明所与艾美康淮生物制药（江苏）有限公司作为联合申请人，进行了皮内接种手足口病联合疫苗的专利申请，该申请也反映出对手足口病疫苗接种方式的创新，很可能是新一轮手足口病疫苗市场争夺的突破口。

在疫苗上市所需临床试验数据方面，2010年，昆明所的手足口病疫苗发明专利获得授权的同时，也获得了药监部门颁发的开展临床研究的批件，随后其便马不停蹄地开展了Ⅰ~Ⅲ期临床研究。与专利申请所反映出的以疫苗安全性作为主要考虑因素的情况相一致，在临床试验模型选择方面，昆明所还利用了其在灵长动物模型研究方面的优势，建立了基于婴猴的动物模型以评价EV71灭活疫苗的安全性和有效性。由于婴猴模型相对于其他动物模型而言，与该疫苗所要接种的人类婴孩更为接

近，故以该模型对疫苗进行试验验证的准确性更高，这也为昆明所上市前所需临床试验的快速、顺利完成奠定了基础。2012 年Ⅲ期临床试验结果显示，昆明所研发的 EV71 灭活疫苗对 EV71 导致的手足口病有 97.3% 的保护率。[1] 2015 年 5 月，昆明所通过了药品注册生产和药品 GMP 认证现场检验；同年 12 月获得新药证书和药品注册批件。2016 年 3 月 15 日，其生产的首批疫苗获批签发合格报告，从而成为全球首个上市的肠道病毒 71 型灭活疫苗。

（2）北京科兴：多元化专利布局，提前占据手足口病疫苗蓝海

北京科兴的手足口病灭活疫苗专利技术来源于其技术入股的股东公司唐山怡安生物工程有限公司涉及 EV71 病毒株及其抗体的两件专利，即 CN101575593B 和 CN101609097B。上述专利的发明人之一也是北京科兴的总经理。

这两件专利的授权权利要求书中涵盖了对保藏的 EV71 病毒株、CoxA16 病毒株和毒株制备的手足口病灭活疫苗、以毒株为抗原制备的抗血清或抗体、抗体或抗血清制备的药剂，以及包含 EV71 中和抗体的试剂盒等多种不同的主题的专利保护。北京科兴通过专利权受让的方式获得了上述专利的专利权，从而迅速切入手足口病疫苗领域。此后，这种多角度、多主题类型专利申请的思路也在北京科兴的专利申请策略中得到延续。

北京科兴此后便开始以自己的名义围绕进一步开发的 EV71 病毒株，进行了多株 EV71 毒株的专利申请，包括涉及 EV71 B 型和 C 型病毒株的 CN101575593A；涉及 EV71C4 基因型病毒株的 CN101717754A；以及涉及 EV71 型 C4 亚型致死病毒株 SD095 的 CN103834617A。这些型别不同的毒株，为开发新的灭活疫苗奠定了基础。

在灭活疫苗生产方面，北京科兴的 EV71 灭活疫苗是以 Vero 细胞作为病毒生产基质的，该细胞具有生产快速、易培养的特点，也是常见的大规模灭活病毒疫苗生产用细胞。或许是考虑到竞争者（昆明所）在疫苗安全性方面的优势，和/或为疫苗产品改进作好准备，北京科兴采取了类似的技术改进。其分离了新的人源二倍体细胞系，将其保藏后进行专利申请并获得授权。从授权专利权利要求书中可知，该属于人源二倍体细胞的人胚肺成纤维细胞作为病毒培养细胞基质的用途，涵盖了包括 EV71 在内多种病毒的培养。进一步，以拥有自主知识产权的人源二倍体细胞为基础，北京科兴又进一步申请了手足口病病毒抗原多联疫苗产品和制备方法的专利，从而实现了维护人源二倍体细胞专利权的同时也拓展了手足病疫苗产品的类型。这种不同专利技术内容之间交叉引用的方式，为其核心技术提供了多元化的专利保护。针对潜在的行业竞争进行适度跟仿，以避免自身技术上空白，为北京科兴在手足口疫苗市场上迅速崛起和壮大奠定了基础。北京科兴还针对手足口病另一主要病原体柯萨奇病毒毒株和检测抗体进行了一定量的专利布局，从而相对于其他两家疫苗创制机构而言，更大程度上弥补了该病原体所导致手足口病防治领域的空白。

临床研究方面，北京科兴在 2009 年进行专利申请的同时就开始了临床前研究。其于 2010 年正式启动Ⅰ期临床研究，2012 年开始Ⅲ期临床试验，并在 2015 年底与昆明所

[1] 刘志学．我国率先研发的手足口病疫苗即将上市［J］．中国医药导报，2015，12（36）：170－171.

几乎同时拿到新药证书和注册批件，2016 年获得药品 GMP 认证证书后开始投入生产，使得其疫苗产品益尔来福走入市场的道路格外顺畅。北京科兴凭借获得批件时间早和生产体量大的优势，最终在疫苗销售的市场份额方面也取得了不俗的表现。

（3）武汉所：将专利申请后置于临床，实现专利保护期的有效延长

武汉所开始手足口病灭活疫苗的研发并不晚，自 2008 年开始，原属于国药中生生物技术研究院的以沈心亮、李秀玲研究员为核心的研发团队就开始了疫苗相关的临床前研究，并在 2010 年 12 月 23 日获得了国家食品药品监督管理局颁发的 EV71 疫苗临床研究批件。但直到 2011 年，该研究团队才将疫苗研发的成果，以北京微谷生物医药有限公司的名义进行了专利申请，即涉及两株 EV71 保藏病毒株的专利 CN103160474B 和 CN103160475B。

从上述两件专利授权的权利要求书可以看出，其对 EV71 病毒株、所制备的手足口病药物或疫苗，以及疫苗的制备方法、以病毒株作为抗原制备抗体的方法、获得的抗体或抗血清，以所述病毒株感染小鼠建立评价肠道病毒 71 型疫苗效果模型均要求了专利保护。这两件专利的说明书中也提供了较为翔实的实验数据，涵盖了 Vero 细胞传代的体外实验、乳鼠体内攻毒实验等，并且在说明书中关于疫苗的积极效果方面记载了"所生产的疫苗均符合《中国药典 2010 年版》的有关要求，并且具有有效的免疫活性和攻毒保护能力"。由此可以看出，武汉所在专利申请方面的策略重在精而不在多，将早期临床前实验筛选出的适宜疫苗开发的有价值的病毒株申请专利，使得专利保护有的放矢，既节省了后续的专利权维持的成本，也使得专利保护的时间有效延长。

这两件专利申请作为武汉所上市产品武生依维乐的核心专利，在 2019 年进行了专利权人变更，由北京微谷生物医药有限公司变更为国药中生生物技术研究院有限公司，这才使得武汉所的 EV71 灭活疫苗产品武生依维乐背后的核心技术明朗化。2013 年，北京微谷生物医药有限公司又进行了 CAX16 毒株的专利申请，但直至目前尚未查询到该专利申请权的变更，也尚无相关产品投入市场。2020 年，武汉所自行申请了涉及 CAXA 型毒株的专利申请，这或许从一定程度上能说明武汉所的技术研发开始由依赖于集团内部转向自主创新。

临床方面，武汉所在 2010 年 12 月专利申请前就获得了临床试验批件，2013 年 3 月结束了疫苗的Ⅲ期临床实验，在实验开展中，研究人员将疫苗保护性研究与疫苗的一致性评价相结合，证实了疫苗的安全性、免疫原性。随后在药品注册申报阶段进入审评绿色通道，2016 年 12 月新药获批上市，2017 年 5 月正式上市销售。由于武汉所研发的 EV71 灭活疫苗也是以 Vero 细胞作为培养基质进行的病毒生产，因此在技术上与北京科兴的疫苗形成竞争，两者在市场上也成为同类竞品，这也对后上市的武汉所来说是个不利的因素。拓展海外销售渠道是武汉所针对该问题谋求的出路。2019 年 5 月，武汉所、中国国际医药卫生有限公司与韩国 Boran Pharma 公司签署 EV71 疫苗经销协议，使依维乐从国内进军国际市场。[1]

---

[1] 国药中生武汉公司、国药国际与韩国 Boran Pharma 公司签署 EV71 疫苗经销协议［EB/OL］.（2019－05－23）［2020－02－20］. http：//gzw. hubei. gov. cn/fbjd/gzdt/fz/201911/t20191120_1328577. shtml.

➢ 思考与启示

昆明所、北京科兴以及武汉所在国内重大传染病爆发之时，临危受命，潜心钻研，在手足口病疫苗历史上开创出辉煌的篇章。国家“重大新药创制”专项在很大程度上对这些研发主体提供了发展平台，使其自主创新和研发生产的道路走得顺畅。然而，医药创新也离不开知识产权的保驾护航，无论是提前布局抢占先机，还是广撒网多角度申请，抑或是“好酒不怕晚”的申请策略，都在一定程度上反映了这些疫苗创制主体在保护核心技术成果方面的诸多考虑。

作为疫苗生产的传统科研机构，昆明所在肠道病毒疫苗、脊髓灰质炎病毒疫苗生产中均具有首屈一指的研发和生产地位。2008 年全面开展的手足口病灭活疫苗研发项目中，昆明所以人源二倍体细胞生产基质作为灭活疫苗最突出的优势，围绕疫苗生产使用的保藏病毒株进行了涉及疫苗生产工艺、多联疫苗、病毒检测抗体的开发和专利申请，其 EV71 病毒检测和防治产品开发具有延续性的特点。此外其还适当关注了竞争对手武汉所的疫苗产品，并对优势技术点进行了应对性研发。

作为疫苗领域的后起之秀，北京科兴积极参与了 EV71 灭活疫苗的研发。其采取了与昆明所不同的策略，除提供了多株受专利保护的手足口病 EV71 病毒分离株，以及对病毒检测抗体、试剂盒、多联疫苗申请专利外，还对另一手足口病的常见病原体，柯萨奇病毒的检测和疫苗制备申请专利保护，从而提前占据手足口病灭活疫苗领域的蓝海，对可能出现的行业竞争未雨绸缪。

武生依维乐是武汉所多部门密切合作取得的研究成果。作为其技术核心的两件专利的“含金量”均较高。故即使其对 EV71 灭活疫苗的专利申请晚于同类竞争对手，但最终获得专利权的胜算仍很高。这种重质量胜于数量的专利申请策略，不仅有力保护了核心技术，也很大程度上缩减了维护成本。在专利申请时机方面，武汉所选择了先临床后申请的思路，在毒株制备的疫苗已初具雏形，并且得到早期临床试验验证的基础上再择机申请，这样以充足的实验数据为基础，既确保专利申请易于获得授权，也提高了授权专利的价值，并从一定程度上延长了有价值专利权的保护期限。

2020 年，新冠病毒肺炎疫情在国内爆发，国务院联防联控机制科研攻关组专门设立疫苗研发专班，第一批筛选了 8 家机构确立了 9 项任务，沿着灭活疫苗、基因工程重组的亚单位疫苗、腺病毒载体疫苗、减毒流感病毒载体疫苗、核酸疫苗等 5 条技术路线推进疫苗攻关工作。除政策引导外，2020 年 3 月，国家知识产权局紧急筹建了新冠肺炎防疫专利信息共享平台，发布《抗击新型冠状病毒肺炎专利信息研报》，为新冠病毒疫苗研制的联合攻关提供参考；编制《新型冠状病毒肺炎防治用中药专利情报》，对国家卫生健康委员会公布的诊疗方案中推荐的中药处方和中成药展开专利分析，并组织专门力量持续跟踪分析抗新冠肺炎最新药物专利申请，从中筛选有应用价值的专利申请并形成分析报告❶。此外，药监等部门也开展了新冠灭活疫苗产品临床试验应急审批，正常流程下需要60个工作日的审批工作，可在24小时内完成审批流程，通过“研审联动”的工作机制也大大加快了疫苗审批流程❷。截至2020年4月，我国两款新冠病毒灭活疫苗获得国家药品监督管理局许可启动Ⅰ/Ⅱ期合并临床试验，由攻关组组织专家团队早期介入、同步跟进研发进程，以10亿元资金投入，在应急状态下高速创制。这两款疫苗分别来自前述的武汉所和北京科兴下辖的科兴中维生物技术有限公司❸，虽然目前还不清楚这两家创制单位针对此轮疫苗研发的专利申请状况，但可预期的是，拥有EV71灭活疫苗的开发经验，在一定程度上可为这两家创制单位的抗疫工作起到推动作用。

（执笔：毛颖）

---

❶ 刘启龙．凝聚知识产权战“疫”力量 助力疫情防控科研攻关［EB/OL］．（2020－03－26）［2020－05－02］．http：//www.nipso.cn/onews.asp？id＝49824.

❷ 全速推进新冠灭活疫苗研发——新冠疫苗临床试验应急审批纪实（上）［EB/OL］．（2020－06－04）［2020－11－05］．http：//www.cde.org.cn/news.do？method＝viewInfoCommon&id＝4031e7f89ca79bdf.

❸ 黄祺．全球疫苗竞赛［J］．新民周刊，2020（15）：8－13.

27　聚乙二醇洛塞那肽孚来美

——多肽序列突变和 PEG 修饰两大助力，外围专利亟待完善

编者按　聚乙二醇洛塞那肽（商品名为孚来美）是我国第一个 PEG 化的长效 GLP－1 类降糖药物，打破了国外企业长期独占我国长效降糖药物市场的局面。孚来美不仅对艾塞那肽多肽序列进行了突变，还进行了 PEG 修饰，其化合物核心专利通过对艾塞那肽 N 端多个氨基酸突变，并通过对改造后多肽的功能效果验证获得了较大的保护范围，同时通过对比实验保证了 PEG 类似物专利授权。多肽序列突变和 PEG 修饰为孚来美带来强有力的市场竞争力，但其外围专利的布局还需进一步完善。

聚乙二醇洛塞那肽注射液（商品名为孚来美），是由江苏豪森药业集团有限公司（以下简称“江苏豪森”）开发的我国第一个聚乙二醇（PEG）化的长效胰高血糖素样肽－Ⅰ（GLP－1）类降糖药物，于 2019 年 5 月 5 日在中国上市，适应证为单药或与二甲双胍联合，用于改善成人 2 型糖尿病患者的血糖。

➢　不容忽视的糖尿病市场现状

国际糖尿病联盟（International Diabetes Federation，IDF）最新发布的《2019 年全球糖尿病地图》提供了全球糖尿病的最新数字、信息和预测。2019 年，大约有 4.63 亿成年人（20～79 岁）患有糖尿病；到 2045 年，将增至 7 亿人。2019 年有 420 万人因糖尿病而死亡，糖尿病导致至少 7600 亿美元的医疗支出，占成人总开支的 10%。2019 年糖尿病相关医疗支出最高的国家依次是美国、中国和巴西。[1] 根据 2018 年发表的“中国糖尿病及其并发症的流行病学研究”的文献报道，中国是世界上糖尿病患者人数最多以及糖尿病发病率上升最快的国家，给我国医疗保健系统带来巨大负担。重要的是，中国年轻人糖尿病的发病率日益上升，且年轻的糖尿病患者对于无症状高血糖的轻视，导致其长期预后不良。中国与糖尿病相关的医疗费用从 1993 年的 22 亿元人民币飙升至 2007 年的 2000 亿元人民币，预计到 2030 年将超

---

[1] International Diabetes Federation. IDF DIABETES ATLAS Ninth edition 2019. [R/OL]. (2020－03－02) [2020－11－01]. https://www.diabetesatlas.org/upload/resources/material/20200302_133351_IDFATLAS9e－final－web.pdf.

过 3600 亿元人民币。[1]

糖尿病药物市场名药济济

目前，糖尿病治疗药物按照作用机理和针对靶点的不同，主要包括胰岛素类、双胍类、α－糖苷酶抑制剂（阿卡波糖）、胰岛素促泌剂（如磺脲类药物、格列奈类药物）、胰岛素增敏剂（噻唑烷二酮类药物）、GLP－1 受体激动剂、二肽基肽酶－4（DPP－4）抑制剂、钠－葡萄糖协同转运蛋白 2（SGLT－2）抑制剂等。[2] 根据弗若斯特沙利文咨询有限公司有关“创新糖尿病药物市场研究：GLP－1 受体激动剂药物在糖尿病及减重领域的市场及发展展望”报告显示，2018 年中国销售收入前十位的糖尿病药物半数为胰岛素类药物，其余为面世超过 20 年的传统化学类口服药物（如磺脲类药物、格列奈类药物、α－糖苷酶抑制剂、双胍类）。而在全球糖尿病药物市场前十名中，已鲜见化学类口服药物，新型降糖药（如 GLP－1 受体激动剂、DPP－4 抑制剂、SGLT－2 抑制剂等）出现频率较高（见图 27－1）。可以预见，我国的新型降糖药物研制和推广还有很大的发展空间。

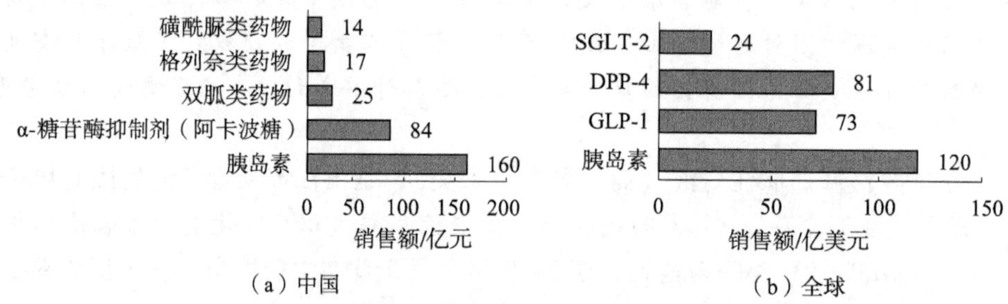

图 27－1　中国和全球糖尿病药物市场前十名药物种类所占市场份额

多肽类药物中，GLP－1 受体激动剂是近年来的一种新型降糖药物。GLP－1 由肠内分泌细胞分泌，属于肠促胰素，其通过促进葡萄糖依赖性的胰岛素从胰腺 β 细胞中释放而发挥作用，该促进作用依赖于血浆葡萄糖的浓度，而当血糖浓度低于 4～5mmol/L时不再发挥作用。[3] 然而，由于天然 GLP－1 直接口服或注射会在体内迅速被降解，无法应用于临床，因此通过对天然 GLP－1 或其类似物进行结构改造，延长其半衰期是目前的研究热点。临床应用的 GLP－1 受体激动剂优点在于低血糖事件的发生率明显低于胰岛素，而且可以减少食物摄取和延缓胃排空，有利于控制体重，可以保护胰岛 β 细胞功能。目前 GLP－1 受体激动剂类药物在全球降糖药物市场份额已达 1/5，而在我国市场占比仅有 1%。2019 年美国内分泌医师协会指南上建议把 GLP－1 类药物作为有动脉硬化风险的 2 型糖尿病患者的首推用药。基于我国患病人数的巨大市场以及将来对医疗保健的重视，未来可能将针对血糖控制不佳的患者提

---

[1] MA R C W. Epidemiology of diabetes and diabetic complications in China［J］. Diabetologia, 2018, 61（6）: 1249－1260.

[2] 杨铁军. 产业专利分析报告（第 41 册）［M］. 北京：知识产权出版社，2016：4.

[3] 王建华. 糖尿病自我管理大讲堂［M］. 北京：中国科学技术出版社，2017：174.

高 GLP－1 受体激动剂类药物的使用。而根据全球 GLP－1 类药物的销售趋势，可以预期 GLP－1 受体激动剂类药物在中国的市场规模还有很大的提升空间。

新型 GLP－1 受体激动剂类药物

市场上 GLP－1 受体激动剂类药物根据降糖作用时间长短，可分为短效制剂和长效制剂。目前每周注射一次的 GLP－1 受体激动剂类药物，在我国上市的只有度拉糖肽、注射用艾塞那肽微球和聚乙二醇洛塞那肽。聚乙二醇洛塞那肽是唯一国产的长效 GLP－1 受体激动剂。由于短效 GLP－1 受体激动剂价格相对于长效 GLP－1 受体激动剂不占优势，且每天需要注射，存在被长效 GLP－1 受体激动剂逐渐取代的趋势。

如图 27－2 所示，纵观全球有关 GLP－1 类似药物申请趋势，可以看出 GLP－1 相关的研究历经了 27 年的发展（2019～2020 年的部分专利申请尚未公开），2010～2019 年，每年申请量维持在约 1000 件高位水平。这是由于巨大的市场对临床用药不断提高的要求赋予了 GLP－1 相关研究的不竭动力，因此可以预见在未来的一段时间内，改进 GLP－1 受体激动剂仍是糖尿病领域中的一个重点研发的方向。

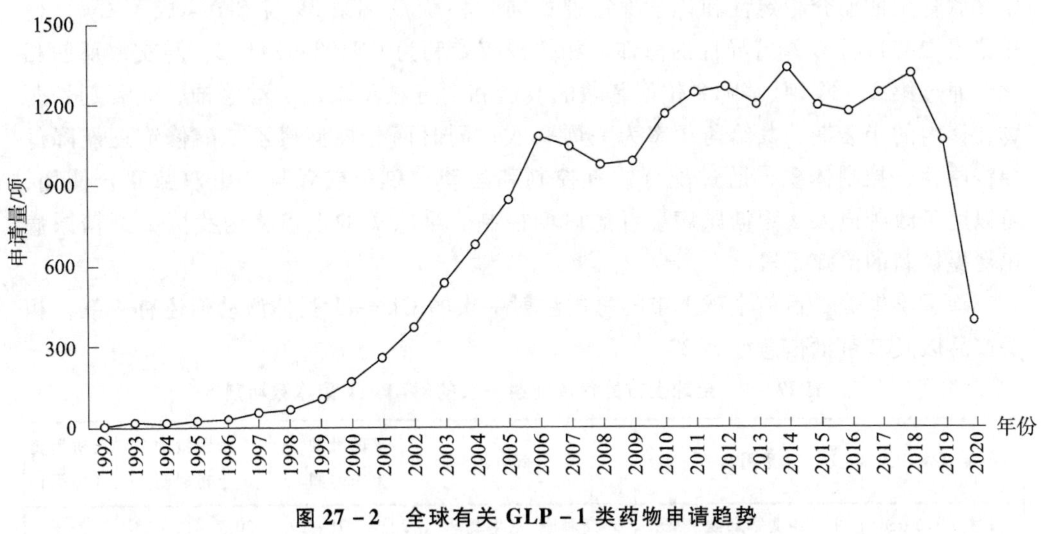

图 27－2　全球有关 GLP－1 类药物申请趋势

➢ 已上市每周注射一次的长效 GLP－1 受体激动剂类药物竞争激烈

孚来美是在艾塞那肽化学结构基础上进行修饰改造的。艾塞那肽作用于胰岛 β 细胞，与人体内的 GLP－1 结构相似，由约翰·恩（John Eng）博士于 1992 年发现。艾塞那肽是一种含 39 个氨基酸的多肽，最初发现于美洲巨蜥的唾液中。其具备调节体内血糖的能力，但不会像人体内的 GLP－1 那样容易被二肽基肽酶（DPP－4）、多肽内切酶（NEP 24.11）酶切，可以在 12 个小时甚至更长的时间里发挥作用。孚来美的结构式如图 27－3 所示。

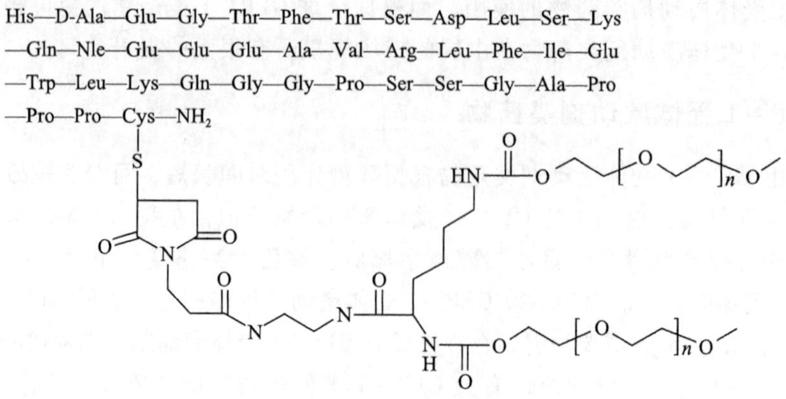

His—D-Ala—Glu—Gly—Thr—Phe—Thr—Ser—Asp—Leu—Ser—Lys
—Gln—Nle—Glu—Glu—Glu—Ala—Val—Arg—Leu—Phe—Ile—Glu
—Trp—Leu—Lys—Gln—Gly—Gly—Pro—Ser—Ser—Gly—Ala—Pro
—Pro—Pro—Cys—NH_2

图 27-3　孚来美结构式

江苏豪森研发团队通过分析艾塞那肽的序列特征、酶切位点、水解机理，针对将第 2 位 Gly、第 14 位 Met 和第 28 位 Asn 分别突变为 D-Ala、Nle 和 Gln，提高基于多肽骨架的酶介稳定性和化学稳定性；同时将肽 C 端第 39 位 Ser 换成了 Cys，使用聚乙二醇进行 C 端特异性的修饰，相关授权专利为 CN103492412B。与艾塞那肽相比，通过第 2、第 14、第 28 位氨基酸的改造和两分枝型聚乙二醇修饰，显著延长药物在体内的半衰期，其给药频率为一周一次；同时两分枝型聚乙二醇修饰还能降低免疫原性、控制体重，通过配合饮食控制和运动，单药或者与二甲双胍联合使用，可以用于改善成人 2 型糖尿病患者的血糖控制。孚来美的上市将为我国 2 型糖尿病患者提供新的治疗手段。

除了孚来美，目前全球上市的每周注射一次的 GLP-1 受体激动剂还有 4 款，相关产品以及其审批信息如表 27-1 所示。

表 27-1　全球上市的每周注射一次的 GLP-1 受体激动剂

商品名	通用名	公司	美国批准上市时间	中国批准上市时间	用法用量（每周）
百达扬/Bydureon	注射用艾塞那肽微球	阿斯利康/三生制药	2012-01-27	2017-12-28	2mg
Tanzeu	阿必鲁肽	葛兰素史克	2014-04-15	未上市	30mg
Trulicity/度易达	度拉糖肽	礼来	2014-09-18	2019-02-22	0.75mg
Ozempic	索马鲁肽	诺和诺德	2017-12-05	未上市	0.25mg
孚来美	聚乙二醇洛塞那肽	江苏豪森	2019-05-07	2019-05-05	0.1mg

注射用艾塞那肽微球（商品名为百达扬），是最早在中国上市的长效 GLP-1 受体激动剂类药物，由艾米林制药公司于 1995 年开发的。其主要活性成分为蜥蜴来源的 GLP-1 类似物 Exendin-4，通过缓释微胶囊的方法封装所述药物来作为持续递药系统，以持续释放的方式给予生物活性多肽，从而延长注射时间。由于副作用以及其他类似产品在同期上市的影响，该产品的市场份额并不高。孚来美与百达扬都采用来自蜥蜴的艾塞那肽，然而孚来美通过氨基酸突变以及聚乙二醇的修饰，提高了

多肽本身的半衰期，降低了免疫原性，因此更具有竞争力。

阿必鲁肽是葛兰素史克推出的全球第二个上市的长效 GLP－1 受体激动剂类药物，通过两个 GLP－1 与白蛋白融合，增加了 GLP－1 多肽的半衰期。早期临床试验证实阿必鲁肽降糖效果不及利拉鲁肽，增加肠胃副反应的风险。且在其啮齿类动物研究中发现有甲状腺肿瘤，因此美国 FDA 要求对阿必鲁肽上市后评价和研究其甲状腺癌风险和心血管风险。基于种种原因，目前阿必鲁肽市场销售额远低于同年上市的度拉糖肽。

与阿必鲁肽同年上市的度拉糖肽（商品名为度易达）则市场反应强烈。2019 年在中国也获得上市批准。度易达由礼来公司开发，通过对 GLP－1 第 2 位、第 16 位、第 30 位氨基酸突变，并基于 Fc 提供的延长半衰期的特点，将其与突变的 GLP－1 融合，获得了半衰期延长的产品。临床试验证实度易达的降糖效果优于利拉鲁肽，[1] 且也有甲状腺 C 细胞肿瘤风险。然而由于其优异的降糖功效和自动注射设备（其注射装置设计有隐形针头），提高了糖尿病患者的接受度、顺应性和持久性，2019 年全球销售额达到 41.3 亿美元。

索马鲁肽是诺和诺德公司推出的 GLP－1 类似物，其长效机制是基于对结构的修饰，将第 8 位修改为 α－氨基异丁酸，第 26 位的赖氨酸连接 18 碳脂肪二酸侧链，增长的碳链增加了对白蛋白的亲和力，第 34 位的赖氨酸替换成精氨酸，用于确保第 26 位碳 18 侧链稳定，该多肽与白蛋白结合增大了分子量，避免被肾脏清除以及代谢性降解，延长了半衰期。于 2020 年 4 月 7 日在中国提交新药上市申请。索马鲁肽在国外市场势头强劲，2019 年国外企业总额约为 16.86 亿美元，2018～2019 年销售业绩高于阿斯利康的艾塞那肽微球和葛兰素史克的阿必鲁肽，口服索马鲁肽（Rybelsus）也于 2019 年 9 月 20 日获得了美国 FDA 正式批准，同时索马鲁肽片剂正在中国进行Ⅲ期临床试验。诺和诺德于 2020 年 4 月 7 日在中国提交了索马鲁肽注射液的新药上市申请。

上述 5 种长效 GLP－1 受体激动剂类药物的多肽序列以及改造如表 27－2 所示。这 5 种长效 GLP－1 受体激动剂类药物分别对酶解位点进行突变，破坏了 DPP－IV 降解位点，并通过缓释手段、融合蛋白、PEG 修饰等技术，提高了 GLP－1 受体激动剂类药物半衰期，使药物可以一周注射一次。根据目前临床试验以及全球销售额，度拉糖肽和索马鲁肽将是孚来美在国内市场强有力的竞争对手。

表 27－2　5 种 GLP－1 受体激动剂的核心多肽序列以及改造

通用名	序列	修饰或剂型	半衰期
注射用艾塞那肽微球	H－His－Gly－Glu－Gly－Thr－Phe－Thr－Ser－Asp－Leu－Ser－Lys－Gln－Met－Glu－Glu－Glu－Ala－Val－Arg－Leu－Phe－Ile－Glu－Trp－Leu－Lys－Asn－Gly－Gly－Pro－Ser－Ser－Gly－Ala－Pro－Pro－Pro－Ser－NH2	通过微球递送技术	2.4 小时

[1] ODAWARA M, MIYAGAWA J, TAKITA Y, et al. Once－weekly glucagon－like peptide－1 receptor agonist dulaglutide significantly decreases glycated haemoglobin compared with once－daily liraglutide in Japanese patients with type 2 diabetes: 52 weeks of treatment in a randomized phase Ⅲ study [J]. Diabetes Obes Metab, 2016, 18 (3): 249－257.

续表

通用名	序列	修饰或剂型	半衰期
阿必鲁肽	His – Ala – Glu – Gly – Thr – Phe – Thr – Ser – Asp – Val – Ser – Ser – Tyr – Leu – Glu – Gly – Gln – Ala – Ala – Lys – Glu – Phe – Ile – Ala – Trp – Leu – Val – Lys – Gly – Arg – Gly	突变破坏了 DPP – IV 降解位点，将两个 GLP – 1 与人白蛋白融合	5天
度拉糖肽	His – Gly – Glu – Gly – Thr – Phe – Thr – Ser – Asp – Val – Ser – Ser – Tyr – Leu – Glu – Glu – Gln – Ala – Ala – Lys – Glu – Phe – Ile – Ala – Trp – Leu – Val – Lys – Gly – Gly – Gly	突变破坏了 DPP – IV 降解位点，通过柔性（G）4S linker 与 IgG4 – Fc 融合表达	4.5 ~4.7 天
索马鲁肽	H – His – Aib – Glu – Gly – Thr – Phe – Thr – Ser – Asp – Val – Ser – Ser – Tyr – Leu – Glu – Gly – Gln – Ala – Ala – Lys（AEEAc – AEEAc – γ – Glu – 17 – carboxyheptadecanoyl）– Glu – Phe – Ile – Ala – Trp – Leu – Val – Arg – Gly – Arg – Gly – OH	第 8 位修改为 α – 氨基异丁酸，第 26 位的赖氨酸与脂肪酸酰化，第 34 位的赖氨酸替换成精氨酸，并与白蛋白结合	大约 1 周
聚乙二醇洛塞那肽	His – D – Ala – Glu – Gly – Thr – Phe – Thr – Ser – Asp – Leu – Ser – Lys – Gln – Nle – Glu – Glu – Glu – Ala – Val – Arg – Leu – Phe – Ile – Glu – Trp – Leu – Lys – Gln – Gly – Gly – Pro – Ser – Ser – Gly – Ala – Pro – Pro – Pro – Cys – NH2	两分枝 PEG 通过 Lys 接头修饰 GLP – 1 类似物的半胱氨酸	4.3 ~5 天

➢ 多肽序列突变和 PEG 修饰配合助力孚来美升级

多肽序列突变的贡献与权益之争

由于天然存在的截短 GLP – 1 在体内被迅速清除，并具有极短的体内半衰期这一缺陷，限制了 GLP – 1 治疗的有效性。而二肽基肽酶（DPP – 4）通过去除 N 末端组氨酸和丙氨酸残基而失活 GLP – 1 肽是体内半衰期短的主要原因。因此对于 GLP – 1 类似物的改造首选对多肽上的各个位点进行突变，一方面突变酶切位点，防止酶解，另一方面突变其他影响多肽稳定或者结构的氨基酸，从而提高 GLP – 1 类似物的稳定性。

孚来美早期基础化合物专利是无锡宏创医药科技有限公司（现更名为无锡海润医药科技有限公司）于 2006 年 1 月 10 日提交的专利申请 WO2006074600A1（优先权日为 2005 年 1 月 14 日），我国同族专利公开号为 CN1976948A，该申请于 2009 年 9 月 16 日公告授权，同时，分别在欧洲、美国、加拿大、日本等国家和地区获得授权（如表 27 – 3 所示）。2010 年 6 月 1 日，该专利著录项目经过变更，将江苏豪森列为共同申请人，2016 年 3 月 10 日将申请人变更为江苏豪森，为孚来美进军全球市场做了相应的准备。该专利技术以艾塞那肽在体内的作用效果短暂的缺点作为突破点，分析 Exendin－4 序列特点，找出容易被酶切的位点以及影响稳定性的氨基酸，包括 N 端的 His－Gly 仍有被二肽基肽酶（DPP－4）切断的可能性，第 14 位甲硫氨酸易被氧化而导致生物活性的变化，第 28 位天冬酰胺的水解可能导致药物失活以及制剂困难等，选择对 Exendin－4 第 2、第 14、第 28、第 39 位氨基酸进行改造，在独立权利要求 1 中保护了该氨基酸序列，即孚来美的核心多肽序列。在获得专利权后，江苏豪森于 2011 年 6 月 27 日备案许可派格生物医药（苏州）有限公司（以下简称“派格生物”）实施该发明。派格生物拥有高分子聚乙二醇合成，聚乙二醇药物修饰、评价和筛选以及融合蛋白等技术的药物开发平台。目前派格生物研发的 1 类创新药物产品聚乙二醇化艾塞那肽注射液（PB－119 注射液）在中国和美国同时启动Ⅲ期临床试验，评价和研究 PB－119 注射液对未经治疗的 2 型糖尿病的有效性和安全性。

表 27－3　WO2006074600A1 同族授权

公开号	授权范围	授权日期
JP4785206B2	SEQ ID NO：95 获得授权	2011－10－05
JP5528380B2	SEQ ID NO：80～141 获得授权（除了 SEQ ID NO：95）	2014－06－25
EP2505207B1	SEQ ID NO：88、89、95 和 96 获得授权	2015－04－22
US8716221B2	SEQ ID NO：94 获得授权	2014－05－06
CA2603630C	SEQ ID NO：88、89、95 和 96 获得授权	2015－06－09
CN100540565C	SEQ ID NO：5～141 获得授权	2009－09－16

除孚来美以外，包括礼来等公司的升级产品也采用了类似的技术改进路线，例如 US7452966B2（中国同族 CN1802386B）述及 6 个不同的 GLP－1 类似物多肽序列与免疫球蛋白 Fc（有 5 个氨基酸进行了突变）通过肽接头融合的技术方案。

而上市以来势头强劲的索马鲁肽，诺和诺德登记在桔皮书中的化合物专利为 US8129343B2、US8536122B2，有效期分别为 2029 年 1 月 29 日、2026 年 3 月 20 日。中国同族为 CN101133082B，有效期为 2026 年 3 月 18 日，该授权的权利要求 1 为：“化合物，所述的化合物为 N－ε－26－［2－（2－［2－（2－［2－（2－［4－（17－羧基十七烷酰基氨基）－4（S）－羧基丁酰基氨基］乙氧基）乙氧基］乙酰氨基）乙氧基］乙氧基）乙酰基］［Aib8，Arg34］GLP－1－（7－37）肽”。该授权的权利要求与 JPO 授权的权利要求相同。而 USPTO 和 EPO 的授权范围则相对较大，对于修饰多肽的酰基化合物进行了概括。

在生物技术领域的专利授权、确权程序中，生物序列权利要求能否得到说明书支持也一直是专利法实践的热点问题。针对生物类突破性靶点较少以及机体复杂代谢环境、医药领域技术改进和创新存在更新换代慢的特点，创新主体希望通过专利对其研究成果进行保护。一方面，创新主体希望尽可能地扩大保护范围；另一方面，生物领域研究针对复杂的有机生命，可预见性较差，权利要求的保护范围严格受到说明书公开内容的制约。在此情况下，如何平衡发明的贡献与其获得的保护范围，始终是关注焦点。

目前存在多种生物序列限定方式。除直接限定序列本身外，在专利申请文件中，常见使用“包含”“同源性和同一性”“以取代、缺失或添加一定数量的核苷酸或氨基酸形式的变体”“杂交”等不同的术语概括权利要求的保护范围。由于碱基或氨基酸的多样性，上述形式限定的权利要求囊括的生物序列数量巨大，在未经验证的情况下往往难以预判序列中特定位点的变化对最终功能的影响。因此为了争取最大的保护范围，说明书应记载现有技术状况，充分公开发明要解决的技术问题、技术手段以及相应的实验数据。

与发明改进之处密切相关的技术特征，实验数据应从发明点出发，记载代表性的实验数据或在必要的情况下记载详实的对比实验数据；对权利要求进行适当的、有层次的概括，争取获得与发明的贡献相适应的保护范围。例如，对 GLP－1 相关多肽进行突变，对于现有技术改进的突变位点以及相应位置氨基酸的选择都需要通过实验验证效果：①替换后的蛋白质功能不变；②多肽特性的改变，例如半衰期、稳定性、活性提高等，以未突变的原始序列作为对照，如对现有技术中已存在的突变作为对照凸显本发明的优点，更能体现发明的创造性。

PEG 修饰的对比实验验证预料不到的技术效果

从桔皮书和 Thomson Reuters Integrity 数据库披露的上市长效 GLP－1 受体激动剂类药物专利中，单独针对氨基酸突变作为发明点的申请数量很少。从 1987 年第一个 GLP－1 用于治疗糖尿病的专利申请以及 1993 年第一个 Exendin 用于糖尿病治疗的专利申请，在这 30 多年的时间里，特别是早期，制药公司以及科研院所的科研人员不遗余力地对多肽各个氨基酸进行研究，期望通过各种氨基酸的突变提高 GLP－1 以及 Exendin 的半衰期，减少其副作用。因此大部分相关专利已失效或接近失效日期，再想通过单独氨基酸突变来实现延长半衰期的突破性进展，难度很大效果也不是很显著。

基于上述原因，对于人源 GLP－1 和艾塞那肽各种体外修饰用于增加半衰期的研究开始层出不穷。从 1977 年第一次使用 PEG 修饰牛血清白蛋白以来，PEG 修饰技术广泛应用于多种蛋白质和多肽的化学修饰，虽然 PEG 修饰可改善多肽在体内的循环时间，降低多肽的抗原性和免疫原性，改善溶解度，以及提高多肽的抗蛋白水解能力，改善其生物利用度，降低毒性，提高稳定性。但 PEG 修饰也存在生物活性损失或改变的问题，这可能是由于 PEG 链所占据的特定位点，或 PEG 偶联时条件对蛋白质活性的影响所致。并且许多共价连接 PEG 的方法是通过赖氨酸上的氨基，而 Exendin－4 具有两个可通过连接 PEG 而修饰的赖氨酸。江苏豪森在前述的基础专利 WO2006074600A1 中已经关注了 GLP－1 类似物的 PEG 化修饰存在的问题，并据此进行了改善：将肽 C 端第 39 位 Ser 换成了 Cys，使用 PEG 进行 C 端特异性的修饰，延长活性蛋白和多肽体内逗留时间，提高其生物利用度，进而提高药物的治疗效果，同时还有可能减少恶心、呕吐等副作用，避免现有技术中 PEG 修饰艾塞那肽 N 端赖氨酸侧链氨基需要保护基的缺陷，降低生产成本。后期江苏豪森于 2012 年 4 月 26 日提交了 PCT 国际申请 WO2012155780A1（优先权为 2011 年 5 月 19 日），进入我国同族专利公开号为 CN103492412A，请求保护分枝型 PEG 修饰的 GLP－1 类似物及其可药用盐，于 2015 年 9 月 8 日授权。该申请授权的权利要求请求保护两分枝型 PEG 通过接头 Lys 修饰经过序列改造的艾塞那肽。该专利说明书中记载，其研究发现选择支链型 PEG（两分枝型）结合特定的接头方式（Lys 接头），在受体激动活性、长效效果及副作用方面均取得了优异的技术效果。该申请为典型的选择发明，即在现有技术中公开的宽范围中，有目的地选出现有技术中未提到的窄范围的发明。在进行选择发明创造性的判断时，选择所带来的预料不到的技术效果是考虑的主要因素。该专利在 PEG 修饰多肽用于提高药物的半衰期和减少副作用已是常规技术手段的背景技术下，通过严谨的对照实验，从众多类型的 PEG 中选择出了两分枝型的 PEG，且配合特定的接头修饰特定的多肽序列，获得了授权，也是对早期基础化合物延伸保护的成功案例。

制剂组合的对比实验突破现有制剂制约

然而遗憾的是，江苏豪森并未将 WO2012155780A1（发明名称为“分枝型 PEG 修饰的 GLP-1 类似物及其可药用盐”）布局中国以外的其他国家，而是于 2017 年 10 月 16 日提交 PCT 申请 WO2018068770A1（优先权日为 2016 年 10 月 14 日），请求保护“含有聚乙二醇洛塞那肽的药物制剂及其制备方法”，该国际申请分别进入了欧洲、日本、加拿大等国家和地区，权利要求请求保护“聚乙二醇洛塞那肽药物组合物，包括活性成分聚乙二醇洛塞那肽、缓冲液和等渗调节剂”，针对多肽类药物不稳定、需要长期保存的问题，对药物制剂进行了改进。目前该专利正在审查中。

外围专利继续为孚来美保驾护航

除了上面提到的相关专利，江苏豪森针对孚来美还申请了其他专利，如保护洛塞那肽制备方法等（见表 27-4），通过优化中间体以及终产物制备方法，减少副反应的发生和杂质的生成，实现质量控制，有利于产品的工业化生产和质量稳定。虽然方法类专利会造成大量的技术内容被公开，成为竞争对手可以利用的信息，获得了改进的机会。且在专利纠纷时，专利权人将面临举证困难的问题。然而全面的布局还是有利于对核心技术方案起到保护和防御的作用，也提高了技术的准入门槛。

表 27-4 孚来美相关专利分布

公开号	申请日	技术主题
WO2006074600A1	2006-01-10	修饰的 Exendins 及其应用
CN100540565C	2006-01-10	
JP5528380B2	2006-01-10	
JP4785206B2	2006-01-10	
EP2505207B1	2006-01-10	
US8097586B2	2006-01-10	
US8716221B2	2011-12-22	
CA2603630C	2006-01-10	
ES2541633T	2006-01-10	

续表

公开号	申请日	技术主题
WO2012155780A1	2012-04-26	分枝型PEG修饰的GLP-1类似物及其可药用盐
CN103492412B		
CN102786590A		
CN108070030A	2016-11-17	洛塞那肽及其类似物的制备方法
WO2018068770A1	2017-10-16	乙二醇洛塞那肽药物组合物
CN109640955A	2017-10-16	
CN107952064A	2016-10-14	
EP3527195A1	2017-10-16	
CA3035951A1	2017-10-16	
JP2019530700A	2017-10-16	
CN109929025A	2017-12-18	一种基于反应动力学的聚乙二醇洛塞那肽的制备方法
CN110732020A	2019-11-25	一种聚乙二醇洛塞那肽药物组合物

➢ 他山之石可以攻玉，孚来美还需做得更多

适应证专利未见布局

与上市药品紧密相关的专利保护主题包含化合物和制药用途，这两种类型专利是仿制企业或竞争对手最难规避的主题。因此通过对适应证进行专利保护形成对化合物专利的有力支撑，变相延长了化合物的保护期限，可以为产品上市后扩展适应证做好充足的准备。然而江苏豪森针对糖尿病以外的适应证并没有其他专利申请，在产品专利的从属权利要求中也未提及。关于长效GLP-1受体激动剂药物的其他适应证，艾米林制药公司保护了艾塞那肽有关调节血浆甘油三酯等脂质水平，治疗血脂异常症（WO2009143285A2）、肥胖（US2010323955A1）、阻塞性呼吸暂停（WO2011056713A2）、充血性心力衰竭（WO2007139941A2）、胰腺炎（US2011306549A1）、调节胃肠蠕动（WO9805351A1）、增强睡眠（WO2010138671）的药物用途。索马鲁肽也有多件申请涉及治疗肥胖、血管疾病（WO2017186896A1）预防酒精中毒或药物成瘾（WO2013083826A2）等新用途；阿必鲁肽也申请了用于治疗或预防心血管疾病的方法和提供心血管保护的专利申请（WO2011140176A1）；度拉糖肽申请的用途涉及治疗肥胖、中风、慢性肾脏病（WO2018222472A1）、降低患有2型糖尿病患者发生严重不良心血管事件风险（WO2020204998A1）及胰岛细胞的移植（WO2012088157A2）等。可以想见，将来在减肥和心血管市场上，长效GLP-1受体激动剂药物也会占有一席之地。

装置专利提高患者顺应性，孚来美能否更进一步

外围专利涉及对核心专利的改进和延伸，多角度的专利布局患者有利于核心专利保护的延续，防止竞争企业抢占外围专利进而对自身造成牵制。企业可以结合自身涉及的技术范围和优势，有针对性地进行研发和专利布局，如诺和诺德在桔皮书中披露了多个有关注射器的改进专利（见表 27－5）。2018 年 8 月，IQVIA 发布的《糖尿病患者的注射给药方式负担研究报告》可知，90% 的患者对每天起始注射降糖治疗有顾虑，原因是"每天打针不方便"和"害怕打针、针头恐惧"。除了药物疗效外，用药的便捷性会严重影响患者是否能够坚持治疗，进而影响患者的血糖控制。作为一种长效注射药物，患者使用方便、体验良好也是重要指标，因此针对注射装置的改进有利于提高糖尿病患者的顺应性和持久性，有利于提高市场占有度。例如索马鲁肽在桔皮书中披露的专利以给药装置为主，通过对自动注射装置的控制器优化，有助于在延伸领域获得专利保护。孚来美能否更进一步针对自身药物特点对装置专利进行布局，拭目以待。

表 27－5　索马鲁肽登记在桔皮书中的专利

公告号	申请日	技术主题
US6899699B2	2002－01－02	具有复位特征的自动注射装置
US7762994B2	2007－07－16	针安装系统和用于安装针组件方法
US8920383B2	2006－07－17	防止超过设定剂量射出的结构
US8579869B2	2012－02－10	用于将针组件安装在针座上的针安装系统和方法
US8672898B2	2004－10－22	具有复位功能的自动注射装置
US8684969B2	2012－09－25	具有扭力弹簧和可旋转显示器注射装置
US9108002B2	2011－12－15	具有顶部释放机构自动注射装置
US9132239B2	2009－10－21	用于注射装置的下拨机构
US9457154B2	2006－01－20	具有剂量反馈机构末端注射装置
US9486588B2	2014－01－30	具有复位功能的自动注射装置
US9616180B2	2015－07－13	具有顶部释放机构自动注射装置
US9687611B2	2014－01－29	具有扭力弹簧和可旋转显示器注射装置
US9775953B2	2014－11－21	防止超过设定剂量射出的结构
US9861757B2	2016－08－19	具有剂量反馈机构末端注射装置
US10220155B2	2006－07－17	具有剂量限制机构和附加安全机构的注射器装置
US10357616B2	2017－11－17	具有末端剂量反馈机构的注射装置
US10376652B2	2017－02－24	具有顶部释放机构的自动注射装置

便捷给药符合市场需要

作为一个常年需要使用的药物，注射针剂对于患者仍不是最优选择。因此改变剂型是迫切需要解决的问题。诺和诺德抓住了方便给药的市场需求，早期即对相关

口服药物制剂进行多方位的专利布局，通过检索申请人和索马鲁肽，共获得102件专利（39个专利族），其中多件专利涉及口服索马鲁肽的喷雾干燥方法、造粒方法和可口服的药物组合物（见表27-6）。可以看出诺和诺德从2011年就开始布局相关的口服制剂的专利，为口服索马鲁肽的上市做了充足的准备。诺和诺德的口服剂型索马鲁肽于2019年9月20日获得了美国FDA正式批准，目前正在中国进行Ⅲ期临床试验。结合长效GLP-1类药物的优势，预估口服GLP-1类药物市场前景向好。如果口服索马鲁肽上市，将是对注射针剂市场的强烈冲击。

表27-6　索马鲁特口服相关专利

公开（公告）号	申请日	标题
WO2012080471A1	2011-12-16	包括GLP-1激动剂和一种盐的N-（8-（2-羟基苯甲酰基）氨基）辛酸盐的固体组合物
WO2012098188A1	2012-01-19	GLP-1颗粒和组合物
EP2827885B1	2013-03-15	GLP-1肽的组合物及其制备方法
WO2013189988A1	2013-06-19	片剂制剂包含一种肽和一种输送剂
WO2014060472A1	2013-10-16	脂肪酸的酰化氨基酸用于口服肽递送
WO2014177683A1	2014-05-02	口服给药GLP-1的化合物
WO2015162195A1	2015-04-23	脂肪酸酰化氨基酸用于口服肽递送
WO2016120378A1	2016-01-28	包含GLP-1激动剂和肠溶包衣片
WO2018224689A2	2018-06-11	用于口服给药的固体组合物
WO2019149880A1	2019-02-01	包含GLP-1激动剂、N-（8-（2-羟基苯甲酰基）氨基）辛酸盐和润滑剂的固体组合物
WO2019215063A1	2019-05-06	包含GLP-1激动剂和N-（8-（2-羟基苯甲酰基）氨基）辛酸盐的固体组合物
WO2020127950A1	2019-12-20	GLP-1肽的喷雾干燥方法
WO2020152304A1	2020-01-24	辊压机和使用辊压机的干法造粒方法
WO2020187712A1	2020-03-13	GLP-1肽的喷雾干燥方法

同样，礼来也有一件涉及口服制剂的相关专利在中国授权，公告号为CN1332711C，有效期到2023年2月6日。艾米林制药公司为了方便患者使用，申请了艾塞那肽鼻内给药（EP1696960B1）的剂型。所以通过不同的给药方式，也可以对核心专利进行延伸保护。

➢ 思考与启示

针对生物类突破性靶点较少、人体复杂代谢环境、医药领域技术改进和创新存在更新换代慢的特点，从1992年发现艾塞那肽，一直到第一个产品（阿斯利康的短效艾塞那肽）上市经历了13年，目前全球有关GLP-1类似药物研发也已经经历了二十余年的时间。但从申请量上看，该领域的研发仍处于热点时期，上市产品层出不穷。近年来面向中国的专利申请活跃度明显高于全球水平，这说明各国申请人都意识到中国作为糖尿病大国的广阔市场前景。面对国内巨大的市场，国内的制药企业在 GLP－1 受体激动剂研发时，应对立项品种做好调研，适度规避风险，在研发各个阶段不同环节灵活切入，布局相关技术的专利，利用专利获得独享的先机。

纵观 GLP－1 专利国内的申请历史，国内企业最早的是上海华谊生物有限公司将发明 CN1162446C 转让给上海仁会生物制药股份有限公司，并上市了短效 GLP－1 类药物贝那鲁肽。江苏豪森也在早期抓住了机遇，布局相关专利，涉及制剂改进、多肽以及中间体制备方法，并推进了孚来美的上市。目前，我国在研的长效 GLP－1 受体激动剂药物众多，均为一周一次注射针剂，如常山药业、派格生物、山东绿叶制药等。其中，孚来美可称为佼佼者。

孚来美的专利布局，从地域范围来看，呈现关注糖尿病在全球的发病率，对主流市场以及潜在市场进行合适的专利布局的视野，但从广度上看，还可以对该药的适应证、联合用药、制剂类型等进行进一步开发。

为了防止其他制药企业仿制抢占市场，达到规模的专利组合比单个专利相加所能起到的作用更大。我国创新主体在参与国际竞争时，应更加重视国外相关企业的研发动向，在优化自身产品的同时，定期对竞争对手企业进行相关的专利分析，把握其研究动向，为企业下一步研究方向提供参考，围绕自身产品打造更加坚实的专利保护壁垒，使专利保护真正成为企业长远发展的“盾牌”。

（执笔：刘新蕾、曹扣，两位作者对本文贡献等同）

28 国产 HER2 抗体药物

——专利策略可攻可守，无效挑战助力国产 HER2 抗体药物崛起

编者按 面对原研药赫赛汀专利布局的“金城汤池”，国内创新主体审时度势，从抗体结构修饰、制备工艺优化、信号肽、连接键优化、新表位研究等方向进行了多方布局，同时对原研药核心专利从多个角度进行无效宣告请求。在多方创新主体共同努力下，国内陆续出现了赫赛汀的替代产品“赛普汀”“汉曲优”，并具有一定的市场地位，极大地缓解了国内对抗肿瘤抗体药的用药需求。

赫赛汀是基因泰克公司（现属罗氏全额控股子公司）开发的抗体药物，靶向人表皮生长因子受体 2（HER2），通用名曲妥珠单抗，适用于 HER2 过度表达的转移性乳腺癌、胃癌的治疗，1998 年获批上市，属于全球第一个分子靶向抗癌药；截至 2020 年，国内企业涉足该领域，已有国内两款上市药物，其一为赛普汀，是三生国健药业（上海）股份有限公司（以下简称“三生国健”）自主研制的 HER2 抗体药物，于 2020 年 6 月在中国上市；其二为汉曲优，是上海复宏汉霖生物制药有限公司（以下简称“复宏汉霖”）研制的 HER2 抗体药物，于 2020 年 8 月在中国和欧洲上市。这些 HER2 抗体药物均可用于 HER2 阳性的早期乳腺癌、转移性乳腺癌及转移性胃癌的治疗。

➢ 我国抗体药物市场被进口药物占据

我国目前属于抗体药物在研数量最多的国家，前后有 200 余个抗体药物获批临床试验申请，有部分产品已完成Ⅲ期临床并提交了上市注册申请，抗体药物研究最热门的靶点包括 HER2、PD－1/PD－L1、VEGF、CD20、EGFR、TNF－α 等，有多家企业在研药物正处于上市审批或Ⅲ期临床阶段。而在几类热门靶点中，2019 年之前仅有 HER2 还没有国产抗体药物上市。针对该靶点，市场一直被跨国制药巨头占据，其中，罗氏及其子公司基因泰克公司研发的针对 HER2 靶点的“超级重磅炸弹”药物赫赛汀（Trastuzumab/曲妥珠单抗），在 1998 年 9 月被美国 FDA 批准上市（US5821337A），主要阻断 HER2 下游信号转导引起细胞增殖抑制，其占据了主要的 HER2 过度表达的乳腺癌和胃癌的治疗市场，在赫赛汀基础专利到期之际，罗氏于 2012 年推出了赫赛汀的第一个更新药物帕罗嘉（Perjeta，Pertuzumab/帕妥珠单抗），该抗体药物与赫赛

汀针对 Her2 抗原的不同结合位点，适宜人群和治疗效果方面似乎也有互补之处，并且两者联用时适用人群更广，效果更优。

针对昂贵的进口药物占据市场的现状，以及仍然有 70% 的患者对赫赛汀治疗无响应或耐药的情形，国产药物的研发迫在眉睫。目前，国内目前已有超过 10 家企业在布局针对乳腺癌适应证的赫赛汀生物类似药，三生国健、复宏汉霖、正大天晴、海正药业、嘉和生物等国内生物药企业的产品已经进入Ⅲ期临床。

➤ 国产明星药物的崛起——赛普汀

在国内已经进入临床研究的赫赛汀类似药中，进展最快的是三生国健，❶ 作为国内最大的抗体药物生产企业，其主要从事人源化单克隆抗体基因工程药物的研发、中试和产业化，其研发的抗体类药物包括益赛普、健尼哌、类宁、健妥昔，三生国健针对 HER2 靶点首次自主研发出赫赛汀类似药，注射用重组抗 HER2 人源化单克隆抗体，通用名伊尼托单抗，商品名赛普汀，该药不仅可能瓜分赫赛汀在中国乳腺癌治疗的市场份额，也向国内曲妥珠单抗仿制药、生物类似药的研发企业发出了挑战。

为了保护知识产权，三生国健围绕 HER2 靶点，从多个角度进行了全面的专利布局，针对已经上市药物赫赛汀、HER2 检测试剂盒、帕罗嘉、Kadcyla 存在的治疗局限性、靶点单一、HER2 检测精准度不足、连接子影响活性等方面的问题，以赫赛汀为主的上市药物的核心专利检测和治疗数据为比较基准，从结构修饰、纯化工艺、抗体偶联药物衔接子、信号肽、检测方法、新表位研究的技术角度进行优化设计，使赛普汀达到了提高纯度、提高活性、提高检测准确度的效果（见表 28－1）。

（1）布局抗体修饰、纯化工艺、产品活性、纯度超越赫赛汀

2001 年，三生国健提出了第一件 HER2 单克隆抗体结构的申请 CN1420128A（申请日为 2001 年 11 月 16 日），其产品赛普汀（伊尼妥单抗）和赫赛汀（曲妥珠单抗）相比，两者都作用于 HER2 受体的胞外部分，抑制细胞内酪氨酸激酶的活化，从结构而言，其和赫赛汀对比 Fab 片段具有相同的轻链，各有 214 个氨基酸，赛普汀在抗体恒定区进行了进一步修饰，其中 Fc 段重链恒定区的第 359 位、第 361 位进行氨基酸修饰，将第 359 位的 D 突变为 E，第 361 位的 L 突变为 M，从而使激活免疫系统的能力大幅提高，刺激了抗体依赖细胞介导的细胞毒性作用（ADCC 效应），细胞株抗体表达量提高 10～14 倍，细胞实验抑制活性提高将近 5 倍，实验显示赛普汀的 ADCC 效应比赫赛汀提高大约 11.1%。

在结构修饰的基础上，三生国健还从工艺纯化角度进行优化，并在 2013 年和 2015 年分别提交两件蛋白纯化方法相关专利申请①CN104628846B（WO2015067147A1，申请日为 2014 年 11 月 3 日），结合相对低 pH 高盐上样，相对高 pH 低盐洗涤，可有效去除杂质，提高目标蛋白的纯度，减小目标蛋白损失率，其中，WO2015067147A1 已在进入中国、美国、欧洲、日本、巴西后，均获得授权。②CN106496302A（申请

❶ 付秀峰．抗体药物行业领军者的专利布局及抗体药物的研发趋势［D］．兰州：兰州大学，2019.

日为2015年9月8日）则提出了使用第一pH和/或浓度的Tris缓冲液洗涤酸性异构体和小分子，再使用第二pH和/或浓度的Tris缓冲液洗脱目标蛋白质，最后使用第三pH和/或浓度的Tris缓冲液再生碱性异构体和聚集体，从而达到精纯蛋白，去除酸碱性异构体、聚集体和小分子等杂质的目的。

（2）针对赫赛汀治疗缺陷，设计双特异性抗体

在赫赛汀治疗过程中，因不可避免地出现细胞坏死和细胞凋亡，导致细胞表面呈现大量的磷脂酰丝氨酸（Phosphatidylserine，PS），使肿瘤耐受型免疫应答被诱导，降低治疗效果。针对赫赛汀治疗的缺陷，三生国健在2014年提交的CN104974261A（申请日为2014年4月1日）专利申请中，设计了同时特异性结合HER2与PS两个靶点的双特异性抗体，实现了杀伤HER2和PS阳性肿瘤细胞的同时，还抑制了随后产生的肿瘤免疫耐受，阻断肿瘤免疫逃逸。

同时，选择PD-1靶点设计HER2/PD-1双特异性抗体，通过阻断PD-1/PD-L1信号通路、抗HER2的Fc段与NK细胞Fc受体结合，以及与高表达HER抗原的肿瘤细胞结合，从三个方面协同发挥抑制杀伤肿瘤细胞的效果。这一专利技术体现在2019年10月提交的专利申请CN111196856A /WO2020103629A1（优先权日为2018年11月19日）中。

（3）针对赫赛汀表达效率问题，设计信号肽增强抗体表达效率

抗体表达效率低是影响肿瘤抑制效率的关键因素。信号肽合成后被信号识别颗粒识别，引导蛋白质进入内质网腔后在信号肽酶的作用下被切除，从而可成倍提高外源蛋白，如抗体分泌效率。三生国健在2014~2015年共提交3件信号肽相关专利申请：CN104974226A（申请日2014年4月1日）、CN106478773A和CN106478774A（申请日均为2015年8月25日），对曲妥珠单抗连接信号肽检测表达量，体外实验显示可达到2倍以上的提高，对于抗肿瘤效果的提高具有一定促进作用。

（4）小分子药物偶联效果优于罗氏Kadcyla

2014年，基因泰克公司推出了针对HER2位点的ADC药物Kadcyla（T-MD1），即曲妥珠单抗-Emtansine偶联物，结构为曲妥珠单抗（抗HER-2IgG1）与DM1（一种美坦辛衍生物，微管抑制剂）通过硫醚连接子（MCC）连接。在此基础上，三生国健提出的CN104974252A（申请日为2014年4月1日），将衔接子改进为酰胺键连接，改善了疏水性结构，使抗体在常规制剂环境下更难产生聚合作用，在同等剂量下，其肿瘤抑制活性优于Kadcyla，具有较好的医疗前景。HER2单抗-DM1已经于2017年8月申报临床试验。

（5）对罗氏HER2检测方法改进提高精确度

美国FDA认可的HER2检测方法分为免疫组化（IHC）和原位杂交（FISH、CISH、SISH）两类，罗氏设计的基于荧光定量PCR方法的HER2基因检测试剂盒，由于检测差异，以及选用参照基因胃泌素（Gastrin）在胃癌患者中也存在扩增的现象。在赫赛汀增加了胃癌适应证后该检测试剂盒退出了市场，而以赛默飞世尔为代表的相对标准曲线法具有较大误差。针对上述检测方法的问题，三生国健提出了CN106399555A/WO2018086263A1（申请日为2016年11月10日），通过包含目的基

因 HER2 和参照基因 RPPH1 连接而成的质粒作为标准品，提高了 HER2 基因扩增的可靠性和检测准确性。

（6）新表位的发现，2020 年再度创新

抗体新结合表位的发现一向是抗体研发的难点，在赛普汀上市之际，三生国健于 2019 年 8 月提出了 PCT 申请 CN110790840A/WO2020025013A1（优先权日为 2018 年 8 月 1 日），在自主研发 HER2 单克隆抗体 191H6 的基础上，进一步设计了嵌合抗体 19H6 - ch 以及人源化抗体 19H6 - Hu，其与赫赛汀和帕罗嘉的结合表位均不同。研究显示抗体结合表位位于 HER2 的胞外区（HER2 - ECD）的功能结构域 DⅢ内，属于首次发现并报道与该表位特异性结合的单克隆抗体，细胞实验表明，19H6 与赫赛汀联用可以显著抑制乳腺癌细胞和胃癌细胞体外增殖，其效果明显优于赫赛汀和帕罗嘉的联用，嵌合抗体 19H6 - ch 以及人源化抗体 19H6 - Hu 具有与 19H6 相当的抗肿瘤生物学活性，有望成为 HER2 过表达疾病患者的更好的潜在治疗药物。

表 28 - 1　三生国健 HER2 靶点核心专利

专利号	申请日	法律状态	技术分支	与赫赛汀比较
CN1210308C	2001 - 11 - 16	授权	抗体修饰	Fc 段重链恒定区的第 359、361 位进行氨基酸修饰
CN104628846B/ WO2015067147A1	2013 - 11 - 06 2014 - 11 - 03	中国、美国、欧洲、日本、巴西授权	纯化工艺	改变缓冲液 pH 和盐的浓度，有效去除杂质，提高曲妥珠单抗蛋白纯度
CN106496302A	2015 - 09 - 08	未审结		有效去除蛋白质样品中酸性异构体、聚集体和小分子
CN104974261B	2014 - 04 - 01	授权	双特异性抗体	赫赛汀导致肿瘤耐受型免疫应答被诱导，降低治疗效果，HER2 与 PS 双特异性抗体双靶点，并抑制免疫耐受
CN111196856A/ WO2020103629A1	最早优先权日 2018 - 11 - 19	未审结		HER2 与 PD - 1 双靶点协同杀伤肿瘤细胞
CN104974226B	2014 - 04 - 01	授权	信号肽	可提高曲妥珠单抗 2 倍的表达量
CN106478773A	2015 - 08 - 25	未审结		
CN106478774A	2015 - 08 - 25	未审结		
CN104974252B	2014 - 04 - 01	授权	抗体偶联药物	曲妥珠单抗与药物偶联衔接子改进为酰胺键连接，改善了疏水性结构，活性优于赫赛汀偶联药物
CN106399555A/ WO2018086263A1	2016 - 11 - 10	未审结	基因检测	改进标准品，提高罗氏检测试剂盒 HER2 检测准确性
CN110790840A/ WO2020025013A1	最早优先权日 2018 - 08 - 01	未审结	表位	与赫赛汀和帕罗嘉相比发现新结合表位，效果优于赫赛汀和帕罗嘉的联用

如图 28 - 1 和图 28 - 2 所示，图 28 - 1 显示三生国健的专利技术布局，对已上市药物的问题针对性研发改进并布局；图 28 - 2 显示三生国健 HER2 靶点专利布局路线，实线表示“赛普汀”有关专利和事件，虚线表示对比药物“赫赛汀”“汉曲优”以及重要无效宣告诉讼事件。

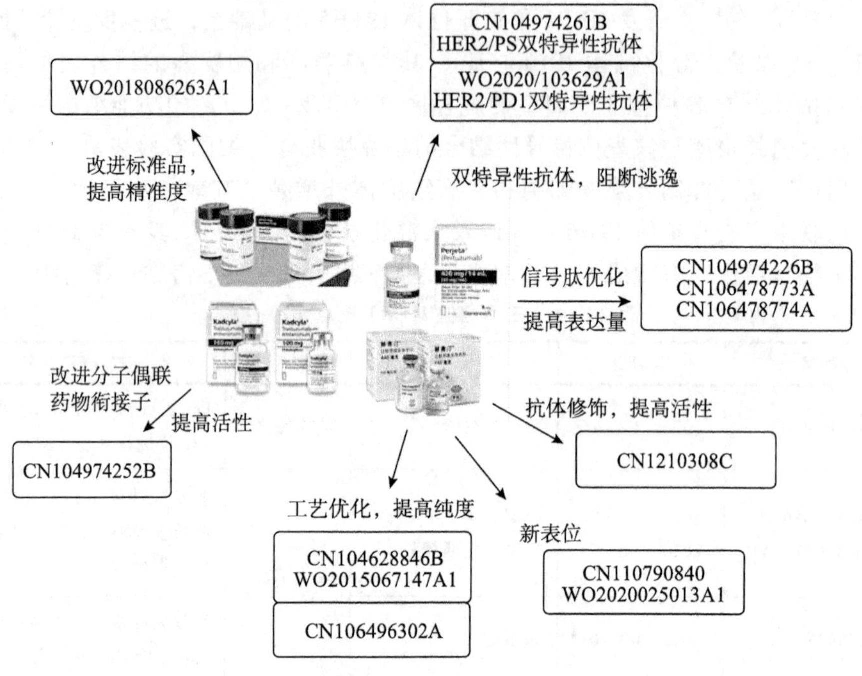

图 28 - 1　三生国健核心专利布局

可见，三生国健以赫赛汀和周边衍生类药物作为主要参照药，基于罗氏 HER2 检测方法针对其缺陷，从多角度进行改进型研发，进行了全方位的专利布局，其专利申请效率较高，HER2 靶点相关专利除尚未审结的案件外均获得了授权，且权利要求撰写稳定性较好，授权范围合理，有助于其稳定占据市场。但是，三生国健对于部分早期核心专利，没有采用 PCT 形式申请，导致其权利具有一定地域性限制，对于产品国际化可能存在一定影响。三生国健早在 2012 年已经完成赛普汀的Ⅲ期临床研究，由于临床数据存在部分问题，于 2015 年撤回国内药品上市申请后重新申报，于 2020 年 6 月获批上市，早于竞争对手复宏汉霖的汉曲优 2 个月，此时距离抗体结构核心专利到期只剩余 10 年，后期三生国健围绕抗体纯化工艺、信号肽、抗体偶联药物等角度进行了专利布局，扩展了其研究成果的专利转化，也有助于延续赛普汀的保护周期。

➢ 后起之秀汉曲优

复宏汉霖作为上海复星医药集团的子公司之一，是 2008 年由刘世高辞职创业，

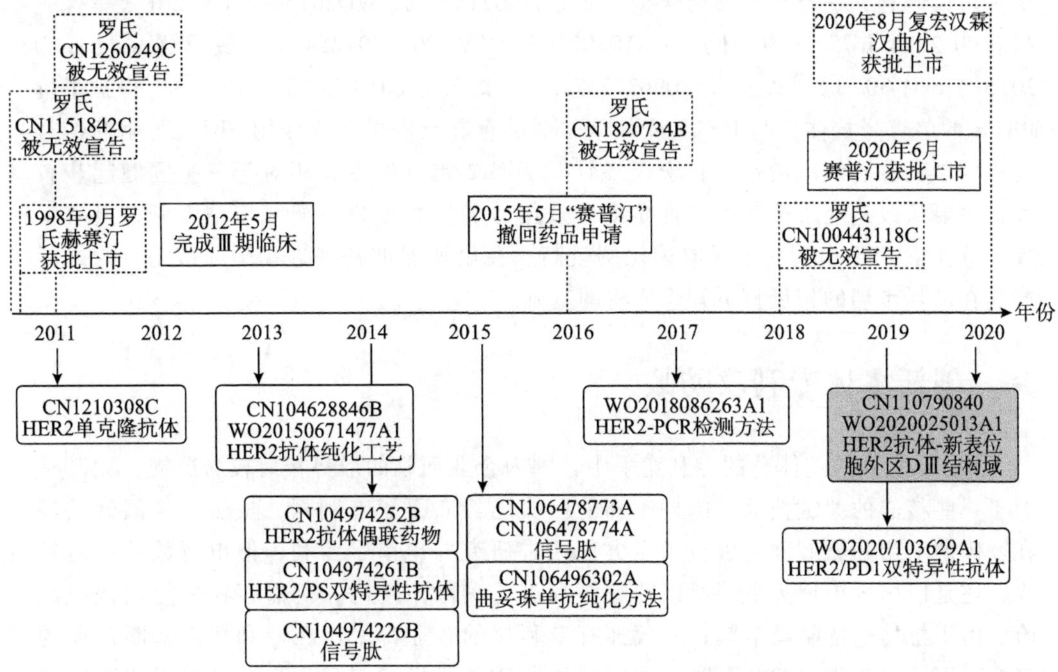

图 28－2　三生国健 HER2 靶点核心专利技术路线

与姜伟东博士等华人科学家共同组建，优先瞄准与原研药具有相似治疗作用的生物制品，并已经研发上市全国第一个生物类似药——利妥昔单抗的生物类似药汉利康。在三生国健的赛普汀作为创新药获批上市后仅 2 个月，复宏汉霖的曲妥珠单抗注射液汉曲优在中国正式获批上市，相对于三生国健，复宏汉霖在第一时间即打开了世界的市场，汉曲优（HLX02，商品名为 Zercepac）同年在欧盟获批上市，可以在欧盟成员国以及挪威、列支敦士登、冰岛上市销售，成为首个中欧双批的国产单克隆抗体生物类似药，并且已经获得赫赛汀在中国已获批的所有适应证，包括 HER2 阳性早期乳腺癌、HER2 阳性转移性乳腺癌、HER2 阳性转移性胃癌或食管胃交界腺癌。复宏汉霖针对汉曲优与原研药赫赛汀开展了多项头对头比对研究，包括药学对比研究、非临床比对研究和临床比对研究等，其Ⅲ期临床研究共入组了来自中国、菲律宾、波兰、乌克兰的 89 个研究中心的 649 例 HER2 阳性乳腺癌患者，研究结果达到了预设的主要终点及多项次要终点，研究结果证明汉曲优在质量、安全性和有效性方面与原研药赫赛汀均高度相似，无临床统计学意义上的差异。❶

在专利布局上，复宏汉霖针对 HER2 靶点申请了 CN111375057A（申请日为 2018 年 12 月 28 日），其针对 HER2 单克隆抗体稳定性不足的情况，设计了帕妥珠单抗（帕罗嘉）药物配置剂，可在室温或更高温度下提高药物稳定性，解决蛋白质药物稳定性问题，延长有效期。针对肿瘤治疗靶点，复宏汉霖还针对 EGFR 单抗和 VEGF

---

❶ 复宏汉霖 2020 上半年度业绩发布：创新研发继续加码，国际品质认证提升市场竞争力［EB/OL］.（2020－08－24）［2020－10－09］. https://www.henlius.com/NewsDetails－2701－296.html.

单抗申请专利，进行专利布局保护，如CN106714830A/WO2015184403A2（最早优先权日为2014年5月30日）、CN108025067A/WO2017004254A1（最早优先权日为2016年6月30日），以及CN109627337A（申请日为2018年12月29日），保护了抗PRLR的单克隆抗体，与HER2受体信号通路存在交联关系，作用PRLR可阻断信号通路抑制乳腺癌细胞增殖。复宏汉霖针对HER2靶点的专利相对于三生国健起步较晚，主要从改进上市药物稳定性角度以及信号通路角度进行研究申请专利，复宏汉霖十分注重PCT申请，国际申请比例较高，在早期即准备好进军国际市场，为之后产品在国际市场的拓展打下知识产权的基础。

➢ 创新主体专利攻防战

HER2靶点的抗体药的专利竞争中，国内企业面临的形势相对较为严峻，尤其是对于一些核心的关键技术，国外医药的巨头已经布下了专利网，虽然三生国健已经在罗氏的上市药物基础上进行了多方面改进研究并申请了专利，但申请数量相对较少，还是以国内申请为主。所以赛普汀在进入国际市场时，仍然存在一定的侵权风险。由于抗体药物利润丰厚，一般拥有专利权的企业都采用在专利期内垄断市场的策略。因此，三生国健既要防止国际抗体药物巨头发起侵权诉讼，又要阻止国内的后来者轻易进行仿制，是其知识产权策略的主要目标。

自主知识产权是企业首选的专利策略，从抗体修饰、纯化工艺、衔接子等角度优化研发，绕开国外医药巨头的核心专利的保护范围，申请自己的专利；而同时关注竞争对手的专利申请进程，尤其是从产品是否存在授权缺陷等角度，阻止相关专利的授权，是最直接也是最经济的手段。对于已经授权的专利，通过无效宣告进行挑战，无论是时间还是金钱都需要大量消耗，可能错过黄金时间。笔者选择了4件罗氏在华核心专利被无效宣告的案例，其中3件都上诉至高级人民法院。这些案件基于国内专利法体系，充分利用行政和司法程序，积极挑战跨国制药公司的专利权，消除技术壁垒，通过这些案例分析，以期国内创新主体在无效宣告国外抗体药物公司在我国的核心专利时，可以从不同角度进行借鉴。

（1）用药禁忌

赫赛汀的一起无效宣告案件被评为2014年专利复审无效十大案件之一（第23948号无效决定），涉案专利名称为“用抗ErbB2抗体治疗”，无效宣告请求人为个人，专利权人为基因技术公司被罗氏收购，主要涉及抗体药物制品以及在制备治疗乳腺癌的药物中的用途，包装插页上有避免使用蒽环类抗生素化疗剂与组合物组合使用的说明。由于中国《专利法》第25条规定，疾病的诊断和治疗方法不能授予专利权，可见中国专利法出于实用性、人道主义和社会伦理的目的将“疾病的诊断和治疗方法”排除在授权主题范围之外，并在审查实践中指出了给药对象、用药方案、用药剂量制备的药品如果没有产生结构的不同是不影响新颖性的判断的，而欧洲、美国、日本针对瑞士型权利要求的理解是不完全相同的，即使使用了瑞士型权利要求撰写医药用途发明，也并未解读为产品制备方法类型，只是作为新的医药用

途保护方式，给药对象、用药方案、使用剂量等特征也大多采用了认可限定作用的原则。❶

无效宣告请求人对专利 CN1820734B 进行了无效宣告。请求人给出的主要证据，即证据 1 公开了 rhuMoAb HER2 抗体与帕利他塞或顺铂的药物组合物，用于联合治疗人类乳腺癌肿瘤，其中，帕利他塞或顺铂不属于蒽环类抗生素类化疗剂。请求人认为两者区别仅在于权利要求的技术方案将药物组合物制成了药盒制品，属于常规技术。而专利权人认为，证据 1 并未打破蒽环抗生素治疗乳腺癌的常规，相反其Ⅲ期临床的治疗方案均包含蒽环抗生素类型的化学治疗剂，因此并未教导排除使用蒽环抗生素，涉案专利记载了抗 ErbB2 抗体（即赫赛汀抗体）与蒽环类抗生素联合使用的副作用非常大，属于预料不到的技术效果。该案具体争议焦点在于：包装插页中的用药禁忌是否构成权利要求与对比文件之间的区别技术特征，影响创造性的判断。对此专利复审委员会认为，用药禁忌对于权利要求没有实际限定作用，在确定保护范围时不应予以考虑，尽管专利权人上诉北京知识产权法院、北京市高级人民法院，北京市高级人民法院于 2016 年最终维持了专利复审委员会胜诉，专利 CN1820734B 被全部无效。

由此可见，准确把握国内对药物相关保护主题的审查标准，是中国企业在抗体药物领域维权的基础，尤其是针对国外医药巨头在华的核心专利。除了此案涉及的用药禁忌，往往涉及给药对象、用药方案、用药剂量等，通常隐藏在瑞士型权利要求中。虽然理论上这种限定在我国专利审查实践中通常对制药用途不会产生影响，但国内企业对此如果不了解可能会选择绕开专利范围进行研究，而没有选择去无效宣告，则会给企业带来损失。中国企业可重点研究国外医药巨头在国内授权的核心专利，合理维权无效其在华的不当权利。❷

（2）用药剂量

在罗氏使用用药禁忌限定制药用途专利被无效宣告的基础上，杰南技术公司（即罗氏）又一件重要核心专利 CN100443118C（涉案专利名称为“用于抗 ErbB2 抗体治疗的制剂”）保护了包含抗 ErbB2 抗体在制备用于治疗易患或诊断患有以过度表达 ErbB2 受体为特征的人类患者病症之产品中的用途；并限定了用药剂量和用药方案的包装插页。请求人赛特瑞恩股份有限公司对上述专利提出无效宣告请求，给出的证据 1，公开了人源化抗 ErbB2 抗体和化疗剂联合治疗易患或诊断患有过度表达 ErbB2 的转移性乳腺癌患者的方法，使用的剂量以及用药方案不同。无效宣告请求人提出，给药剂量和给药时机的限定是医生在治疗时用药过程中的选择，其不会对该专利制药的原料、制造方法以及适应证等产生实质性的影响，对该药物的制药用途不能构成实质性的区别；而专利权人认为，给药剂量和/或给药方案，以及包装插页或标签的文字说明的技术特征限定能够为制药用途带来实质性影响，应在新颖性

❶ 彭晓琦，邓声菊，等．中美日欧医药用途发明专利审查制度对比分析［J］．中国新药杂志，2017，26（7）：737－741．

❷ 魏聪，马文霞，卢阳．我国抗体制药企业专利保护状况调研及思考［J］，中国发明与专利，2014（6）：23－28．

判断时予以考虑。对此合议组认为，给药剂量、给药时机的变化仅仅停留在用药过程中，不介入制药过程，不能使制药用途权利要求与现有技术相区别，包装插页或标签上的文字说明也只是提供所述产品在使用中的相关信息，对产品的结构组成没有本质上的影响。专利权人上诉至最高人民法院，最终最高人民法院维持原判。

尽管罗氏核心专利被无效，但罗氏公司对于上述专利，经过两次上诉，直至最高人民法院，也可看出罗氏对于在我国境内欲获得相关专利授权的态度。然而，用药剂量、给药方案是否会产生不同的制药用途，也是中国和国外不同的核心争议点之一，以欧洲专利局为例，中国对于医药用途发明审查的标准与欧洲专利局早期审查标准比较接近，但欧洲专利局于后期对于“给药方案”特征认定是评价第二医药用途发明新颖性和创造性时需要考虑的，逐渐突破了将瑞士型权利要求局限于制药工业的限制，而扩展到用药过程中❶，这与我国相应地不考虑给药方法特征的审查标准是不同的。❷ 然而，国外医药巨头抗体药物以给药方案作为核心专利之一，也是专利布局中的重要一环，以此为出发点，可能成为我国企业突破国外医药巨头核心专利的突破口之一。

（3）利用专利权人在先申请无效

专利布局中，国外医药企业往往需要构建较为复杂、数量庞大的专利网，由于公司研发程序紧凑，内容延续性较好，对应的专利虽然权利要求只针对一个具体的方向，但为了得到说明书的支持，说明书中往往会给出全面的记载和披露，因此，其内容难免相互交叠。例如，国内个人请求人采用罗氏自己提出的在先申请作为无效证据，成功无效宣告 CN1260249C 全部权利要求。

授权专利独立权利要求 1 要求保护一种包含抗 HER2 抗体和一种或多种其酸性变体的组合物，其特征在于，该酸性变体的量少于 25%，从属权利要求进一步限定了组合物还包含药物可接受的载体，以及抗体为 humMAb4D5 - 8。

主要证据文献 1 WO9704801A1 公开了抗 HER2 抗体组合物制剂，可脱氨基降解，未降解蛋白质含量由 82% 逐渐变低，但仍保持非变性蛋白质含量不低于 75%（即制剂中降解蛋白质含量小于 25%），文献 2 WO9633208A1 公开了抗 HER2 抗体及其蛋白纯化方法。上述文献均为罗氏自己申请的专利文献。请求人认为文献 1 的纯化条件可以将非变形蛋白与降解蛋白分离，如果收集阳离子交换色谱的单一洗脱峰，必然获得纯度高（大于 25%）的非变性蛋白质。而专利权人认为文献 1 中纯化条件不同，没有明确公开“组合物中酸性变体的量小于 25%”这一技术特征。对此合议组认为，证据 1 所述的阳离子交换色谱已测定出非变性蛋白与降解蛋白的百分比含量，降解蛋白的含量在 18% ~25%，由于 HER2 抗体主要的降解途径是脱氨基，涉案专利中解释抗 HER2 抗体的酸性变体是指 HER2 抗体多肽通过脱氨基或脱酰胺基形成的比原始多肽更为酸性的变体，因此酸性变体属于降解蛋白。由此就能推导出证据 1

❶ 陈哲锋，瑞士型权利要求的发展和借鉴［D］. 上海：华东政法大学，2010.

❷ 曲燕，欧阳石文，陈欢. EPO 对涉及给药方案的医药用途发明的审查标准：EPO 扩大申诉委员会 G2/08 决定简介［J］. 中国发明与专利，2010（10）：95 - 99.

中测定的抗 HER2 抗体蛋白组合物制剂中酸性变体的量必然低于降解蛋白总量，因而必然小于 25%。尽管专利权人上诉北京知识产权法院、北京市高级人民法院，北京市高级人民法院于 2011 年最终维持了专利复审委员会胜诉，专利 CN1260249C 被全部无效。

由此可见，抗体医药企业的核心专利，同样存在权利不稳定的情形。由于原研药物研发起点较高，检索专利权人以外的现有技术文献很难获得技术启示，而国内医药企业可从其本人在先专利文献着手，尤其针对短权利要求、成分简单的组合物权利要求可重点检索，起到事半功倍的效果。对于权利要求没有被公开的技术特征，如果能够从现有技术文献中通过合理推导获得，同样也是十分值得尝试去无效抗体医药企业的核心专利。

（4）从涉案专利说明书寻找不足、合理缩小专利保护范围

由于权利要求概括过宽而得不到说明书支持的条款也是挑战授权专利、合理缩小专利保护范围的常用手段之一。罗氏授权专利 CN1151842C 即存在上述情况，授权权利要求如下：

一种包含溶解保护剂和单克隆抗体的冻干混合物的制剂，其中溶解保护剂和单克隆抗体的摩尔比为 100 至 600 摩尔溶解保护剂比 1 摩尔抗体，所述溶解保护剂选自非还原性糖、谷氨酸单钠、组氨酸、甜菜碱、硫酸镁、三元醇或高级糖醇、丙二醇、聚乙二醇、Pluronic 及其组合。

权利要求涉及冻干混合物制剂，所包含成分和组分含量限定内容较详细，但其中“单克隆抗体”“非还原性糖”等都属于上位概括的表述，说明书具体实施例必然需要使用具体的种类进行实验，是否能够通过实验数据获得的效果支持上述范围不得而知。对此请求人提出，涉案专利说明书记载的能够和单克隆抗体形成稳定制剂的只有海藻糖或蔗糖，而且即使含有非还原性单糖（甘露糖醇）的制剂对于控制 IgE 抗体的凝聚都是不理想的，而专利权人认为“在 2 ~ 8℃下保藏时，单糖制剂（甘露糖醇）的凝聚速度与缓冲液对照中的相同”的描述只表示在所述的 pH 为 5 的琥珀酸钠条件下，甘露糖醇的凝聚速度与缓冲液对照相同，并不表示含甘露糖醇的制剂不稳定而不能实现本发明的目的。对此合议组认为：涉案专利说明书实验数据证明并非任何类型的非还原性糖均像蔗糖和海藻糖一样可用于稳定单克隆抗体冻干制剂，非还原性单糖如甘露糖醇相对于缓冲液对照就没有显现出更好的控制蛋白质凝聚以保持蛋白质稳定性的效果，而且其他溶解保护剂与蔗糖或海藻糖属于性质不同的化合物。

结果虽然只是将权利要求部分无效，使专利权人将非还原性糖缩小到海藻糖或蔗糖，但对于国内企业，可在海藻糖或蔗糖以外的非还原性糖中进行选择制备含有 HER2 抗体的冻干制剂，扩展可研究范围。专利说明书针对权利要求的上位概括，需要提供实验数据的支持，从涉案专利说明书寻找不足也是合理缩小专利保护范围的一条途径。

➢ 思考与启示

在国外医药巨头占据国际主要市场的形势下，我国创新主体想要占据一席之地，更需要拿起知识产权武器来捍卫自己的市场地位。对研发而言，从零开始原研药的研发需要时间过长，抗体药物类似物、纯化工艺、信号肽、抗体偶联药物连接子、检测方法等优化都属于在原研药的基础上进行性价比较高的改进研发创新，研发周期相对较短，可短期内取得明显的效果，如提高药物活性、纯度、减少副作用等。专利布局是保护知识产权的基础，除了针对研发进行专利申请，在专利布局时还需要注意以下问题：

第一，专利的申请时机。专利申请的时机，要与药物审批的进程配合进行，过早申请会导致审批流程占用专利期限；过晚申请，可能造成竞争对手抢先申请，根据《专利法》第 42 条规定"为补偿新药上市审评审批占用的时间，对在中国获得上市许可的新药相关发明专利，国务院专利行政部门应专利权人的请求给与专利期限补偿，补偿期限不超过 5 年，新药批准上市后总有效专利其先不超过 14 年"，创新主体既可以提前申请占据市场，又可以适当补偿专利期限减少损失。

第二，专利技术的应用范围。创新主体对于拓展市场的情况应有一定预期，在预期拓展哪些国家的市场之前，就应当提前布局好该国的专利，而不是为了抢先申请，急于在国内进行申请，一年后优先权期限已过，18 个月公开也导致申请已经成为现有技术，不便于进行其他国家的申请，严重影响后续的市场开拓；创新主体可平衡申请的成本和市场开拓的收益来合理选择。

第三，合理的权利挑战策略。追踪竞争对手的专利，尤其跨国医药巨头在我国的核心专利，尽力绕过其保护范围防止侵权只是一种被动手段，同时还应考虑如何主动出击，基于国内专利法体系，充分利用行政和司法程序，积极挑战跨国制药公司的专利权，消除技术壁垒，避免对自身抗体药物应用的限制。准确把握国内对药物相关保护主题的审查标准，尤其是涉及用药剂量、用药禁忌、给药对象是否对制药用途产生影响，也是国内创新主体进行无效的一个方向；从专利权人在先专利文献着手，从涉案专利说明书寻找不足也是合理缩小专利保护范围的途径。

综上所述，除了自身的不断创新和研究，从药物改进式研发专利布局，到注重专利申请时机、提前在所需地域布局以及针对医药巨头的核心专利合理无效同样重要。多角度、多层次的专利布局与合适的权利争取策略互补，有助于维护我国创新主体在药物领域的市场地位，更好地维护药物的市场价值。

（执笔：李子东、吴漾）

29　国产 PD－1 抗体

——结构创新助力核心专利站稳脚跟，平台技术期冀跨越专利壁垒

编者按 PD－1 抗体药物是生物药的热点领域，是国内外制药企业的必争之地。国内外已有多个品种上市，我国企业处于跟随型研发模式。国产 PD－1 抗体结构改进专利布局中存在优势，但是决定抗体质量和产量的工业化生产平台技术则基本掌握在国外创新主体手中，国内企业对于平台专利技术的发展数量少且质量较低。因此在 PD－1 抗体结构设计已经不是技术瓶颈的情况下，大力发展平台技术，跨越专利壁垒，提高 PD－1 抗体市场估值和专利价值是国内企业攻关重点和难点。

➤ PD－1 赛道白热化

20 世纪 90 年代，研究人员发现，程序性死亡受体 1（PD－1）信号通路控制着 T 细胞识别癌细胞的能力，而 PD－1/PD－L1 抗体可以通过阻断该信号通路，激活 T 细胞识别能力，从而杀伤癌细胞。而大多数癌细胞表面都会表达 PD－L1，这就意味着，PD－1/PD－L1 抗体能够治疗多种不同的癌症，相比于其他肿瘤靶向药物治疗一种或两种癌症的效果，PD－1 相关抗体药物对于肿瘤细胞具有广谱性，因此，有人将其比喻为“肿瘤的抗生素”。这些年的临床实践也表明 PD－1 相关抗体在多种适应证中均有显著临床效应。对于药物而言，一种适应证就意味着一个商业市场，而 PD－1/PD－L1 抗体广谱性的特点，使其拥有巨大的市场容量。

截至 2020 年 6 月，美国 FDA 共有 6 种 PD－1/PD－L1 的抗体药物上市，中国除默沙东的 Pembrolizumab（派姆单抗，商品名为 Keytruda，以下简称“K 药”）和百时美施贵宝 BMS 的 Nivolumab（纳武单抗，商品名为 Opdivo，以下简称“O 药”）在 2018 年上市外，国内 4 家制药企业也走在了前列。目前国内外仍然有大量临床在研的 PD－1 相关抗体等待上市，竞争非常激烈。

PD－1 首次发现于 1992 年，20 世纪 90 年代 PD－1 抗体药物一直处于萌芽的状态，蓄势而未发，其全球专利申请量有限，每年仅有十几项专利产出（见图 29－1）。2000 年后，随着 PD－1 和 PD－L1 信号通路的发现，针对 PD－1 靶点的研究热度有了一定的提升，专利申请进入相对缓慢的增长期。2000～2010 年 PD－1 相关专利的年申请量

相对于 1992～1999 年有了小幅增长。目前已经上市的 PD－1/PD－L1 抑制剂 O 药（小野制药/百时美施贵宝，WO2006121168A1）、K 药（默沙东，WO2008156712A1）、Atezolizumab（阿特珠单抗，商品名为 Tecentria，以下简称“T 药”，罗氏，WO2010077634 A1）、Durvalumab（度伐利尤单抗，商品名为 Imfinzi，以下简称“I药”，阿斯利康，WO2011066389A1）的初始核心专利都诞生于该阶段。

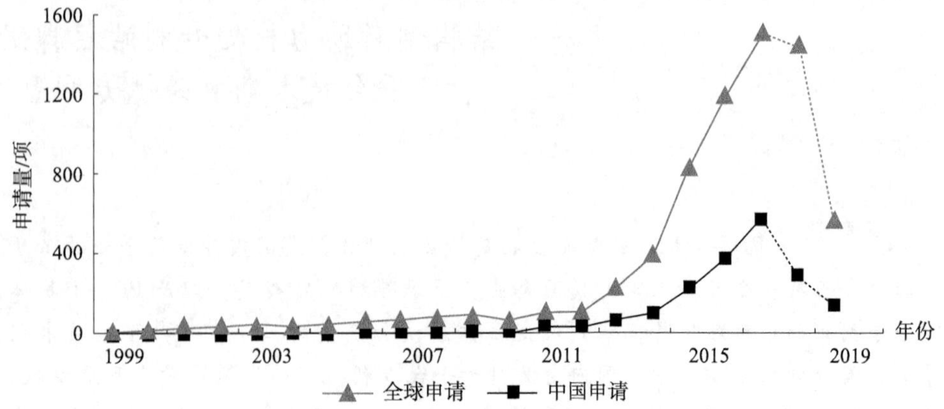

图 29－1　PD－1/PD－L1 的全球和中国专利申请趋势

2011 年，诺贝尔生理学或医学奖授予了从事肿瘤免疫治疗相关的 3 位科学家，预示着免疫治疗在恶性肿瘤治疗领域的广阔前景。免疫检查点阻断疗法被认为是极具应用前景的癌症免疫治疗方式之一，其机制是通过抑制通路中相关靶点（PD－1、PD－L1、CTLA－4）解除 T 细胞活性受抑状态，活化后的 T 细胞能够进攻和消灭肿瘤细胞。从 2011 年开始，PD－1/PD－L1 相关专利的年申请量呈爆发性增长，随着 2014 年 Opdivo、Keytruda 相继宣布上市，更是极大地刺激了 PD－1/PD－L1 领域的相关研究，在 2015 年年申请量达到 914 项。2016～2017 年 T 药、Avelumab（阿维单抗，商品名为 Bavencio）、Ⅰ药也相继批准上市。2016 年后，PD－1/PD－L1 相关申请达 1359 项，2017～2018 年也高居 1700 项以上，该领域已经成为抗体领域甚至生物药领域最热的关键词。由于已上市 PD－1/PD－L1 抗体药物在临床上的良好表现以及其销售额的强劲增长，各大制药企业将会持续关注 PD－1/PD－L1 抗体药物的研发和应用，可以预期未来 PD－1 抗体药物相关专利申请量将继续呈现快速增长。

截至 2019 年 10 月，中国涉及 PD－1/PD－L1 的专利申请共 1972 个专利族（以完全相同的优先权计）。其中，中国本土占 40%，国外来华占 60%。授权专利总数为 203 项（见图 29－2）。

国内本土 PD－1/PD－L1 专利直到 2006 年才由苏州大学提出一项涉及抗人 PD－L1 抗体（CN101104640A，已视撤），而此时国外来华的创新主体已在中国布局多年，第一项授权专利 CN1080311C 来自小野制药和本庶佑，涉及 PD－1 的多肽以及抗体已于 2002 年授权（2015 年已终止）。国内企业在 2016～2018 年尽力追赶，但与国外创新主体仍然存在差距：2016 年后，国内本土企业年申请量 100 项以上，2017 年达到了 234 项，而国外创新主体从 2015 年开始以每年 200 项以上的申请量追赶，

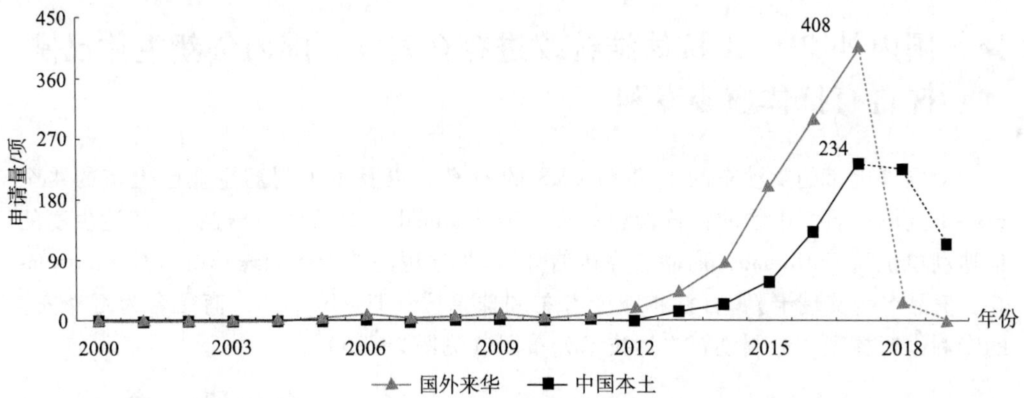

图 29－2　PD－1/PD－L1 的中国专利申请中国外来华和中国本土申请趋势

在 2017 年达到了 400 项。

全球在 PD－1 领域的主要申请人如图 29－3 和图 29－4 所示，可以看出，排名靠前的专利申请人主要是一些国际知名的企业和科研院所。罗氏以最多的申请量居全球申请人首位，这与其较早进入抗体药物研发领域，较早获得 PD－1 抗体药物的批准有直接的关系。当然，也与其对在全球和中国进行专利布局的重视密不可分。2015 年，罗氏的PD－L1 抗体 T 药进入Ⅲ期临床阶段。2016 年 5 月，T 药被批准用于治疗尿路上皮癌，并取得了突破性结果。T 药是基于抑制 PD－L1 与 T 细胞表面的 PD－1 的相互作用，解除 PD－1 介导的 T 细胞免疫抑制，进而诱导 T 细胞活化，恢复其有效检测和攻击癌细胞的能力。目前，罗氏正全力推进 T 药在多个适应证中的应用。除罗氏外，百时美施贵宝、诺华、默沙东、阿斯利康、辉瑞、再生元的全球申请量排名靠前，在中国申请人排名中，这些跨国公司依然占据了申请主体，百时美施贵宝以 41 项位列第一，国内企业只有恒瑞以 23 项排名第三，中国科学院微生物所以 13 项列第七。

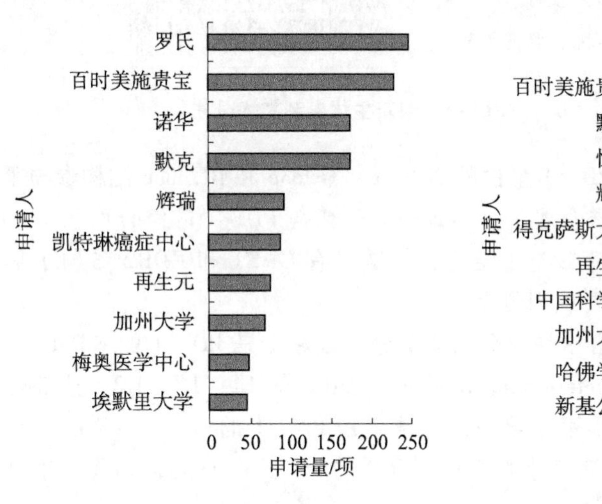

图 29－3　PD－1/PD－L1 的全球专利申请人排名

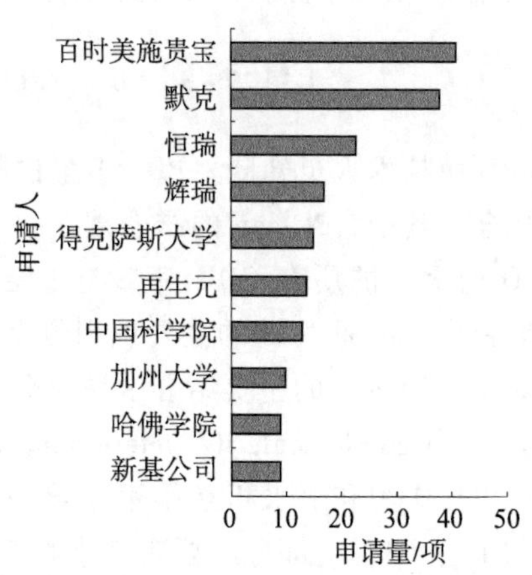

图 29－4　PD－1/PD－L1 的中国专利申请人排名

➢ 国内外 PD－1 抗体结构改进存在差别，国内创新主体已掌握自有抗体核心专利

对国外上市的默沙东的 K 药和 BMS 的 O 药，以及本土制药企业已上市的 4 个 PD－1 抗体：君实生物的特普瑞利单抗（Toripalimab，商品名为拓益）、信达生物的信迪利单抗（Sintilimab，商品名为达伯舒）、恒瑞医药的卡瑞利珠单抗（Camrelizumab，商品名为艾瑞卡）、百济神州的替雷利珠单抗（Tislelizumab，商品名为百泽安）的专利进行梳理，绘制创新主体技术分布图（见图 29－5）。

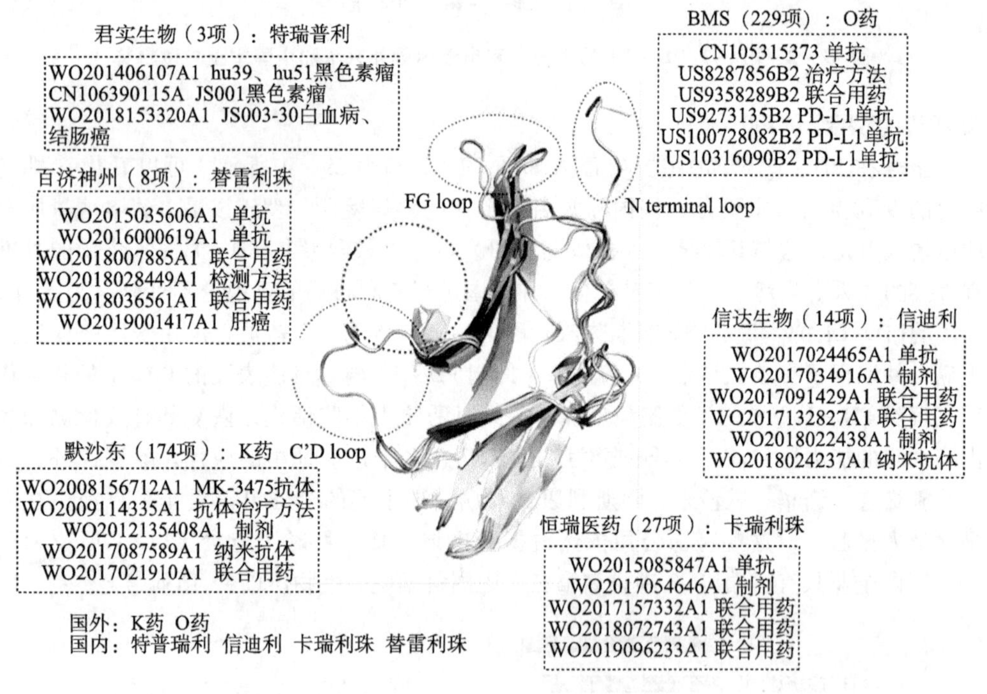

图 29－5　PD－1/PD－L1 创新主体专利技术分布

本领域技术人员知晓，PD－1 蛋白的 N loop、FG loop 和 BC loop 结构参与了与抗体的结合，其中，N loop 的结合居于主导地位。O 药与 PD－1 的结合面积是 1932.5 Å 2，O 药重链的所有 CDR 都参与了结合，轻链只有 CDR1 和 CDR2 参与了部分结合，N 端的 loop 是 O 药的主要识别位点。

K 药与 PD－1 的主要结合区域可分为 2 部分，区域 1 是 PD－1 的 C'D Loop 与互补决定区（Complementaritg Determining Region，CDR）的 L1、L3、H2，这部分主要是极性相互作用和疏水相互作用介导的；区域 2 是 PD－1 的 C、C′、F β－Sheet 与 CDR 的 L1、L3，这部分主要是亲水相互作用介导的。K 药在 O 药后研发，很好地通

过结合位点的不同避开了在先专利和技术壁垒，同时实现了不同的临床效果。❶

而国内第一个上市的君实生物的特普瑞利单抗则针对 PD－1 的 FG 的 Loop 区，其技术要点在于，特普瑞利单抗与 PD－1 FG Loop 区结合的决定区域是 HCDR3 和 LCDR1，并且其 HCDR3 区较长，含有 18 个氨基酸的 Loop 区，与 PD－1 的 FG Loop 区形成多个氢键，是主要的结合位点。PD－1 是一个高度糖基化的蛋白，特普瑞利单抗的结合不受糖基化的影响，因此，当在肿瘤组织中出现不正常的糖基化的 PD－1 时，不影响特普瑞利单抗的结合。❷

百济神州的替雷利珠单抗在结合位置上同样也进行了规避设计。替雷利珠单抗利用轻链可变区（VL）的所有 3 个 CDR 和重链可变区（VH）的 CDR2、CDR3 与 PD－1 形成广泛的相互作用。替雷利珠单抗对比 O 药、K 药显示不同的 PD－1 结合方位，替雷利珠单抗结合表面与 O 药表面有部分重叠，与 K 药截然不同❸。

可以看出，在抗体的结构设计上，各创新主体的 PD－1 抗体均从结合位置的角度进行了不同的选择，国内企业同样也掌握了这种抗体设计的技术。这一结合位置体现在抗体的 CDR 结构上，在专利上也通过 6 个不同序列的 CDR 限定的抗体形成了不同的专利保护范围。因此，在无靶点结合限定的抗体专利壁垒的情况下，通过抗体结构改进能够较容易地绕过在先药物的抗体专利。各创新主体均通过不同的 CDR 限定的抗体专利进行了核心化合物的保护，在核心专利上站稳了脚跟，在疗效上也依赖于 6 个不同序列的 CDR 的结合活性，结构创新在抗体新药研发是重要的一环，也是奠定药物临床效果以及市场占有率的重要因素。

➢ 国内外 PD－1 抗体授权标准趋于一致，国内创新主体略有突破

对于专利布局，第一个上市的 O 药原研企业 BMS 在掌握 PD－1 基础专利后，继续在该领域深耕细作，共申请 229 项涉及 PD－1/ PD－L1 相关专利，涉及主题涵盖抗体、治疗方法、联合用药等，同时还关注了 PD－L1 抗体，在专利申请中开发了至少 3 种不同的 PD－L1 抗体。K 药的原研企业默沙东在 O 药后，也布局大量的抗体、治疗方法、制剂以及联合用药等专利，同时还涉及了纳米抗体，共申请 174 项涉及 PD－1/ PD－L1 相关专利。适应证以及联合用药将是 PD－1 抗体产品占有市场以及进入医保的关键，显然国外创新主体已经运筹帷幄，掌握先机。

相比 O 药、K 药，国内申请主体在抗体结构的技术上虽然有所突破，但是专利

---

❶ FESSAS P, LEE H, IKEMIZU S, et al. A molecular and preclinical comparison of the PD－1－targeted T－cell checkpoint inhibitors nivolumab and pembrolizumab [J]. Seminars in Oncology, 2017, 44 (2): 136－140.

❷ LIU H C, GUO L J, ZHANG J, et al. Glycosylation－independent binding of monoclonal antibody toripalimab to FG loop of PD－1 for tumor immune checkpoint therapy [J]. mAbs, 2019, 11 (4): 681－690.

❸ FENG Y C, HONG Y, SUN H Z, et al. Abstract 2383: The molecular binding mechanism of tislelizumab, an investigational anti－PD－1 antibody, is differentiated from pembrolizumab and nivolumab [J]. Cancer Res., 2019, 79 (13 Suppl).

布局仍然有所局限，专利申请数量上并不突出，恒瑞医药的卡瑞利珠单抗最高涉及27项专利，信达生物的信迪利单抗涉及14项专利，君实生物的特普瑞利单抗以及百济神州的替雷利珠单抗均不足10项，在申请主题上也较为单一，对分案和优先权的利用以及对适应证和联合用药专利的布局还未达到国外创新主体的水平。

对目前已授权的创新主体的核心产品专利（权利要求主题为抗体的部分专利）进行分析（见表29－1），其中，授权范围评估以6个CDR为标准范围作为判断，大于该范围标记为“大”，小于该范围标记为“小”。

目前，BMS和恒瑞医药的核心专利在美国、日本、欧洲、中国均已授权，授权范围均是6个CDR，为标准授权范围。可见，在抗体产品的专利申请策略上，恒瑞医药等创新主体已经能够熟悉掌握结构限定的权利要求撰写方式，且对实验数据和抗体授权范围的把握也较为合适。在产品专利申请上，大部分国内外创新主体对于PD－1抗体以及其他靶点的抗体产品专利，逐步形成了各自为政、互不干涉的态势。

表29－1　已授权的创新主体的核心专利

比较对象	公开号	申请范围	授权范围	范围评估（以6个CDR为标准范围）
BMS	US8008449B2	功能限定的抗体	VH和VL	小
	EP2161336B1	CDR	CDR	标准
	EP2439273B1	CDR	VHVL	小
	JP5028700B2	组合物	6个CDR	标准
	JP4361545B2	功能限定抗体	6个CDR	标准
	CN105315373B	CDR	6个CDR	标准
	CN103059138B	CDR	6个CDR	标准
	CN101213297B	功能限定抗体	6个CDR	标准
恒瑞医药	US10344090B2	选自CDR	6个CDR	标准
	EP3081576B1	选自CDR	6个CDR	标准
	JP6502959B2	选自CDR	6个CDR	标准
	CN105026428B	选自CDR	6个CDR	标准
百济神州	US8735553B1	IgG4Fc区存在4个突变点的PD1抗体	选自CDR	大
	US9217034B2	IgG4Fc区存在4个突变点的PD1抗体	选自CDR	大
	US9834606B2	IgG4Fc区存在4个突变点的PD1抗体	IgG4的3个突变位置，未限定CDR	大
	US9988450B2	IgG4Fc区存在2个突变点的PD1抗体	IgG4的2个突变位置，未限定CDR	大
	CN105531288B	CDR	6个CDR	标准
	CN107011441B	选自CDR	具体序列的IgG4重链恒定区的PD1抗体	大
	CN107090041B	CDR	6个CDR	标准
	EP3044234B9	CDR	VH和VL	小

百济神州走了一条略有不同的路。百济神州的 PD－1 抗体部分申请文件中除了记载对具体 CDR 限定的抗体以及效果，还涉及多个位点的 IgG4－Fc 改造，这一改造不涉及对抗体结合表位的区域，而是对抗体恒定区的改造，能够减少 FcγR 结合活性，使肿瘤相关巨噬细胞（TAM）不能对 PD－1 抗体进行吞噬，从而提高了免疫治疗耐受性，同时还验证了 CDR 所结合的表位能够导致抗体亲和性提高，对比实验数据在答复日本特许厅、欧洲专利局的创造性审查意见中均有体现。

基于这种技术贡献，百济神州在申请时就没有局限在通过具体结构限定，尤其是 CDR、VH 和 VL 的具体序列限定的抗体，而是通过限定 IgG4－Fc 区的改造来限定请求保护的 PD－1 抗体，提出其解决的技术问题是“为了产生具有最小 ADCC、CDC 及不稳定性的抗 PD－1 单抗”。最终基于其贡献，在美国、中国的部分同族申请中均给到了 IgG4－Fc 区存在 4 个突变点的 PD－1 抗体或通过 IgG4－Fc 区序列，而不是仅仅通过 CDR 区序列限定的 PD－1 抗体。

例如，CN107011441B 授权权利要求 1：

1. 一种单克隆抗体，其结合人类 PD－1，且包含：

PD－1 结合域，和

IgG4 Fc 区，其中 IgG4 重链效应器包括 SEQ ID NO：85 或 SEQ ID NO：88。

可见，除了通过 6 个 CDR 序列来限定抗体的保护范围，还可以考虑 FC 等其他部分的特征，从不同角度进行技术改进，能够在保护范围和保护角度上获得一定突破。从上面的分析也可以看出，国内创新主体在抗体结构的设计上已经能够考虑 CDR 结构以及 FC 结构等特征，从顶层设计上对抗体最终效果进行了把控。因此工程化抗体设计对于国内创新主体并非急需解决的壁垒。

上文提及的 IgG4－Fc 改造技术，属于抗体工程化提高 Fc 效应、降低抗体依赖性细胞介导的细胞毒性（ADCC）效应的改造方案。在实际研发中，抗体工程化的工作量较大，通常是制药企业尤其是跨国制药企业的独有专利技术。国外上市的 PD－1 抗体 O 药、K 药均为 IgG4 抗体，引入了 S228P 突变位点改善 Fc effector，然而，S228P 是业内公知的突变位点，并未在专利上形成壁垒。如果其他 IgG4－Fc 改造位点以及突变形式能够形成范围较大的平台性专利，那么这种类型的专利含金量将比获得一个特定结构的抗体专利还要高。

例如，2010 年，国外制药企业优时比（UCB）提出了一项申请 EP2606063B1，授权权利要求公开了一个在任何 IgG4 的 Kabat 编号 127 位进行半胱氨酸取代的 IgG4 类抗体的范围。

授权权利要求如下：

1. 包含至少一个重链的 IgG4 类抗体，所述重链包含 CH1 结构域和铰链区，其中在每个重链中：（a）根据 Kabat 编号系统编号的 C 中 127 位的链间半胱氨酸 H1 结构域被另一个氨基酸取代；以及（b）位于上铰链区的一个或多个氨基酸被半胱氨酸取代。

如果该位点能够在后期 IgG4－Fc 改造中体现出通用性和效果优势，即在 IgG4－

Fc 改造中必须经过该位点改造，或经该位点改造能够取得非常大的抗体效果改善，那么该专利的授权范围，将成为其他抗体研发企业在抗体研发以及结构设计时的重要专利壁垒，其专利含金量和专利价值将大大提高。

国内创新主体例如百济神州已经有了抗体结构以及 FC 突变位点改造的经验和能力，如果能够在技术改进和专利申请方面做进一步拓展，将比获得一个特定序列的抗体更有价值，而且在后续其他靶点抗体药物的开发中将事半功倍，抗体研发的速度也将提高。

➢ 工业化生产平台技术有待进一步发展

从上面的分析可以看出，国内创新主体在抗体结构的设计上已经能够考虑 CDR 结构和 FC 结构等特征，从顶层设计上对抗体最终效果进行了把控。国内 PD－1 抗体等生物药在紧跟国外技术和市场潮流的情况下，已经斩获了多个上市产品，而且在抗体药物结构改进的技术和专利布局中存在优势。从生物药的发展状态来看，我国生物药产业创新在经历了思想萌芽和实证研究的阶段后，也进入了产业创新系统研究阶段。

在单克隆抗体药物工业生产中，除了抗体本身的序列结构，宿主细胞选择、表达载体构建、转染方法、筛选技术、细胞培养工艺技术方法、选定细胞株的标准，以及单抗药物 CHO 细胞株开发和培养工艺等工业化生产技术则关系到整个抗体药物的质量及药效，且对于抗体后续放大生产起到关键作用。上述这些生产工艺中涉及的技术，可以称之为平台技术，而其中很多技术形成了抗体领域的基础性专利。从图 29－6 中可以看出，PD－1 抗体专利中宿主细胞、检测手段、检测方法、培养基以及培养方法基本上掌握在国外创新主体手中，拥有大量抗体药物以及抗体制备管线的罗氏在检测手段和检测方法上占据了较大优势。而 PD－1 抗体 O 药原研企业 BMS 则掌握了 PD－1 抗体的宿主细胞、培养基以及培养方法专利。国内创新主体中国科学院、浙江大学以及恒瑞医药仅关注了宿主细胞以及相关培养基方面的技术改进。

➢ 君实生物与特瑞普利单抗

君实生物，全称为上海君实生物医药科技股份有限公司，成立于 2012 年 12 月，是一家创新驱动型生物制药公司，致力于创新药物的研发，以及在全球范围内的临床研究和商业化生产。君实生物建立有单抗杂交瘤、候选抗体筛选与评价、人源化以及单抗药物高表达哺乳动物细胞构建及筛选系统等多项技术平台。

君实生物已建立 7 个技术平台：①抗体筛选及功能测定的自动化高效筛选平台；②人体膜受体蛋白组库和高通量筛选平台；③抗体人源化及构建平台；④高产稳定表达细胞株筛选平台（基于 Lonza 的 GS 表达系统）；⑤CHO 细胞发酵工艺开发平台；

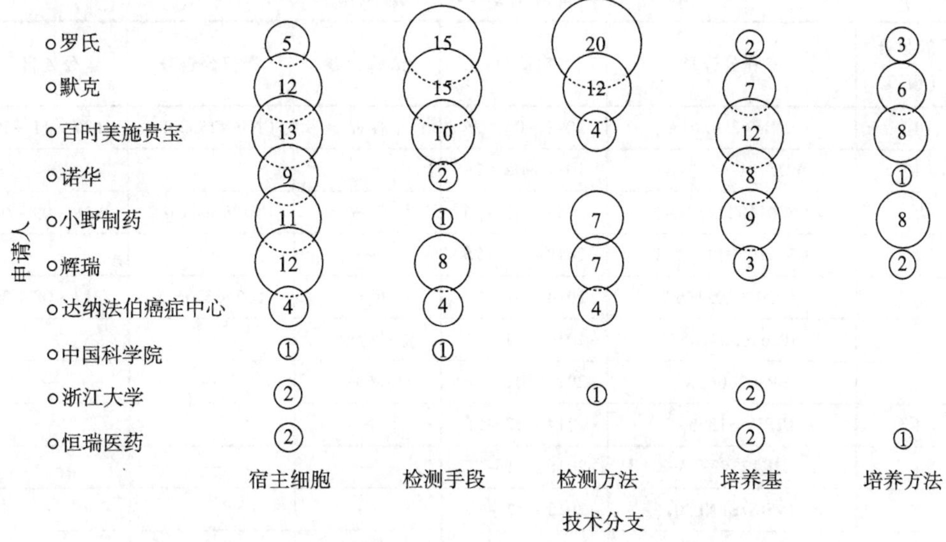

图 29－6 PD－1 创新主体制备方法专利技术分布

注：图中数字表示申请量，单位为项。

⑥抗体纯化工艺及制剂工艺开发与配方优化平台；⑦抗体质量研究、控制及保证平台。❶

截至 2019 年 6 月，君实生物拥有产品管线共 19 项，其中涉及肿瘤领域已上市和在研药品共 13 项（JS001、JS003、JS004、JS006、JS007、JS009、JS011、JS012、JS014、JS101、JS104、JS105、JS501），代谢疾病在研药品共 2 项（JS002、JS008），针对炎症或自身免疫性疾病在研药品共 3 项（JS005、UBP1211、UBP1213），治疗神经性疾病在研药品 1 项（JS010）。

特瑞普利单抗，产品代号 JS001，是一种重组人源化抗 PD－1 注射用单克隆抗体。特瑞普利单抗是中国公司研发的首个向国家药品监督管理局（NMPA）提交新药临床试验（IND）申请和新药申请（NDA）的抗 PD－1 单克隆抗体。已于 2018 年 12 月 17 日获得 NMPA 批准上市销售，适应证为针对二线转移性皮肤黑色素瘤的治疗。除此之外，特瑞普利单抗已经在尿路上皮癌、胃癌、食管癌、鼻咽癌、非小细胞肺癌、乳腺癌、神经内分泌瘤、淋巴瘤、肉瘤等诸多晚期肿瘤适应证方面开展临床试验，大部分处于Ⅰ期或Ⅱ期阶段。而且特瑞普利单抗于 2018 年 3 月在美国开展了Ⅰ期临床试验。

在 WPI 专利数据库中，检索与君实生物 PD－1 抗体相关的技术内容，共获得 15 件专利，检索日期截至 2019 年 7 月 10 日。表 29－2 显示了君实生物的 PD－1 抗体相关专利，其中已经授权的专利有 CN104250302B、US10066013B2、RU2663795C2。驳回的专利申请有 JP2016523265A，还在审查中的专利申请有 EP3026062A1。

---

❶ 上海君实生物医药科技股份有限公司 . 2019 年中期报告［R/OL］.（2019－09－30）［2019－11－04］. http：//files. servire/files/457/2019/0930/20190930164502_13438788_tc. pdf.

表 29－2 君实生物 PD－1 抗体相关专利

同族数量（项）	专利公开号	申请日	法律状态	授权公告号	公告日
1	CN104250302A	2013－06－26	授权	CN104250302B	2017－11－14
1	WO2014206107A1	2014－02－26	—	—	—
1	US20160272708A1	2014－02－26	授权	US10066013B2	2018－09－04
1	US20190023782A1	2018－07－25	—	—	—
1	RU2016102176A	2014－02－26	授权	RU2663795C2	2018－08－09
1	JP2016523265A	2014－02－26	驳回后继续	—	—
1	EP3026062A1	2014－02－26	审中	—	—
1	BRPI1531883A2	2014－02－26	—	—	—
1	HK1225392A	2016－11－25	—	—	—
1	IN11958DELNP2015A	2015－12－31	—	—	—
1	MYPI2015704733A	2014－02－26	—	—	—
1	PH12015502819A1	2015－12－18	—	—	—
2	CN106390115A	2016－07－26	—	—	—
3	CN108456251A	2017－02－21	—	—	—
3	WO2018153320A1	2018－02－13	—	—	—

第 1 项专利族涉及抗体的分子结构，属于 PD－1 抗体的核心专利。其同族专利申请不仅涵盖了美国、欧洲、日本等发达国家或地区，而且涵盖了中国、印度、巴西等发展中国家。

中国专利 CN104250302B 的授权文本的权利要求 1 如下：

1. 能够结合程序性死亡因子 1（PD－1）的抗体或其功能性片段，其重链 CDR1、CDR2 和 CDR3 以及轻链 CDR1、CDR2 和 CDR3 的氨基酸序列选自以下各氨基酸序列的组中的一组：

	HCDR1	*HCDR2*	*HCDR3*	*LCDR1*	*LCDR2*	*LCDR3*
A	*SEQ ID NO*：1	*SEQ ID NO*：2	*SEQ ID NO*：3	*SEQ ID NO*：4	*SEQ ID NO*：5	*SEQ ID NO*：6
B	*SEQ ID NO*：7	*SEQ ID NO*：8	*SEQ ID NO*：9	*SEQ ID NO*：10	*SEQ ID NO*：11	*SEQ ID NO*：12
C	*SEQ ID NO*：13	*SEQ ID NO*：14	*SEQ ID NO*：15	*SEQ ID NO*：16	*SEQ ID NO*：17	*SEQ ID NO*：18
D	*SEQ ID NO*：1	*SEQ ID NO*：2	*SEQ ID NO*：3	*SEQ ID NO*：10	*SEQ ID NO*：11	*SEQ ID NO*：12

该权利要求请求保护抗体的 6 个 CDR 序列的组合。其中，技术方案 D 中具体序列为：HCDR1：DYEMH；HCDR2：VIESETGGTAYNQKFKG；HCDR3：EGITTVATTYYWYFDV；LCDR1：RSSQSIVHSNGNTYLE；LCDR2：KVSNRFS；LCDR3：FQGSHVPLT。

美国专利 US10066013B2 的授权文本的权利要求 1 如下：

1. A monoclonal antibody or functional fragment thereof that binds to a programmed

cell death 1 (PD－1) protein comprising the amino acid sequence of SEQ ID NO：43, comprising a heavy chain variable region comprising SEQ ID NO：33 and a light chain variable region comprising SEQ ID NO：34.

该权利要求请求保护抗体的 VH 序列和 VL 序列的组合，以及 PD－1 蛋白的序列。

➢ 信达生物与信迪利单抗

信迪利单抗是礼来与信达生物共同开发用于治疗复发/难治性（R/R）经典霍奇金淋巴瘤（cHL）的抗 PD－1 单克隆抗体，于 2018 年 12 月获得 NMPA 批准上市。

信迪利单抗是重组全人源 IgG4 型单克隆抗体，其 Fab 段与 PD－L1 竞争性结合 PD－1，信迪利单抗能够高效、特异地竞争抑制 PD－1 与 PD－L1/L2 结合，亲和力高于同类品种，比 K 药高 10 倍，比 O 药高 50 倍。

信达生物在抗体产品研发起始，就注重产品的专利保护，布局产品核心专利，保护抗体本身与抗体制剂，为后续产品上市提供强有力的保护。此外，还针对 PD－1 研发多个抗体予以保护，以期掌握更多的竞争筹码。并且围绕 PD－1 作用通路，进一步布局 PD－L1 抗体，除了常规 IgG1 型抗体，信达生物另辟蹊径，研发了分子量小、稳定性强、穿透性强的纳米抗体。后续提出了 PD－1 与抗 LAG－3 抗体联用。整体看来，该公司针对关键产品给予专利保护，但由于公司创立时间较短，研发品种较少，PD－1 抗体与其他药物联用以及适应证用途等方面的专利保护较少。

（1）PD－1 抗体

2015 年，信达生物即提交了 PD－1 抗体专利申请 CN108473977A（涉及核心产品抗体），该专利进入 14 个国家和地区，共有 18 件同族申请和分案申请。该项专利请求保护 PD－1 抗体，限定了轻链和重链的 CDR 序列与轻链和重链序列，包含编码轻链氨基酸序列和重链氨基酸序列的哺乳动物细胞、生产抗体的方法、药物组合物、治疗癌症的方法（包括黑色素瘤、肺癌、头颈癌、结肠直肠癌、胰腺癌、胃癌、肾癌、膀胱癌、前列腺癌、乳腺癌、卵巢癌或肝细胞癌），抗体的治疗用途、组合产品。说明书中记载了多个单克隆抗体 A～G，并与已上市 PD－1 抗体产品（K 药和 O 药）进行了体外亲和力、阻断效果等方面的比较，结果显示，其研发的单抗 D 和单抗 G 均表现相比 K 药和 O 药更优的亲和力和阻断效果。体内注射肺癌细胞模型实验中，也显示抗体 A 和单抗 D 显著抑制肿瘤生长。而抗体 D 经确定即为信达生物上市单抗产品。

目前，该申请已经获得授权，而同族在美国和日本均得到授权。该申请授权权利要求主要涉及 PD－1 抗体，限定了明确的重链和轻链 CDR 序列、重链和轻链氨基酸序列、生产抗体的方法、药物组合物、单独或与其他抗肿瘤药物组合的制药用途（肺癌）以及其他抗肿瘤药剂的组合产品。

CN108473977B 授权权利要求 1 如下：

1. 结合人类 PD－1 的抗体，其包含轻链和重链，其中所述轻链包含轻链互补决定区 LCDR1、LCDR2 和 LCDR3，所述轻链互补决定区分别由氨基酸序列 RASQGISSWLA（SEQ ID NO：9）、SAASSLQS（SEQ ID NO：10）和 QQANHLPFT（SEQ ID NO：11）组成，且其中所述重链包含重链互补决定区 HCDR1、HCDR2 和 HCDR3，其中 HCDR1 由氨基酸序列 KASGGTFSSYAIS（SEQ ID NO：2）或 KASGGTLSSYAIS（SEQ ID NO：3）组成，其中 HCDR2 由氨基酸序列 LIIPMFGTAGYAQKFQG（SEQ ID NO：4）、LIIPMFDTAGYAQKFQG（SEQ ID NO：5）或 LIIPMFGAAGYAQRFQG（SEQ ID NO：6）组成，且其中 HCDR3 由氨基酸序列 ARAEYSSTGTFDY（SEQ ID NO：7）或 ARAEHSSTGTFDY（SEQ ID NO：8）组成。

2016 年，信达生物为了配合上市产品，进一步提出了关于 PD－1 抗体制剂的专利申请 CN109562173A（涉及核心产品抗体注射液），该申请进入 4 个国家和地区，共 6 个同族，但目前没有看到美国、日本、韩国的同族。该申请涉及包含 PD－1 抗体的药物制剂，对药物制剂的组分进行了具体限定（如柠檬酸盐＋组氨酸＋甘露醇＋氯化钠＋乙二胺四乙酸盐＋聚山梨醇酯＋轻链＋重链），以及治疗癌症的方法和药物制剂的用途。其中抗体的重链轻链序列与 CN108473977A 中抗体 D 的重链和轻链序列一致。该申请说明书中对 pH、缓冲液、多元醇、表面活性剂、赋形剂对抗体光暴露、加速试验、冻融稳定性的影响进行了研究，获得优化的 PD－1 抗体制剂组分。目前该申请处于待审查中。

2016 年，信达生物还申请了其他 PD－1 抗体专利 CN108779177A（与鼠 PD－1 特异结合），进入 4 个国家和地区，共有 6 个同族申请。该专利申请请求保护 PD－1 抗体，限定抗体轻链和重链的 CDR 氨基酸序列、轻链和重链可变区序列、轻链和重链序列、药物组合物、治疗癌症的方法、抗体治疗用途（涉及多种肿瘤）、抗体与其他抗肿瘤药剂组合的治疗用途、组合产品。该申请说明书中提供了比现有技术抗体产品（K 药和 O 药）亲和力更高、阻断效果更好的抗体，并且能够结合鼠的 PD－1，暗示其识别结合表位更为多样。并在体内结肠癌接种模型中，进一步验证了抗体 C 能够具有抗肿瘤效果。该申请目前处于待审查中。

CN107955072A 也是信达生物于 2016 年提出的 PD－1 抗体专利申请，目前进入 6 个国家和地区，有 7 个同族专利。该申请也涉及保护 PD－1 抗体，限定了轻链和重链的 CDR 序列、轻链和重链的可变区序列、轻链和重链序列、生产抗体的方法、药物组合物、抗体制药用途（包括多种肿瘤）。说明书中具体列举了抗体 xd－16B～E，其与 PD－1 的亲和力均优于已知抗体产品，xd－16B 的阻断效果与已知产品类似。

进一步对比了上述 3 件专利中最优 PD－1 抗体 CDR 上的区别，可以看出抗体 D（核心产品）与抗体 xd－16B 的轻链 CDR1－3 序列一致，重链 CDR1－3 序列分别存在几个氨基酸位点的差异。而信达生物上述 3 件专利中最优抗体，与 PD－1 的亲和力均优于 K 药和 O 药。

从上述信达生物提交的专利来看，在专利说明书中，均详细记载了所请求保护的 PD－1 单抗与已上市产品性能比较的具体实验数据，从而为其请求保护产品在创造性审查中有益技术效果提供了有利证据，为其研发产品获得专利权提供了有效保障。

（2）PD－L1 抗体

2017 年，信达生物进一步布局 PD－1 治疗领域，提出了抗 PD－L1 3 纳米抗体专利申请 CN107686520A（涉及治疗结肠癌），进入 7 个国家和地区，共有 8 件同族申请。该申请涉及保护了抗 PD－L1 纳米抗体，限定其 VHH 链 CDR 序列、FR 序列、HVV 链序列、产生抗 PD－L1 纳米抗体的方法、偶联物、检测和医疗用途。该申请说明书中，对从文库中筛选获得的 PD－L1 纳米抗体进行人源化改造，人源化后的 PD－L1 纳米抗体更能够有效阻断 PD－L1 与 PD－1 的结合，抑制体内结肠癌细胞模型。且与已上市药物阿达木单抗（Humira，商品名为修美乐）相比，该人源化纳米抗体具有更优的可溶性和稳定性。信达生物突破常规 IgG 型 PD－L1 抗体，开发出分子量小、稳定性强的纳米抗体，也在 PD－L1 抗体的研发中开辟了一条新路。

2017 年，信达生物提交了一项 IgG1 型 PD－L1 抗体专利申请 CN109970857A（涉及治疗结肠癌），目前仅有 2 件同族专利。该申请提供了与 PD－L1 结合且成药性更好的抗 PD－L1 抗体，权利要求涉及抗体或其抗原结合片段，限定了轻链和重链可变区序列、制备上述抗体的方法、免疫缀合物、药物组合物（其中特别提到了与 LAG－3 抗体的组合）、制药用途（限定肿瘤为结肠癌）、检测 PD－L1 的方法。该申请说明书中记载，通过杂交瘤获得相应抗体并经构建表达纯化，获得 4 个嵌合抗体。4 个嵌合抗体相比罗氏的阿特珠单抗，具有相似或更优的与 PD－L1 的亲和力。将上述嵌合抗体人源化，人源化抗体相比罗氏的阿特珠单抗具有相似或更优的亲和力。嵌合抗体和人源化抗体，均能有效阻断 PD1/PDL1 的相互作用，在体外有效激活 T 细胞。抗体 HZ3266 和 HZ4485 的成药性，均好于罗氏的阿特珠单抗。在结肠癌模型小鼠上使用 HZ3266－IgG1N297A，显示明显的肿瘤抑制效果。并且与 LAG－3 抗体（ADI－31853）联合使用，能取得更好的抑制肿瘤生长的效果。

2017 年，信达生物积极布局双特异性抗体专利领域，申请了专利 CN109970860A，包含三条多肽链的三链抗体及其制备方法与用途，其中第一多肽链包含第一重链可变结构域，第二多肽链包含第一轻链可变结构域，配对形成第一抗原结合位点，第三多肽链包含单链结构域第二抗原结合位点和单链结构域第三抗原结合位点。这种新型抗体样式，因各条链之间的正确偶合或配对，而易于表达且产率提高，且不会产生空间位阻干扰，具有好的成药性。说明书中具体记载了抗 CD47/PD－L1 双特异性抗体 Kh2NF－PC 和 Kh2NF－PC－NL，抗 4－1BB/PD－L1 双特异性抗体 Kh2NF－P4、抗 LAG－3/PD－L1 双特异性抗体 Kh2NF－PL 的构建、表达纯化以及性能分析。结果显示，双特异性抗体获得了与亲本抗体相似或更优的技术效果，与联合用药效果相似。

（3）联合用药

2017 年，信达生物提出了关于抗 LAG－3 抗体及其用途的专利申请 CN109970856A 涉及治疗皮肤癌和结肠癌，其中请求保护 LAG－3 抗体和 PD－1/PD－L1 抗体的双特异性或多特异性抗体、药物组合物、药物组合物的制药用途。说明书中记载，用抗 LAG－3 抗体分别和 PD－1 抗体（“Antibody D”（IBI308），即上市产品），以及 PD－

L1 抗体（HZ3266 - IgG1N297A）联合使用，可以显著抑制肿瘤生长。

信达生物与礼来合作共同申请了抗 TIM - 3 抗体和抗 PD - 1 抗体（IBI308）联合用药的专利申请 WO2018106588A1（涉及治疗非小细胞肺癌），目前该专利尚未进入中国，共有 6 项同族专利。说明书中记载了抗 TIM - 3 抗体和抗 PD - 1 抗体（即其上市产品）联合使用，能有效抑制非小细胞肺癌异体模型中肿瘤的生长。

➢ 恒瑞医药与卡瑞利珠单抗

恒瑞医药作为中国医药领域的第一梯队企业，也进军了 PD - 1 抗体领域，在专利、临床试验方面深耕细作。截至 2019 年 10 月，卡瑞利珠单抗涉及 87 项临床试验信息，时间跨度从 2015 年 9 月至 2019 年 10 月。这些临床试验均在扩展适应证、联合用药、不同患者类型方向开展，可以看出，恒瑞医药对于卡瑞利珠单抗的临床试验在持续展开，并未中断。其中这些试验的展开主要针对不同的肿瘤适应证、联合用药，还包括一项抗药性以及分子标记临床试验。在肿瘤适应证的类型来看，恒瑞医药在不断尝试将卡瑞利珠单抗用于更广泛、在中国地区更为高发的肿瘤适应证中，包括食管鳞状细胞癌、转移性结直肠癌、胃癌、晚期食管癌等。在这些临床试验中，恒瑞医药的合作者大多集中于中山大学、复旦大学、北京大学、北京大学人民医院、解放军总医院等一流高校和医院。

联合用药集中在与阿帕替尼或化疗方法的联合，也有少数与吉西他滨、索拉菲尼等其他公司产品的联合。

恒瑞医药关于 PD - 1 抗体的专利包含 27 项，其中涉及 PD - 1 和 PD - L1 抗体结构的专利申请同族数量最大，分别为 20 件和 12 件（将进入一国的公开和授权本统计为 1 件），且几乎全部的专利申请包含了 WO、CN 的同族专利申请。恒瑞医药 PD - 1 抗体最早的专利申请出现于 2013 年，其主题涉及 PD - 1 抗体的可变区结构；PD - L1 抗体最早的专利申请出现于 2015 年。其中，抗体产品与制剂涉及 4 项，与 VEGFR 抑制剂联合用药 5 项，与其他制剂联合用药 5 项，其他专利申请主题涉及 PD - 1 联合用药 7 项，抗体的第二医药用途 3 项。恒瑞医药关于 PD - 1 抗体主要专利如表 29 - 3 所示。

表 29 - 3　恒瑞医药关于 PD - 1 抗体主要专利

公开（公告）号	申请日	主题
WO2015085847A1	2014 - 11 - 14	PD - 1 抗体
WO2017084495A1	2016 - 11 - 02	PD - L1 抗体
WO2017157332A1	2017 - 03 - 17	PD - 1 抗体联合 the aromatic amide derivative
WO2018072743A1	2017 - 10 - 20	PD - 1 抗体与 IDO 抑制剂结合
CN108079292A	2017 - 11 - 22	抗 PD1 抗体在制备治疗肝癌的药物
WO2018205985A1	2018 - 05 - 11	PD - L1 抗体联合 TGF - βRⅡ细胞外区域
WO2018210230A1	2018 - 05 - 15	PD - L1 抗体

续表

公开（公告）号	申请日	主题
WO2018223923A1	2018－06－04	PD－1 抗体联合 VEGF 配体或 VEGFR 抑制剂
WO2019072220A1	2018－10－12	PD－1 抗体联合表现遗传调节剂
CN109663130A	2018－10－12	PD1 抗体和 MEK 抑制剂联用
WO2019076277A1	2018－10－16	anti－PD－1 抗体联合 anti－LAG－3 抗体
WO2019096194A1	2018－11－15	PD－1 抗体联合 VEGFR 抑制剂
WO2019096233A1	2018－11－16	抗 PD1 抗体联合培美曲塞和铂类药物
WO2019114785A1	2018－12－13	抗 PD－1 抗体制备治疗曾接受抗 CTLA－4 抗体治疗的肿瘤患者的药物
WO2019129168A1	2018－12－28	PD－1 抗体联合阿帕替尼
CN110013552A	2019－01－07	抗 PD1 抗体联合吉西他滨和铂类药物
WO2019137397A1	2019－01－09	PD－L1 抗体

➢ 百济神州与替雷利珠单抗

百济神州的替雷利珠单抗是一款在研的人源性 lgG4 抗 PD－1 单克隆抗体，于 2019 年 12 月上市，与 PD－1 抗体 O 药和 K 药不同，其抗原表位的不同，这在针对现有两款药物（O 药和 K 药）的头对头试验对比的临床效果上有所体现。临床前试验数据表明，巨噬细胞中的 Fc 受体结合之后会激活抗体依赖细胞介导杀伤 T 细胞，从而降低了PD－1 抗体的抗肿瘤活性，因此在替雷利珠单抗结构设计时，最大限度地减少与巨噬细胞中的 Fc 受体结合。替雷利珠单抗已经作为单药疗法及联合疗法进行了一系列实体瘤和血液肿瘤治疗适应证的临床研究。

百济神州关于 PD－1 抗体涉及 3 个主要的专利族：①PD－1 抗体。中国授权 1 件（还有 4 件未决），美国授权 4 件，欧洲未决，日本驳回；②PD－1 抗体与 RAF 的组合。涉及治疗直肠结肠癌、肺腺癌，分别进入了中国、欧洲以及澳大利亚；③PDL－1 抗体。中国授权 1 件，涉及治疗表皮样癌。百济神州关于 PD－1 抗体主要专利如表 29－4 所示。

表 29－4　百济神州关于 PD－1 抗体主要专利

序号	公开（公告）号	公开	申请号	申请日	当前法律状态
同族 1	CN105531288A	2016－04－27	CN201380079581.6	2013－09－13	实质审查
	CN107011441A	2017－08－04	CN201710207300.0	2013－09－13	实质审查
	CN107090041A	2017－08－25	CN201710208535.1	2013－09－13	授权
	CN108715615A	2018－10－30	CN201810552595.X	2013－09－13	实质审查
	WO2015035606A1	2015－03－19	WOCN13083467	2013－09－13	部分进入指定国家
	EP3044234A1	2016－07－20	EP13893636	2013－09－13	审中
	US8735553B1	2014－05－27	US14076214	2013－11－10	有效
	US20150079109A1	2015－03－19	US14194797	2014－03－02	暂缺
	US20150315274A1	2015－11－05	US14736966	2015－06－11	暂缺

续表

序号	公开（公告）号	公开	申请号	申请日	当前法律状态
同族2	CN109475536A	2019－03－15	CN201780042321. X	2017－06－14	公开
	EP3481393A1	2019－05－15	EP17823723	2017－06－14	审中
	WO2018007885A1	2018－01－11	WOIB17053521	2017－06－14	部分进入指定国家
	AU2017293423A1	2019－01－31	AU2017293423	2017－06－04	暂缺
同族3	CN106604742A	2017－04－26	CN201580034247. 8	2015－07－01	授权
	WO2016000619A1	2016－01－07	WOCN15083066	2015－07－01	部分进入指定国家
	US20180215825A1	2018－08－02	US15323153	2015－07－01	暂缺
	EP3160505A1	2017－05－03	EP15815646	2015－07－01	审中

➢ 思考与启示

近几年，国内 PD－1/PD－L1 抗体的研发如火如荼地进行，并涌现出一批领先企业，例如，恒瑞医药、君实生物、百济神州、信达生物，这 4 家企业都拥有自己独立研发的 PD－1 抗体。由此可以看出，国内制药企业已经不满足于以往仿制药的战略，都期望利用自己独立研发的产品参与竞争，而且部分企业已经踏上了国际化的征程。

总体而言，国内企业目前属于跟随型研发模式。国内市场上市品种包括 K 药和 O 药 2 个进口药品，特普瑞利单抗、信迪利单抗、卡瑞利珠单抗和替雷利珠单抗 3 个国内原研药。在改进抗体结构方面，国内创新主体已经有所突破，但是涉及宿主细胞、检测方法、培养基以及培养方法等抗体工业化生产技术基本掌握在国外创新主体手中，是国内创新主体迫切需要攻克的壁垒。

上述这些制备生产工艺中涉及的平台技术能够形成该领域的基础性专利，如抗体基因工程设计和细胞培养等技术，这类技术突破性小，可专利程度不高，但它们又是抗体药物发展的创新性平台技术，对抗体的质量和产量起决定作用，且具备一定的技术垄断性。因此，在 PD－1 抗体结构设计已经不是技术瓶颈的情况下，大力发展平台技术，跨越专利壁垒，提高 PD－1 抗体市场估值和专利价值是国内抗体企业攻关难点。

在专利申请的考量上，则需要根据所涉及的平台技术的创新高度和通用性程度来决定平台技术的可专利性以及专利保护范围。在研发中应充分扩大平台技术的适用范围，增加其可变性，使其能够在技术方案的概括性上得到充分的验证。而对技术细节上无法概括的核心技术则需要进行技术秘密的保护。

（执笔：李煦颖、张秀丽，两位作者对本文贡献等同）